Kraftvoll und mit dem Schwung seiner Vitalität beschwört Carl Zuckmayer in dieser Sammlung von Schriften »Personen, Einzelmenschen, deren Wirken oder deren Lebensgeschichte zur Geschichte unseres Jahrhunderts oder seiner Vorgeschichte gehören«. 1976, kurz vor seinem Tod, hat er diese seit 1922 entstandenen Arbeiten ausgewählt, geordnet und mit Vorbemerkungen versehen. An das neunzehnte Jahrhundert erinnert er darin ebenso wie an das eigene: Aufsätzen über Heinrich Heine und über die Brüder Grimm stehen Porträts und Zeugnisse von Zeitgenossen und Freunden gegenüber. Um einige von ihnen ist es still geworden – Carl Zuckmayer ruft sie wieder wach und gibt ihnen ihr Recht; er skizziert ihren Weg farbig und genau, er erzählt die Geschichte seiner Begegnung mit ihnen, mit ihrer Arbeit oder ihrem Werk: Gerhart Hauptmann z. B., Carlo Mierendorff, Max Reinhardt, Konrad Lorenz und Gertrud von Le Fort – er stellt sie alle in ihren Zeitzusammenhang und zeigt so ihre virulente Aktualität. Er proklamiert 1942 nach Stefan Zweigs Selbstmord den Aufruf zum Leben – er schreibt Inge Scholl 1950 zum Gedenken an den Widerstand ihrer Geschwister Hans und Sophie Scholl gegen das Naziregime im Jahre 1940 – er spricht das Memento zum 20. Juli 1969, dem 25. Jahrestag des Attentats auf Hitler – er sagt mit all diesen Aufsätzen, Briefen und Ansprachen dem Vergessen den Kampf an.

Carl Zuckmayer wurde am 27. Dezember 1896 in Nackenheim am Rhein geboren. Nach dem Abitur in Mainz meldete er sich als Kriegsfreiwilliger und wurde an der Westfront eingesetzt. 1918 begann er ein kurzes Studium der Geistes- und Naturwissenschaften in Frankfurt a. M. und Heidelberg; wichtiger als alle Theorie waren ihm jedoch die in diesem Umfeld geschlossenen Freundschaften. 1920 ging er nach Berlin. Erste Stücke blieben ohne Erfolg, obwohl sie ihn »dichterisch legitimierten« – ›Der fröhliche Weinberg‹ brachte ihm 1925 den Durchbruch und den Kleist-Preis. 1933 verhängten die Nationalsozialisten ein Aufführungsverbot über ihn. Er zog sich daraufhin mit seiner Familie nach Henndorf bei Salzburg zurück; dort besaß er seit 1926 ein Haus. 1938 floh er in die Schweiz, ein Jahr später emigrierte er in die USA, wo er bis 1946 als Farmer in den ›Grünen Bergen‹ (Vermont) lebte. Von 1947 bis 1957 hielt er sich abwechselnd in der Schweiz und in den USA auf; 1958 kehrte er endgültig in die Schweiz zurück und wurde in Saas-Fee (Wallis) ansässig, seit 1966 als Schweizer Bürger. Am 18. Januar 1977 ist er als einer der über Jahrzehnte erfolgreichsten deutschsprachigen Autoren in Visp (Wallis) gestorben.

Carl Zuckmayer

Gesammelte Werke in Einzelbänden

Herausgegeben von Knut Beck
und Maria Guttenbrunner-Zuckmayer

Carl Zuckmayer
Aufruf zum Leben

Porträts und Zeugnisse aus bewegten Zeiten

Fischer
Taschenbuch
Verlag

Veröffentlicht im Fischer Taschenbuch Verlag GmbH,
Frankfurt am Main, Dezember 1995

Lizenzausgabe mit freundlicher Genehmigung
des S. Fischer Verlags GmbH, Frankfurt am Main
Für diese Ausgabe:

Gesamtherstellung: Clausen & Bosse, Leck
Printed in Germany 1995
ISBN 3-596-12709-2

Gedruckt auf chlor- und säurefreiem Papier

Aufruf zum Leben

Vorspruch

Wer es unternimmt, in seinem achtzigsten Lebensjahr zu sammeln und zu sieben, was in mehr als fünfzig Jahren durch Begegnungen, Erlebnisse, Zeitereignisse veranlaßt, an Reden, Schriften, Arbeitsversuchen aller Art entstanden ist, der tut es nicht in jenem stillen, heiteren Behagen, wie es dem Alter wohl anstünde.

Zu sehr hat uns dieses Jahrhundert das Unbehagen gelehrt, die Furcht und den Schrecken – welche gewiß immer in der Welt waren, aber kaum jemals in so krasser Gestalt das menschliche Bewußtsein durchdrangen, wie in den sechs Jahrzehnten seit den mörderischen Schlachten des Ersten Weltkriegs.

Kaum eine der Personen unserer Zeit, die in diesem Buch in Erscheinung treten, ist den Schicksalsschlägen entgangen, wie sie in diesem Jahrhundert über Völker und Einzelmenschen hereingebrochen sind.

So beginnt diese Sammlung auch in einem Tiefpunkt unserer persönlichen Existenz, inmitten einer weltweiten Katastrophe. Trotzdem, oder gerade deshalb, stelle ich ihr den Titel des Aufrufs voran, den ich damals in hoffnungsloser Stunde für die Hoffnungslosen verfaßte:

AUFRUF ZUM LEBEN.

Denn der Mut und die Bestimmung, zu leben, scheint mir – in Glück oder Unglück, Macht oder Ohnmacht – der einzige feste Halt in der ungewissen Irrfahrt unseres Daseins.

Mai 1976
Carl Zuckmayer

Aufruf zum Leben
Did you know Stefan Zweig?

Es war im frühen März, 1942, für uns noch tiefer Winter. Seit fast einem Jahr lebten wir nun auf der abgelegenen Farm, in den Vermonter Bergwäldern. Ich hatte in dieser Zeit die Farm nicht für einen Tag verlassen und die letzten paar Monate mit Schneeschaufeln, Holzspalten und Stallarbeit verbracht. Man war dann am Abend müde genug, um ohne Nachtgedanken in Schlaf zu fallen. Einmal in jeder Nacht mußte ich aufstehen und die Öfen nachheizen, damit uns das Wasser nicht einfror; der Tag begann um sechs Uhr früh, bei Kälte und Dunkelheit. Dafür lebten wir unabhängig vom literarischen Markt, als »Selbstversorger«.

Ich konnte nicht schreiben. Der Krieg und das wachsende Unheil in unserer Heimat zersetzten die Phantasie. In einem Krieg wird das Wort machtlos. Man macht ihn mit oder man schweigt. Den letzten hatte ich mitgemacht. In diesem schaufelte ich Mist.

Die Kriegslage war keineswegs ermutigend. Hitlers Armee, obwohl durch einen russischen Winter aufgehalten, stand vor Leningrad und tief in der Ukraine, stark genug, um im Sommer neu vorzubrechen: Niemand wußte, wie weit. Sie beherrschte ganz Europa und den Hauptteil Nordafrikas. London wurde gebombt. Niemand wußte, wie lange das auszuhalten wäre. Im Pazifik waren die Japaner überall im Vorteil. Australien und Indien schienen bedroht. Amerika befand sich im ersten Stadium der Aufrüstung. Niemand wußte, ob es nicht zu spät sei. Nur eins wußten wir: ein Sieg Hitlers würde vor keinem Ozean haltmachen. Er würde die Welt unterjochen, so wie er Europa, wie er Deutschland selber unterjocht und geknechtet hatte. Niemand, der die Freiheit liebte, würde das überleben.

Es war im frühen März, 1942, ein stürmischer Tag, die Wege

von Schnee verweht, durch den man eine Meile weit sich einen Pfad trampeln mußte, um zur nächsten befahrbaren Straße zu gelangen. Mit Mühe hatte ich jemanden gefunden, der einen Tag und eine Nacht auf die Farm aufpassen würde. Es war unser erster Ausflug in diesem Winter, und wir freuten uns wie auf eine Weihnachtsbescherung: in der kleinen Universitätsstadt, nur ein bis zwei Stunden von hier, hatte Lotte Lehmann einen Liederabend angekündigt. Schubert und Schumann. »Dichterliebe«! Es war, wie wenn man nach Salzburg fahren würde! Seit Wochen hatten wir auf diesen Tag gewartet.

»Did you know Stefan Zweig?« fragte unser amerikanischer Freund, bei dem wir abgestiegen waren. Es war kurz vor dem Konzert, wir hatten schon unsere schweren Stiefel und Wollsachen mit Stadtkleidung vertauscht. Wir saßen am Feuer, man trank Whiskey.

»Natürlich«, sagte ich, »sehr gut. Warum?«

Dabei fiel mir erst auf, daß er gesagt hatte: »*Did* you know ...« Haben Sie Stefan Zweig gekannt?

Er sah meinen Blick.

»Es tut mir leid«, sagte er – »er war wohl ein Freund von Ihnen? Ich dachte, Sie wüßten es schon.«

Meine Frau hatte eine Zeitung aufgenommen und schaute lange hinein, wie wenn man etwas nicht entziffern kann. Ich wußte plötzlich, was geschehen war. Aber ich konnte es nicht fassen.

»Das ist doch nicht möglich«, sagte ich, ohne recht zu merken, was ich sagte. »Das ist doch nicht möglich. Er hat uns doch den Ofen und die Hunde geschenkt.«

Ich sah den grünen Kachelofen, in meinem Henndorfer Haus. Ich sah die zwei jungen Spaniels. Ich fühlte, wie einen kurzen, stechenden Schmerz, die Freude, die ich damals empfunden hatte. Er hat uns den Ofen und die Hunde geschenkt. Wie kann er jetzt tot sein –?

»Das war doch drüben«, sagte meine Frau, als müßte sie sich selbst erinnern, daß es nicht gestern war. – »Das gibt es doch gar nicht mehr.«

Die Tränen standen in Lotte Lehmanns Augen, als wir sie in der Pause aufsuchten. »Ich kann kaum singen«, sagte sie.

Sie sang wundervoll. Uns schien, als hätten wir nie so Vollkommenes gehört:

»Es ist eine alte Geschichte
Doch bleibt sie immer neu
Und wem sie just passieret
Dem bricht das Herz entzwei.«

Ich hatte Stefan etwa ein Jahr vorher zum letzten Mal gesehen. Wir trafen uns in New York und aßen zusammen in einem kleinen französischen Restaurant, in das er mich eingeladen hatte. Er war, wie stets, lebhaft, angeregt, voller Teilnahme am Schicksal, am Leben und an den Plänen des Anderen.

»Weißt du noch«, fragte er, »wie wir meinen fünfzigsten Geburtstag zusammen gefeiert haben?«

Er hatte mich damals eingeladen, mit ihm von Salzburg »auszukneifen«, wo er den Ehrungen nicht hätte entgehen können. Er liebte keine Ehrungen und verabscheute alles Offizielle. So feierten wir den Tag, ganz allein, bei »Schwarz« in München, seinem Lieblingslokal, mit einem besonders guten Mahl und den entsprechenden Getränken. Nicht einmal die ihm bekannten Lokalinhaber wußten, daß es eine Feier war. Jetzt sprachen wir davon, in schöner Erinnerung. Es war zehn Jahre her.

»Sechzig«, sagte er. »Ich denke, das ist genug.«

Ich lachte.

»Unsereiner muß neunzig oder hundert werden«, sagte ich, »damit wir noch einmal anständige Zeiten erleben.«

»Die kommen nicht mehr«, sagte er, und ich sah plötzlich die ungeheuere Traurigkeit in seinen Augen – »nicht mehr für uns. Die Welt, die wir geliebt haben, ist unwiederbringlich dahin. Und zu dem, was später kommt, können wir nichts mehr beitragen. Unser Wort wird nicht mehr verstanden werden – in keiner Sprache. Wir werden Heimatlose sein – in allen Ländern. Wir haben keine Gegenwart und keine Zukunft. Das Vergangene können wir nicht zurückholen, und das Neue wird über uns weggehen. Was hat es für einen Sinn, daß man als sein eigener Schatten weiterlebt? Wir sind doch nur noch Gespenster – oder Erinnerungen.«

Ich konnte ihn verstehen, obwohl ich anders empfand.

Gerade er – der zu den Begünstigten unter uns gehörte. Zu den Vereinzelten, die einen internationalen Leserkreis, einen Widerhall für ihr Werk, eine ständige Anerkennung hatten. Zu den Wenigen, die schon eine neue Nationalität, einen gültigen Paß, eine Art von Sicherheit besaßen. Er hatte keine materiellen Sorgen, er konnte sein Leben einrichten, wie er wollte. Bei mir war von alledem so ziemlich das Gegenteil der Fall. Vielleicht, so denke ich heute, war es deshalb leichter für mich.

Ich erinnerte mich gut an die Tage nach jenem Lotte-Lehmann-Konzert. Sie waren von einer sonderbaren Spannung, von einer Art dumpfer Entschlossenheit erfüllt. Nie fand ich meine neue, ungewohnte Arbeit so lehrreich, so anregend – fast heiter in ihren Schwierigkeiten. Der Frühling pochte hinter vereisten Fensterscheiben. Ich lief mit Zollstock, Säge und Hammer umher. Sobald der Schnee vergangen sei, würde die große Scheune repariert, würde ein neuer Stall gebaut, würden Zäune errichtet werden. Wir berechneten das nötige Material, die Menge an Saat- und Futtermitteln, die möglichen Einnahmen, die Deckung der Unkosten. Der Saft pulste in den Bäumen. Wir erlernten die einheimische Frühlings-Industrie, das »Zuckermachen« aus dem tropfenden Ahornsaft. Wir studierten die Brutgewohnheiten von Enten und Gänsen. Meine Hände schmerzten vom Heizen und Melken. Es war gut, so zu leben. Es war gut, am Leben zu sein.

In den Kreisen der Emigration hatte Stefan Zweigs freiwilliger Tod eine ungeheure Bestürzung hervorgerufen. Die Briefe, die ich bekam, zeugten von einer niedergeschmetterten Hoffnungslosigkeit. Wenn er, dem alle Möglichkeiten offen standen, das Weiterleben für sinnlos hält – was bleibt dann denen noch übrig, die um ein Stück Brot kämpfen? Die Mehrzahl der Emigranten lebte in jämmerlichen Verhältnissen, Frauen, die keine Sorgen gekannt hatten, gingen als Putzweiber in fremde Wohnungen. Intellektuelle liefen mit Musterköfferchen treppauf und treppab, um sich in einer fremden Sprache hinauswerfen zu lassen. Bekannte Ärzte mußten noch einmal auf die Schulbank und warteten zitternd, ob sie bei der Prüfung nicht durchgefallen seien, denn das Ergebnis erfuhren sie erst viele Wochen später. Hunger und Depression waren überall zu Hause. Die Schriftsteller aber, deren Ruf nicht schon vorher über ihre Landesgrenzen hinausgedrungen und gefestigt war, fanden das Problem der fremden Sprache, der anderen Denk- und Empfindungsweise in einem anderen Erdteil fast unüberwindlich.

»Was sollen wir denn«, schrieb mir ein begabter junger Mensch, den ich nur flüchtig kannte – »mit einer Überzeugung? Wer glaubt sie uns? Wer gibt uns etwas dafür? Uns bleibt nur die Wahl, ob wir aus Ekel oder aus Not Schluß machen werden.«

Ich wußte nicht, was ich auf solche Briefe antworten sollte. Jedes Wort klang wie ein schäbiger Trost. Was aber war es denn, das mich selbst aufrecht erhielt? Eines Nachts setzte ich mich hin und schrieb es nieder. Ich nannte es: Aufruf zum Leben.

Es war der einzige Aufruf, das einzige Flugblatt, das ich in diesem Krieg veröffentlicht habe.

*

Frühling 1942

Der Entschluß zu sterben ist ein unveräußerliches Recht jedes Einzelnen. Wenn ein Mensch die letzte Entscheidung fällt und sie mit seinem Tod besiegelt, so hat die Frage, ob er richtig oder falsch gehandelt hat, zu schweigen. Denn es gibt dafür keinen Maßstab und kein Gesetz als das des eigenen freien Willens. – Für uns jedoch, die wir durch das Ereignis eines Freitods in unsrer Mitte zutiefst betroffen sind, erhebt sich die Frage nach dem Sinn unsres Weiterlebens. Allzu leicht könnten wir geneigt sein, die Lage und Haltung eines Einzelnen, der von den gleichen Zeitmächten geschlagen war, die uns bedrängen, allgemein zu verstehen – und den Weg, den er für seine Person gewählt hat, als Beispiel aufzufassen, als Ausweg – oder als Urteil. – Verführerisch ist der Gedanke, in Stolz und Einsamkeit den Giftbecher zu nehmen, bevor der widerliche Massen-Galgenwald errichtet ist, der uns bestimmt sein mag. Fast scheint es Erlösung, die böse Last wegzuwerfen, eh sie uns ganz zu Boden drückt und erwürgt. Manchem mag es wie ein süßer Schwindel, wie ein Rausch zu Kopf steigen, dem sich so traurig-lustvoll hinzugeben wäre: schon die Worte klingen wie aushauchende Erfüllung einer letzten Lebensgier: vergehen, verwehen, verrinnen, verströmen, enden – vollenden. Wer kennt nicht das heiße Flüstern dieser Versuchung. Wer weiß nicht von jener bis zum Herzpochen aufregenden Träumerei, erster Liebesverwirrung gleich, in der sich Lebensangst mit der Bravour des Absprungs, der Grenzüberschreitung, der Ich-Entfesselung, beklemmend und atemlos vermischt.

Es ist aber nicht an der Zeit, mit dem Tod zu schlafen.

Die Dämmerung, die uns umgibt, deutet nicht auf Abend, auf Mond, auf Buhlschaft. Hinter diesem Zwielicht flammt ein blutiges Morgenrot, das harten Tag kündet und das uns ruft, zu leben, zu kämpfen, zu bestehen.

GEBT NICHT AUF, KAMERADEN!

Wir sind allein. Wir sind vom Alp des Zweifels und der Verzweiflung heimgesucht. Vielen von uns greift die nackte Not an die Gurgel. Wir haben kein Banner, um das wir uns scharen könnten, keine Hymne, die uns vereint und erhebt. Wir sind zu stolz und zu hart geprüft, um uns an windiger Hoffnung zu berauschen. Wir wissen, daß, was vor uns liegt, Kampf bis aufs Messer heißt – und wir sind nicht mehr jung an Taten. Wir kennen den Gegner. Wir sehen der vollen Wahrheit ins Gesicht. Wir haben nichts als unser Leben. Dieses aber, im schärfsten Scheidewasser gewaschen, ist immer noch eine Kraft, die unzerteilbar besteht, ein Element, das aller Vernichtung trotzt, eine Waffe, in die das Zeichen des Sieges eingegraben ist, sei es, daß die Schneide des Hasses sie furchtbar macht, sei es, daß sie gesegnet wird von der größeren Macht, der Liebe.

Jedes einzelne Leben, einmalig und einzig in eines Menschen

Leib und Seele geprägt – jedes einzelne Leben, das trotz und gegen die Vernichtung sich erhält und seiner Losung treu bleibt, ist eine Macht, eine Festung, an der sich der feindliche Ansturm brechen muß. Solang noch einer lebt, wenn auch in äußerster Bedrängnis, der anderes denkt, fühlt, glaubt und will als der Bedränger, hat Hitler nicht gesiegt. Er wird und kann nicht siegen, er kann und wird nicht siegen, wenn er nicht Fuß faßt in uns selber und uns von innen überwältigt, auslöscht, vergiftet und zerstört. Laßt Euch nicht von der Müdigkeit übermannen, die den einsamen Posten gefährlicher macht als die Schlachtreihe. Singt sie weg, solang Ihr noch einen Hauch von Stimme habt, ruft das Signal, das Kennwort durch die Nacht, es heiße: Leben!

Gebt nicht auf, Kameraden! Selbst wenn der Posten, auf dem wir stehen, sehr kalt und sehr bitter ist, selbst wenn er verloren scheint. Hat nicht der verlorene Posten oft die Schlacht gewendet?

Macht besteht. Unmacht verkommt. Aber Macht ist nicht eine Ansammlung äußerer Kräfte allein. Die höchste Macht ist das Leben, wenn es erfüllt ist vom Bewußtsein der Produktivität. Dann ist es den ungeheuersten Gewalten der Vernichtung überlegen, so wie ein Samenhaar, eine lebendige Zelle stärker ist als eine Sturmflut, ein Erdbeben oder ein Panzerwagen.

Dies unser einziges Leben, das kleinste und schwächste Ding der Welt, ist eine Macht, solang es teilnimmt am Ganzen. Das schöpferische Leben umfließt uns unermessen, mit tausend Fasern hält es uns ein, mit tausend Strahlen und Wellen sind wir von ihm durchwirkt. Es ist ein Geschenk, eine Gnade, ein Wunder, ein Sinnbild des Vollkommenen, Ganzen. Rosiges Frühlicht küßt den nackten Schnee auf dem Fenstersims vor Deiner verrauchten Stube, in der Du ringst und zweifelst. Durch junge Baumrinden knistert der steigende Saft. Das Gesicht eines Toten mag marmorne Schönheit werden, in der Sekunde, bevor es verfällt. Die Hand eines Mannes, am hölzernen Spatengriff, die Kraft der ausgesparten Bewegung: Arbeit! und die gebrochene Erde mischt ihren starken Geruch ins tiefe Einziehen, Ausstoßen des Atems in Deiner Brust.

Vergiß nicht, wie Brot schmeckt. Vergiß nicht, wie Wein mundet – in den Stunden, in denen Du hungrig und durstig bist. Vergiß nicht die Macht Deiner Träume. Gebt nicht auf, Kameraden!

Wir müssen dieses Leben bis zum äußersten verteidigen, denn es gehört nicht uns allein. Was auch kommen mag: kämpft weiter. Lebt: aus Trotz – wenn alle andern Kräfte Euch versagen und selbst die Freude lahm wird – lebt: aus Wut! Keiner von uns darf sterben, solange Hitler lebt! Seid ungebrochen im Willen, die Pest zu überleben. Denkt an die Männer, die kämpfen – denkt an das Ziel!

Kämpft, indem Ihr nicht aufgebt zu leben. Mitzutragen. Wir haben mitzutragen und mitzubüßen, alle Schwächen und Fehler, die um uns, vor uns, durch uns und ohne uns geschehen sind. Diese Fehler, Schwachheit im Leben und Kämpfen, werden bestraft ohne Gnade, sie sind schon bestraft worden, und wir wissen nicht, wie weit noch die Strafe geht, wie weit sie aufgeholt, gutgemacht, abgegolten und umgewandelt werden kann in Opfer und Kraft und Sieg. Aber selbst wenn der Sieg ganz fern scheint und kaum erreichbar, gebt nicht auf. Selbst wenn der Krieg verlorenginge, gebt nicht auf!

Denn wer von uns hätte das Maß und die Gewißheit der Größe zu glauben, er sei erhoben und erhaben über Liebe und Haß und das eine, das einzige Leben? Und wer dürfte von sich selbst sagen, daß er am tiefsten litte?

Du weißt sie alle, die freien und unfreien Tode, zwischen dem Schierlingstrank des Sokrates und dem Gasschlauch des Arbeitslosen. Des Petronius weltmüde Verblutung, die Sternenkühle des Seneca, den Sprung ins Ätnafeuer des Empedokles, den Sturz des Feldherrn in sein unglückliches Schwert.

Keiner davon ist uns gegeben. So zögert nicht, weiterzugehen in der Nacht, und schaut ohne Furcht in die schaurig durchfunkelte Finsternis.

Ein Brief an Friderike Zweig

Wenn Emigranten, besonders zwischen den Jahren 1938 und 1945, einander Briefe schrieben, so handelte es sich fast immer um die Rettung von Freunden oder Kollegen, die noch nicht der Lebensgefahr entronnen waren – so in diesem Fall um Franz Theodor Csokor, den österreichischen Dichter, der über Polen und Rumänien nach Jugoslawien geflohen war, mit den Hitlertruppen immer hart auf seinen Fersen. Inzwischen war er aber, mit Hilfe jugoslawischer Partisanen, nach Brioni und von dort nach Italien entkommen, das zum Teil schon von amerikanischen Truppen besetzt war. Ich setze diesen Brief hierher, weil er einen unmittelbaren Einblick in unser Emigrantendasein ermöglicht; »Jobs« ist der häusliche Name meiner Frau – das »Stück« ist mein damals entstandenes Drama ›Des Teufels General‹.

Friderike Zweig war Stefan Zweigs erste Frau, von der er sich einige Jahre vor seinem Selbstmord, den er gemeinsam mit seiner zweiten Frau beging, hatte scheiden lassen.

★

Barnard, Vermont
Feb. 28, 1944

Liebe Friderike –

Zunächst das Wichtigste: das zweite Csokor Affidavit ist gesichert. Erika Mann wird es übernehmen, und ich habe gestern bereits dem Rescue Committee ihre Adresse mitgeteilt, damit sie ihr sofort die Formulare schicken. Ich hatte vorher einige Absagen bekommen – und ich selbst habe keinerlei »financial background« – whatsoever – und kann noch nicht einmal ein Einkommen angeben, da ich gerade von eignen Farmprodukten, dem Verkauf des Farmüberschusses, den letzten Resten einer Anleihe, mit der ich die Farm in Gang gebracht habe, und ganz sporadischen Zufallshonoraren existiere. Dabei komm ich gleich zum zweiten Punkt: weshalb wir nicht schreiben: weil wir nämlich wirklich, und nicht wie die meisten Leute eingebildeterweise, aus Zeitmangel nicht dazu kommen. Farmer (und zwar nicht zum Spaß oder aus Romantik, sondern um zu leben) – und doch noch Schreiber – es heißt mit vier Händen arbeiten wie'n Boomaffe. Und zwischendurch ist man zu müde, um auch nur einen Bleistift zu heben. Man hebt dann grade noch einen Apple Jack oder einen Krug Bier. Auch für Jobs ist es harte Arbeit – das Haus hier in Ordnung zu halten und zu wirtschaften – bei einer Dreimeilenentfernung vom nächsten bewohnten Platz – tiefster Wald- und Schnee-Einsamkeit – absolut keiner Hilfe, im Winter auch nicht für irgendwelche Reparaturen oder Notfälle – und mit einem ununterbrochen nach Futter, Wasser, Reinigung verlangenden Lifestock von Leghennen, Enten, Gänsen, Ziegen (deren Milch geseiht, gekühlt, abgefüllt und zum Verkauf an ein Diät-Hospital täglich gebracht werden muß) – Schweinen usw. usw. – Dabei sind wir von November bis April von Schneemauern umgeben, wie wir sie uns nur in Alaska vorgestellt haben – trotz Schneepflughilfe unmöglich, vor Mai unsere Farm mit Auto und anders als zu Fuß – oft nur auf canadian snowshoe, Ski oder per Schlitten – zu erreichen.

Jede Post, jeder kleine oder größere Einkauf und auch die Kistchen mit Bier etc., auf die Papa nicht verzichten will – alles wird auf meinem Rücken in einem großen Tragkorb zwei Meilen durch den verschneiten Wald und manchmal über ein gletscherartiges Eis hierher geschafft. So leben wir – die meisten Leute würden es keine drei Wochen aushalten, und jeder mag es verrückt finden – zumal ich seit zweieinhalb Jahren die doppelte Zeit auf Farm und just surviving angewandt habe als auf Literatur – aber für mich ist es und war es durch diese Zeit eine Art Selbsterhaltung. Wenn ich einen Zentner Kartoffeln hebe, die ich selbst produziert habe, habe ich das Gefühl, daß meine Existenz auf dieser Erde noch nicht ganz sinnlos ist. Und nur das gibt mir gelegentlich den frechen Mut, doch noch was zu schreiben – obwohl ich nie in meiner Existenz eine so abgründige Verachtung für diesen kindischen Versuch, den Lieben Gott zu spielen, gehabt habe als seit Ausbruch dieses Kriegs oder vielleicht schon vorher, seit Österreichs Fall. Trotzdem kann ich's nicht lassen, und was von mir in Übersetzung ist, ist nicht der Roman, sondern ein neues Stück, das mir zwischendurch passiert ist. Manchmal kriegt auch die Jungfrau ein Kind, wenn sie nicht Nein sagen kann. Aber ich möchte keinen Zweifel darüber lassen, daß mir mein nächstes Cornseeding wichtiger ist und daß es meinen Ehrgeiz sicher mehr ansporrnt und befriedigt, mir selbst mein Winterholz zu schlagen.

Und jetzt zurück zum Melken und Schluß mit dem Palaver – in alter Herzlichkeit

Dein Zuck

Die Geschichte von Dorothy Thompson

1962

Die Geschichte, die ich von Dorothy Thompson zu erzählen habe, ist die einer 35jährigen Freundschaft, die sich in schlimmen Zeiten wunderbar bewährt und vertieft, in guten nicht verflacht oder vermindert hat. Es ist also die Geschichte von einem seltenen Geschenk, und ich darf sie wohl ganz aus der persönlichen Erinnerung erzählen, weil sie zugleich ein gutes Teil von »personal history« enthält, von selbsterlebter Weltgeschichte, der Dorothy Thompsons öffentliches Wirken angehört. Denn es ist hier nicht die Rede von einer »Journalistin«, einer »Kolumnistin« im landläufigen Sinn, die die Ereignisse des Tages oder das jeweils »Interessante« mehr oder weniger geistreich glossiert und kommentiert, oder die im Sinn einer bestimmten Richtung, einer Partei-, Staats- oder Landespolitik, die öffentliche Meinung zu beeinflussen sucht. Für Dorothy war Schreiben und Handeln, Überzeugung und Leben vollkommen identisch, darin lag ihre Stärke und oft auch die Schwäche ihrer taktischen Position. Sie selbst war keine Taktikerin. Sie war jederzeit bereit, unklug zu erscheinen oder auch zu sein, um richtig zu handeln. Das Richtige aber war für sie immer das als Recht erkannte. Sie war eine ethische Persönlichkeit von hohem Rang, ihre Ethik war zutiefst religiös bestimmt, obwohl sie sich ganz und gar im Weltlichen, im irdisch Erreichbaren bewegte, und ihre große Aktivität, wenn auch von Ehrgeiz und Freude an der eigenen Brillanz befeuert, entsprang vor allem einer echten und brennenden Menschlichkeit, dem Schlag eines heißen Herzens, des Herzens einer Frau. Trotz jener virilen Züge, die berufstätige und im öffentlichen Leben exponierte Frauen leicht annehmen, da sie ja immer allein entscheiden und ihre Entscheidung allein verantworten müssen, war Dorothy von elementarer Weiblichkeit. Auch die Sprunghaftigkeit in ihren Gesprächen war nicht die eines zerstreuten und egozentrischen Mannes, sondern sie entsprach dem Temperament einer unendlich aufgeweckten und unablässig um Zusammenfassung, um Verbindung und Ordnung der sie bestürmenden Gedanken und Empfindungen bemühten Frau. Es war amüsant zu beobachten, wie sie die von verschiedenartigsten Leuten an einem Abend in ihrem Haus über verschiedenartigste Themen extemporierten Äußerungen sofort mit der sie gerade beschäftigenden Arbeit in Zusammenhang brachte, wie sie aus jedem, der es zu geben hatte, bienengleich ein Tröpflein Honig sog und immer bereit war, nach Frauenart sich dem jeweils stärksten Einfluß begeistert hinzugeben, ohne deshalb ihre eigene Haltung und ihren eigenen Charakter zu verlieren. Sie hatte die außerlogische, natürliche Gefühlskraft einer Frau und zugleich einen ungewöhnlichen Verstand. Sie war, ihrer produktiven Anlage gemäß, ichbezogen und welterschlossen zugleich. Ihr vitaler Elan befähigte sie ebenso zu kämpferischer Entschlossenheit und Opferbereitschaft wie zu aller Freude an Schönheit und Spaß, an Geselligkeit und Behagen, am primitiven und kultivierten Lebensgenuß. Sie hatte die Generosität, die Großzügigkeit und die Gastfreundschaft ihres Volkes, ohne dessen Provinzialismus und Selbstbeschränktheit zu teilen. Sie war eine anglo-amerikanische Pfarrerstochter und eine Dame von Welt, sie hatte ebensoviel von der Ansiedlersfrau mit Gewehr und Bibel wie von dem College-Girl mit der Sehnsucht nach dem Höheren, sie war souverän und kindlich zugleich, sie liebte das einfache Leben auf dem Land und kam selten dazu, weil sie von allen sublimen Erscheinungen und geistigen Sensationen der Großstadt angezogen wurde, sie war eine Welt von Gegensätzen und ein ganzer Mensch: verschwenderisch mit ihren guten Gaben, doch stets bereit, für ihre Fehler und Mängel einzustehen. Sie war eine Liebende, die die Grenzen des Herzens kannte und sie als ihr Schicksal auf sich nahm.

Im Jahr 1925, noch bevor ich mit meinem Lustspiel ›Der fröhliche Weinberg‹ den ersten Erfolg errang, lernten wir uns kennen, es war ein kurzes Zusammensein in einem Berliner Restaurant, in das uns die verehrte Lehrerin meiner Frau, Frau

Dr. Eugenie Schwarzwald aus Wien, gemeinsam eingeladen hatte. Dorothy war noch von ihrem ersten Mann begleitet, einem ungarischen Journalisten, von dem sie sich wenig später trennte. Ich glaube, daß sie damals eine sehr schwere Zeit hatte. Obwohl sie sich dreimal verheiratete, gehörte sie nicht zu den Frauen, die sich leicht oder leichtsinnig scheiden lassen und wieder verbinden. Sie nahm die Ehe ernst, und es war eine Folge von unglücklichen Umständen, die sie die wahre Lebensgemeinschaft erst in reifen Jahren finden ließ.

Einige Zeit darauf saß sie in der Premiere meines ›Fröhlichen Weinberg‹, von dessen rheinhessischem Dialekt sie nicht allzuviel verstanden haben mag, aber sie schrie vor Lachen, wohl von der Grundstimmung des Stückes und der allgemeinen Heiterkeit angesteckt, und erklärte mir später, dies sei nach langer Zeit ihr erster, unbeschwert heiterer Abend gewesen. Kurz darauf veranstaltete sie dann für eines der amerikanischen Provinzblätter, für die sie damals schrieb, ein Interview mit mir. Die Art, wie sie fließend, aber fehlerhaft Deutsch sprach, war außerordentlich belustigend und blieb es immer, auch als sie die deutsche Sprache in Lektüre und Korrespondenz bis in die Nuancen beherrschte. Damals hatte sie noch besondere Schwierigkeiten mit der im Englischen unbekannten Unterscheidung von Du oder Sie, sie verwechselte es dauernd, und als sie den Reichskanzler Stresemann zu einem Interview besuchte, passierte es ihr, ihn mit Du und seinen Hund mit Sie anzureden, was ihr einen großen Heiterkeitserfolg und sofortige Sympathie einbrachte. Denn die unbefangene Frische und der Charme ihrer Persönlichkeit waren unwiderstehlich. Sie wirkte in ihren späten Zwanzigerjahren wie eine Neunzehnjährige, von fabelhafter, fast robuster Gesundheit, ihr Gesicht sah immer aus, als wäre sie gerade durch einen guten, kräftigen See- oder Bergwind gelaufen, und ihre hellen, klaren Augen blitzten und leuchteten, sei es im Angriff, sei es im Einverständnis, von Eifer und Enthusiasmus. Sie liebte es, auch als ihre schöne, wohlproportionierte Gestalt schon ein wenig zur Fülle neigte, sehr helle, fast mädchenhafte Kleider zu tragen, die ihr vorzüglich standen, besonders wenn sie von einer großen lustigen Schleife geziert waren. Nichts erinnerte bei ihr an den Typ der Karriereweiber, der intellektuell überanstrengten oder von Erfolgssucht gehetzten, die keine Zeit haben für sich selbst und dadurch den anderen so sehr auf die Nerven gehen: sie hatte Zeit, sie nahm sich die Zeit, um neben all ihrer beruflichen Aktivität Frau und Mensch zu sein, sie konnte lachen, sie hatte alle Anlagen zur Lebenskunst. Dabei ging es mit Erfolg und Karriere bei ihr rapid bergauf. Ohne Geldmittel, mit einem kleinen, schlecht bezahlten Zeitungsvertrag war sie nach Europa gekommen, nicht nur aus Reise- und Unternehmungslust, sondern im Bewußtsein, daß sich hier, und besonders in Deutschland, Krisen vorzeichneten, die die Grundlagen der ganzen Welt erschüttern würden. Dieses Gespür für Krisenluft, der unbestechliche Blick für Tatsachen und die Kühnheit ihrer stets leidenschaftlichen, heute würde man sagen, leidenschaftlich engagierten Stellungnahme, verliehen ihren Berichten eine ungewöhnliche Anziehungskraft und Verbreitung, in kurzer Zeit wurde sie aus einer unbekannten Provinzjournalistin zu einer der bekanntesten Auslandsreporterinnen der amerikanischen Presse. Ihre große Zeit fiel mit dem Aufstieg Hitlers und des Nationalsozialismus zusammen, dessen weltbedrohende Gefahr sie von Anfang an erkannte und bekämpfte, in einer Zeit, in der man in Amerika darüber noch die Achseln zuckte und gescheite Leute in Deutschland glaubten, darüber lachen zu können.

Früh im Jahr 1926 lud Dorothy mich eines Abends zum Essen in ihre Berliner Wohnung ein, die im Dachgeschoß eines schönen Hauses im alten Westen lag. Ich traf dort einen Mann mit langen Beinen und hoher, magerer, etwas schlaksig vornüber geneigter Gestalt, dessen Gesicht, in merkwürdiger Verlängerung und gleichzeitiger Verkürzung, mich an das des großen Komikers Max Pallenberg erinnerte. Er zog eine Hand aus der Rocktasche und schnellte mir zur Begrüßung einen riesigen, halbmeterlangen künstlichen Finger mit eingebauter Sprungfeder entgegen, wie man ihn in sogenannten Zauberläden kaufen kann. Dieser Mann war Sinclair Lewis, von seinen Freunden, seiner irländisch-roten Haare wegen, Red genannt, der große Schriftsteller, dessen Romane ›Dr. Arrowsmith‹, ›Mainstreet‹, ›Babbit‹ und andere eine Epoche der amerikanischen Literatur bestimmten. Ich konnte damals kein Englisch, Sinclair Lewis kein Deutsch, Dorothy dolmetschte, aber noch mehr dolmetschte der Wein, den Sinclair Lewis sich entschlossen hatte, anstelle von Gin oder Whisky zu seinem Leibgetränk zu erheben. Aber er hatte damals noch keine Ahnung, was Wein ist (ich nahm ihn erst später in die Lehre). Mit Entsetzen bemerkte ich, wie er im Lauf dieses außerordentlich angeregten Abends begann, verschiedene Weinsorten, auch Burgunder und Rheinwein, in seinem Glas zu mischen, mit dem Löffel umzurühren und dann nach Art eines Cocktails hinunterzuschütten. Vermutlich wollte er damit die ernste Andacht verulken, mit der Dorothy, die schon etwas von Wein verstand, und ich die ersten Tropfen jeder neuen Flasche zelebrierten. Zwei Jahre später, Dorothy war längst seine Frau geworden, verbrachten sie einen langen Abend in meiner Wohnung am Schöneberger Stadtpark, wo er dann mit der gleichen Andacht wie wir die ganze große Weinorgel der Jahrgänge 20 und 21, vom leichten Mosel bis zum schweren Pfälzer, durchprobierte. Er konnte noch immer kein Deutsch und ich noch immer kein Englisch, aber gegen Ende dieser Nacht redeten wir beide ungestüm aufeinander ein und verstanden uns ohne Dolmetsch. Sinclair Lewis war ein ebenso faszinierender wie schwieriger und schwer erfaßbarer Mensch, er war Choleriker und Hypochonder, aber er konnte von hinreißender Kameradschaft, ergreifender Zartheit, großartiger Noblesse, vom phantastisch-skurrilen Humor bis zu blindwütiger, aus Mißverständnissen entsprungener Bosheit alle Wesenszüge des genialisch mit sich selbst nicht einigen Menschen aufweisen, übergangslos vom einen ins andere wechseln und es manchmal auch spielen – man wußte nicht genau, wo die Maske aufhörte, wo das Gesicht begann. Ich glaube, daß er Dorothy sofort heiraten wollte, als er sie zum erstenmal sah, sie ihn vielleicht auch, aber ihr weibliches Warngefühl ließ sie zunächst erschrecken. Sie riß aus, sie ging auf eine Reise, er spürte sie auf, sie flog nach Moskau, er flog ihr nach, und es hätte auch umgekehrt sein können: irgendwie waren sie sich in tieferen Wesenszügen und in der Gemeinsamkeit ihrer amerikanischen Herkunft sehr verwandt, vielleicht zu verwandt. Eine Zeitlang schienen sie das vollkommene Ehepaar zu sein: nämlich zwei engagierte Junggesellen, die sich in ihren Sonderbarkeiten gefunden hatten oder gegenseitig entspannten und liebevolle Freude an ihrem gemeinsamen Sohn empfanden. Später, als sie schon längst getrennt lebten, sagte jemand in Beziehung auf diesen Sohn: »Armer Kerl: er hat keinen Vater, und seine Mutter ist sein Vater.« Das stimmte nicht ganz, traf aber doch etwas von der Tragik in dieser Ehe und in Dorothys Leben überhaupt.

Diese Tragik jedoch, die noch in ihrem viel zu frühen Tod waltete, hielt sie in ihrer Lebenszeit immer in sich verschlossen. Bei allem Freimut, bei aller Lust an darstellerischer Wirkung und Perfektion, die ihre Vorträge oder Lesungen zu einer schauspielerischen Leistung ersten Ranges machte, hatte diese Frau keinerlei exhibitionistische, selbstentblößende Züge. Was sie bekümmerte, verstand sie in sich zu verschließen, was sie erfreute und erhob, mit anderen zu teilen. Auch war sie zu sehr interessiert am Schicksal anderer Menschen, am Schicksal *der* Menschen und der Welt überhaupt, um ihr eigenes allzu wichtig zu nehmen. Wichtig nahm sie ihre Aufgabe und deren Ausdruck: das unendlich schwierige, kaum durchführbare Experiment, täglich oder wenigstens dreimal in der Woche zu den Ereignissen der unmittelbaren Gegenwart Stellung zu nehmen und diese Stellungnahme einem größeren, allgemeinen Zusammenhang zu koordinieren. Es war unausbleiblich, daß sie diesen Zusammenhang inmitten sich überstürzender und manchmal grotesk überschneidender Zeitvorgänge dann und wann verlor, sich in die eine oder andere extreme Möglichkeit verrannte, sich manchmal auch in Prophezeiungen oder Wunschträume einließ, die nicht in Erfüllung gehen konnten. Doch glaube ich, wer heute die ganze Folge ihrer Schriften zur Tagespolitik aus den letzten dreißig Jahren in einem Zug lesen würde, der würde vielleicht über einige dieser kleineren Arabesken und Abschweifungen lächeln müssen, wäre aber gepackt und hingerissen von der Gradlinigkeit des Bekenntnishaften, vor allem von dem in jedem Satz gegenwärtigen Erlebnis einer heute noch kaum überblickbaren Zeitgeschichte.

Im September 1930 zogen die Nationalsozialisten als zweitstärkste Partei in den Reichstag ein. Hitler begann auf legalem Weg zu siegen, den illegalen bahnten seine braunen Bataillone. Dorothy Thompson saß auf der Zuschauertribüne bei stürmischen Reichstagssitzungen, sie besuchte die Massenversammlungen, bei denen man, wenn man anderer Meinung war, leicht sein Leben riskierte, sie sah die Aufmärsche und die Straßenschlachten, die Kämpfe der Dachschützen, Braun gegen Rot, am Wedding, sie erzwang sich Zutritt zu den Gerichtsverhandlungen, bei denen Nazi-Fememörder von teils verängstigten, teils sympathisierenden Richtern freigesprochen wurden, und sie rief es unablässig in die Welt hinaus, in ihr Land hinüber, was hier geschah. Selbst nach der Machtergreifung im Jahr 1933 hatte sie, die man in der Nazipresse aufs heftigste beschimpfte und bedrohte, den Mut, nach Deutschland zu kommen und sogar bis in die Reichskanzlei vorzudringen: auf ihren amerikanischen Paß und ihren Auftrag pochend, erzwang sie sich das berühmt gewordene Interview mit Hitler, in dem sie ihn, der bei solchen Anlässen immer einen genau vorbereiteten Text herunterzuschmettern pflegte, mit Kreuzfragen unterbrach und zu stotternden Widersprüchen brachte. Das aber war den Machthabern zuviel. Sie wurde aus dem deutschen Reichsgebiet ausgewiesen. Man nahm in der Welt nicht viel Notiz davon. Es war die Zeit, in der hohe westliche Diplomaten neben Hitler auf der Tribüne des Nürnberger Parteitags saßen und den Vorbeimarsch seiner gegen sie aufgerüsteten Schlachtreihen bewunderten. Ich hatte damals noch mein Haus in Österreich, das mich vorläufig vor dem Emigrantenschicksal bewahrte. Wenn Dorothy uns dort besuchte, wurde die Lage besprochen, die sie mit untrüglicher Klarheit erkannte, während wir uns noch »wunschvolle« Illusionen machten. Sie zweifelte nicht daran, daß auch Österreich überrannt würde, daß Hitler unersättlich weiter vordringen werde, daß es, wenn man ihm Halt gebieten wolle, zum Krieg kommen müsse. »Kommt herüber«, sagte sie. Am liebsten hätte sie uns gleich mitgenommen. »Nur wenn es ums Leben geht«, antwortete ich, »sonst gehe ich nicht.« Ein paar Jahre später war es soweit. Natürlich war sie es, die uns das erste Affidavit gab und für uns bürgte, als ich mich im Jahr 1939 entschloß, nach Amerika auszuwandern. Als wir uns einschifften, besaßen wir noch gültige deutsche Pässe. Aber während der elftägigen Überfahrt wurde ich, durch Kundmachung im ›Reichsverordnungsblatt‹, samt Familie ausgebürgert. Wir waren also Staatenlose geworden, unsere Pässe und unsere Visa galten nicht mehr. Das hätte bei der Ankunft zu einer sehr unangenehmen Situation führen können, der bekannten Inhaftierung in Ellis Island, von der manche Emigranten ein Lied zu singen wissen. Dorothy hatte durch Freunde in New York davon erfahren. Noch auf dem Schiff erhielt ich von ihr ein Kabel: sie müsse nach Kalifornien, es sei aber für alles gesorgt, und wir möchten in ihrer Wohnung am Central Park Quartier nehmen. Ich war sehr erstaunt über diese Einladung, denn ich hatte in einem billigen Hotel der Westseite Zimmer bestellt. Als wir in Hoboken anlegten und uns den gefürchteten Einwanderungspolizisten gegenüber sahen, verstand ich erst ihre Maßnahme. Sie war damals auf dem Gipfel ihres amerikanischen Ruhmes, und bei ihr zu Gast zu sein, bedeutete ungefähr so viel, wie wenn man im Weißen Haus eingeladen wäre. Außerdem aber war sie tatsächlich auf ihrer Reise nach dem Westen im Weißen Haus gewesen und hatte eine persönliche Empfehlung von Präsident Roosevelt für mich erwirkt, so daß ich von den Behörden mit der Achtung und Höflichkeit behandelt wurde, wie man sie einem einreisenden Potentaten entgegenbringt. Ohne Dorothy wäre es ganz anders gekommen. Ohne Dorothy wäre es für viele, man kann wohl sagen: für die meisten ihrer Freunde, für unzählige Vertreter des europäischen Kultur- und Geisteslebens, die aus ihrer Heimat vertrieben waren, ganz anders gekommen. Ohne Übertreibung darf man feststellen, daß sie vielen das Leben gerettet und unzähligen anderen aus schwerster Bedrängnis geholfen hat.

Wie ich schon sagte, war Dorothy damals in ihrem Land auf der Höhe ihres Ruhmes, den sie zum Teil ihrer politischen Voraussicht und ihrem brillanten Stil, zum Teil ihrem persönlichen Mut verdankte, für den man ja in Amerika eine besondere Hochschätzung hat, besonders wenn er der Zivilcourage entspringt und sich so außerhalb von Reih und Glied bewährt. Das ganze Land spendete Beifall, als sie eine Versammlung des faschistischen, hitlerfreundlichen sogenannten »Bundes« besuchte, dort durch provokatives Lachen, Buh-Rufe und Zwischenbemerkungen die Redner unterbrach und schließlich von Polizisten aus der empörten Bande schwerbewaffneter Rowdies, die ihr Leben bedrohten, hinausgeleitet werden mußte. Die Polizisten hatte sie sich aber nicht etwa als Schutz und Eskorte mitgebracht, sie kamen fast zu spät, und sie hatte es vor allem ihrer imponierenden Ruhe und Tapferkeit zu verdanken, daß man sich nicht schon vorher an ihr vergriff. Der Kriegsausbruch im Winter 1939 bestätigte ihre Warnungen, und ihr Rat wurde als der einer genauen Kennerin deutscher und europäischer Verhältnisse von den höchsten Stellen gesucht. Man nannte sie die First Lady des amerikanischen Journalismus – und zwar im Scherz, aber mit einem höchst respektvollen Unterton pflegte man zu sagen, sie werde bei der nächsten Wahl als erster weiblicher Kandidat für die Präsidentschaft aufgestellt. Statt dessen gab es ein hartes Ringen zwischen Präsident Roosevelt, der zum drittenmal für die demokratische Partei kandidierte, und dem Republikaner Wendell Wilkie, einem klugen und sympathischen, sicher auch politisch sehr begabten Industriellen, den wir in ihrem Hause kennenlernten und für den Dorothy mit ihrem großen publizistischen Einfluß zunächst in die Schranken trat. Dann aber, kurz vor der Wahl, wurde ihr unter dem Druck der Zeitereignisse, der Hitlersiege im Europäischen Westen, der Bedrohung Englands klar, daß die erfahrene und in der Welt akkreditierte Führung Roosevelts in dieser Stunde für das Land unentbehrlich sei: sie schwenkte um, ohne Rücksicht auf persönliche Freundschaft, Parteizugehörigkeit, persönliche Vor- oder Nachteile, setzte sich mit all ihrer Verve für Roosevelt ein und trug, nicht zuletzt durch ihre leidenschaftlichen Appelle, in hohem Maß zu seinem Wahlsieg bei. Für sie selbst wurde es eine Niederlage: sie verlor ihre Position bei der großen republikanischen Zeitung ›New York Herald Tribune‹, für die sie bisher gearbeitet hatte, und wurde zum Ziel vieler Anfeindungen. Roosevelt selbst machte, als sie ihn kurz nach seiner Wiederwahl besuchte, in seiner charmant-ironischen Art einen berühmt gewordenen Scherz mit ihr: »Nun, Dorothy«, sagte er, als sie ihm gratuliert hatte, »ich bin nicht sehr stolz auf Sie! Ich habe meinen Job behalten, Sie haben Ihren verloren!« – Aber dieser kleine Rückschlag konnte Dorothys Weg und ihre positiven Energien nicht gefährden. Noch gab es ja *Hoffnung* in unserer Welt – obwohl oder gerade weil auch Amerika am Vorabend des großen Krieges stand, sogar chiliastische Hoffnung, auf eine neue, dauerhafte Allianz aller guten Kräfte, aller freiheitlich gesinnten Mächte, die sich – so wünschte man – nach der Niederringung der faschistischen Tyrannei von der Sowjetunion bis zu den Vereinigten Staaten zu einem Weltstaatenbund zusammenschließen würden. Stalin hin, Stalin her – er galt ja damals noch nicht als der totale Bösewicht, als den ihn seine Mittäter und Nachfolger heute brandmarken. Er war der Machthaber in einem diktatorischen System, das man zwar ablehnte, von dem man aber annahm, es werde durch die emotionelle und materielle Erschütterung des Krieges, unter dem Einfluß einer siegreich heimkehrenden Volksarmee, der politischen und geistigen Auflockerung offen sein. Eine naive Vorstellung – von heute aus gesehen. Damals schienen viele Zeichen darauf hinzudeuten, und wie die Kämpfenden des Ersten Weltkriegs ihn im Glauben beendeten, dies müsse der letzte aller Kriege gewesen sein, dafür hätten sie geblutet, so bauten sich die Kämpfenden des Zweiten ein Wunschgebäude – von einer kommenden Weltregierung, welche die Freiheit von Angst und Not, die moralische und faktische Selbstbestimmung jedes Einzelmenschen und aller Völker auf ihre Fahnen geschrieben hätte. Man empfand im weitesten Sinne liberal und schloß die Konservativen vom Schlage Churchills nicht weniger in seine hochgemuten Träume ein als die äußerste Linke. Allen voran Dorothy. Für sie gehörten auch die Deutschen, das deutsche Volk, in ihr Hoffnungsbild von einer neuen, gleichberechtigten Welt vereinter Nationen. Als der Krieg ausbrach, hatte der deutsche Rundfunk, dessen Nazipropaganda auf Kurzwellen nach Amerika ausgestrahlt wurde, Dorothy Thompson als eine haßerfüllte Feindin Deutschlands bezeichnet. Ganz bestürzt und verzweifelt, obwohl man ja wußte, was Nazipropaganda wert war, kam sie damals zu mir. »Du weißt es doch«, rief sie, fast den Tränen nah, »daß ich keine Feindin Deutschlands bin! Du weißt doch, wie ich Euch liebe!« – Sie liebte Völker – sie liebte *das Volk* – die Farmer in Vermont, wo sie ihr Landhaus hatte und das sie als Wahlheimat empfand, nicht weniger und nicht mehr, als sie die Berliner oder die Londoner Cockneys geliebt hatte. Sie liebte, hoffte und glaubte mit der Kraft eines Christenmenschen, mit der Herzensbereitschaft einer Frau. Aber der Fortgang des Krieges, die politische Entwicklung innerhalb der alliierten Mächte gegen Kriegsende, die unaufhaltsame Zerstörung Deutschlands, die wir nicht mit Triumph- oder Rachegefühl, sondern mit tiefer Verzweiflung kommen sahen, das dunkle Vorgefühl, daß all diese Blutopfer, all diese Meere von Blut, Schweiß und Tränen umsonst und vergeblich waren, daß neue Zwietracht ganz nahe, die Versöhnung der Geister ganz fern gerückt sei, begann ihre Hoffnungskraft zu lähmen, ihre Kampfreserven aufzureiben und zu zersplittern.

Ein persönlicher Schicksalsschlag traf sie an der Wurzel: ihr Pflegesohn, Wells Lewis, den sie fast mehr liebte als ihren eigenen, fiel nach zwei Jahren höllischen Frontkampfs im Dschungelkrieg gegen Japan. Er war der Sohn aus Sinclair Lewis' erster Ehe, ein ungewöhnlicher, hochbegabter junger Mann, dessen Jugend und Erziehung ganz in ihren Händen gelegen hatte und auf den sie große Hoffnungen setzte. Damals sah ich sie zum ersten Mal gebrochen, auch in ihrem unbedenklichen Lebens- und Schaffensmut, erschüttert in ihrer inneren Sicherheit. Vor mir liegt ein handgeschriebener englischer Brief, einer der wenigen, die mir von Dorothy geblieben sind, in dem sie, für einen Brief der Teilnahme von mir dankend, erklärte, was dieser Verlust ihr bedeutete. »Mein Kummer«, heißt es da am Ende, »ist in jeder meiner Zellen, und ich wünsche noch nicht einmal, daß die Zeit ihn mildert. Er ist ein Teil von mir für immer, und das ist es, was mir von Wells geblieben ist. Aber es ist eine Tragödie für das Land – nur eine mehr von so vielen Tragödien. Die Besten sterben und lassen uns zurück, die wir schon einmal versagt haben – damit wir versuchen, ihr Opfer zu verstehen und zu rechtfertigen – und wieder starrt uns das Versagen an, mit leeren, grausamen Augen.« – So, und nicht im Zustand der Siegerfreude, erlebte sie die Niederlage Deutschlands, die Bombe auf Hiroshima, die Kapitulation Japans, den Victory-Day, der auf den Straßen der Städte brutal und lärmend gefeiert wurde.

Doch darf ich zum Abschluß noch von Tagen des Glücks berichten, die ihr in reifen Jahren und mitten in ihrem täglich härter werdenden geistigen Kampf vergönnt waren. Ich denke an ihre Heirat und ihre Ehe mit dem Prager Maler Maxim Kopf. Eines Sommertages wurde er – ein Flüchtling seit der Hitlerbesetzung der Tschechoslowakei, den es durch eine Odyssee von Gefängnissen und Lagern schließlich nach Amerika verschlagen hatte – durch Vermittlung der tschechischen Exilregierung zu Dorothy aufs Land geschickt, damit er bei ihr, der Helferin aller Exilierten und Heimatlosen, etwas Erholung finden und, als Auftragsarbeit, ihren Sohn Michael malen sollte. Das Bild des Sohnes wurde nicht fertig, statt dessen malte er die Mutter, er malte sie mehrmals, er mußte immer länger bleiben, sie richtete ihm ein Atelier ein, und im nächsten Sommer heirateten sie. Nie werde ich ihre Trauung in der schlichten Holzkirche von Barnard, Vermont, vergessen, an der nur ein kleiner Kreis von Freunden teilnahm. Maxim, ein kraftvoller, weltbefahrener Mann, der in früheren Jahren gauguinhaft auf Tahiti gelebt und über den Dächern von Prag gehaust hatte – mit allen Humoren gesegnet und mit heiligem Ernst seiner Kunst ergeben –, er machte nicht den Eindruck, als habe er aus der Sturmnot einen sicheren Hafen gefunden, sondern als sei er dort, wo er ganz zu Hause war, weil er ganz verstanden und geliebt wurde, vor Anker gegangen. Dorothy gab ihr Jawort mit der hellen, kindlichen Stimme einer jungen Braut, eines bräutlichen Mädchens. Für sie war es die erste wirkliche Ehe, die vollständige Lebensgemeinschaft, die nichts sonst trennen konnte als der Tod. Auch als nach dem Krieg der Himmel ihrer Hoffnungen trüber wurde, gaben sie einander Halt und Wärme. Sie krankten beide an etwas Unerfülltem, an einem kaum gedachten, nie ausgesprochenen Heimweh: Maxim nach Prag, der ihm für immer verlorenen Stadt seiner Jugend, überhaupt nach einem Künstlerleben im alten Europa – Dorothy nach einer Welt, in der Schönheit und Freude neben Recht und Wohlstand ihren geheiligten Platz hätten – einer Welt, die sie mit erschaffen wollte und die, wie eine Luftspiegelung, in immer weitere Ferne dahinschwand. Als Maxim an einer Herzkrankheit starb, war ihre Lebenskraft gebrochen. Sie folgte ihm wenig später. Wer sie gekannt hat, wird immer dankbar sein, daß es sie gab. Wer ihr Freund war, darf ihrer mit Stolz gedenken. Ihr Leben und Wirken ließ, in finsterer Zeit, eine Leuchtspur zurück, die dennoch Hoffnung bedeutet für ein menschlicheres Geschlecht.

Der Geiger Max Strub
Ein Scherzo von Kindheit und Gegenwart

Musikfreunden wird der Name des Geigers Max Strub und des »Strub-Quartetts« noch vertraut sein. Er selbst ist leider vor einigen Jahren verstorben.

*

1951

Sind wir wirklich Leute zwischen fünfzig und sechzig geworden? Haben wir nicht eben den ersten Bart geschabt? Wann, liebe Freunde, haben wir eigentlich aufgehört, uns als »jüngste Generation« zu empfinden. Oder es zu sein? Könnt Ihr Euch erinnern? Ich nicht. Und sehen wir uns nicht gegenseitig immer noch mit nackten Waden und blauen Flecken am Schienbein?

Dich, Strubbesje, sehe ich ein wenig anders. Würdiger. Die nackten Waden sehr dick. Eine schön gebundene Lavallière unterm Umlegekragen. Ein Auge schielend, als wolle es, vom Notenblatt weg, die strammen Taktschläge unseres Gesang-, Turn- und Zeichenlehrers Adam Götz beobachten, während das andere, groß, rund und Götz-entrückt, in die Musik versunken und wie ein sehendes Ohr in ihre Zeichen gebannt ist.

Die Geige – in unserer Sprache »die Geisch« – unters kindliche Kinn geklemmt, das damals schon von einem Doppelkinnlein unterwachsen und von zwei soliden Barockbacken überwölbt war. Das Strubbesje, Wunderkind unseres Mainzer Gymnasiums, ein zwölfjähriger Joseph Joachim, Mozart spielend, zu Großherzog Ernst Ludwigs oder Kaiser Wilhelms Geburtstagsfeiern.

Er wohnte in der Boppstraße, von meinem Elternhaus nur ein paar Schritte entfernt, gleich »um die Ecke rum«. Wir hatten denselben Schulweg und gingen ihn, mit unseren Instrumenten unterm Arm, manchmal gemeinsam zu den Proben des Schülerorchesters. Sonst trennte uns damals noch der gewaltige Abstand von drei Schulklassen, drei Lebensjahren (die mit der Zeit immer mehr zusammenschrumpfen). Aber als er zehn, ich dreizehn war, spielten wir schon miteinander die ›Kleine Nachtmusik‹.

Sein Vater war Photograph – sein Schild, ins glasgedeckte Atelier einladend, prangte an der Haustür.

Der alte Strub stand im Geruch, ein besonderer Künstler in seinem Fach zu sein: nämlich als Leichenphotograph. Er richtete die frisch Verstorbenen schön her, brachte sie in günstige Stellungen, belichtete sie mit Sorgfalt und nahm sie auf.

Er selbst erholte sich von jenem sinistren Geschäftszweig durch die Musik. Wenn Brautpaare, Einjährige und Leidtragende das Atelier verlassen hatten, erklang das Doppelkonzert. Das Strubbesje, ein Auge auf den schwarz verhüllten, sargartigen Photographenkasten oder auf das Porträt eines Verblichenen an der Wand, das andere auf die Noten geheftet, spielte den Konterpart. Bald klang die volle Geige seines Vaters dünn-matt gegen den singenden Jubelton seiner halben. Er hatte Musik in den Fingern – wie andere in der Kehle – mit auf die Welt gebracht.

Was einer mit auf die Welt bringt, ist seine Gabe. Den so Begabten läßt man dann, wie das Wort sagt, ausbilden. Doch was er selber in sich und aus sich herausbildet, aus der Seele, zum Geiste hin – nur das wird sein eigen und macht seine musikalische Sendung. Aus dem »geischenden Strubbesje« wurde der Geiger, der Musiker Max Strub.

Ich mache einen Sprung, einen tüchtigen Weitsprung sogar, ich muß mich dabei mehrmals überschlagen, im Salto vitale oder mortale, um nicht herunterzufallen aus der Luft, was vermutlich ins Wasser ginge, denn der Sprung landet drüben in Amerika.

Wieder dorthin zurückgekehrt, wo ich die Jahre des Zweiten Weltkrieges mit »Quelle, Tier und Baum« in den Wäldern verlebt hatte, nach fünf Jahren europäischer Wanderschaft, nach einem halben Menschenalter fortgesetzten Abschiednehmens und Wiederkehrens, stand ich wie im Bann zwischen Schlaf und Wachen, in dem man nicht weiß, was ist der Traum, was ist die

Wirklichkeit. Alles bekam ein eigenes, ganz vertrautes und ebenso neues Gesicht – jeder Laut in der tiefen Stille des Waldlands schien seine eigene, heimliche Bedeutung zu tragen: das Knacken einer bestimmten Stufe im hölzernen Stiegenhaus, der entfernte Ruf eines Vogels, das leise Rascheln, mit dem der plötzliche Windzug die Seite eines Buches umblättert.

In diesem Zustand einer leicht befremdeten, zeitentrückten Kontemplation lag es nahe, den großen, eisenbeschlagenen Holzkasten zu öffnen – er mag einmal die Seekiste eines frühen Einwanderers gewesen sein –, in dem die zurückgelassenen Papiere verwahrt lagen. Ein wenig war es, wie wenn man die Schatten aus dem Sacke, die Geister aus der Flasche läßt.

So etwas Ähnliches verspürt man wohl immer, wenn man alte Papiere anschaut, besonders die selbstgeschriebenen. Hier aber mischten sich noch andere, dunklere, beklemmende Gesichte in das verblichene Bild: bald hämmerten sie wie Schiffsglocken in der Not, bald heulten sie im Sirenenton der Kriegsschrecken. Es waren die ersten Lebenszeichen, die frühsten Nachrichten, die vereinzelten, auf Schleichwegen übermittelten Grüße und Berichte von drüben, dem lang versunkenen, damals noch immer abgesperrten, heimischen Kontinent, die mich in jenem Frühling und Sommer erreicht hatten, als der Krieg zu Ende ging, und als wir bei jeder Post hofften und bangten, was wir erfahren würden. Stück um Stück, Splitter um Splitter erfuhr man die Wahrheit. Die zerschmetternden Nachrichten vom Ende geliebter Menschen, die ebenso erschütternden vom Schicksal der Überlebenden. Die heiße, augenschmerzende Freude, daß die Eltern lebten, die gleichzeitige Angst um ihr Ergehen und ihre Hilflosigkeit. Der knappe, furchtbare Bericht vom Galgentod bester, ältester Kameraden. Das Wiedersehen mit einer vertrauten Handschrift, die man lang verlöscht glaubte.

Noch ganz im kühlen Frösteln solcher lähmender Bilder, mußte ich plötzlich lachen. Laut lachen. Das Lachen weckte mich und ließ mich merken, daß nach einem Gewitterguß die Sonne schien und das nasse Gras duftete. Ich nahm den Brief, der es erregt hatte, aus dem krausen Pack heraus, setzte mich auf den Kistendeckel, als wären die Schatten nun wieder darin eingesperrt, und las ihn mir selber vor. Hier folgt sein Inhalt, in möglichst getreuer Übersetzung. Der Absender war ein mir unbekannter »GI«, ein amerikanischer Soldat, der damals, kurz nach Kriegsende, mit seiner Truppe in dem österreichischen Städtchen Wels an der Donau lag. Seine Orthographie war nicht die reinste, sein Stil das reinste Amerikanisch. Er schrieb:

»Werter Herr, hierdurch lasse ich Sie wissen, daß ich in diesem miserablen Nest, von dem manche behaupten, es sei schön, weil es so alt ist, daß es stinkt, einen Mann gefunden habe, der sich Professor nennt und mit Leuten wie Toscaninis, Menuhins und Heifetzens um sich herumwirft, als habe er mit ihnen Fußball gespielt. Auch Sie hat er genannt, und ich schreibe Ihnen zuerst, weil Sie nicht so widerwärtig berühmt sind, obwohl der Professor das behauptet, aber mir sagt Ihr Name nichts. Übrigens mag er mit seinen Toscaninis noch nicht einmal aufschneiden, denn er spielt unmöglich gut (impossibly well) auf der Fiddel.

Er hofft, daß Sie irgendwas für ihn tun können, vielleicht einen der großen Taktstöcke winken lassen, damit er hier rauskommt, denn das hätte er verdammt nötig. Er haust in einem Loch mit so niedriger Decke, daß er beim Fiddeln dagegenstößt, sobald er auf Touren kommt. Sie kennen diese Häuser hier, auf die man noch stolz ist, die Wände aus Stein und so dick, als sollten sie bis zum Jüngsten Tag halten, auch die Treppen aus Stein, und alle Katzen des Mittelalters haben sich da verewigt. Meinetwegen, es ist alles sehr alt, also muß es auch schön sein, aber nicht für mich, mein Herr!

In Prag haben sie ihm seine nette kleine Strad weggenommen (His nice little Strad – es handelte sich um eine echte Stradivariusgeige – Anmerkung des Übersetzers.) Aber er hat noch eine andere, die für eine Fiddel unverschämt gut klingt, wenn er sie spielt. Der Krieg scheint für ihn darin bestanden zu haben, daß er mit seinen beiden Fiddeln von Kellerloch zu Kellerloch gesprungen ist, und das hat ihn ein bißchen nervös gemacht. Zu essen hat er auch nichts, aber jetzt gibt ihm unser Kaplan Zigaretten, wenn er beim ›service‹ fiddelt, damit er schwarzhandeln kann. Ob Sie ihn über meine Adresse erreichen, ist ungewiß, denn uns schubst man herum wie Ziegelsteine auf einem Bauplatz. Aber versuchen Sie mal. Er ist ein Deutscher, aber ich denke, ein gutes altes Ei (quite a good old egg).

Ihr aufrichtiger
Lewis P. Hathaway.«

Mein gutes altes Ei! Es dauerte noch recht lange Zeit, bis ich Dich wiedersah, es war in Salzburg, Anfang 1947, nachts in der Wohnung der Schwester des Bahnhofswirtes, der damals grade sein zerbombtes Büfett wieder aufbaute... Die Backen und die Waden waren Dir eingeschrumpft, so auch das Doppelkinn, aber unters einfache Kinn wurde die Geige geklemmt, ein Auge schielte nach dem »schwarzen Cognac« unsrer Gastfreunde, das andere war ganz vertieft, ein großes Kinderauge, unverändert gleich einem sehenden Ohr auf die imaginären Zeichen der Musik (die längst verlorenen, im Geiste nie verlierbaren Notenblätter) geheftet. Unverändert und doch um ein Wissen vermehrt, das den Menschen ausmacht und den Künstler formt.

Und die Geige, obwohl »nur noch« eine echte Guarneri, erbebte im Orgelton, vox coelesta, vox angelica – vox humana. Dahin die dumpfe Stimme der rohen Niedertracht, die fahle Stimme des tausendfältigen Todes. Verklungen der rauhe Schrei, verhallt das blöde Getös der Gewaltsamkeit, dahin der Schrecken, der Jammer, die Angst. Übern Abgrund weg schweben die heiligen Eimer, von Hand zu Hand. Begnadete Hände reichen sie weiter, nehmen sie auf. Schöpfen aus ihrem kostbaren Inhalt, erfüllen sie neu, mit ihren Schmerzen, mit ihrer Seligkeit. Geist der Musik: ernste, zuchtvolle Meisterschaft. Im Lachen ernst und noch im Weinen selig.

Carlo Mierendorff
Porträt eines deutschen Sozialisten

Anfang Februar 1944 war der Dichter Hans Schiebelhuth in Long Island an einer Herzkrankheit gestorben – der einzige, mir wirklich ganz nahestehende Freund in der Exilzeit. Gleich darauf traf die Nachricht ein, daß unser gemeinsamer Freund und Jugendgefährte Carlo Mierendorff im Dezember 1943 bei einem Bombenangriff in Leipzig ums Leben gekommen sei.

Anfang März entschloß sich die sozialistische und demokratische Emigration in New York, eine Gedächtnisfeier für Mierendorff zu veranstalten, der für jeden Einzelnen dieser Gruppen ein Begriff war. Ich wurde aufgefordert, die Gedächtnisrede zu halten.

Die Feier war in den beiden deutschen Zeitungen New Yorks angekündigt worden und von den Behörden genehmigt.

So durfte ich am 12. März 1944 die hier folgende Rede halten, vor einem dichtbesetzten Saal, in Anwesenheit amerikanischer FBI-Leute (Staatspolizei) – und durfte in einem Land, dessen Truppen gegen das damalige Deutschland kämpften, ungehindert mein *Bekenntnis zum deutschen Volk* ablegen.

⋆

1944

Dieser lebensvolle, beglückend und ansteckend lebensvolle, gesunde, starke, heitere Mensch, kann er wirklich tot sein? Kann es von uns allen gerade ihn gerissen haben, um dessen Leben wir so oft, so lange bangen mußten, bis er uns gleichsam unverwundbar, stich-, gift- und kugelfest erschien? Das war in einer Zeit, in der er Schlimmeres durchmachte als einen Luftangriff, Grauenhafteres als eine Grabenbeschießung, Qualvolleres als Krankheit oder Verwundung. Eine Leidenszeit, aus der er – nach jahre- und jahrelanger, endloser, zermalmender Bedrängnis – ungeschwächt hervorging und die er von sich abwarf, abschüttelte, als sie vorüber war, wie der Geheilte im

Volksbuch seinen Aussatz. Damals hatten wir mehr Grund, an seinen Tod zu glauben, von dem das Gerücht oft genug umging. Damals mußten wir stets damit rechnen, ihn nicht wiederzusehen. Jetzt – kann und will ich es nicht wahrhaben!

Wenn da hinten plötzlich die Saaltür aufginge, oder ein Fenster sich öffnete, und sein helles, schmetterndes, unbekümmertes Lachen würde ertönen, wie wir es alle im Ohr haben, ich würde mich kaum einen Augenblick wundern, sondern müßte denken: Da hat uns der Carlo wieder mal schön drangekriegt!

Nein, meine Freunde, ich bin nicht hierhergekommen, um einen Toten zu betrauern und an einer Grube zu weinen. Ich kann nicht mit Ihnen um das Verlorene klagen, ich kann das Schicksal weder beschreien noch vor seinem Blitzstrahl die Augen schließen. Mitten in seinem schneidenden Licht, das alles Wahre wahrer macht und alles Falsche vernichtet, will ich mit Ihnen vom lebendigen Carlo Mierendorff sprechen, von dem kurzen und ungeheuer erfüllten, wetterhaft leuchtenden Erdentag, den wir mit ihm teilen durften, und von seiner und unserer, trotz aller Tode lebendigen, blutig lebendigen Heimat: Deutschland.

Denn Carlo Mierendorff und Deutschland – das ist fast dasselbe. Mehr und mehr wurde es die gleiche Vorstellung für uns während der Jahre der Trennung, der Losreißung und Umwurzelung. Nicht nur sein harter Entschluß, der ihn in Deutschland hielt und dort dem Schlimmsten trotzen ließ, nicht nur die Hoffnung, die man für Deutschlands Zukunft auf ihn setzen durfte, machte seine einfache, schlichte, unfeierliche Gestalt fast zum Symbol eines Volkes, an dessen fruchtbaren Kern und dessen Wiedergeburt wir unerschütterlich glauben, sondern in seiner ganzen Persönlichkeit, in seinem Wesen und Wirken, in seiner Substanz und in seinem Handeln hat Carlo Mierendorff all das versammelt und vorgestellt, was wir im besten und schönsten, auch im einfachsten und bescheidensten Sinne deutsch nennen dürfen.

In diesem Prachtkerl von einem Mann und einem Kämpfer war nichts, kein Funke von Überheblichkeit, von Größenwahn, von Selbstverherrlichung; er kannte kein subalternes Machtgelüst und keine gewaltsame Geltungsgier. Alles Gewaltsame, alles Krampfige und Aufgeblähte, alles Pompöse, Verlogene, Phrasenhafte war dieser kräftigen, ursprünglichen, draufgängerischen Natur zutiefst verhaßt und wesensfremd. Er hatte die instinktive Sicherheit, das Selbstvertrauen, das maßvolle Bewußtsein der eigenen Fähigkeit und den gesunden Ehrgeiz einer echten Begabung, einen Ehrgeiz, der sein persönliches Lebensziel immer mit einem größeren, mit einer allgemeinen und bedeutenden Sache, verschmolz und verknüpfte. Ihm eignete vor allem eine enorme Aufgeschlossenheit des Geistes und des Herzens, eine fast künstlerische Anschauungskraft und Formungsfreude, ein immer waches, immer lebendiges Umfassen- und Begreifenwollen der Welt, auf die er mit einem so klaren, so leidenschaftlich nüchternen und so tief gestaltungsdurstigen Auge blickte wie ein Cézanne auf seinen runden Apfel. Ich gebrauchte eben das Wort »maßvoll«, und es nimmt bei einer grundlegenden Betrachtung seiner Gestalt eine weitere, dimensionale Bedeutung an. Bei all seiner elementarischen, temperamentbetonten Aktivität war Carlo stets von einem inneren Maß beherrscht, das ihn vor Übersteigerung und Verblendung bewahrte. Dieses natürliche Maßgefühl, dieser klare Sinn fürs Organische, Ausgewichtende, Proportionale war vielleicht ein Erbteil seiner westdeutschen Heimat, der Heimat Goethes, in der sich lateinisches, romanisches Formungselement mit freier, musischer Beseeltheit bindet. Es bedeutete bei seiner Vitalität und Vollblütigkeit einen zentralen Schutz, ein glückhaftes Gegengewicht, nicht nur für seine persönliche Lebensgestaltung, sondern vor allem für seine geistige, politische, kämpferische Radikalität. Er konnte von einer Idee erfüllt und besessen sein, ohne zu ihrem blinden Fanatiker – und damit vielleicht zu ihrem unfreiwilligen Totengräber – zu werden. Er war fähig, wie ein Dramatiker das Wesen der anderen Seite zu sehen und ihren Standort zu begreifen, auch wenn er ihn bekämpfte. Er konnte stürmisch losgehen, ohne übers Ziel zu rennen; er konnte auch stiermäßig brüllen, aber ohne sich heiser zu schreien. Seine enorme Lebenslust war ihm dienstbar, war sein Besitz, mit dem er verschwenderisch hausen durfte, ohne ihn zu vergeuden oder ihm untertan zu werden. Er konnte trinken, ja saufen, ja besoffen sein, ohne je einen Zug vom Säufer, vom Verfallenen, Abhängigen zu bekommen. Er konnte sich grenzenlos verlieben, ohne hörig zu werden, und sein mächtiger Appetit nach allem Lebendigen, Irdischen, Verbrennlichen und Vergänglichen, auch nach Erfolg in jedem Sinne und nach echtem Genuß, ging nie so weit, daß er sich überfraß. Er blieb wachsam in seinem Geist, und er gab seiner Seele Raum genug, um immer ein Mensch, das heißt: ein Mitmensch, ein Welt- und Gotteskind zu sein. Er war ein Sozialist aus Überzeugung und Weltverbundenheit, ein Deutscher aus Erbschaft, Naturell und Charakter. Seine entscheidenden Eigenschaften, die ihn gleich fest und stark gemacht haben im Tun und im Erleiden, waren einfacher und mannhafter Art: Mut, Offenheit, Treue. Mut, Treue und Ehrlichkeit, innere Zucht und freie, heitere Welterschlossenheit, im Herzen gläubig, im Geiste hell und wach, diese Eigenschaften durften wir einmal mit Recht deutsche Tugenden nennen, sie waren die Ideale, die Lebens- und Bildungsziele eines Deutschland, von dem wir alle herkommen, dessen helle und dunkle Erbschaft wir überall mit uns tragen, und das sich nicht teilen oder zerlegen läßt in ein solches und ein anderes, ein schwarzes und ein weißes, ein gutes und ein böses Deutschland. Das schimpflichste Verbrechen, das durch seine Unterdrücker und Verführer am eigenen Volk begangen worden ist, besteht ja darin, daß seine besten Wesenszüge, seine reinsten Quellen und seine stärksten, fruchtbarsten Keime, vor der Welt und im Innern getrübt und beschmutzt, verdächtigt und diskreditiert, geschändet und fast vernichtet wurden. Desto heller und klarer wollen wir das Bild eines Menschen beschwören, der für die deutsche Wirklichkeit, und nicht für einen Traum, ein Ressentiment oder eine Wahnvorstellung gelebt, gekämpft, gelitten hat und schließlich daran sterben mußte.

Denk ich an Carlo – so springt meine eigene Jugend in mir auf, nicht die Kindheit, die für uns im Schimmer einer versunkenen

Friedenswelt, gleichsam unter den Fluten erscheinen mag, sondern die Zeit der stürmischen Gärung, des Durchbruchs aus Blut- und Nebelwolken, der Rückkehr vom Tod und des Vormarsches zum Leben, den wir begannen, als wir aus den Schützengräben und dem düsteren Verhängnis des Ersten Weltkrieges heimkehrten. Wir kehrten heim in unser Vaterland, und wir betraten doch eine andere Erde, denn für uns hatte sich ja mit uns selbst die Welt gewandelt, und nur für eine verwandelte Welt und in einer erneuerten Heimat wollten wir leben. Es sind nicht gefühlsbetonte Erinnerungen, die ich hier auskramen will und die mich von dieser Zeit, von meiner ersten Gemeinschaft mit Mierendorff erzählen lassen. Es ist der Blick in die kommende Zeit, der diesen Rückblick fordert – in die Zeit, die uns und der Welt bevorsteht, wenn die Überlebenden aus diesem Krieg in ihre Heimat zurückkehren werden, die ebenso schwer, vielleicht schwerer gefährdet, aber auch heftiger und drängender gewarnt sein mögen. Dieser Blick in die kommende Zeit ist ernst und besorgt, aber nicht verzweifelt, nicht hoffnungslos, nicht hoffnungstrunken. Auch wir, die Heimkehrer von damals, wenigstens in den besiegten Ländern, waren ja nicht mit rosiger Hoffnung überschüttet. Der Weg ins Neuland, den wir tapfer beschreiten wollten, begann mit Schmerz und Enttäuschung. Enttäuschend, vor allem für uns, die wir von Politik nichts oder wenig wußten, war die schwächliche Unsicherheit, mit der die demokratischen Führer sich in ihrer endlich erreichten Freiheit bewegten. Sie hatten die tappende Vorsicht von Menschen, die lange im Dunkel gelebt haben und die erst lernen müssen, im vollen Licht zu gehen. Schmerzhaft und erbitternd waren die Ereignisse dieses ersten Winters nach dem Zusammenbruch, die Spartakuskämpfe, die schimpfliche Ermordung Liebknechts und Rosa Luxemburgs unter den Augen unserer demokratischen Regierung, das Aufkommen der Freikorps, die hilflos verworrenen Räterebellionen einzelner Städte und ihre grausame, alles Freie und Neue mit zerstampfende Niederwerfung. Schmerzhaft und enttäuschend war das Scheitern der Wilsonschen Mission, das Unverständnis der Siegermächte, die damals schon der deutschen Freiheit das Grab schaufelten und ihren erbittertsten Feinden zur Auferstehung halfen. Wir fanden keine Hilfe von außen und keine Bereitschaft im Innern. Aber – wir lebten, wir hatten unsere heile Haut heimgebracht, wir waren jung, unser Blick und unser Geist fingen eben erst an sich zu erschließen, wir fühlten uns, trotz der verlorenen Jahre, reifer und erfahrener als andere junge Leute im Anfang der Zwanzig; denn uns waren unter Blitz und Donner die Augen aufgegangen, wir hatten eine innere Wandlung erlebt, wir hatten zu denken begonnen, wir ließen uns nichts mehr vormachen, und wir wußten, trotz aller Hürden und Rückschläge, daß die Zeit, die Zukunft, der Lauf der Welt mit uns im Rennen lagen und unseren Schritt machten. Die, von denen ich hier spreche, waren zunächst nur Wenige und Vereinzelte, und sie hoben sich trotzig und unliebsam von der grauen Masse der verärgerten, dumpfen oder gleichgültigen Heimkehrer ab, denen es nur um verlorenen sozialen Nimbus oder die hochgehängte Futterkrippe ging. Aber da waren ja noch andere Leute in Deutschland, von denen wir vorher, das heißt bevor der Krieg uns aus unseren höheren Schulen und besseren Familien heraus und mit ihnen in dieselben Unterstände geworfen hatte, nichts wußten, und sie waren sogar die Majorität: die Arbeiter und die Bauern, die schaffenden, um ihr Leben werkenden Leute in Stadt und Land. Nicht vorsichtig und allmählich, sondern ganz rasch und gleichsam im Zuge eines Naturereignisses, stellte sich da die Verbindung her, nämlich aus gleicher Not und gleicher Hoffnung, und sie wurde zu einer geistigen Zündkraft, die uns aus den verschiedensten Richtungen zusammenriß und mit dem gleichen Strom erfüllte. In wenigen Monaten, ja Wochen bildeten sich Kreise, Gruppen, Kampfgemeinschaften von Menschen, die vorher nichts voneinander gewußt hatten und die sich in vielen Fällen zu Lebensgemeinschaften verdichteten. So vollzog sich mein Zusammentreffen mit Carlo. In Darmstadt erschienen damals die ersten Nummern einer radikalen Revolutionszeitschrift, ›Das Tribunal‹ genannt, die ich natürlich schon verschlungen hatte, ohne von den Herausgebern und Mitarbeitern mehr als die Namen zu kennen. Ich selbst lebte als ziemlich unbemittelter Student in Frankfurt am Main und veröffentlichte erste Gedichte und Aufsätze in der noch radikaleren Zeitschrift ›Aktion‹, die Franz Pfemfert in Berlin herausgab. Plötzlich bekam ich eine Postkarte von dem Verlag des ›Tribunal‹, die mich zur Mitarbeit und redaktioneller Teilnahme aufforderte. Der Herausgeber, Carlo Mierendorff, der auch in Frankfurt lebte, wolle mich kennenlernen. Merkwürdigerweise verabredeten wir unser erstes Zusammentreffen nicht auf einer unserer Buden, sondern auf einer Massenversammlung im Frankfurter Saalbau, wo es selbst für Zwillingsbrüder schwer gewesen wäre, sich zu finden, geschweige denn für Leute, die sich noch nie gesehen hatten. Wir machten aus, daß wir uns vor Beginn an einem bestimmten Eingang treffen wollten, als Erkennungszeichen sollte Carlo eine Nummer des ›Tribunal‹, ich die letzte Ausgabe der ›Aktion‹ in der Hand tragen und uns vor die Brust halten. Es war eine der besuchtesten und erregtesten Massenversammlungen, die Frankfurt in diesem aufgeregten Jahr gesehen hat, der damals noch kommunistische Abgeordnete Paul Levi sprach über die Ermordung Liebknechts, die nur ein paar Tage zurücklag. Unter Tausenden einströmender Besucher, die einander stießen, drängten und von Ordnern vorwärtsgeschoben wurden, im Dampf der nassen Wintermäntel und im trüben Schein der Eingangslampen haben wir uns tatsächlich gefunden, und wir liebten es später zu behaupten, daß wir die als Erkennungstafeln gedachten Zeitschriften beide vergessen und uns auch so, nur am Geruch und an der Wellenlänge erkannt hätten. Das war natürlich, wie vieles in unseren anekdotischen Ausschweifungen, eine kleine Übertreibung. Auch ohne das war unsere Begegnung merkwürdig und spannungsvoll genug. Wir müssen uns gleich gefallen haben, denn wir begannen sofort, uns gegenseitig anzupflaumen und zu veräppeln, was wir durch all unsere Freundschaftsjahre immer beibehalten haben. Aber wir stellten auch gleich fest, daß wir beide bei der Feldartillerie gestanden hatten, zeitweilig sogar beim selben Regiment, und unter Levis Donnerworten, von denen man kaum was verstand, denn damals gab es noch keine Lautsprecher und Mikrophone, unterm aufwühlenden Gesumme und Getöse der Volksmassen, tauschten wir zwischendurch kurze militärische Erinnerungen und verständigten uns über gemeinsame Bekannte. Wir trugen beide noch Röcke, die aus der letztgefaßten Montur geschneidert waren, und unsere ausgewachsenen, recht schäbig gewordenen Wintermäntel stammten noch aus unserer Vorkriegspennälerzeit. Die Versammlung ging zu Ende, die Massen verliefen sich, aber wir blieben zusammen, blieben die ganze Nacht zusammen, unter brennenden Debatten und Gesprächen, es regnete, es war naßkalt und trübe, unsere Zimmer waren ungeheizt, alle Kneipen waren geschlossen, wir brachen unsere letzte Zigarette, zehn Stück für fünf Pfennig, in der Mitte durch, und wir begleiteten uns immer wieder gegenseitig nach Hause, stundenlang, über die Untere Mainbrücke hin und her von einem Stadtteil in den anderen, da es immer wieder etwas zu sagen und zu entgegnen gab. Und aus dieser Nacht wuchsen viele andere, unzählige, in denen wir uns immer wieder nach Hause begleiteten, und das immer gleich erregte, niemals erlahmende Gespräch kreiste um die gleichen brennenden Fragen, die auch heute noch die Hauptstücke unseres Lebens sind. Wir waren damals entschlossen und überzeugt, sie alle samt und sonders zu lösen und klarzustellen, und zwar jedenfalls vor unserem dreißigsten Jahr. Carlo mit seinem enormen Tempo und seiner gewaltigen Arbeitskraft hätte auch das Zeug dazu gehabt, das zu schaffen. Wann er eigentlich müde war, erinnere ich mich nicht, mit Ausnahme jener berühmten zwanzig Minuten, die er manchmal, in plötzlichen Anfällen einer fast Bismarckschen Schwäche, mitten während einer Gesellschaft im Nebenzimmer auf dem Sofa verschlief, um dann erholt wie von einer Ferienreise wieder aufzutauchen und genau da weiterzusprechen, wo er seinen letzten Satz unterbrochen hatte. Der Krieg hatte dem jungen Carlo wenig antun können. Wir alle waren damals ja vom Krieg gezeichnet und geprägt, aber wir fühlten uns merkwürdigerweise trotz der Finsternis jener Jahre nicht vom Kriege zerstört. Es war ein Erlebnis, das wir überwunden hatten oder in neuen Aufgaben überwinden wollten, es war eine Erfahrung, die uns stärker gemacht hatte, und wir blickten darauf zurück, ohne verklärende Romantik, aber auch ohne Bitterkeit oder Klage. Wir konnten es uns noch nicht abgewöhnen, wenn wir am Main oder Neckar spazierengingen, die Landschaft nach guten Batteriestellungen abzusuchen oder Entfernungen zu schätzen. Einmal, als ich mit Carlo – tief in der Nacht und gar nicht ganz nüchtern – nach irgendeiner Einladung vom Heidelberger Schloßhotel herunterwanderte, rochen wir plötzlich offenes Holzfeuer, wir gingen ganz fasziniert dem Geruch nach und empfanden fast eine Art von Heimweh nach Biwak, Vormarsch, Nachtpatrouille. Wir rauften auch miteinander, gern und oft, noch als erwachsene Männer konnten wir uns der Katzbalgereien und Kraftproben nicht enthalten, wobei es manchmal hart zuging, weil wir gewöhnlich in ziemlich ähnlicher Form waren. Es war schon in unseren reiferen Jahren, als meine Frau den Carlo ins Bein beißen wollte, da er bei einem unfairen Ringkampf in unserem Henndorfer Haus über mir war und es ausschaute, als würde er mich umbringen. Aber ein Mensch von Carlos eingeborener Noblesse war natürlich von Grund auf friedliebend, weltbürgerlich, ja pazifistisch gesinnt, er haßte jeden Krieg, denn er wußte, daß er sich immer gegen die Schwachen und Wehrlosen richtet und immer von denen durchkämpft und durchlitten werden muß, die ihn nicht gewollt und gemacht haben. Es liegt einer der grausamsten und groteskesten Irrtümer oder Querschüsse des Schicksals darin, daß er, der mit dem Herzen auf unserer Seite stand, nun auf der anderen Seite fallen mußte. Vielleicht kommen viele, die zu uns gehören, so ums Leben.

Was für eine Gnade, daß der Mensch sein Geschick nicht vorausweiß. Über Carlos Leben, solang es ihm frei gehörte, lag kein Schatten einer bösen Ahnung. Er hat es stark und tätig genutzt.

Im Frühling 1919 waren wir zusammen nach Heidelberg gegangen, und bald hatte sich unser Kreis, zu dem seine Darmstädter Freunde schon gehörten, um ebensolche, wie von selbst zu uns stoßende, gleichgerichtete Kameraden erweitert, die vorher nichts von uns und von denen wir nichts gewußt hatten. Ich denke immer an das Elementare, Unerwartete, Ausdembodenschießende dieser damaligen Kreisbildung und der daraus erwachsenden Lebensgemeinschaften, wenn ich heute den Diskussionen und Spekulationen über die Jugend der Nachkriegswelt, besonders des nachhitlerschen Deutschland, lausche, und es gibt mir ein gutes, positives Gefühl, erlebt zu haben, daß das Unberechenbare und Aufkeimende stärker, zukunftsträchtiger sein kann als das Organisierte und Vorausgeplante.

Wir kamen damals fast alle aus den Reihen der begeisterten Kriegsfreiwilligen von 1914, wir waren keine Kriegsdienstverweigerer, keine gelernten Revolutionäre. Keiner von uns hatte eine politische, demokratische Tradition oder gar eine »Parteierziehung«. Die meisten waren im Krieg Offiziere und Träger höherer Auszeichnungen geworden, aber wir waren alle, in den verschiedensten Schattierungen, doch auf dem gleichen Gesinnungsgrund, überzeugte Anhänger der deutschen Revolution, militante Pazifisten und gläubige Europäer. Da war der Leutnant und Dichter Hans Schiebelhuth, mit dem mich durch alle kommenden Jahre eine noch tiefere und bedeutsamere Lebensfreundschaft verband und der uns jetzt auch durch den Tod entrissen wurde, im Weltkrieg vielfach verwundet, ausgezeichnet, im Heeresbericht erwähnt, da war der Leutnant und Philosophiestudent Theodor Haubach, der als Patrouillenführer in der Westfront berühmt geworden war, da war, frisch aus dem Zusammenbruch der Münchener Räterepublik entkommen, der österreichische Oberleutnant Egon Ranshofen-Wertheimer, der einer der ersten k. u. k. Kampfflieger gewesen war, da war der Artillerieleutnant und expressionistische Lyriker Henry Goverts, einer der besten und zuverlässigsten Freunde des späteren Carlo, da war der Carlo selbst, der, nach langer Krankheit als Unteroffizier in die Front zurückgekehrt, ein paar schon verlorene Feldgeschütze unter den feindlichen Kugeln und Bajonetten herausgeholt hatte und vom Kaiser Wilhelm persönlich, Aug in Auge, dekoriert worden war. Meine eigene Kriegskarriere war ähnlich verlaufen. Alles in allem hätten wir eine mobile

Kompanie mit unseren Kriegsauszeichnungen und denen unserer anderen pazifistischen Freunde und Mitarbeiter versehen können. Wäre der Gedanke so absurd, daß auch unter den jungen Nazis in diesem Krieg, nicht nur denen, die die Erziehung vor Stalingrad genossen, sondern unter der Masse von Heimkehrern und Demobilisierten, ähnliche Außenseiter herumlaufen, welche die Berufung hätten, zum Zentrum, zum Kernstock und Mittelpunkt einer neuen Entwicklung zu werden? Wir, die Verwandelten und Erneuerten von 1914–1918, hätten diese Berufung gehabt, und es bleibt die Tragödie, nicht nur unserer Generation, sondern unserer ganzen Welt, daß wir nicht reif genug waren, sie zu erfüllen, und daß die Gereifteren, die Führenden und Verantwortlichen jener Epoche, dieser Mission mehr im Wege standen, als sie uns zu erschließen, uns heranzubilden und zu stützen. Heranbilden und stützen mußten wir uns selber. Ein Mensch wie Carlo wußte sofort, daß sein Weg und Schicksal in dieser chaotischen, nach Formung verlangenden Welt die Politik sei. Obwohl er mehr vom Literarischen herkam – es fehlt mir hier die Zeit, seine und seiner Jugendgefährten unerhört reizvolle literarische Anfänge und Versuche, die Welt des Darmstädter Dachstubenkreises, zu beschwören –, verzichtete er bewußt auf die künstlerische Seite seines Talents, die ihm einen raschen äußeren Erfolg zu versprechen schien, und warf sich ganz in die zielklare politische Arbeit.

Bei Universitätslehrern wie Alfred Weber und Emil Lederer fand er geistige Reibung und Auseinandersetzung genug, wichtiger aber als die lernmäßige Bildung war die stetige Anregung, ich möchte fast sagen, die wechselseitige Selbsterziehung in unserem jugendlichen Kreis, durch Kritik und Höchstforderung voneinander, und die kämpferische Teilnahme am Zeitgeschehen, ob wir nun in die aktive Politik gingen oder nicht. Daneben blieb das geistige, literarische, künstlerische Interesse in Carlo immer gleich wach, scharf und lebendig. Das ›Tribunal‹ erschien jeden Monat und erregte wüste Stürme im trüben Wasserglas mit seinen zorn- und humorgeladenen Attacken auf alles Faule, Dumpfige, Hemmende und Verwesende im öffentlichen

Leben. Carlo übte sich dort in gepfefferten Kampfartikeln, aber auch in geradezu hymnischer Zustimmung zu dem, was ihm Respekt und Ehrfurcht einflößte. Bei ihm gab es keine prinzipielle oder ressentimenthafte Opposition, er kannte die wunderbare Kraft der Ehrfurcht vor dem Großen und Bedeutenden, und als er sah, daß die Zeit keine Rebellion mehr, sondern Konstruktivität und Aufbau verlangte, hatte er die ungewöhnlich überlegene Selbstdisziplin, zusammen mit seinen Freunden, das immer noch erfolgreiche ›Tribunal‹ aufzulösen, bevor es in einen konventionellen Radikalismus um seiner selbst willen entartet wäre. Carlo schrieb in dieser Zeit auch vorzügliche Theaterkritiken für sozialistische Blätter, die dramatische Kunst und der eben ins Kraut schießende Film hatten immer seine leidenschaftliche Anteilnahme, und er sah sie seiner Art gemäß vor allem vom erzieherischen, volksgestaltenden, im weitesten Sinn moralischen Standpunkt. Der Verleger Erich Reiss gab ihm damals den Auftrag, innerhalb einer Serie moderner Broschüren, eine Schrift über das Kino zu verfassen, und Carlo stürzte sich mit vollem Dampf hinein, die enorme Bedeutung des Films für Geschmacks- und Meinungsbildung der Masse vorausahnend, seine ungenutzten schöpferischen Möglichkeiten erspürend, und er fand als Titel für diese Schrift den sehr persönlichen, bezeichnend aktivistischen Aufschrei: ›Hätte ich das Kino!‹ – Furchtbar kämpfte und schlug er sich mit dem Stoff, dem Stil, der Ausdrucksform dieser Schrift, wochenlang dampfte und schwitzte er geradezu vor Anstrengung, bald ging es vorwärts, bald blieb er stecken, und ich werde nie vergessen, wie er in einem Anfall von produktiver Verzweiflung vor jenem kleinen Kinematographentheater in der Heidelberger Hauptstraße, in dem man damals noch so wunderbare zitterige Stummfilme zu kreischender Grammophon- oder klappernder Klavierbegleitung sehen konnte, plötzlich mit seiner Trompetenstimme in die Menge der verblüfften Besucher hineinbrüllte: »Hätte ich das Kino!« Ich glaube, daß wir schon damals den liebevollen Spitznamen »Herr Vielgeschrey«, nach einer Holbergschen Komödienfigur, für ihn erfanden, ein Name, den er, mit dem barocken y am Ende, unter all seine privaten Briefe und Dokumente zu setzen pflegte. Herr Vielgeschrey wurde der südwestdeutsche Bürgerschreck in sensationellen Massenversammlungen, in denen für Menschenrechte und europäische Versöhnung gekämpft wurde, er wurde der Kampfhahn gegen reaktionäre Verbindungsstudenten, Antisemiten, Chauvinisten, Nazivorläufer, Herr Vielgeschrey war der Motor und Mittelpunkt der politisch radikalen Jugend im Umkreis der Universität, Herr Vielgeschrey lernte, schrieb, arbeitete, lachte, schuftete, schlug, trank und liebte sich durch viele Landschaften, Orte und Städte, es läßt sich kaum ein aktiveres, gespannteres, impulsiveres und gleichzeitig zielbewußteres Leben denken, und bei alledem war und blieb Herr Vielgeschrey der beschwingte, welt- und kunstvernarrte, helläugige und humorfunkelnde, symposionale und immer ganz gegenwärtige Gefährte unserer besten, unserer unwiederbringlichen Zeit.

Aber die Zeitflut stieg und schwoll und gurgelte schaurig herauf, und während wir noch furchtlos und unbewehrt in ihren Schaumspritzern und Brechern zu baden glaubten, stand sie uns schon am Hals und schwemmte in saugender Drift den Sand unter unseren Füßen weg. Aus Scherz wurde Ernst, aus dem Vorspiel wuchs die Tragödie, aus dem Trainingsquartier wurde, über Nacht, der Kampfring. Er fand Carlo bereit.

Als der Kapp-Putsch kam, ein erstes schwaches Sturmzeichen, stand Carlo schon als Redner in den Fabriken der streikenden Arbeiter. Die Freikorps wurden aufgelöst, aber die Geheimverbände, die Schwarze Reichswehr, die Deutsche Murder Inc., schossen wie Nachtpilze empor. Im Frühsommer 1922 wurde Walther Rathenau ermordet. Morde an Erzberger und anderen waren vorausgegangen. Wir, die wir die Kreise kannten, aus denen die Mörder kamen, wußten, daß es nur eines gäbe, um mit ihnen fertig zu werden: rücksichtslose Bekämpfung, stärkste Exekutive und stärkste Repräsentation eines starken Staates. Meine Freunde – ich brauche Ihnen und der Welt die Ereignisse und Verhängnisse dieser Zeit, die Schwächen, die Sünden und Fehler, die begangen wurden, nicht ins Gedächtnis zu rufen. Es ist genug darüber gesagt worden, sie haben ihr geschichtliches Urteil und ihre viel zu harte Strafe gefunden. Wenn man aber Carlo in dieser Zeit seiner ersten, ernsthaft politischen Kämpfe gesehen hat, dann mußte man glauben, daß ein demokratischer Samson, wenn auch nur mit Eselskinnbacken bewaffnet, Tausende von Reaktionären hätte erschlagen können. Ich habe diese kritischen Tage nach der Rathenau-Ermordung mit Carlo zusammen mitgemacht und will nur kurz in Erinnerung rufen, was damals geschah, weil es die Zeit und den Menschen mehr erhellt als jede historische oder theoretische Untersuchung. Die deutsche Republik hatte einen Tag der Staatstrauer für den ermordeten Außenminister angesetzt. Die Universität als staatliche Anstalt war für den vollen Tag geschlossen und hatte halbmast geflaggt. Dies entsprach nicht nur dem Empfinden eines großen Teils ihrer Angehörigen und der Bevölkerung, sondern es war Gesetz, mehr als das, es handelte sich um einen Akt, in dem der herrschende, vom Volk gewählte Staat seine Existenz und seinen Lebenswillen zum Ausdruck brachte. Außerhalb der eigentlichen Universitätsgebäude, in einem anderen Stadtviertel, lag das Physikalische Institut, dessen Leiter, der berühmte Wissenschaftler Lennard, ein notorischer Alldeutscher, Chauvinist, Aggressionspolitiker war, der seine Studenten, auch ohne um seine politische Meinung gefragt zu sein, gegen die Demokratie aufhetzte und für den kommenden Revanchekrieg zu begeistern suchte. Ein Teil seiner Studenten, teils aus Strebertum, teils aus eigener Anlage, gab sich dem willig hin, und das Physikalische Institut war als eine Hochburg von bösartiger Reaktion und Verschwörertum bekannt.

Während sich ein Trauerzug der sozialistischen Arbeiter, an dem auch viele Studenten teilnahmen, durch die Stadt bewegte, um ein Erinnerungsmal einzuweihen, verbreitete sich die Nachricht, daß im Physikalischen Institut entgegen der staatlichen Verordnung gearbeitet werde, daß die Flagge dort nicht auf halbmast gesetzt sei, daß Professor Lennard sein Kolleg halte und erklärt habe, er werde sich diejenigen, die eines toten Juden wegen nicht zur Vorlesung kämen, für die Prüfung merken. Sofort war Carlo entschlossen, einzugreifen. Er wußte, daß Duldung und Schwäche von dieser Seite nur mit blutigem Hohn beantwortet würden. Er versuchte in aller Eile sämtliche gesetzlichen Mittel, aber entweder konnte er die betreffenden Behörden nicht erreichen oder ihre Beamten erklärten sich unzuständig. Auch die Polizei war sich nicht klar, ob die Universität in einem solchen Fall ihrem Machtbereich unterstehe, und da sich die Entscheidung darüber vermutlich einige Jahre hingezogen hätte, ergriff Carlo die Initiative und handelte selbst: in Verteidigung der deutschen Republik. Nach einer kurzen Ansprache leitete er einen Teil der demonstrierenden Arbeiter zu Lennards Physikalischem Institut und ließ den knurrenden Professor auffordern, es zu schließen und halbmast zu flaggen. Als Antwort verbarrikadierten sich seine Studenten und richteten Wasserschläuche auf die draußen wartenden Arbeiter. Das Gerücht verbreitete sich, daß sie Chemikalien, Brenngase usw. zur Vertreibung der Demonstranten anwenden wollten, und die geduldigen badischen Landsleute gerieten, wie das ihre Art ist, ganz plötzlich in Wut. In wenigen Minuten war die Trutzburg des Herrn Lennard gestürmt, die Besatzung entwaffnet, wobei Carlo selber mit einem ihm schon lange verhaßten nationalistischen Raufbold zusammengeriet, daß die Funken stoben. Bei alledem passierte fast nichts von Belang, es ging ungeheuer manierlich zu, höchstens ein paar Glasretorten gingen in Splitter, aber im Gegensatz zu entsprechenden Naziaktionen rührten die Arbeiter keine wissenschaftlichen Instrumente an und zerstörten nichts, mißhandelten auch niemanden, wollten nur durchsetzen, was durchzusetzen war. Mit den Worten: »Professor Lennard, im Namen der deutschen Republik nehme ich Sie in Schutzhaft!« betrat Carlo, aus einem Nasenloche blutend, des Professors Laboratorium. Dies war natürlich, abgesehen von der ernsten Sache, um die es ging, ein dramatischer Höhepunkt in Carlos studentischem Leben.

Der Forderung dieses Tages war Genüge geschehen, nach einigen Stunden war Professor Lennard, unbelästigt, ohne an Leib oder Seele Schaden genommen zu haben, wieder frei und konnte weiter knurren. Gegen Carlo aber erhob sich eine üble, bösartige, humorlose, heimtückische Verfolgung, die spätere, schlimmere Tage vorausahnen ließ. Man versuchte, ihm einen Prozeß wegen Hausfriedensbruch und Freiheitsberaubung zu machen, man hätte ihn sicher eingesperrt, wenn man ihm wirklich einen potentiellen Rechtsbruch hätte nachweisen können, und die fortschrittlichste Universität Deutschlands verweigerte ihm als Dank für Mut und gute Gesinnung sein Doktordiplom. Später, nachdem Carlo in eigener Verteidigung seines Falles mit einer seiner brillantesten Reden vor dem Land- und Universitätsgericht triumphiert hatte, wurden diese Maßnahmen zurückgenommen.

So, bereits mit einem »Fall«, begann Carlos öffentliche Karriere als Politiker. Es fiel aber in dieselbe Zeit eine viel ernsthaftere, weitertragende und bedeutsamere Entscheidung für ihn, die sich wieder im engsten Zusammenhang mit seinem Freundeskreis und aus gemeinsam erhärteten Überzeugungen heraus vollzog.

Es handelte sich um Carlos und einiger seiner aktiv politischen Freunde zukünftigen Weg und Stand. Es handelte sich um die Demokratie, um den Sozialismus, um Deutschland. Es ging, kurz gesagt, darum, wo eine Persönlichkeit wie Carlo die wichtigste, fortschrittlichste und produktivste Arbeit leisten könne: bei den Sozialdemokraten oder bei den Kommunisten.

Liebe Freunde, ich bin selbst kein Politiker, und was ich hier vor Ihnen aufhellen will und kann, ist Carlos Lebensbild, nicht die einzelnen Phasen seiner politischen Laufbahn und Entwicklung. Die Politik gehört natürlich in dieses Lebensbild, denn sie war ein ganz echter, zwingender Ausdruck seines Charakters, ein fast biologischer Bestandteil seines Wesens.

Was die damalige Entscheidung, was Carlo Mierendorffs späteren politischen Weg anlangt, so will ich mich auf ein paar sehr simple, ganz unfraktionelle, gar nicht professionsgemäße Sätze beschränken, die einen vielleicht primitiven Deutungsversuch darstellen.

Carlo, der seinem Wesen nach mehr zu revolutionären, radikalen Lösungen neigte, als zu Kompromissen oder vorsichtigen Versuchen, wurde trotzdem nicht Kommunist, weil er – innenpolitisch – der Überzeugung war, daß die mächtige Organisation der Sozialdemokratischen Partei und der Freien Gewerkschaften Deutschlands, die natürlichen Erben der großen Arbeiterbewegung des 19. Jahrhunderts, nicht von außen bekämpft und zersplittert werden sollten, sondern von innen erneuert und verjüngt, mit neuem Geist und Leben erfüllt und unter voller Erhaltung und Benutzung ihres Apparats und ihres Kernstocks erprobter Anhänger zu neuen Zielen, neuen Blickpunkten, auch neuen politischen Methoden geführt werden müßten. Er sah voraus, daß das Kind der russischen Revolution, die Dritte Internationale, im Nachkriegseuropa ein Wechselbalg bleiben müsse, das die legitime Erbschaft der europäischen Arbeiterbewegung nicht übernehmen, nicht erobern, nur schwächen und in Frage stellen könne. Carlo war niemals gegen Sowjetrußland, dessen Leistungen auf dem Gebiet seiner Nationalpolitik er sehr früh erkannte und immer respektierte. Er war aber, es klingt sehr modern, gegen eine einseitige russische Intervention in europäischer Arbeiterpolitik. Er sah unter den Vertretern der Dritten Internationale in den westlichen Ländern keine Persönlichkeiten, die imstande gewesen wären, dem sowjetrussischen Einfluß die Waage zu halten und mit den Russen gleichberechtigt, statt nur in ihrem Schlepptau, zu kooperieren. Übrigens war Carlo mit einigen der deutschen und französischen Kommunistenführer persönlich gut befreundet. Niemals machte er die philiströse Bolschewistenverteufelung gewisser sozialdemokratischer Parteiautoritäten mit. Aber er und seine Freunde waren damals der Überzeugung, die jungen, radikalen, lebendigen, produktiven Sozialisten sollten in die alte SPD hinein – nicht um dort wie junger Wein in alten Schläuchen, sondern wie ein neuer Blutstrom in einem noch lebensfähigen, nur geschwächten Körper zu wirken. Sie hatten, glaube ich, recht. Nur waren sie zu wenige, ein viel zu kleiner, wenn auch starker, tapferer und glänzend gewappneter Vortrupp, und so kämpften sie mehr und mehr auf verlorenem Posten.

Das Thema von Carlos Doktorarbeit, die von ihren Beurteilern als eine grundlegende Untersuchung angesehen wurde, lautete: ›Die Wirtschaftspolitik der Kommunistischen Partei Deutschlands‹. In gründlicher, sachlicher Betrachtung, ohne emotionelle oder doktrinäre Vorurteile, entwickelte er die Kritik eines theoretisch erstarrten Systems. Naturgemäß konnten für ihn und seine Freunde, denen es auf allen Gebieten um eine neue, organische Anschauung ging, der wissenschaftliche Marxismus und die chronologische Denkart des 19. Jahrhunderts nicht mehr Bibel, Katechismus oder Religionsersatz bedeuten.

Carlo hatte, soweit ich das beurteilen kann, in seinem politischen Kampf zwei Hauptziel- und Richtungspunkte, die einander notwendig ergänzten: im Innern die Reichswehrpolitik der SPD und der Regierung zu brechen, deren verhängnisvolle Entwicklung er voraussah. Außenpolitisch die wirkliche, ehrliche, ernstgemeinte europäische Allianz, vor allem die deutsch-französische Verständigung, produktive Nachbarschaft statt gegenseitigen kleinlichen Revisionsgeplänkels. Carlos westlich gewandte Verständigungspolitik hatte keine Spitze gegen den Osten. Sie wäre, im Gegenteil, die einzige vernünftige Lösung gewesen, um das immer schwelende west-östliche Zerwürfnis aus der Welt zu schaffen. Statt der Kontroverse des kapitalistischen Westens gegen den revolutionären Osten: die gemeinschaftliche Stärkung und Erneuerung derjenigen demokratischen Kräfte des Westens, die mit dem Osten zu einem aufrichtigen, ehrlichen Freundschafts- und Gleichgewichtsverhältnis kommen könnten. Eine demokratische Achse Wien – Berlin – Paris – London, deren progressive Tendenz nach allen Richtungen hin in die Welt ausstrahlen würde. In dieser Grundkonzeption steckt auch heute noch Zukunft. Eine Zukunft, die man mit einem Idealbegriff »Vereinigte Staaten von Europa« nennen könnte. Damals war diese Politik ein Rettungsring, der vergeblich ausgeworfen wurde. Carlo wußte genau, daß eine »Front Populaire« ohne internationale Rückenstärkung und europäische Dimension sich nicht halten könne, was sich dann in der Spanienkatastrophe schaurig bestätigt hat.

Eine sachlich fundierte Würdigung seiner außenpolitischen Arbeit, die einen Teil der Vorgeschichte dieses Krieges, des Völkerbunds und des Internationalen Arbeitsamtes mit aufrollen würde, ist nicht meine Sache und soll seinen politischen Freunden vorbehalten bleiben. Er sah aber auch ohne Illusion voraus, wohin die deutsche Innenpolitik steuerte, und setzte all seine besten Kräfte ein, um sich dagegen zu stemmen. Vielleicht überschätzte er in diesem Kampf manchmal die Wirkungen eines lokalen Guerillakriegs. Aber er führte ihn mit einer brennenden, fast verzehrenden Leidenschaft. All seine Freunde erinnern sich der geradezu besessenen Anstrengung, mit der er in den späteren Zwanzigern versuchte, die Machinationen des damaligen demokratischen Reichswehrministers Otto Geßler zu enthüllen, in dem er einen der gefährlichsten Totengräber der deutschen Republik erkannte. Er redete überhaupt nur noch von »Otto«, und jeder wußte, wen er meinte. Wo man ihn traf, auf der Straße, im Theater, beim Eintritt in eine Wohnung, auch am Telefon, sein erstes Wort war immer: Wißt ihr das Neueste von Otto? Wir nannten ihn statt Vielgeschrey eine Zeitlang den »Ottomanen«.

Als Carlo in die SPD eintrat, vollzog er einen Akt bewußter Unterordnung und Selbstdisziplin. Die älteren Herren erklärten, er müsse Parteierfahrung gewinnen, bevor er führen könne, und obwohl Carlo wußte, wie sehr sie das überschätzten, unterzog er sich willig ihrem Dienstreglement und suchte daraus zu lernen, was zu lernen war. Ich habe Carlo in all den Phasen seiner Parteilaufbahn gesehen, als Sekretär der Transportarbeiter, als Redakteur des ›Hessischen Volksfreundes‹, als Reichstagsabgeordneten, als Pressechef des prächtigen Ministers Leuschner. Und ich muß es bekennen, trotz seiner Erfolge, trotz starker Freundeshilfe, trotz seines guten Humors und seiner Zähigkeit war sein Parteileben ein Leidensweg. Wir wollen heute keine alten Kleider lüften, kein rostiges Kriegsbeil ausgraben. Jenes mut- und phantasielose, aber wie Pech an seinem Posten klebende Parteibeamtentum, von dessen Asche solche Feuerfunken wie Carlo fast erstickt wurden, ist sowieso in alle Winde zerstreut. Aber für Carlo war es ein Gegenstand aufreibender, nervenzerrüttender Verzweiflung. Er war ja nicht in diese Partei gegangen, weil er glaubte, daß sie im Jahre 1918 Deutschland gerettet habe. Sondern weil er wußte, daß die Partei und mit ihr Deutschland vom Unheil des Jahres 1918, der verlorenen Revolution, gerettet werden müsse. Dieser Versuch ist gescheitert. Laßt uns am Grabe eines Mannes die Wahrheit sprechen. Am Scheitern dieses Versuches starb die deutsche Republik, starb, letzten Endes, Carlo.

Was aber das Jahrzehnt seiner politischen Kampfzeit auflichtete, mit Wärme, Freude, Befriedigung und immer neuem Impuls erfüllte, das lag auf einer ganz anderen, realeren Ebene, das kam ihm nicht länger aus den Rängen der Parteihierarchie, sondern aus ihrem lebendigen Material, aus dem Element und der Wirklichkeit des Volkes. Hier fand der Mensch und Kämpfer Carlo mehr als freundliche Anerkennung, hier fand er Vertrauen, begeisterte Anhängerschaft, natürliches Verständnis – Liebe. Diese einfache und stürmische Beziehung zwischen Carlo und seinen Hörern oder Wählern war das Ergebnis einer Wechselbeziehung: sie ging von Carlo aus und sprang auf die Menschen über. Ich habe Carlo in Volksversammlungen aller Art sprechen hören, auch in gegnerischen, aber es war immer das gleiche: Wenn er die Tribüne betrat, gingen ihm die Herzen zu, ob sie wollten oder nicht. Hier, spürten die Leute, ist ein Mann, der unsere Sprache spricht, der mit unseren Sinnen lebt, der unser Lachen lacht und unsere Schmerzen leidet. Selbst wenn er wetterte, raste, tobte, selbst wenn er Gegner beschämte und lächerlich machte, war noch immer ein Hauch von Gutheit in ihm, jener heimliche Glanz der Menschen, die »guten Willens sind«, nichts Niederträchtiges, nichts Listiges, nichts Ordinäres – keine Demagogie – keine »Propaganda«. Deshalb haben ihn die Nazis ja auch so bitterlich gehaßt – mit einem Haß, in den sich außer Neid fast Bewunderung, ja Ehrfurcht mischte –, denn er hatte ganz von selbst, von Gott und der Natur, was sie niemals haben konnten und nur künstlich, gewaltsam vorzutäuschen und zu erpressen versuchten: echte Volksverbundenheit. Er war auch wohl wirklich unter den Sozialisten ihr gefährlichster Feind. Seine Phantasie war stark genug, ihren Kampfmethoden mit neuen zu begegnen, seine Kraft war unermüdlich, er brachte es einmal auf zwölf Massenversammlungen übers ganze Reich in einer Woche – er war immer in Form, er war immer bei Stimme, und er sah aus, wie Göring sich wünschen möchte auszusehen: wie ein ganzer Mann. Sein Unvergeßlichstes aber war jene immer von ihm ausstrahlende Gutheit. Sooft ich ein Pferd sattle oder anschirre, bitte lächeln Sie darüber nicht, muß ich an Carlo denken, weil dieses gütige, freudige Herschenken beherrschter Kraft mich an ihn erinnert. Die Kinder seiner Freunde werden nie vergessen, wie er, der Kinderlose, mit ihnen spielte. Bei den meinen hieß er jahrelang in ihrer salzburgischen Sprachfärbung: »Der was mit die Ohren wackelt«. Denn das konnte er – neben anderem – meisterhaft!

Liebe Freunde – ich komme zum Ende. Es nähert sich rasch, unerbittlich wie der Absturz einer Tragödie. Und doch hatte es für ihn die Länge einer Ewigkeit – und doch war es, vor Schluß, noch einmal in Hoffnungslicht getaucht.

Er kehrte im Frühjahr 1933 aus der Schweiz nach Deutschland zurück. »Was sollen denn unsere Arbeiter denken, wenn wir sie da allein lassen? Sie können doch nicht alle an die Riviera ziehn!«

Er kannte die Gefahr, und doch nahm er sie zu leicht. Neben alter, noch jugendlicher Lust an Abenteuer und Indianerspiel war es Verzweiflung, Ekel an der Wirklichkeit, die sich in einer fast lästerlichen Todesverachtung äußerte.

»Sitze hier«, hieß es auf einer offenen Postkarte, die ich kurz vor seiner Verhaftung von ihm nach Österreich bekam, »im Gasthaus zum Letzten Goyten, beim Götterdämmerschoppen. Mit dreifachem Siegheul – Vielgeschrey.«

Dann kamen keine Karten mehr – nur noch die Botschaften des Schreckens. Aus einem Café in Frankfurt herausgeholt – der Gestapo überstellt – in Darmstadt vorm Pöbel durch die Straßen gejagt, Verhöre, Mißhandlungen.

Erste Lagerzeit – schlimmste – in Osthofen, nächtliche, furchtbare Mißhandlungen durch Lagergenossen, ehemalige, von den Nazis herübergewonnene Kommunisten, die man gegen ihn aufgehetzt hatte. Lazarettzeit – neue Lagerqualen. Sommer 1933 – Herbst und Winter 1933 – das Moorlager, der Spaten, tägliche Schinderei. 1934 – andere wurden entlassen, andere eingeliefert – Carlo bleibt. 1935, 1936, 1937... von Tag zu Tag, von Nacht zu Nacht, von Lager zu Lager. Freunde verwendeten sich für ihn, hohe Einflüsse wurden aufgeboten, Protektion versucht – die Feinde sind stärker. Am niedrigsten, am fernsten jeder Großmut, jeder menschlichen Regung, jeder Selbstachtung – jener alte, verknurrte, verbitterte Chauvinistenprofessor Lennard. Er verhinderte eine schon fast beschlossene Freilassung im Jahre 1936. Ein kraftloser, böser Greis, trampelt er auf einem blühenden Leben herum – und kann es nicht zerstören. Das ist einer der Erzfeinde neben Goebbels, neben dem hessischen Gauleiter Sprenger. Man weiß noch andere Namen. Man vergißt sie nicht. Sie sind mit Blut geschrieben.

Die Freunde in Österreich, in der Schweiz, in England bekommen nur eine Nachricht: nichts für ihn zu versuchen. Alles, was geschieht, kann sein Los nur verschlimmern. Zeitweilig geht es ihm etwas besser, er wird in einer Lagerbibliothek beschäftigt, bekommt Freizeit: es hängt von der zufälligen Person des Lagerkommandanten ab. Der nächste mag Rache nehmen. Manchmal verlieren wir, seine Freunde, die Geduld – sammeln Geld für Bestechung, schmieden abenteuerliche Befreiungspläne – aber das Leben ist kein Film, besonders nicht im Naziland. Einmal besucht mich in Wien ein blasser, verstörter junger Mann, aus einem KZ entlassen, in dem er ein Jahr wegen Rassenschändung verbüßt hatte, weil er als deutscher Jude mit einem deutschen Mädchen verlobt war. Die Rassenschänder trugen im Lager ein gelbes R – Einladung zu jeder Quälerei, Warnung für die Nichtjuden unter den Häftlingen, nicht mit ihnen zu reden. Carlo hatte sich davon nicht einschüchtern lassen – und was er von ihm erzählte, war ganz der alte Carlo, der noch in dieser Lage anderen zu helfen und sie aufzurichten verstand. »Daß ich nicht Schluß gemacht habe«, sagte der junge Mann, »hab ich nur Carlo zu verdanken.« Der war damals bei der sogenannten Töpperkolonne, die jeden Tag zur Schwerarbeit ausrückte. Nur die stärksten und besten Arbeiter wurden dazu genommen, und zu denen gehörte Carlo noch nach drei Jahren! An Abenden, soweit man es ihm erlaubte, trieb er Mathematik und Sprachen, um geistig nicht zu verkommen. Das letzte Jahr war das härteste. Herbst und Winter 1937, 12- bis 15stündige Arbeitstage, auch an Sonntagen, auch am Weihnachtsfest. Ein SA-Wachmann, der ihn nicht mag, hält ihm täglich beim Aus- und Rückmarsch den Gewehrlauf in den Rücken und sagt: »Du machst ja auch mal 'n Fluchtversuch! Du gehst ja auch mal zu rasch.« Aber Carlo geht nicht zu rasch, keinen Schritt zu rasch. Noch die Entlassung ist Tortur. Zwei Mann holen ihn vom Arbeitsplatz – ohne zu sagen, weshalb. Man kennt solche Abholungen zwischen zwei Gewehren. Carlo denkt, es ist das Ende.

Aber noch jetzt geht er aufrecht und keinen Schritt zu rasch. – Als man ihn in das Büro führt, wo eine Freundin wartet, um ihm mitzuteilen, daß die Entlassung bewilligt sei, steht er erst ungerührt, als habe er nicht gehört.

Und plötzlich kracht er bewußtlos zu Boden wie ein gefällter Baum.

Die Nazipsychologie ist eine sehr vertrackte und verstrickte und labyrinthische Winkelangelegenheit – Gott bewahre mich davor, daß ich mich jetzt und hier und überhaupt damit befasse.

Aber sie haben es mit seiner Freilassung ernst gemeint, sie haben nichts von ihm verlangt, sie haben respektiert, daß er kein Nazi werden konnte, und haben ihn, nach viereinhalbjährigem konstanten Mordversuch, anständig behandelt. Man hat ihn nicht mehr belästigt, seiner Broterwerbsarbeit nichts in den Weg gelegt, ihm die Freiheit gegeben, innerhalb des Reichs zu reisen – während und schon vor dem jetzigen Kriege.

Carlo hätte die Möglichkeit gehabt zu fliehen.

Aber er wollte nicht. Nach dem, was er durchgemacht hatte, gab es nur eines: dort, wo er war, die Zukunft zu erwarten. Rasch erholte er sich. Freunde, die ihn in letzter Zeit gesehen haben, beschreiben ihn muskulös und wettergebräunt, mit ergrautem Haar und unverändert jugendlichen Zügen. Vielleicht war diese Rückkehr zum Leben, in seiner letzten kurzen Frist, seine größte Leistung. Er fand die Kraft, in einer privaten, menschlichen Angelegenheit eine befreiende Entscheidung zu fällen, die einen Mann auch ohne KZ hätte umbringen können. Aber für Carlo galt, mehr als für alle, Nietzsches Satz: *Was mich nicht umbringt, macht mich stark.*

Die letzten Jahre, trotz Krieg, waren lichtvoll. Vielleicht war es gerade der Krieg, der ihn auf eine bessere Zukunft hoffen ließ. Er hatte eine Stellung in der Industrie gefunden, die ihn über den Broterwerb hinaus interessierte und befriedigte. Er besuchte oft meine alten Eltern, die – aus ihrem Mainzer Häuschen herausgebombt – in einem kleinen Dorf im Allgäu lebten. Die gemeinsamen Nachrichten, die ich von ihnen bekam, waren voll von der Heiterkeit, dem Humor des alten Carlo und voller Glauben ans Wiedersehen.

Die letzte kam nach der Kunde von seinem Tod.

Was uns zu sagen bleibt, meine Freunde, und zu tun – jeder von Ihnen wird es mit mir empfinden. In all unserem Sein und Handeln sich dieses Freundes würdig zu erweisen. Sein Andenken lebendig zu halten und zu ehren, indem wir sein Werk weiterführen.

Sein Werk – damit meine ich nicht nur seine politische Arbeit, sondern, mehr sogar seine Haltung. Seinen Geist. Seine Charakterbildung. Denn diese – anscheinend irrealen Größen – sind die einzigen Wirklichkeiten, auf die wir heute bauen können.

Wir dürfen überzeugt sein, daß der Widerstand gegen die Nazis nie aufgehört hat und daß Millionen ihren Sturz ersehnen. Wir sind zu lange fort gewesen, leben zu weit vom Schuß, um mehr sagen zu können. Und für die Führung, die Gestaltung eines zukünftigen Deutschland gibt es kein ersessenes, kein verbrieftes und kein bestelltes Recht. Da gibt es nur die Berufung durch Fähigkeit, Kraft und Gewissen.

Eines aber dürfen wir heute aussprechen:

Wenn ein Carlo Mierendorff in Deutschland gelebt hat, sein Leben lang für das deutsche Volk gearbeitet hat und ihm in Not und Leiden treu geblieben ist – dann ist dieses Volk nicht verloren, dann ist es wert zu leben – dann wird es leben! Und während ich dieses Wort ausspreche und niederschreibe – *leben* –, trifft es mich mit ganzer Gewalt, daß Carlo wirklich tot ist, daß mit ihm ein Stück unseres eigenen Lebens dahin ist, daß wir alle seinen sinnlosen Tod in unserem Herzen mitgestorben sind.

Aber nur aus der Erkenntnis des Todes wächst uns das Lebensbild. Nur aus der Totenmaske erhebt sich das wahre Angesicht, nur aus dem Grab die Auferstehung, nur aus der Vergängnis das Zeichen der Ewigkeit.

Deutschland, Carlos und unser Vaterland, ist durch eine Tragödie gegangen, die so tief und schaurig ist wie der Tod. Deutschlands Schicksal erinnert an jenes dunkle Christuswort von dem Ärgernis, das in die Welt kommen muß – aber wehe dem, der es in die Welt gebracht hat. Deutschland ist schuldig geworden vor der Welt. Wir aber, die wir es nicht verhindern konnten, gehören in diesem großen Weltprozeß nicht unter seine Richter. Zu seinen Anwälten wird man uns nicht zulassen. So ist denn unser Platz auf der Zeugenbank, auf der wir Seite an Seite mit unseren Toten sitzen – und bei aller Unversöhnlichkeit gegen seine Peiniger und Henker werden wir Wort und Stimme immer *für das deutsche Volk erheben*.

Das hat uns Carlo mit seinem Tun und Leiden, mit der Größe seines Beispiels gelehrt.

Dieses Beispiel ist für unser Weiterleben eine dauernde Verpflichtung. Bei all den kommenden Entscheidungen müssen wir an ihn denken, müssen uns fragen: Was hätte er getan – und müssen selber mehr als das Nötige und Mögliche tun – denn wir haben ihn ja zu ersetzen – ihn – und viele der Besten.

Liebe Freunde, ich bitte Sie, sich von Ihren Sitzen zu erheben und in einem gemeinsamen Augenblick des Gedenkens, jeder in seinem eigenen Herzen, unserem toten Freund ein schweigendes, unbrechbares Gelöbnis abzulegen.

Für Gottfried Bermann Fischer zum sechzigsten Geburtstag

Mit Gottfried Bermann Fischer, dem Schwiegersohn und Nachfolger des großen Verlegers Samuel Fischer, bin ich seit vielen Jahrzehnten befreundet, und er war viele Jahre lang mein Verleger. Zu seinem sechzigsten Geburtstag im Jahr 1957 schrieb ich für ihn die hier folgende Erinnerung nieder – die Erinnerung an eine der bedrohlichsten und beklemmendsten Stunden unseres Lebens, die mir später oft noch als Alptraum in der Nacht erschien.

*

1957

Lieber Gottfried – die gemeinsame Erinnerung, die ich heute beschwören will, gehört gewiß nicht zu unseren schönsten – aber sie gehört in unser Leben, und sie stammt aus jener Zeit, in der sich unter den Schatten kommenden Unheils unsere Freundschaft begründete. Wir standen damals alle im Kampf, um dieses Unheil zu bannen – in einem leider aussichtslosen Kampf, die einen mehr, die anderen weniger aktiv – und denen, die es nicht wissen, möchte ich heute berichten, daß Du der Aktivsten Einer warst.

Mit anderen Kriegsteilnehmern des Ersten Weltkriegs zusammen warst Du an der Gründung des »Deutschland-Bundes« beteiligt (auch in Kontakt mit meinen Freunden Haubach und Mierendorff), der versuchen wollte, die natürliche Vaterlandsliebe, das anständige Nationalgefühl, ohne parteipolitische Zuspitzung, vom demagogischen, krankhaft gesteigerten Nationalismus zu distanzieren und mit der Idee eines *freien* Deutschland zu verschmelzen. Der famose Kapitänleutnant von der Mücke war einer unserer ersten und besten Sprecher im Kampf gegen die Nazis. Aber wir wußten damals noch nicht, daß eine klare, saubere Stimme die Massen weniger zu berücken imstande ist als eine schrille, skrupellos aufpeitschende. Wir sollten es erfahren – und der Abend, von dem ich reden will, hätte uns fast der Erfahrung zuviel gegeben.

Wir lächelten über meine Frau und ihre Warnungen – wir fanden, daß sie die Gefahr übertreibe, Gespenster sähe. Was könne uns schon passieren unter der Kanzlerschaft Brünings mitten in Berlin, dessen Freiheit und Sicherheit damals noch von Männern wie Severing und Zörrgiebel gewährleistet wurde –?

Wir wollten uns ja nicht unter die Dachschützen oder die Kampfkolonnen am Wedding begeben – sondern ganz einfach im Berliner Sportpalast eine große Massenversammlung der Nationalsozialisten mit anhören, die im Wahlkampf zwischen Hindenburg und Hitler Frühling 1932 – offiziell erlaubt war und jedem Staatsbürger offenstand. Wir wollten uns einmal, außerhalb der Zeitungs- und Radioberichte, selbst davon überzeugen, was man von diesen Leuten zu erwarten habe und wie man sie ernstlich einschätzen müsse. Natürlich trieb uns auch eine gewisse Neugier, die St. Just und Robespierre dieser »Revolution« aus der Nähe zu sehen.

Durch Vermittlung von Freunden, die im ›Kaiserhof‹ gute Beziehungen hatten, waren wir sogar in den Besitz von »Ehrenkarten« gelangt, und als wir vier, Du mit Deiner, ich mit meiner (das Schlimmste erwartenden!) Frau den Sportpalast betraten, wurden wir zunächst mit besonderer Höflichkeit durch die hereinwogende riesige Menge auf freie Plätze in eine der vordersten Reihen geführt. Wir nahmen sie schweigend ein, nicht ohne zu bemerken, daß wir, um wieder herauszukommen, durch den ganzen, riesigen und nun von Tausenden blockierten und verstopften Saal zurück müßten. »Ach was«, flüsterte ich meiner Frau zu – »hier kennt mich keiner!« – Und im gleichen Moment erscholl jene dünne, schrille, boshafte, gemeine Fistelstimme von der Galerie herab, so wie man im Alptraum Gespensterstimmen hören mag – ich werde sie nie vergessen: »In einer der vorderen Reihen auf der linken Saalseite«, näselte sie – »sitzt Herr Zuck-may-er – von Ullstein – ein Ull-Schwein!« – »Ein Spion der Judenschaft und der Bolschewisten!« usw. Wir saßen ganz still. Jeder mit seinem eigenen kalten Schweiß beschäftigt.

»Nicht hinschauen«, flüsterte ich zwischen den Zähnen. Schon keifte die Stimme wieder: »Achtung, Volksgenossen! Spione sind unter uns! Ull-Schweine! Dort sitzt...« usw. Wir atmeten auf, als die Musikzüge stramm mit dem Badenweilermarsch begannen... Aber kaum entstand eine Pause, da fistelte schon wieder das Gespenstermaul. Die Umsitzenden waren auf uns noch nicht aufmerksam geworden, aber schon richtete sich der eine oder andere Blick nach oben und glitt dann suchend in unserer Gegend herum. Es war eine Erlösung, als endlich Göring die Tribüne betrat, so daß der donnernde Applaus und das sägende »Sieg-Heil« den Denunzianten (vorübergehend) mundtot machten.

Man kann nicht bestreiten, daß Göring ein guter Versammlungsredner war. Er benutzte ein angeblich von Hindenburg geprägtes Wort (falls es nicht schon von Hermann dem Cherusker stammt): »Die Treue ist das Mark der Ehre« – um es gegen den ahnungslosen alten Herrn, den er des Verrats an der nationalen Sache zieh, umzudrehen und den unbekannten Gefreiten auf den Schild zu heben. Seine Rede und einige flotte Märsche hinterher verschafften uns eine Gnadenfrist.

Kaum brach die Pause aus, in der man sich leider in dem überfüllten Saal nicht hinausbegeben konnte (auch verbot uns jetzt ein gewisser, vielleicht törichter point d'honneur die Flucht), da fing unser Gönner wieder zu fisteln an: er hatte inzwischen genau die Reihe gezählt, in der wir saßen, und es war nun nicht mehr zu vermeiden, daß wir wie die Hasen in der Grube ausgemacht würden – schon richteten sich forschende und zornige Blicke auf uns: da begann Goebbels mit seiner Rede. »Unser Doktor!« jubelte man um uns her. Und die Stimmung im Saal, die vorher noch etwas Kriegervereinsmäßiges (mit geladener Waffe) gehabt haben mochte, verwandelte sich in kürzester Frist in eine gift- und haßgeladene Petrolösen-Atmosphäre: in dieser Rede prägte unser Doktor den Satz: »Und wenn die Welt uns nicht unser Recht werden läßt, so werden wir eher ganz Europa in einen Trümmerhaufen verwandeln, bevor wir nachgeben!« Dieser Trümmerhaufen erweckte einen maßlosen, hysterischen, kreischenden, nicht enden wollenden Jubel unter der verhetzten Menge – »Heil Heil Heil Heil Heil Heil...« –, an den ich oft, in tiefer Trauer, ja von tiefstem Mitleid erfüllt denken mußte, als ich bald nach dem Krieg das unglückliche, zertrümmerte Berlin, das zerschlagene Deutschland wiedersah.

Am Ende der Goebbelsrede, mit der die Versammlung schloß, saßen wir inmitten einer wild fanatisierten, aufgepeitschten, tobenden und rasenden Menschenmasse. Vielmehr: wir standen. Denn jetzt kam unser schlimmster Moment und unsere eigentliche Prüfung.

Von der Tribüne erscholl das Kommando: »Fahnen und Standarten hoch!« Alles erhob sich, und unterm langsamen Vorbeimarsch der Hakenkreuzfahnenkompanien sang die ganze, vieltausendköpfige Menge, alle stehend und mit hocherhobenem rechten Arm, im Hitlergruß, das ›Horst-Wessel-Lied‹. Die ganze Riesenmasse – alle – mit Ausnahme von uns vieren.

Ganz allein, und gleichsam in der eisigsten Einsamkeit, so wie wenn man auf einem schwachen, zerbrechenden Floß dem Toben schrecklicher und erbarmungsloser Naturgewalten ausgesetzt wäre – so standen wir vier unter den zur blinden, dumpfen Gewalt gewordenen Tausenden, mit zusammengebissenen Zähnen und unsere Arme fest an den Körper gepreßt. Keiner von uns hätte auch nur dran gedacht, in diesem Augenblick anders zu handeln, unter den Augen des spöttischen Verfolgers, der von der Galerie herab jede unsrer Bewegungen beobachtete, feige zu werden. »Pfui! Arme hoch!! Verräter! Schweine! Juden! Saujuden! Bolschewisten!« klang es gellend überall um uns herum in den Gesang hinein, und eine alte Jungfer zwei Reihen hinter uns versuchte schon über ihre Vordermänner weg, mit dem Regenschirm nach uns zu schlagen. Wie lang hat das wohl gedauert? Ein paar Minuten? Es war eine böse Ewigkeit. Wie wir da herausgekommen sind – das will ich ein andermal erzählen.

Wir haben's überlebt – und wir haben noch ein paar andere, böse Augenblicke überlebt. Gebe Gott, daß in unsren noch vor uns liegenden Jahren keine solchen mehr, sondern nur noch bessere kommen werden. Du aber, Gottfried, wirst heute viel Schönes und Wahres hören über Dein Leben und Wirken, und wie Du Dich als Arzt, als Verleger, als Gatte, Vater und Sohn bewährt hast: dies sei die Erinnerung an eine Stunde und eine Zeit, in der Du Dich als Mann und als Mensch bewährt hast und in der ich Dein Freund wurde. Bleib gesund!

Dein Carl Zuckmayer

*

»Wie wir da wieder herausgekommen sind« – es ist jetzt an der Zeit, es zu erzählen. Mir war ganz klar, daß wir in der größten Gefahr waren, wenn wir nach rückwärts, von wo wir hereingekommen waren, den Abzug versucht hätten, denn in den Reihen hinter uns waren unsere fanatischen Feinde. Vielleicht wären wir niedergeschlagen, zertrampelt worden. Es war ernst – todernst – wie im Krieg. Nur nach vorn sah ich eine Chance des Entkommens, denn ich hatte bemerkt, daß seitlich von der Rednertribüne ein besonderer Ausgang war. So flüsterte ich meiner Frau und den Freunden leise zu: »Haltet Euch fest hinter mir, wir müssen uns mit aller Gewalt nach vorne durchdrängen.« Ich war damals ein sehr kräftiger Mensch, auch Gottfried war muskulös und sportlich trainiert. Das war unser Glück.

Wir waren in der fünftvordersten Reihe. Kaum war die letzte Standarte an uns vorbei, da brach ich, der dem Mittelgang zunächst saß, aus unserer Reihe heraus und stürmte rücksichtslos zwischen den aufbrechenden Massen hindurch, die anderen fest an mich angeschlossen, direkt auf die »Führertribüne« zu, als würden wir dort erwartet – –. Ich mußte Menschen beiseite stoßen, Gottfried desgleichen, es kam nur darauf an, so rasch wie irgend möglich Distanz zu den uns Bedrohenden zu gewinnen, und es gelang. Das Gedränge um die »Führertribüne« war so dicht, daß die hinter uns Gebliebenen, die ja mit der Masse nach rückwärts fluteten, uns aus den Augen verloren.

Sobald wir aus deren Gesichtskreis heraus waren, gingen wir ganz langsam, ohne zurückzuschauen, zu jenem vorderen Ausgang, an dem allerdings zu unserem Schrecken eine »Ehrenwache« stand, zwei SA-Leute. Die aber rissen, als wir an ihnen vorbeigingen, nur die Knochen zusammen und machten den Hitlergruß. Sie hielten uns wohl für irgendwelche bevorzugte Funktionäre aus den ersten Reihen.

Kaum waren wir draußen, verschwanden wir in der nächsten Seitenstraße.

Memento zum 20. Juli 1969

Verehrte Anwesende, liebe Freunde,

es ist der 20. Juli 1944. Deutschland steht noch an allen Fronten im Krieg – unter der Führung des kaum noch zurechnungsfähigen Diktators. Ein Teil der deutschen Städte, ein Teil der Hauptstadt Berlin ist schon von Bomben zerstört. Täglich sterben an den Fronten und in der Heimat die Schlachtopfer dieses Krieges. Das Volk ist durch falsche Erfolgsmeldungen, durch Haß- und Rachepropaganda oder durch trügerische Siegeshoffnungen immer noch betäubt. Für jeden, der es wissen will, werden diese Hoffnungen von Tag zu Tag geringer, schwellen die Kampfkräfte der alliierten Gegner immer sichtbarlicher zu Stahlhämmern und Donnerkeilen, die auf das zerbröckelnde Reich niederprasseln. In den Städten Deutschlands herrscht Angst vor der Nacht, vor dem Tag, vor einer ungewiß drohenden Vergeltung. Deutschland liegt brach, wie ein halb abgemähtes, halb verdorrtes Feld, die Menschen vegetieren in fatalistischer Apathie oder euphorisch-fanatischer Glaubenstrunkenheit – denn sie haben schon zu viel von diesem Rauschgift genossen. Das Volk schwankt fast bewußtlos zwischen der Hoffnung auf Wunderwaffen, auf den ihm immer wieder vorgegaukelten Triumph nach den Wechselfällen eines siebenjährigen Krieges und der geheimen, uneingestandenen Hoffnung auf ein Ende, auch ein Ende mit Schrecken, wenn nur des Schreckens ein Ende ist. Die Augen schließen, Schlafenkönnen, war wohl in diesen Tagen der Wunschgedanke der meisten.

Da, an einem warmen Julitag, der beginnt wie alle anderen Tage, geschieht das Ungeheure. Dort, wo man glaubt, es würde alles zur Verteidigung des Reiches, zur Erringung des »Endsiegs« zusammenstehen, im Obersten Kommando der deutschen Wehrmacht, bricht der Aufstand los. Jener selbstgeschaffene, doch von Millionen Betrogener immer noch als mystischer

Volkskaiser geglaubte und beweihräucherte Tyrann, war Gegenstand eines Attentats geworden, das von Männern aus seinen engsten Führungskreisen, aus den Reihen der in sein Planen und Handeln eingeweihtesten Offiziere, gegen ihn angestiftet wurde. Etwas war geschehen, was es in der deutschen Geschichte noch nie gegeben hatte. Es war so ungeheuerlich, wie es ein lautloser Donner wäre, von dem viele Stumpfnervige überhaupt keine Kenntnis nehmen und der doch ein Erdbeben von enormer Breitenwirkung, eine Veränderung unseres Weltbewußtseins ankündet. Und es war kein Fatum, keine höhere Gewalt, keine geheime Macht, wovon das Gesetz dieses Handelns diktiert wurde. Es waren Männer, die hier gehandelt hatten. Es waren Männer, es waren Menschen, es waren Deutsche.

Wer waren diese Männer?

Einige wenige Wahnsinnige, grollte am Abend im Radio die geschwächte Stimme des unverletzt gebliebenen, nur vom Schock befallenen Diktators, eine kleine Clique von gewissenlosen, ehrgeizigen Offizieren und volksfremden, verderbten Aristokraten, die man alle, samt ihren Helfern und Gesinnungsgenossen, rücksichtslos ausmerzen wird.

Verbrecherische, korrumpierte Verräter, vom Feind bezahlt, vom britischen Geheimdienst gedungen, krähte der böse Propagandazwerg. Damit war das Los dieser Männer besiegelt. Damit waren sie vogelfrei geworden, gehetzt und gejagt, der Verfolgung, Verfemung und Steinigung preisgegeben und ihrer Ehre vor den geblendeten Augen ihres Volkes verlustig. Sie waren ins Dunkel gestoßen, um darin unterzugehen. Kaum ein Mensch in Deutschland außer ihren nächsten Angehörigen wußte von den furchtbaren Prüfungen und Leiden, die sie nun zu erdulden hatten, kaum einer von der Stunde und den grausigen Umständen ihres Todes; ja selbst ihre Frauen, Mütter und Kinder wußten nicht, was in den KZs von Sachsenhausen und Flossenbürg an ihnen geschah, und durften nicht erfahren, wo man ihre Asche verstreut, ihre gemarterten Leiber auf dem Schindanger verscharrt hatte.

Auch im Ausland hatte man kaum Kunde und keinerlei Vorstellung von dem, was hier an Opfermut und Martyrium gelebt und erlitten worden war. Die Zeitungen schrieben unklar von Machtkonflikten innerhalb der deutschen Kriegsführung und des Naziregimes. Selbst ein Mann, der es hätte besser wissen können, Winston Churchill, fand in diesem Augenblick nur die abschätzigen Worte: »Nothing but a dog-eats-dog-affair.« Ein Hund frißt den anderen auf, sonst nichts.

Es war der gleiche Churchill, der nach dem Krieg im Jahr 1945 vor dem britischen Unterhaus die Sätze sprach:

»In Deutschland lebte eine Opposition, die durch ihre Opfer und eine entnervende internationale Politik immer schwächer wurde, aber zu dem Edelsten und Größten gehört, was in der politischen Geschichte aller Völker je hervorgebracht wurde. Diese Männer kämpften ohne Hilfe von innen oder außen – einzig getrieben von der Unruhe ihres Gewissens. Solange sie lebten, waren sie für uns unsichtbar und unerkennbar, weil sie sich tarnen mußten. Aber an den Toten ist der Widerstand sichtbar geworden.«

Wer waren diese Männer?

Für uns, die wir heute, nach einem Vierteljahrhundert, zu dieser Gedenkstunde versammelt sind, gibt es keinen Zweifel: es waren die Besten ihres Landes. Es waren die Gefährten, von welchen Albrecht Haushofer in seinen Moabiter Sonetten gedichtet hat:

> Es gibt wohl Zeiten, die der Irrsinn lenkt.
> Dann sind's die besten Köpfe, die man henkt.

Für uns steht das Memento des 20. Juli nicht nur für das Gedächtnis derer, die an diesem Tag und in seiner Folge ihr Leben geopfert haben. Es steht als Mahnmal, in der Geschichte Deutschlands, in der Weltgeschichte, für das Gedächtnis aller jener Menschen aus allen Schichten und Kreisen unseres Volkes, die in den Jahren des trügerischen Wahns, der Schreckensherrschaft und ihrer arglistigen Vernebelung nicht aufgehört haben, der Gewalt zu widerstehen, der Niedertracht und der Lüge Trotz zu bieten, den Rechtsgedanken und die Freiheit der inneren Entscheidung höher zu achten als ihre persönliche Freiheit und ihr Leben.

Diese Menschen haben sich weder durch Verführung noch durch Bedrohung von ihrem harten Weg abbringen lassen, den sie im Finstern gehen mußten, oft wie Blinde tastend und einander nur mühsam erreichend. Sie sind ihn zu Ende gegangen, und sie haben noch im Scheitern, noch im Unterliegen, ja gerade im Scheitern und im Unterliegen ihren Auftrag vollendet.

Wer waren sie?

Wollte man ihre Namen aufzählen, so würde die Zeit einer Gedenkstunde, so würden die Stunden eines Tages, ja die Tage einer Woche nicht ausreichen. Es waren Tausende – solche, deren Namen wir kennen und ehren, solche, die ungenannt und ungekannt dahingegangen sind, und wenn in dieser Ansprache einige Namen genannt werden, so stehen sie immer für ungezählte Andere mit, die gleichen Sinnes und Mutes waren. Es waren Tausende – aber es waren Tausende unter Millionen. Unter achtzig Millionen. Tausende unter Millionen, aber nicht zur Gruppe gesammelt, sondern verteilt und versprengt, die meisten allein und erst allmählich, langsam und immer von der Entdeckung und Vernichtung bedroht, zu Kreisen zusammenfindend, zu Freundschaftskreisen, in denen einer dem andern vertrauen konnte. Damit ist bereits einer jener wahrhaft tragischen Züge gegeben, die dem deutschen Widerstand gegen den Nationalsozialismus, von heute gesehen, einen Glanz von antiker Größe verleihen: Einsamkeit.

Für Menschen, die heute in einer veränderten Umwelt leben, für die Jüngeren, die neuen Aspekten und einer anderen Problematik konfrontiert sind, scheinen diese Männer fast ebenso schwer zu erkennen und zu verstehen zu sein wie für die große Menge von damals. Denn sie standen im Zwielicht, und in zwielichtigen Zeiten werden alle Gestalten zwielichtig, im Dämmer verwischen sich die Konturen. Viel ist über ihre Personen und ihre Motive geschrieben worden, viel Wahres, viel Falsches. Denn sie konnten sich ja nicht frei, offen und deutlich erklären, sie waren zum Flüstern, zur Verschlüsselung, zur Geheimsprache und zu einer Tarnung verurteilt, zu einer Verstellung, die manche von ihnen zwang, dem verhaßten Regime in öffentlichen Ämtern zu dienen, nach außen hin das häßliche Stigma auf sich zu nehmen, das sie doch vom Antlitz ihres Volkes wegbrennen wollten, und sich dem Mißverständnis und der Verkennung oder Verachtung auszusetzen: auch dies ein Opfer, von dessen Bitterkeit man sich heute schwer eine Vorstellung macht. Natürlich gab es solche, besonders unter den Jungen, die am Anfang noch an eine gute und reinigende Kraft in dieser proklamierten »Volksbewegung« glaubten, die einen Satz wie »Gemeinnutz geht vor Eigennutz« für ernstgemeint hielten und offensichtliche Verfehlungen, wie die Judenhetze und die Gewaltanwendung gegen politische Gegner, für vorübergehend und veränderbar. Es gab auch solche, wie die Geschwister Scholl und ihre Freunde in Ulm, die mit dem bewußten Ziel der Unterwanderung zur Hitlerjugend gingen, um deren Verrohung zu verhindern und ihre idealistischen Züge zu klären und aufzuwerten. Sie mußten bald erkennen, daß man den Sog der Verderbnis nicht aufhalten konnte, und begannen ihren Kampf für ein anderes Deutschland, bis der Henker ihn beendete. Gewiß gab es auch schwankende Gestalten, die so lange zu Hitler hielten, wie sein Erfolg unaufhaltsam schien, und sich erst gegen ihn wandten, als sein Absturz, und mit ihm der des Reiches, unaufhaltsam wurde.

In den Widerstandskreisen selbst jedoch gab es keine Opportunisten, und es ist unwahr, daß sie erst aktiv geworden seien, als es zu spät war. Die meisten und die bedeutendsten dieser Männer haben von Anfang an, in einer Zeit, als Hitler noch überall umjubelt wurde und ausländische Großmächte mit ihm paktierten, ihr Bestes getan, um einen Umschwung herbeizuführen und das bereits begangene Unrecht zu entlarven. Solche Männer gab es in allen Volksschichten, den sozialistischen und den konservativen, den militärischen und den religiösen, im Adel, im Beamtentum, unter Bürgern und Arbeitern und sogar – wenn auch viel zu wenige – an den Universitäten. Doch mag *ein* Professor Kurt Huber, der in München die Seele der studentischen Freiheitsbewegung war, viele traurige Geistesritter aufwiegen, wie sie damals in würdeloser Servilität das krude Braunwelsch ihres Führers akademisch zu verbrämen suchten. *Ein* Mann wie Generaloberst Beck, der mitten im Rausch der Aufrüstung in deutlichem Protest gegen das Unwesen und die Kriegspläne des Regimes sein Kommando niederlegte, mochte später für viele Offiziere das Charakterbeispiel setzen. Es gab den Oberbefehlshaber des Heeres, Generaloberst Werner von Fritsch, der wegen seiner oppositionellen Haltung der infamsten Verleumdung zum Opfer fiel, und es besteht kaum ein Zweifel, daß er im Polenfeldzug den Tod gesucht hat. Es gab andere, die am Leben blieben, obwohl es ihnen kaum noch mehr als Verzweiflung zu bieten hatte, einzig von dem Ziel beseelt, den Widerstand bis zur äußersten Konsequenz voranzutreiben und dem Unheil Einhalt zu bieten. Es gab Offiziere wie den Generalmajor Hans Oster und seinen Freund Hans von Dohnany, wie Henning von Tresckow und Fabian von Schlabrendorff, wie den damaligen Hauptmann Dr. Josef Müller aus Bayern, der bei jeder Kontaktfahrt nach Rom seinen Kopf riskierte und noch auf der Folter keine Namen preisgab; es gab den früheren Botschafter Ullrich von Hassell, eine der nobelsten und aufrechtesten Gestalten unter denen, die für das andere Deutschland Zeugnis ablegten, es gab den früheren Diplomaten Otto Kiep, es gab den Konservativen Carl Goerdeler, der in geradezu leichtsinniger Offenheit dem »Dritten Reich« Kampf ansagte und seine Beziehungen zum Ausland pflegte, von dem man damals noch vergeblich Beistand erhoffte; es gab die Sozialistenführer, ich nenne nur Wilhelm Leuschner, Julius Leber, Adolf Reichwein, Carlo Mierendorff, Theo Haubach und unseren jüngst verstorbenen Freund Emil Henk – manche von diesen hätten sich ins Ausland retten können, aber sie wollten die geknebelte oder verführte deutsche Arbeiterschaft nicht im Stich lassen; jeder dieser Männer hat Lagerhaft oder Zuchthaus durchgemacht, aber selbst durch lange KZ-Jahre mit allen Demütigungen und Quälereien wurden sie nicht gebrochen und führten unter den Augen der Gestapo, jederzeit von neuer Einkerkerung und Vernichtung bedroht, ihren Kampf weiter; es gab evangelische Theologen der Bekennenden Kirche, wie Dietrich Bonhoeffer und Probst Grüber, Martin Niemöller und Eugen Gerstenmaier, die sich niemals unter das Diktat des hitlerhörigen »Reichsbischofs« zwingen ließen; es gab – und auch hier stehe einer für viele – den katholischen Bischof von Münster, Graf Galen, der sonntags von der Kanzel herab laut und unerschrocken seinen Protest gegen die Mißachtung aller göttlichen und menschlichen Gesetze verkündete. Es gab jenen Kurt Gerstein, der sich in die beklemmende Verstrickung wagte: der SS beizutreten, um die Verbrechen ihrer Sonderkommandos aufzudecken und zu hintertreiben. Erst in der Gefangenschaft, nach dem Zusammenbruch, mußte auch er das Todesopfer bringen. Es gab einen Unteroffizier Anton Schmidt. Niemand kannte seinen Namen, aber in Auschwitz wurde er zum Freund und Helfer der Todgeweihten und teilte ihr Schicksal. Und es gab Männer aus hohen Ämtern des Regimes, die – wie Johannes Popitz und Adam von Trott zu Solz – auf seinen Sturz hinwirkten und alles daransetzten, um Deutschland von seinen Henkern zu befreien, zuletzt ihr Leben. Wir gedachten ihrer Einsamkeit. Wer einmal in einer »Sieg-Heil« schreienden Menschenmasse gestanden hat und nur anders *dachte*, hat sie erfahren. Für die, welche viele Jahre lang anders dachten und schweigen mußten, gab es eine Einsamkeit, die kaum zu ermessen ist. Und es geht, inmitten von populären Ekstasen, die wie Springbrunnen und Feuerwerk auf allen Gassen und Märkten emporzischen, um eine einsame Tat.

Aus dieser Einsamkeit, in die jeder Andersdenkende einer großen Menge gegenüber verstoßen ist und die das Denken und Handeln zu lähmen droht, erwuchsen nun die wunderbaren Verbindungen und Gemeinschaften der Kreise. Hier blühten Bündnisse und Freundschaften auf, wie sie im offenen Dasein, im Licht eines unbedrohten Alltags, im eingesehenen Gelände kaum je gepflegt werden. Ein besonderer Kristallisationspunkt des geistigen Widerstands und der politischen Zielsetzung war der Kreisauer Kreis, der sich um den Grafen Hellmuth James von Moltke scharte und nach seinem Wohnsitz, an dem Zusammenkünfte stattfanden, genannt ist. Hier trafen Persönlichkeiten von ungewöhnlichem Format zusammen, die aus den divergierendsten Schichten und Ständen hervorgegangen waren. Sie kamen aus Adelskreisen, wie Graf Peter York von Wartenburg, von der Schulenburg, von Einsiedel, von Schwerin, sie kamen vom linken Flügel der Sozialdemokratie, wie Haubach, Mierendorff, Reichwein, Leber, sie kamen wie Theodor Steltzer aus dem früheren Beamtentum, sie kamen aus evangelischen Pfarrhäusern und aus katholischen Jesuitenklöstern, wie Pater Alfred Delp und der bayerische Provinzial Augustus Roesch. Sie standen in Verbindung und Gedankenaustausch mit den meisten anderen Widerstandskreisen, mit denen in der Armee und mit den Leuten um Carl Goerdeler, auch wenn sie mit diesen in politischer Hinsicht vielfach kontrastierten. Haubach und Mierendorff nahmen sogar Gesprächsverbindungen mit den Kommunisten auf, soweit solche noch lebten und auf freiem Fuß waren. Doch hatten diese eine andere Zielsetzung, nämlich ein Sowjet-Deutschland. Daß alle jene Widerstandskräfte, die ein freies demokratisches Deutschland erstrebten, wären sie endlich einmal Hitler los, nicht Untertanen oder Satelliten Stalins werden wollten, versteht sich von selbst. Doch war im Grundkonzept der Männer von Kreisau die Überzeugung verankert, daß man jeder politischen Gruppe und Meinung, solange sie nicht mit Gewaltmitteln die Demokratie zu zerstören drohte, ihr Recht auf freie Betätigung zugestehen müsse. Das Verbot einer unbequemen Partei wäre nicht in ihrem Sinn gewesen.

Es gilt hier der besonderen Rolle zu gedenken, die der deutsche Adel in der Widerstandsbewegung spielte, was man in anderen Ländern schwer begreifen konnte, weil man ihn dort, und besonders den preußischen Landadel, unter dem oberflächlichen und sachlich unzutreffenden Gesamtnamen »die Junker« schematisierte, die man für eine starrköpfig unverbesserliche Gesellschaft von Militaristen, Feudalherren und Reaktionären hielt. Das traf längst nicht mehr zu. Von den York und Moltke, den Schwerin und Schulenburg, den Lehndorff und Dönhoff im Osten bis zu den Fugger und Stauffenberg im Süden des Landes waren – von einigen trüben Ausnahmen abgesehen – fast alle Namen des deutschen Geschlechteradels in den Reihen der Widerstandskämpfer und der Widerstandsopfer zu finden. Dies läßt sich zweifach erklären. Einmal waren viele von ihnen, der Tradition entsprechend, in den oberen Rängen und Stäben der Armee vertreten und hatten daher frühzeitig Kenntnis vom Wahnwitz der Kriegsplanung und von den Scheußlichkeiten der geheimen Führerbefehle, wie sie der Mehrzahl der Deutschen nicht zugänglich war. Zum anderen war ihre Erziehung und Überlieferung durchweg auf ein christlich-nationales Ethos gegründet, dem der Mißbrauch persönlicher Macht und die Niedertracht der Volksbelügung, auch die Gemeinheit der Judenverfolgung, zuinnerst fremd und widerwärtig sein mußte. In vielen dieser Häuser herrschte ein ungewöhnlich hoher Bildungsstand, eine urbane Weltläufigkeit, und auch wo dies nicht der Fall war, fast immer eine strenge Auffassung von Rechtlichkeit und Verpflichtung dem Gemeinwesen gegenüber. Der Typus des schnodderigen Gardeoffiziers und arrogant-engstirnigen Landrats hatte sich in der jüngeren Generation mehr und mehr verloren und war im Grund nie die Regel gewesen. Gerade bei diesen Jüngeren, die nach dem Zusammenbruch des Kaiserreichs aufgewachsen waren, zeigte sich, wie am deutlichsten bei Hellmuth von Moltke, die entschiedene Neigung zum Sozialismus oder wenigstens zu einer sozialen und demokratischen Gesellschaftsordnung und dementsprechend auch zu einer betont internationalen oder übernationalen Haltung. So wurden sie zu den engsten Mitarbeitern und treuesten Freunden solcher in weltpolitischen Koordinationsbegriffen denkenden und geistig höchstqualifizierten Persönlichkeiten wie Haubach und Mierendorff. Zu den mehr restaurativ und klassenmäßig autoritär eingestellten Widerstandskreisen, wie eben denen um Goerdeler, stand Moltke in ausgesprochenem Gegensatz.

Dem Kreisauer Kreis ging es weniger um die Vorbereitung des Umsturzes selber, der doch nur von den Waffenträgern ausgeführt werden konnte, als um die Pläne für eine künftige, freiheitliche Gestaltung des politischen Lebens in Deutschland und um die Maßnahmen, die nach dem Sturz der Gewaltherrschaft sofort zu treffen seien. Es ist hier weder Ort noch Zeit für eine kritische Untersuchung der verschiedenen Widerstandsprogramme. Hier in Kreisau neigte man im Konzept zu einem progressiven Sozial- und Wirtschaftsprogramm, zu einer grundlegenden Überprüfung solcher Institutionen, die in der Weimarer Republik ungenügend fundamentiert waren oder versagt hatten, wie zum Beispiel des Wahlrechts, zu einer Erneuerung der ökonomischen Verhältnisse, die auch vor der Verstaatlichung gewisser Industriezweige nicht zurückschreckte, und zu einer großangelegten Boden- und Grundbesitzreform. Natürlich war auch an eine weitgehende Umgestaltung des Schul- und Hochschulwesens gedacht. Hier galt der Satz, den Johann Gottlieb Fichte, 1808, geprägt hat und der heute, im Jahre 1969, noch ebenso aktuell ist: »Die durchgreifende Reform der Erziehung ist das Mittel zur Erneuerung des deutschen Volkes.«

Außenpolitisch herrschte kein Zweifel darüber, daß Deutschland aus jeder Art von Igelstellung gelöst, daß es nach Osten wie nach Westen gleichermaßen aufgeschlossen und politisch, wirtschaftlich, kulturell ein Verbindungsglied statt eines Sperrdamms werden müsse. Bei den Militärs herrschte vielfach noch das Konzept des Reichswehrgenerals von Seeckt, das auf ein verstärktes Bündnis mit Rußland hinzielte und im Grund auf die bismarcksche Konzeption einer russisch-deutsch-englischen Verbündung zurückging. Nur in wenigen, von national-sozialistischen Herrschaftsgedanken infizierten Köpfen spukte noch die vertrackte Idee von einer mit den Westmächten gemeinsam zu führenden Unterwerfungskampagne gegen die Sowjetmacht. Der Kern des deutschen Widerstands hatte diese als Realität anzuerkennen gelernt und wäre schon aus moralischen Gründen jeder einseitigen Bündnis- und Machtpolitik ablehnend entgegengestanden. Besonders stark wurde in den außenpolitischen Erwägungen immer die Notwendigkeit eines freien und unabhängigen Polen betont, zu dem Deutschland in freundschaftlich-nachbarlicher Beziehung zu stehen habe. Es gibt Aufzeichnungen, besonders von Hellmuth von Moltke, die sich vor allem für die polnischen Landarbeiter und überhaupt für die unbedingte Souveränität und Gleichberechtigung nationaler Minderheiten und den Abbau jeglicher Benachteiligung polnischer Interessen und Ansprüche einsetzen. Ich wünschte, diese Worte würden auch im heutigen Polen gehört.

Kriegszeiten, wie wir sie im 20. Jahrhundert durchlebt haben, erwirken gegen ihr Ende hin immer eine Art von Chiliasmus, mehr emotioneller als rationaler Natur. Die Forderung »Nie wieder Krieg!«, wie sie nach dem Ersten Weltkrieg ertönte, fand im Zweiten ihr Echo in der »One World«-Proklamation, dem Ruf nach einer sich wechselseitig ergänzenden, geistig und organisatorisch gültigen Lebensgemeinschaft aller Völker, Rassen und Systeme. Solche höchstgespannten Erwartungen und Hoffnungen führen, dem Stand der Dinge gemäß, hinterher, wenn eben eine Seite den kriegerischen Konflikt gewonnen hat, leicht zur Enttäuschung, der dann wieder ein neuer Antagonismus entwachsen kann. Das wußten die Männer des deutschen Widerstandes. Sie wollten Hürden aufrichten, sowohl gegen die bereits vorgezeichneten Rückschläge, als auch gegen das Überfluten unerfüllbarer Träume. Sie waren nicht das, was man heute »Realisten« nennt, aber sie wußten sich jener »Kunst des Möglichen« verpflichtet, die man als staatsmännische Weisheit bezeichnet hat. Insofern waren die zwischen den verschiedenen Kreisen vorhandenen Gegensätze oder Differenzierungen des politischen Konzepts nicht lähmend, sondern eher produktiv, also hoffnungsvoll und lebensträchtig. Es ging dabei nicht um Kompromißlösungen. Es ging diesen dem ganz Radikalen, Wurzelhaften, nämlich dem Leben und Sterben konfrontierten Menschen um die obere Synthese – nicht um den mittleren Proporz – einer welthistorischen Dialektik. Niemand kann sagen, wie sich die hohe geistige Frequenz, die damals aufgeboten wurde, in der Realität einer Nachkriegswelt ausgewirkt hätte. Hitlers letzter und folgenschwerster Sieg war die Abschlachtung ihrer Träger. Aber der Versuch war im Gange, eine einzigartige Gelegenheit schien gegeben: statt des Parteienhaders ein Spannungsfeld zwischen verschieden gelagerten und geladenen

Energien, die doch eine gemeinsame Kraftquelle und gemeinsame Mitte besaßen. Denn wie auch immer die politischen Meinungen auseinandergingen, in *einem* Grundprinzip waren sie alle verbunden: Deutschland mußte wieder ein freier Rechtsstaat werden, in dem es keine Menschenverachtung, keine Rassen-, Klassen- oder Religionsverfolgung und vor dem Gesetz keine Willkür und keinen Gesinnungszwang mehr gab. Von all den erschütternden letzten Briefen oder Äußerungen der zum Tode Verurteilten beeindrucken mich am meisten die kurzen Worte des Sozialisten Wilhelm Leuschner:

»Morgen werde ich gehängt. Schafft die Einheit!«

Wir sahen Männer, Deutsche, im Kampf gegen die Erniedrigung und Versklavung ihres Volkes, gegen die Weltbedrohung. Wie konnten sie diesen Kampf gegen die Gewalt führen und gewinnen, ohne selbst zur Gewalt zu greifen? Hier offenbart sich der schwere Gewissenskonflikt, in den die meisten verstrickt waren: kann man, darf man Gewalt einsetzen, wenn man die Gewalt aus der Welt schaffen will? Ist es möglich und ist es erlaubt, den politischen Mord zur Ultima ratio zu erheben, um der Mordgesinnung Einhalt zu gebieten? Diese kaum lösbare Frage versetzte viele Widerstandskämpfer in den Zustand einer inneren Schwäche und Hilflosigkeit. Immer wieder wurde in diesen Kreisen der Attentatsgedanke verworfen und die Möglichkeit einer anderen Beseitigung des Gewalthabers und seiner Gefolgsleute erwogen. Wer aber sollte sie ausführen? Es gab keine Partei und keine Gruppe, die den dazu notwendigen Machtapparat zur Verfügung hatte. Es gab nur die Armee, die Wehrmacht. Und es wird immer wieder die Frage erhoben: warum hat diese Armee, in der viele führende Persönlichkeiten schon längst vom Unheil des Nationalsozialismus überzeugt waren, nicht früher losgeschlagen? Warum hat sie gewartet, bis der Kriegsgegner bereits vor den Grenzen stand?

Ich glaube, der unseligste Tag in unserer unseligen Geschichte war nicht der 30. Januar 1933, der Tag der »Machtergreifung«, sondern der 2. August 1934 – jener Tag, an dem der Wehrmacht, unmittelbar nach dem Tod des alten Feldmarschalls und Reichspräsidenten, durch einen fingerfertigen, raffiniert vorgeplanten Trick der Treueid auf den »Führer und Reichskanzler« abgelistet wurde; und zwar wenige Wochen, nachdem dieser gleiche Mann die Freunde und Kameraden höchster Wehrmachtsoffiziere, den General Kurt Schleicher und seinen Adjutanten von Bredow hatte umbringen lassen. Diese Willfährigkeit, mag sie auch aus den Umständen erklärbar sein, wird immer ein dunkler Fleck auf der Ehre des deutschen Soldatenstandes bleiben und hat sich bitter gerächt. Denn nun lastete auf seinen Angehörigen und Spitzen ein neuer Gewissenskonflikt von äußerster Problematik. Der Konflikt mit dem Fahneneid. Jeder, der selbst einmal Soldat und Offizier gewesen ist, noch dazu in der alten kaiserlichen Armee, aus der doch die meisten höheren Offiziere noch stammten, weiß, was er bedeutet hat: nicht ausschließlich den Treuschwur für Kaiser und Reich, sondern den anderen: Einer für Alle, Alle für Einen. Es ergibt sich daraus die schwer überwindliche Hemmung, notfalls mit einem Teil dieser Armee gegen einen anderen, anders gesinnten, vorzugehen. Dazu kommt noch in Kriegszeiten die äußerst delikate Frage nach der Berechtigung zu Hochverrat und Landesverrat. Gewiß kann von Hochverrat nicht mehr die Rede sein, wenn der oberste Machthaber eines Volkes sein größter Verräter ist, und um ein Land vorm totalen Ruin, vorm sicheren Untergang zu bewahren, gibt es keine Bedenklichkeit in der Wahl der Mittel. Dennoch – gerade hier, in der Armee, war es von äußerster Schwierigkeit, zu einer einheitlichen Auffassung und einem gemeinsamen Handlungswillen zu kommen. Eine Armee besteht ja nicht nur aus jenen Generalen und Obersten, die durch genaue Kenntnis der verbrecherischen Vorgänge erwacht waren, sondern aus den Millionen der eigentlichen Waffenträger, die zwar nominell Befehlsempfänger sind, aber in einem Entscheidungsfall ebenso wie sie, die Offiziere, Hitler gegenüber, ihnen, ihren Kommandeuren gegenüber, den Gehorsam verweigern könnten. Ob sie das tun würden oder einen Generalsbefehl zur Entwaffnung von SS und SD, zur Verhaftung der verantwortlichen Reichsführer blindlings befolgen, war völlig ungewiß. Das Unteroffizierskorps zum Beispiel, bekanntlich das Rückgrat einer jeden Armee, war vermutlich zu einem hohen Prozentsatz nationalsozialistisch und hitlertreu, so wie es am Ende des Ersten Weltkriegs noch durchweg nationalistisch und kaisertreu war. Warum? Hier sind kleine Leute, die nicht über den Umkreis ihres engeren Gruppenkommandos hinausschauen konnten und alle Informationen lediglich aus den offiziellen Organen des Regimes bezogen. Vor allem aber: die ihr eigenes Los, ihre materielle und gesellschaftliche Existenz, auch ihre Selbstachtung, also ihre seelische Existenz völlig mit dem Regime, dem sie dienten, und der von ihm repräsentierten Ordnung identifizierten. Eher hätte man im Jahr 1918 Hindenburg zum Revolutionär machen können als einen sogenannten Zwölf- und Vierzehnender, dem nach Ablauf seiner aktiven Dienstzeit eine staatliche Berufs- und spätere Rentenversorgung winkte. Dazu kam im Fall des Zweiten Weltkriegs, daß gerade dieser Volksteil, der in der Weimarer Republik zum großen Teil verarmte oder proletarisierte untere Mittelstand, durch Hitler und seine Aufrüstung am meisten gewonnen hatte. Diese Leute waren vor 1933 zum Teil arbeitslos, lebten in schierer Existenznot, waren in ihrem Selbstgefühl gedrückt und verbittert. Die Mehrzahl von ihnen konnte und wollte in Hitler und seinem Reich nur das Positive sehen, nämlich daß er ihnen, wenn auch durch eine betrügerische Ausgabenwirtschaft, die nur durch Krieg und Eroberungen zu decken war, Arbeit und Brot verschafft hatte. Für sie, also für ein großes und innerhalb einer Armee funktionell entscheidendes Potential, bedeutete ein siegreich beendeter Hitlerkrieg Sicherheit, feste Lebensstellung, Wohlstand. Daß der Sieg unerreichbar war, der Krieg bereits in seinen Anfängen verloren, der Wohlstand der Nation verschwendet und auch ihre Ehre, ihr Ansehen im vergossenen Blut ertränkt, erkannten sie nicht, und die Gerüchte über Naziverbrechen, soweit man nicht selbst Zeuge geworden war, wollte man nicht glauben: man hielt das höchstens für Ausschreitungen unterer Parteiorgane, von denen der biedere Führer nichts wußte, und ein normaler Feldwebel stellte sich unter einem KZ nicht viel anderes vor als einen etwas strammeren Kasernenhof mit etwas härterem Schliff.

Die Armee war noch am 20. Juli 1944 für ihre von der Pflicht zum Umsturz überzeugten Kommandeure recht unzuverlässig, den meisten Soldaten gingen erst in der äußersten Not ihrer Heimat oder hinterm Stacheldraht der Gefangenenlager die Augen auf. Das Volk stand in seiner Mehrheit nicht hinter den Männern des Widerstandes, denn es war getäuscht und betrogen, und die vielen Einzelnen, die doch in ihrem Herzen zu zweifeln begonnen hatten oder nicht mehr aufhören konnten, sich zu schämen, seit sie gesehen hatten, wie man einen benachbarten, befreundeten Juden in ihrem Städtchen mißhandelt und weggeschleppt hatte – die vielen Menschen, welche nachts die verbotenen Sender hörten, die vielen Arbeiter, die mit in der Tasche geballter Faust beim Mai-Umzug hinter der Hakenkreuzfahne herschritten – diese vielen Deutschen lebten, jeder für sich, in jener undurchdringlichen Isolierschicht, wie sie die schwarze Magie des Terrors durch die Angst vorm Nächsten, der ein Parteispitzel sein könnte, errichtet. »Das Schlimmste ist vielleicht«, notierte Ullrich von Hassell, nach dem blendenden »Sieg im Westen«, »das furchtbare Verwüsten des deutschen Charakters, der ohnehin oft genug Neigung zu sklavenhafter Art gezeigt hat.«

Der Erfolg hatte Hitler und seinem frivolen Grundsatz »Der Sieg rechtfertigt alles« immer wieder beigestanden, und solche Generale wie Halder und von Brauchitsch, die vor dem Westfeldzug gewarnt hatten, weil sie die Folgen, eine Weltfront gegen Deutschland, erkannten, schienen unrecht zu bekommen. Die Toten von Stalingrad schwiegen, der überlebende Rest war in Moskau gefangen und wurde in Deutschland nicht gehört. Und das Ausland, die gegnerischen Mächte waren nicht geneigt, den deutschen Widerstandskämpfern auch nur die geringste Hilfe oder gar Rückversicherung zu gewähren.

Das alles wußten die Männer des 20. Juli, und es kann der moralische Mut nicht hoch genug geachtet werden, mit dem sie dennoch zur Tat schritten. Es war der Mut zum Tode, denn jeder von ihnen wußte, daß es im Fall des Mißlingens keine Alternative gab. Dies wußten die Generale wie Ludwig Beck, von Witzleben, Olbricht, wie Stülpnagel, Kleist und Rommel, dies wußte der zur entscheidenden Tat Ausersehene, Graf Claus Schenk von Stauffenberg.

Es ist leicht, am Mißlingen dieses Aufstands Kritik zu üben, seine vielfache Verspätung, seine ungenügende Vorbereitung und Absicherung zu bemängeln. Aber wer, der lebt, könnte von sich selbst sagen, daß er unter gleichen Umständen den gleichen Mut und die gleiche Haltung aufgebracht hätte?

Diese Männer wußten, daß es nur eine geringe Hoffnung gab zu gewinnen und daß sie dennoch wagen müßten. Sie wagten es in der größeren Hoffnung, daß ihrer Tat, auch wenn sie scheitern sollte, eine zukünftige Leuchtkraft innewohne.

Claus von Stauffenberg wußte, daß er im Fall des Mißlingens der Diffamierung und Verleumdung preisgegeben war. Dies war für einen Mann von seinen hohen Ehrbegriffen schlimmer als der Tod. Wer seiner gedenkt, mag versuchen, sich in seine Seelenlage vor der Entscheidungsstunde, in der Nacht vor dem Wagnis, zu versetzen. Sicher war ihm das Gedicht von Stefan George bekannt, dessen einsam-hybrider Stern die Träume seiner Jugend durchleuchtet hat, jenes Gedicht, das den Titel trägt: ›DER TÄTER‹ und dessen zweite Strophe lautet:

> Denn morgen beim schrägen der strahlen ist es geschehn
> Das unentrinnbar in hemmenden stunden mich peinigt
> Dann werden verfolger als schatten hinter mir stehn
> Und suchen wird mich die wahllose menge die steinigt...

Nun ist es geschehen, und nun ist es zu Ende.

Nun folgt nichts als das Blutopfer, der furchtbare Blutzoll, der von allen gefordert wird, auch von denen, die nicht *getan*, die nur *gedacht* haben.

Ist es umsonst gewesen?

Ich will ins Extrem gehen. Ich glaube, daß ein gütiges Geschick diesen Aufstand vorm Gelingen bewahrt hat. Die Erfolglosen und Gescheiterten stehen heute reiner und größer da, als sie nach einem geglückten Umsturz hätten erscheinen können:

nicht nur rein von der Blutschuld eines möglichen Bürgerkriegs, sondern rein von der Nötigung zu demütigenden Kompromissen und Halbheiten, die sich im Fall des Gelingens nach innen und nach außen aufgedrängt hätten. Wie sich die Kriegsgegner im Westen und Osten zu einer erfolgreichen Widerstandsregierung gestellt hätten, ist ungewiß. Doch scheint es sicher, daß sie auch dann auf die bedingungslose Kapitulation Deutschlands nicht verzichtet hätten. Hier aber ging es und geht es ja um das Volk, um das Bewußtsein des deutschen Volkes. Dieses wäre kaum jemals überzeugt worden, kaum je zu einer Erkenntnis der Tatsachen erwacht ohne das selbstverschuldete Ende des unheilvollen Reiches, das mit dem verlorenen Krieg über Deutschland hereinbrach. Ohne dieses Schreckensende hätte der Sturz des Regimes keine volle Glaubwürdigkeit bei der Menge besessen, die ihm immer noch hörig war, und ein ermordeter Hitler wäre ein schwerer Ballast, eine fast untilgbare Hypothek auf dem Gebäude eines neuen Deutschland gewesen – eines Deutschland, auf das wir immer noch hoffen. Eines Deutschland, wie es unsere toten Freunde gedacht und vorgebaut hatten.

Manche gingen mit der souveränen Milde und Weisheit des Sokrates in den Tod, andere mit dem schönen Stolz der Schillschen Offiziere – keiner ohne Glauben, ohne Glauben an die Gerechtigkeit der Sache, für die er sein Leben hingab, Glauben an eine bessere Zukunft seines Volkes und des Menschengeschlechts, Glauben an eine höhere Macht, in der fast alle ihren letzten Trost fanden. Und in all diesen letzten Briefen derer, die eine Frau und Kinder hinterließen, erscheint eine tiefe, eine beglückende und segnende Dankbarkeit, ein echter und wahrer Herzensdank an ihre Frauen, die ihnen in ihren Kämpfen und Nöten immer zur Seite gestanden hatten und von denen die meisten ihre Männer nie mehr oder nur noch mit gefesselten Händen auf dem Weg vom Gerichtshof zur Todeszelle gesehen haben. Denn in dieser Zeit hat sich die Ehe als das hohe Sakrament erwiesen, als die einzige volle Verbundenheit, welche dauert, bis der Tod sie scheidet.

Die Unruhe des Gewissens hat den Opferweg dieser Männer bestimmt, und man vergönnte ihnen keine letzte Ruhestätte, an der wir beten können. Auf sie gilt das Schicksalswort Hölderlins: »Uns ist gegeben, an keiner Stätte zu ruhn.«

Doch gibt es ein anderes Wort des gleichen Dichters, das mir in diesem Augenblick gültig erscheint. Es lautet:

»Die Zeit ist buchstabengenau und allbarmherzig.«

Buchstabengenau. Es wird alles verzeichnet, es bleibt nichts ungewogen; jegliches wird durch die Zeit in die rechte Ordnung gesetzt. Die Zeit ist allbarmherzig.

Solches Wissen war in die Seelen dieser Menschen eingesenkt, in denen es Zorn und Schmerz, Scham und Wut gab, aber niemals Haß und Rache. Denn sie liebten das Leben, sie kannten die Freude und die Schönheit, und sie liebten einander in ihrer Freundschaft mit einer eigenen, unbeschreiblichen Zartheit und männlichen Zärtlichkeit.

Es ist die Zärtlichkeit, mit der sich Büchners Danton, in der Todeszelle der Conciergerie, über den in kurzem fiebrigem Schlummer stöhnenden Camille Desmoulins beugt: »Mein Camille!«

Doch in der gleichen Szene setzt Philippeau dem Schmerz und der Verzweiflung diesen Satz entgegen:

»Seid ruhig, Freunde. Wir sind die Herbstzeitlose, welche erst nach dem Winter Samen trägt.«

Noch ist der Winter nicht vergangen, noch ist die Saat nicht erblüht. Wir aber tragen durch unsre bedrohte Gegenwart ein brennendes Vermächtnis. Wir haben eine Liebe gesehen, die sprechen wollte, sie spricht über den Tod hinüber.

Seid ruhig, Freunde!

Es war nicht umsonst
Ein Brief an Inge Scholl zum 22. Februar 1950

Wie stark die Fähigkeit und wohl auch die Neigung der Menschen ist, zu vergessen, haben wir früher nicht gewußt. Aber schon nach dem Ersten Weltkrieg machte man diese Entdekkung – und noch mehr nach dem Zweiten. Da hatten wohl auch noch mehr Menschen Grund dazu.

Es gibt Leute, die in einer Geschwister-Scholl-Straße leben und weder wissen noch sich je darum kümmern, wer die Geschwister Scholl waren. Darum muß man es, obwohl es nicht nötig sein sollte, in Erinnerung bringen.

Hans und Sophie Scholl waren die ältesten Kinder einer gutbürgerlichen, angesehenen und gebildeten Familie in Ulm. Der Vater, überzeugter Liberaler und Demokrat, war schon vor 1933 Bürgermeister von Ulm gewesen. Dann wurde er des Amtes enthoben.

Hans und Sophie besuchten im Jahr 1942/43, also mitten im Krieg, die Universität in München und schlossen sich bald einem Widerstandskreis junger Menschen an, unter der geistigen Führung ihres Lehrers Prof. Kurt Huber, des bedeutenden bayerischen Linguisten, dem Carl Orff seine ›Bernauerin‹ gewidmet hat.

Als zu Beginn des Jahres 1943, nach der Katastrophe von Stalingrad, jeder Mensch, der es wissen wollte, den Krieg als verloren erkannte und daß seine Weiterführung durch ein gewissenloses Gewaltregime ein Verbrechen sei, als die Verbrechen bekannt wurden, die dieses Regime an Tausenden von Unschuldigen begangen hatte und täglich weiter beging, entschlossen sich die Angehörigen dieses Kreises zur Tat.

Während einer Pause zwischen den Vorlesungen, an denen der Hof von Studenten erfüllt war, warfen sie aus den Fenstern der oberen Stockwerke Flugblätter in den Hof, in denen sofortige Beendigung des Blutvergießens, Beseitigung der Gewaltregierung, freie Wahlen und die Rückkehr Deutschlands zum

Rechtsstaat, Erlösung des deutschen Volkes von Angst und Unterdrückung gefordert wurden.

Sie wurden sofort verhaftet und mit einer Reihe ihrer Verbündeten vor ein Gericht gestellt, für das es nur *ein* Urteil gab. Hans und Sophie Scholl wurden nach einigen Wochen einsamer Kerkerhaft im Gefängnishof mit dem Handbeil enthauptet.

Als ich im Jahr 1946 von der amerikanischen Regierung in kulturellem Auftrag nach Deutschland geschickt wurde, erschien es mir als meine wichtigste Aufgabe, mit jenen Menschen in Fühlung zu kommen, die den Widerstand gegen die Schrekkensherrschaft überlebt hatten, vor allem mit Angehörigen der Opfer. Einige davon gehörten zu meinem persönlichen Freundeskreis, von anderen wußte ich nur die Namen. Ich erwartete von diesen Menschen, mit Recht, wie sich bald herausstellte, die stärksten Impulse zur Gestaltung eines neuen, freiheitlichen Deutschland. So kam ich nach Ulm.

Man hatte mir erzählt, daß sich dort, von Hans und Sophies jüngerer Schwester Inge Scholl gegründet, ein besonders aktiver Kreis junger, intelligenter Menschen zusammengefunden habe. Aber ich erfuhr auch, daß mein damals gerade als Buch erschienenes Drama ›Des Teufels General‹ dort von Hand zu Hand ginge und größte Zustimmung erwecke.

Nicht ganz ohne Beklemmung – denn die Hinrichtung der Geschwister lag ja nur drei Jahre zurück – betrat ich das schöne (im guten Sinn altmodische) Haus, das die Bomben verschont hatten.

Aber ich wurde nicht nur von den Jungen, sondern auch von den Eltern Scholl mit einer so unbefangenen Herzlichkeit begrüßt, daß sich sofort eine Aura des Zusammengehörens, der inneren Gemeinsamkeit bildete, wie sie sich sonst nur nach langer Bekanntschaft einstellt. Droben, in Inge Scholls geräumigem Wohn- und Schlafzimmer, wurde mit ihren Freunden und ihrem Verlobten, dem inzwischen längst als Leiter der ›Hochschule für Gestaltung‹ berühmt gewordenen Otl Aicher, diskutiert. Aber das waren keine theoretischen Diskussionen, kein Ideologisieren, auch kaum ein Gespräch über die von allen schwer erlittene Vergangenheit – alles ging hier in diesem von Inge »Studio Null« genannten Kreis um die Gegenwart und die Zukunft, von neuem Lehrplan für Schulen bis zu neuer Städteplanung, alles pro vita humana, für ein menschliches Leben. Dabei wurde ungeniert geschwäbelt, was bei philosophischen oder theologischen Themen, wenn solche aufkamen, dem Gespräch eine lustige Farbe verlieh.

Um die Mittagszeit ging's dann hinunter zu den Eltern, man saß um den alten Familientisch und dachte wohl immer zuerst an die, welche fehlten: noch ein anderer Sohn war im Rußlandkrieg umgekommen. Mich rührte die Einfachheit, fast Ärmlichkeit dieser Mahlzeiten, an denen ich später noch oft teilgenommen habe, auch von meiner Frau begleitet. Die Kartoffeln waren so schwärzlich grau, wie sie ein amerikanischer Farmer nicht an seine Schweine verfüttert hätte, und das einzig Verlokkende, jetzt im Herbst, waren Äpfel und Birnen. Fleisch und Fett kannte man dort kaum mehr, und alle waren sehr mager.

Dabei erfuhr ich von Inge, daß die Familie Scholl von Freunden im Ausland und Fremden reichlich mit Care-Paketen und anderen Nahrungsmittelsendungen bedacht wurde; diese lagen auf Wunsch der ganzen Familie aufgestapelt, um an solche, denen niemand etwas schickte, in dieser schlimmsten Hungerzeit verteilt zu werden. Der Vater hatte die letzten Jahre als Widerständler im KZ verbracht, jetzt war er wieder Bürgermeister von Ulm. Auch Inge war eingesperrt, die Mutter saß mit ihrem Kummer allein am Tisch. Der Kummer hatte sie vorzeitig altern lassen, aber sie hielt sich stets aufrecht und schien ihre Hausarbeit sogar mit einem gewissen Humor, manchmal mit einem Hauch von Heiterkeit zu besorgen. Als meine Frau zum erstenmal mitkam, wurde das spartanische Menu ausnahmsweise aufgelockert: Mutter Scholl öffnete eins der besseren Pakete und machte Spätzle.

Aber einmal, als ich zufällig mit ihr allein geblieben war, kamen ihr plötzlich die Tränen.

»Ich mach mir ja Vorwürf«, sagte sie in ihrem häuslichen

Schwäbisch, »und ich weiß, es ist unrecht und ungerecht – aber die zwei ware mir die Liebschte.«

★

1950

Liebe Inge Scholl! Diesen Brief sollten Sie und Ihre Freunde schon seit einem Jahr bekommen. Damals verhinderte mich Krankheit, dann Arbeit, ihn zu schreiben. Inzwischen haben wir uns öfters gesprochen, und die Thematik unserer nie geführten Korrespondenz ist weit über ihren ursprünglichen Sinn, den der Kreisbildung unter gleichgestimmten Personen, hinausgewachsen. Deshalb darf ich Sie heute wohl in der offenen Arena und auf dem Forum ansprechen. Einmal, es war noch im Jahr 1948, gelang Ihnen im Gespräch ein ungemein schönes und phantasievolles Wortbild, das vom »unsichtbaren Tisch« – um den man, solange es keinen sichtbaren gäbe, keine räumliche Heimstätte zur dauerhaften Verbindung, durch geistigen Austausch die Vereinzelten, die Versprengten sammeln müsse – die vielen, überall vorhandenen, denen das gleiche am Herzen liegt: neue Gemeinschaft und neue Lebensgestaltung in einem freien, welterschlossenen Deutschland. Der reiche Widerhall auf Ihre ersten Rundbriefe hat Ihnen bewiesen, wie richtig und zukunftsträchtig Ihr damaliger Vorschlag war; er brachte eine kostbare Ernte an menschlicher Aufgeschlossenheit und Bereitschaft.

Jetzt, nach kaum mehr als einem Jahr, stehen Sie bereits vor der Verwirklichung einer Aufgabe, die, wie alle guten Dinge, aus einem Traum und aus einer Not erwachsen ist. Der Traum ist so alt wie das Erinnern der Völker, das man Geschichte nennt, die Not ist so jung und so nah wie der heutige Tag. Es ist der gleiche Traum, der Ihre Geschwister Hans und Sophie vor ihrem opfermutigen Ende verband und durchglühte; und es ist, wenn auch in anderer Gestalt, die gleiche Not.

Not, necessitas, Notwendigkeit. Die notbedingte Notwendigkeit, neu zu binden und zu einen, was von den lebensfeindlichen, den destruktiven Mächten der Zeit zersprengt und zersplittert wird. Traum, die bildnerische Kraft der Seele – nobilissima visione – das geheiligte Recht, die unverletzliche Freiheit aller Lebendigen, der nie versiegende Quell aller schöpferischen Tat. Als Hans und Sophie Scholl mit ihrem Lehrer Kurt Huber, mit ihren Freunden Christian Probst und Alexander Schmorell – um nur wenige von vielen unvergessenen Namen zu nennen – das Schwerste auf sich nahmen, den dunklen Tod hinter Kerkermauern, verurteilt und ausgestoßen von den Tyrannen des eigenen Volkes – da wußten sie, wofür sie starben. Hunderttausende junger Menschen aus vielen Völkern, die zur selben Zeit auf den Schlachtfeldern sterben mußten, wußten es nicht. Jene aber waren bis zum letzten Augenblick vom Sinn und von der Bedeutung ihres Opfers durchdrungen, und das mag ihnen den Glanz und die heitere Sicherheit verliehen haben, von dem berichtet wird. Es war derselbe Glanz, wie er die Märtyrer eines großen Glaubens, einer hohen, lauteren Überzeugung, zu allen Zeiten bestrahlte. Sie waren keine politischen Verschwörer – obwohl es ihnen um Politik im eigensten Sinne, um die innere Reinheit und Würde der Polis zu tun war –, es ging ihnen nicht um eine »Machtübernahme«, sie wollten keine Ehren und Ämter, und sie kämpften nicht für die Herrschaft ideologischer Dogmen. Sie kämpften für das einfachste und größte Anliegen der Menschheit, den Triumph des Guten und Echten über das Böse und Falsche, der Wahrheit über die Lüge, des Göttlichen in der Menschenbrust über das Teuflische; und sie kämpften mit einer so weltweiten Herzenskraft, daß sie die Liebe zu allen Völkern mit einschloß, für ihr geliebtes Vaterland. Sie kämpften für die Souveränität des freien Geistes, im Glauben an die tiefe Verpflichtung, die uns das Gottes-Geschenk einer unsterblichen Seele auferlegt. Sie starben mit der Vision von der gereinigten Auferstehung ihres geknechteten Volkes, in brüderlicher Gemeinschaft mit den freien Völkern der Erde. Ich glaube, ihr Andenken nicht höher ehren zu können, als wenn ich von dem spreche, was nach ihnen kam, was von ihrem Hoffen und Streben lebendig blieb und weiter kämpfte – und was in Ihrem Gefährtenkreis, in Ihrer tapferen Arbeit, in Ihrer Bemühung und in Ihrem wachsenden Erfolg einen sichtbaren und tatkräftigen Ausdruck fand.

Für mich, der ich noch in seiner dunkelsten Stunde nie aufhörte, an Deutschlands gute Geister zu glauben, war die Begegnung mit Ihnen, mit Ihrer Familie und Ihrem Freundeskreis eines der trostreichsten und lichtvollsten Ereignisse in der schweren, bedrückenden Zeit nach dem Krieg. In Ihrem Elternhaus, in dem die nie verwindbare Trauer um die verlorenen Kinder und um das erlittene Unrecht keinen Hauch von Bitterkeit, keinen Schatten von Haß, nur eine stärkere und mildere Leuchtkraft von Güte und Menschlichkeit verbreitet hatte, fand ich das beste Deutschland wieder, die Tradition einer ererbten und erworbenen Humanität, die lebhafte, aufgeweckte Bereitschaft zu neuer Erkenntnis, zum weiten Horizont, zum Verstehen und Durchdringen des Unbekannten, auch die Lust und die Freude am lebendigen Dasein, an der Berührung mit der Welt, mit der leibhaftigen Wirklichkeit. Hier gab es den guten Mut, das Zutrauen und die beschwingte Heiterkeit, die immer das Zeichen produktiven und zielsicheren Beginnens ist. Und wenn ich in einem Bericht lese, es sei erstaunlich, daß grade in Ulm, einem Ort, den man als »ehemalige Garnisonstadt, recht kleinstädtisch und spießbürgerlich« bezeichnet, heute eine so große Anzahl geistig aufgeschlossener, vorurteilsloser und verständnisvoller Hörer und Mitarbeiter für die Veranstaltungen der Volkshochschule vorhanden sei – so denke ich mir, dies könnte wohl in jeder deutschen Stadt so sein, in der mit dem gleichen selbstlosen Einsatz und mit solch unermüdlicher Leidenschaft am rauhen Stein gearbeitet würde. Der Stein war gewiß rauh und widerspenstig, an dem Sie beginnen mußten – wie alles ungeformte Material; und die Zeitnöte, die Folgen der Kriegszerstörung und des Zusammenbruchs, hatten die Werkzeuge stumpf gemacht. Nicht aber die Herzen. Denn sie hatten ja ein Testament zu erfüllen, das wie ein reiner Kristall dem Urgestein verwachsen war und nicht mehr aufhören durfte, sich weiterzubilden und zu entfalten.

Stendhal hat die Erscheinungsformen der Liebe mit dem Wachstum der Kristalle verglichen, und es war liebender Eifer vor allem, Spiel und Gewalt des schöpferischen Eros, der Ihren sympathischen Kreis durchwirkte und realisierte. Ich wähle dieses letzte Wort aus besonderem Grund. »Réaliser«, verwirklichen, nannte Cézanne das, was dem Künstler nur in den seltensten, den ganz begnadeten und den ganz schwer ertrotzten Werken seiner Lebensarbeit gelingt. Es sind jene Werke, die dem Über-Wirklichen am nächsten kommen. Auch dem geistigen Ziel, auch dem pädagogischen Gedanken, auch der gesellschaftlichen Moral, der politischen und sozialen Verständigung nähert man sich nur auf dem Boden der konkreten Substanz, der Anschauung des Stofflichen, der Befassung mit dem Notwendigen, der handwerklichen Übung. Ich halte es für den besonderen Vorzug Ihrer Idee und Arbeitsweise, daß dies erkannt und zur Grundlage gemacht worden ist. Daß hier nicht mit dem Abstrakten oder gar Doktrinären begonnen wird, auch nicht mit unbeweisbaren Gefühls-Idealismen, sondern mit dem Erfaßlichen, Begreiflichen, Erlernbaren und Wissenswerten. Das Wort »praktisch« wird in Deutschland zu Unrecht leicht mit einem verächtlichen Beiklang gebraucht, als habe es die Unterbedeutung von selbstisch, kleinlich, gewinnsüchtig. Es hat aber nur die Bedeutung des besten Weges und der klarsten Mittel zu dem in der Tat Erreichbaren und enthält keinen Gegensatz zur Vertiefung – so wie der Sammelbegriff der »Technik« keinen Gegensatz zum natürlichen oder spirituellen Leben darstellt, sondern nur einen der Wege zu seiner Bewältigung und Gestaltung.

Wir leben heute schon nicht mehr im »technischen Zeitalter«, sondern in dem der Neubeseelung einer von der Technik erweiterten Räumlichkeit. Alle gemachten Gegenstände werden beseelt durch ihren sinnvollen Gebrauch, durch ihre Einbeziehung ins Wesentliche des Lebens. Es ist das Vorzügliche an dem Programm Ihrer Hochschule, daß es von den Bedürfnissen der Menschen ausgeht, von ihrem Verhältnis zu den Dingen in ihrer Zeit, ohne je die Ehrfurcht vor dem Sinnbildlichen und Bedeutenden, vor der geheimen Schönheit und Ordnung im Innern der Dinge zu vergessen. Dieser Grundsatz wurde von Ihnen und Ihren Freunden schon in den kleinen Anfängen der Volkshochschule und Ihres engeren Studiokreises angelegt und genährt. Auch fehlt dort vollständig das Ungelüftete, der Geruch von Jägerwäsche und Halbbildung, der vielen den Begriff »Volkshochschule« verdächtig gemacht hat. Es fehlt jede Neigung zu Sektierertum, zum »Bund froher Adelsmenschen« und ihrem Dünkel, zu irgendwelcher seelischen oder geistigen Arroganz oder Verstiegenheit. Die »Geschwister-Scholl-Hochschule« ist kein Ersatz, weder für Fachschulen noch für Universitäten, sondern eine dem Geist und der Notwendigkeit dieser Weltstunde entwachsene, jedem – im weiten Sinne – bildungs- und formungsgewillten Menschen zugängliche und hilfreiche, moderne »Akademia«. Sie wird – dessen bin ich gewiß – in jener erweiterten Gestalt, für die wir jetzt gemeinsam arbeiten werden, all dem dienen und nutzen, was man mit »Aufbau« bezeichnen kann, sowohl dem der zerstörten Städte als dem der inneren Werte, der Haltung der gefestigten Persönlichkeit.

Am 22. Februar sind sieben Jahre vergangen seit dem Opfertod Ihrer Geschwister. Man sagt, daß gewisse Hormon- und Zellsubstanzen des menschlichen Organismus, wohl auch die Blutsubstanz, sich im Ablauf eines Jahrsiebents erneuern. Sie und Ihre Freunde haben dieser Erneuerung tätig voraus- und entgegengelebt. Sie haben dargetan, daß wir nach diesem unglückseligen Krieg nicht, wie nach dem letzten, der fatalistischen Phrase von einer »verlorenen Generation« zu verfallen brauchen. Sie gehen mit einer Laterne, mit einer sehr starkkerzigen Glühlampe, um die Verlorenen zu finden. Jeder, dem der Bestand des eingebrachten Gutes und das Wachstum zukünftiger Ernten am Herzen liegt, sollte Ihnen helfen. Denn wir leben noch immer im Widerstand, wenn auch die destruktiven Mächte sich verlagert und anders verteilt haben. Sie aber haben im Vorfeld unserer Kämpfe eine Bastion des guten Willens geschaffen. Sie stehen heute dort, wo Hans und Sophie stehen würden. Es war nicht umsonst!

Ihr Carl Zuckmayer

Erich Maria Remarque, ›Im Westen nichts Neues‹

Weihnachten 1928 verbrachte ich in Mainz bei meinen Eltern, um meine Wunden zu lecken. Wenige Tage vorher war mein Seiltänzerstück ›Katharina Knie›, trotz einer glänzenden Uraufführung mit Albert Bassermann und Elisabeth Lennartz, von fast der gesamten Berliner Kritik (mit einigen Ausnahmen wie z. B. Paul Fechter) unbarmherzig verrissen worden. Man sagte mir sogar meinen dramatischen Tod voraus – was ich einige Male überlebt habe. Die Nachrichten aus Berlin, daß die Aufführung täglich ausverkauft sei und fortwährend neue Annahmen aus der Provinz einliefen, konnten mich nur wenig aufheitern. Ich war angeschlagen.

Da kamen die Druckfahnen vom Propyläenverlag mit der Bitte um eine sofortige Besprechung. Das Buch war zwar schon in Fortsetzungen in der Berliner ›Vossischen Zeitung‹ erschienen, aber da ich Fortsetzungsromane nie lese, war es mir unbekannt geblieben. Auch der Name des Autors, Erich Maria Remarque, sagte mir nichts. Wir waren uns damals noch nicht begegnet.

Zögernd begann ich zu lesen – und dann las ich und las weiter und weiter, fieberhaft, ohne Pause, erschüttert, aufgewühlt, im innersten Herzen getroffen. Was konnte mir jetzt noch ein Berliner Verriß bedeuten? Hier war ein Stück meines eigenen Lebens und Erlebens, wie aus dem durchbluteten Leib gerissen.

Über den »literarischen Wert« dieses Werkes nachzugrübeln, schien mir absurd. Hier hatte endlich einer den trüben Nebelschleier des Vergessens aufgerissen, welcher sich über das Schicksal der Kriegsgeneration senkte, deren Gedächtnis nur von der falschen Seite wachgehalten wurde.

»Alles fließt«, schrieb ich damals in mein Tagebuch – »und was verflossen ist, wird vergessen. Wenn Literatur einen Sinn haben soll, so kann es nur der sein, einen Damm zu errichten gegen diese Flut des Vergessens.«

Nachts saß ich in der kleinen Dachstube, in der ich schon als Schüler meine Schreibversuche gemacht hatte, und schrieb in einem Zug die hier folgende Rezension.

Sie erschien in den ersten Januartagen 1929, in der damals meistgelesenen deutschen Wochenschrift, der ›Berliner Illustrirten‹ – und es war tatsächlich die erste Besprechung, die über dieses, dann in allen Weltsprachen tausendfach besprochene Buch *›Im Westen nichts Neues‹* erschienen ist.

Drei Monate später lernte ich Remarque persönlich kennen. Er hatte damals den Umfang seines Erfolges noch nicht begriffen, er war davon erschreckt und verstört, und er war – im Gegensatz zu seinen späteren Lebensgewohnheiten – sparsam, als müsse er noch von Sportreportagen leben. Wir mußten ihn einladen und verbrachten zum erstenmal mit ihm eine lange, weinbeschwingte Nacht.

Es war die Begründung einer Lebensfreundschaft.

*

1929

Es gibt jetzt ein Buch, geschrieben von einem Mann namens Erich Maria Remarque, gelebt von Millionen, es wird auch von Millionen gelesen werden, jetzt und zu allen Zeiten, und nicht gelesen, wie man Bücher liest: sondern wie man seinem Schicksal unterliegt, dem Unentrinnbaren seiner Zeit und seines Daseins, wie man es packt und wie man gepackt wird, wie man blutet, wie man kämpft, wie man stirbt.

Dieses Buch gehört in die Schulstuben, die Lesehallen, die Universitäten, in alle Zeitungen, in alle Funksender, und das alles ist noch nicht genug. Denn es handelt sich nicht um eine gute Sache, wie bei vielen Kriegs- und Friedensbüchern der Zeit – es handelt sich um die Grundtatsache unseres Lebens und Werdens – um die Urschicht, um den Zellenkern von Jahrhunderten. Das ist der Krieg, wie wir ihn in der Front gelebt haben – grade wir, eine ganz bestimmte, mit wenigen Jahreszahlen abzugrenzende Generation – die vor dem Krieg noch kein Leben hatte, keine Form und keinen Inhalt, die vom Krieg geboren und zerschmettert wurde und die – mitsamt ihren Toten – über den Krieg hinauslebt, als einziger neuer Anfang.

»Im Westen nichts Neues.« Ein ewig wiederkehrender Satz der deutschen Heeresberichte. Ich will, für die später Geborenen, an einem geringen persönlichen Beispiel zeigen, wie das war. Meine Eltern saßen in einem kleinen Hotel in Freiburg, wo mein Bruder im Lazarett lag, abends im Speisesaal. Eine Dame kam herein mit dem gerade erschienenen alltäglichen Sonderdruck des Heeresberichtes. Meine Mutter fragte: was es gäbe. Die Dame sagte: »Nichts Neues, es ist wieder gar nichts los. Südlich der Somme ist ein unbedeutendes zerschossenes Dorf gefallen, das niemand kennt: Chilly.« Meine Mutter wußte aber, daß ich seit Wochen in diesem Dorf in Stellung lag. Für sie bedeutete das unbekannte Dorf Chilly mehr, als wenn die ganze Westfront zerbrochen wäre, Straßburg erobert, Paris erobert, der Zar ermordet, England untergegangen. – Es war der 4. September 1916. Nichts Neues.

Nichts Neues. Nur, daß in einigen hunderttausend Menschen die Welt untergeht, mit allem, was sie bisher erfüllte und belebte, und daß sie nicht wissen, ob das nun das Nichts ist, das Ende, die völlige Auflösung, von der sie verschlungen werden – oder der Strudel und die Finsternis einer neuen Schöpfung – ja, daß sie noch nicht einmal fragen, nicht ahnen, ob sie Pflug oder Erde sind, Beil oder Holz, Saat oder Aas –.

Das ist es, was Remarque hier gibt, zum ersten Mal ganz klar und unverwischbar – was in diesen Menschen vorging, was innen geschah, in den Minen und Sappen der Seele, im Blut, in den Fasern; – und darum ist es das erste Kriegsbuch, das Wahrheit gibt. Wir alle haben immer wieder erlebt, daß man über den Krieg nichts sagen kann. Es gibt nichts Kläglicheres, als wenn einer seine Kriegserlebnisse erzählt. Deshalb schweigen wir und warten. Aber wir vergessen nicht. – Und es ist kaum glaublich und grenzt ans Wunder, daß dieses Buch jetzt schon geschrieben wurde: man dachte immer, es müssen noch zwei Jahrzehnte vergehen, bis einer das kann. Alles, was bisher aus dieser Zeit geschaffen wurde, bleibt Stückwerk daneben. Und dabei gab es schon einige Kriegsbücher, die uns viel bedeuteten: die aber ihren Augenblickswert, ihre Zeitbedeutung, gerade durch ihre Verzeichnung, ihre Übertreibung oder ihre Verzerrung erhielten. ›Das Feuer‹ von Barbusse – die Novellen von Leonhard Frank – sie waren so nahe dabei, so mitten drin entstanden, daß sie nur Blitzlichter, Schlagschatten geben konnten. Und Leonhard Franks reifste, schönste Novelle ›Karl und Anna‹ wächst ganz aus dem Krieg und dieser Zeit heraus ins Zeitlos-Menschliche. Dann kamen Bücher, die reportierten, dokumentierten: der ›Soldat Suhren‹, der ›Krieg‹ von Ludwig Renn, ›1902‹ von Glaeser. – Hier aber, bei Remarque, ist zum erstenmal das Schicksal selber Gestalt geworden. Das Ganze. Das, was dahinter war, darunter brannte – das, was bleibt.

Und so geschrieben, so geschaffen, so gelebt, daß es mehr wird als Wirklichkeit: Wahrheit, reine, gültige Wahrheit. Der Dichter stellt dem Buch den Satz voraus:

»Dieses Buch soll weder eine Anklage noch ein Bekenntnis sein. Es soll nur den Versuch machen, über eine Generation zu berichten, die vom Krieg zerstört wurde – auch wenn sie seinen Granaten entkam.«

Das Buch erfüllt diesen Vorspruch voll und ganz.

Aber es tut noch mehr. Es reißt alle Menschen in das Schicksal dieser Generation hinein. Es zeigt, ohne es mit einem Wort zu sagen, wie dieses Geschlecht lebt, mitsamt seinen Toten, wie es den Kopf erhebt, die zerschmetterten Glieder sammelt, langsam, tastend, wankend, stürzend, Schritt vor Schritt, unaufhaltsam, unbrechbar zu marschieren beginnt. Wie es aus Schatten, irren Lichtern, Nebeln, Masken sein Gesicht wieder findet, seine Stirn, seinen Willen, den es dem Jahrhundert aufzwingen wird. Wir sind es, an deren Lebensbeginn das Wissen um die letzten und größten Dinge des irdischen Daseins stand – um das Furchtbarste: die tödliche Verlassenheit des Menschen – um das Höchste: die Kameradschaft.

Gedächtnisrede für Julius Elias

Gesprochen an seinem Sarg, am 5. Juli 1927

Über die Persönlichkeit, die Charakterzüge, sogar das Aussehen des »alten Elias« habe ich in meinen Erinnerungen so ausführlich geschrieben, daß sich eine Wiederholung erübrigt. Im Lexikon findet man ihn, zusammen mit Paul Schlenther und Georg Brandes, als Übersetzer und Herausgeber der von S. Fischer veranstalteten, ersten vollständigen Ibsen-Ausgabe. Aber vor allem war er Kunstschriftsteller, Kunstkenner, Kunstsammler. In Berlin brachte er die erste Ausstellung der großen französischen Impressionisten zusammen, als die Leute noch mit Stöcken und Regenschirmen auf diese »unwirklichen« Bilder losgehen wollten (das Wort »entartet« war damals noch nicht erfunden).

Er schrieb die erste Monographie über den Maler Max Liebermann, der damals noch um Anerkennung kämpfte, und verhalf ihm zum endgültigen Durchbruch.

Er war mit S. Fischer und Otto Brahm Mitgründer der ›Freien Bühne‹, die den jungen Gerhart Hauptmann ans Licht hob. Mir hat er zur Uraufführung meines ›Fröhlichen Weinberg‹ in Berlin und damit zu meinem ersten großen Bühnenerfolg verholfen. Mein nächstes Stück, ›Schinderhannes‹, das mit Käthe Dorsch und Eugen Klöpfer auf dem Herbstprogramm des Lessingtheaters stand, wollte ich ihm widmen – konnte dies aber nur noch zu seinem Gedächtnis tun. Er starb drei Monate vor der Uraufführung.

★

1927

Der Dank, den ich hier einem Toten sagen will, ist nicht die Empfindung eines Einzelnen. Es steht eine Armee junger und älterer Menschen mit mir an diesem Sarg, denen er der treueste und wahrhaftigste Freund, der tatkräftigste Helfer und sicherste Mentor war. Dieser Dank ist mit Worten nicht abzutragen.

Wenn es auf der Erde etwas wie einen unersetzlichen Verlust gibt, dann ist es der, den jeder von uns durch diesen Tod erlitten hat. Ich glaube nicht, daß wir noch einmal im Leben einem solchen Menschen begegnen dürfen. Ich glaube nicht, daß die Jüngeren, die nach uns kommen, jemals einen solchen Helfer und Mittler finden werden. Welche große, entflammende Zündkraft war in ihm, welcher Lebensnerv, welches Temperament, welche herrliche, mitreißende Begeisterungsfähigkeit! Glaube und Begeisterung, das Höchste, was ein Mensch seinen Mitmenschen geben kann! Vielleicht war Julius Elias der gläubigste und begeisterungsfähigste Mensch, der je gelebt hat. Es klingt fast frivol, das an einem offenen Grab zu sagen, aber er hatte etwas von dem Geheimnis der ewigen Jugend. Das war die Magie seines Wesens, die besondere Kraft seiner Persönlichkeit: seine durch nichts besiegbare, unverlierbare Jugendlichkeit! Als ich vor einigen Jahren das Glück hatte, ihn kennenzulernen, schrieb ich an einen Freund nach außerhalb: Jetzt weiß ich, daß es auch in Berlin junge Menschen gibt! – Wir waren ja alle die reinen Greise gegen ihn! Um alle anderen Menschen wird die Luft manchmal trüb und matt. Um ihn war alle Zeit ein brausender, schöpferischer Wirbel!

Da lebte ein Mann, aus einer Zeit, die für uns Kriegsheimkehrer, die jungen Soldaten von 1914, sagenhaft fern schien – der den Atem einer großen Dichterzeit erwachen spürte – der mit Gerhart Hauptmann jung war und Ibsens Könnerschaft übermittelt hat – der eine Theaterepoche, von der man heute noch wie vom verlorenen Paradies reden hört, die der ›Freien Bühne‹ und Otto Brahms, mitbauen half und mit erkämpfte. Und dieser Mann macht unsere jungen, unerklärten Anfänge mit, als stünde er selbst mitten im Anfang! Er winkte uns nicht großväterlich von oben, sondern er stand befeuernd und festigend mitten in unserer Reihe!

Ich glaube, wenn der erste Schmerz über seinen Verlust in uns stiller geworden ist, dann wird eine große Freude bleiben und ein Glück: daß er gelebt hat, daß ein solches Leben sich erfüllt hat, daß es solche Menschen auf der Erde gibt, daß wir ein Stück

Weg mit ihm gehen durften! Er widerlegte das Märchen, daß zu verschiedenen Zeiten verschiedene Menschen da sein müssen. Er widerlegte die Phrase vom alten und neuen Menschen. Er hätte in jeder Zeit leben können, er hätte in jede Epoche gepaßt und wäre immer und überall richtig am Platz gewesen: weil er einfach da war, weil er lebendig war, weil er gläubig war, weil er tätig war!!

Ich glaube, wenn von ihm die Rede sein wird, werden die Gesichter froh werden, und es wird jene zündende Erregung und Freude da sein, die wir alle so oft von ihm empfangen haben. Er hatte so gern recht – und er verstand es immer, recht zu behalten. Deshalb will ich ihm jetzt, als letzten Gruß und Aug in Auge mit denen, in deren Gedächtnis er nicht sterben wird, zurufen: Er soll recht behalten mit seinem Glauben, den er an uns und an das schaffende Leben erwiesen hat!

Er soll recht behalten! Das ist der Dank, den wir ihm abstatten können – und wir werden alles daransetzen, um ihn zu erfüllen!

›Vatermord‹, Schauspiel von Arnolt Bronnen

Nachdem ich im Jahr 1920 mit meinem dramatischen Erstling ›Kreuzweg‹ vom Berliner Staatstheater angenommen und aufgeführt worden, aber durchgefallen war, schrieb ich in den folgenden Jahren, bis ich dann zur praktischen Theaterarbeit kam, häufig Kritiken in der den jungen Autoren aufgeschlossenen Zeitschrift ›Die Neue Schaubühne‹.

Erstens: weil ich das Honorar brauchte.

Zweitens: weil ich an der Kritik mich selbst dramaturgisch zu schulen versuchte. Meine Ausfälle gegen den »Expressionismus« sind also zum Teil als Selbstkritik oder als Prozeß der Loslösung von einer Zeitrichtung zu verstehen, die im Grund nie die meine war.

›Vatermord‹ blieb Arnolt Bronnens ehrlichstes Stück. Seine späteren wurden immer unechter, immer verkrampfter. Ich glaube, es wird kaum etwas von ihm bleiben – als eben der theaterhistorische Moment dieser Uraufführung.

*

1922

Der Titel schreckt. Man geht ins Theater mit dem leisen Vorgeschmack von ekstatischem Pathos, pathetischer Ekstase, Generalnenner Seele und Idee. Man denkt: Früh-Expressionismus. Aber es kommt anders. Der Titel trügt. Hier wird wirklich und wahrhaftig, handfest, real und reell gemordet. Das ist eine angenehme Enttäuschung. Denn es wird sogar der Mord recht gründlich motiviert, es ist kein philosophischer Mord, kein deduktiver Mord, sondern ein menschlicher – es ist kein pazifistisches Manifest, dieser Mord, denn er geschieht in der resonanzlosen Enge einer Kleinbürgerwohnung, die unter Schicksalsdruck und -spannung zum Bestienkäfig wird. Famos, wie die Spannungen – hinter dem Wort, hinter dem Geschehen – in diesem Stück – geführt und gesteigert werden. Es geht so viel vor darin, aber nichts (außer den übermäßig gehäuften Prügeleien) lenkt von dem Wesentlichen, Elektrischen, Unterirdischen ab. Das Verhältnis zwischen Mutter und Sohn, von der Mutter aus besonders – ist sogar gestaltet. Desgleichen gestaltet einige Momente des Vaters, für die ich sämtliche Väter, Zwingherren, Tyrannen des modernen Gesinnungsdramas herschenke: wie er plötzlich dasteht, nach endloser Viecherei von der Hand des irrsinnig gequälten Sohnes zurückgestoßen – jäh erwacht und aus der Zeit gerissen, nur noch die Worte findet: »Der Sohn schlägt seinen Vater.« Und wie er besoffen heimkommt, in verzweifelter Isolierung, doch stier, dumpf, ohne Bewußtsein, nach dem Jungen wie nach einem Rettungsanker greift: »Du mußt mich lieben! Ich befehle dir, daß du mich liebst!« Das ist erschütternd, ist auch gekonnt. Erlebt, echt und wahrhaftig ist das ganze Stück. Darum wirkt es, auch weil es ohne Pose geschrieben ist. Gekonnt ist es nicht immer. Sobald der Sohn ekstatisch wird, visionär und deklamatorisch – (es ist, Gottseidank, selten) –, wird er mir peinlich. Und die Wiederholung der Zusammenstöße – als Steigerung gedacht – wirkt monoton und schwächt ab. Was aber am meisten für die Begabung des Dichters spricht, ist der sehr eigenwillige und feste Rhythmus seiner Sprache. (Auch dieser setzt aus an den pathetisch-ekstatischen Stellen. Er ist am stärksten bei den brutalen – unsentimental-dramatischen.) Bronnen hat den großen Vorzug – das Glück geradezu –, daß er seinen Erstling nicht in lyrischer Klangsprache schreiben mußte. Im Gegenteil: seine Sprache kommt vom naturalistischen Dialog, bewegt sich zum großen Teil in Alltagswendungen, vermeidet schmückende Beiwörter, geht auf Sachlichkeit, nicht ohne Charakteristik. Daß es ihm gelingt, bei solcher Grundeinstellung szenenlang eine fast musikalisch gebaute rhythmische Sprachform zu bilden und mit Leben zu füllen – das ist für mich der positive Eindruck dieses Abends. Nachdem ich also dem Dichter aus diesem Gefühl heraus eine positive Kritik geschrieben habe, sehe ich mich gezwungen, das Stück abzulehnen. Es läßt durchaus unbefriedigt, und das ist kein Zufall. Es packt – aber es zwingt weder zur Hingabe noch zum Haß. Warum das? Liegt es am Vatermord? Ist es literarischer Snobismus – daß etwa dieses Thema nicht mehr sensationell oder scharf genug für unsere Nerven wäre, weil wir seit einem Jahrzehnt solches in jedem besseren Kunstversuch erleben (nachdem es vor einem Menschenalter von Dostojewski für eine ganze Epoche geschaut und gestaltet ist)?

Wir glauben, die Unbefriedigtheit nach diesem Stück hat einen tieferen Grund. Es ist die natürliche Reaktion nicht auf die letzten zehn, sondern auf die letzten achtzig Jahre deutscher Literatur. Die Einseitigkeit des Tendenz- oder Ideenwerks kann selbst bei starker persönlicher Potenz des Autors nicht mehr befriedigen. Es ist keine Theorie und keine gedankliche Forderung, sondern es ist Hunger und Durst, wenn wir vom Kunstwerk heute Totalität verlangen! Ein Stück Welt, gleichgültig welchen Formats, aber lebendig nach allen Seiten, daß man es wirklich packen, in sich reißen, lieben oder hassen kann. Ein unbeschnittenes Stück Welt, im Gehalt maßlos, in der Form bezwungen. Das ist Bronnens ›Vatermord‹ nicht, das braucht es nicht sein, denn es ist ein Erstling, den man nur aufführt, um einem zweifellos hochbegabten Dichter Gelegenheit zur Selbstkritik zu geben. Sein nächstes Stück wird seine Bestätigung oder seine Abfuhr sein. Man hat zu viele Enttäuschungen gehabt, um nicht zu wissen, daß Jugend, Erlebnis und Begabtheit keine Freibriefe für die Unsterblichkeit sind. Wir müssen uns heute scheußlich zusammennehmen, denn schließlich ist die Unsterblichkeit und das Feuilleton darüber ein Schmarren und die Leistung das Einzige. Genug davon. Ich vermute, daß Bronnen das alles selber weiß und heute bereits einige starke Bootslängen über seinen Vatermord hinausgeschwommen ist. –

Das Frankfurter Schauspielhaus widmet diesem Stück, das man in der Hauptstadt Berlin als Sonntagsmatinee macht, einen Abend. Einen glänzend besetzten, sorgfältig gearbeiteten Theaterabend. Das ist anständig und vornehm. Der Gastregisseur Dr. Harnisch schuf Atmosphäre. Aber er hatte kein Ohr für den Sprachrhythmus des Werkes. Dadurch ging vieles verloren. Die Szene mit dem Freund, beim Dichter stark, war in Auffassung und Ausführung völlig verfehlt. Vater und Mutter wurden von Kräften gespielt, über die an dieser Stelle schon Umfassendes gesagt wurde: von Herrn Taube und Frau Gerda Müller. Taube ein kluger, sicherer Charakterspieler – Gerda Müller ein Phänomen. Der Sohn war eine Überraschung: Hans Baumann. Eine erstaunliche Talentprobe. Erstaunlich vor allem durch die Zucht und Beherrschung, mit der dieser junge Schauspieler bei allem Temperament und Empfindungsaufwand diese Rolle anpackte. –

Auf der Galerie entbrannte heftiger Gesinnungskampf zwischen den zahlreich erschienenen Jugendlichen. Ich sah Fünfzehnjährige, die in Begeisterung schäumten, daß man für ihre Väter ernstlich fürchten mußte. Und sah Vierzehn-, Fünfzehn-, Achtzehnjährige, die wütend zischten, pfiffen, und vor sittlicher Entrüstung dampften. So tobte der berühmte »Generationskampf« zwischen Gegnern, von denen unmöglich Einer den Andern im Verdacht der Vaterschaft haben konnte. Wedekind sagte in einem seiner erleuchtetsten Augenblicke: »Der Kampf zwischen den Geschlechtern kommt gleich nach dem Kampf mit den Dienstboten.« Ich glaube, der Kampf der Generationen ist auch nahe dabei. Die Kräfte, deren Kampf uns lebendig macht, werden an härteren Konflikten zu erspüren sein.

Zu Richard Billingers ›Perchtenspiel‹
(Uraufführung am 26. Juli 1928 im Salzburger Festspielhaus)

Der Dichter Richard Billinger, vor einigen Jahren in seinen Siebzigern verstorben, gehört heute, meiner Meinung nach zu Unrecht, zu den Vergessenen.

Ich selbst habe, als ich im Jahr 1931 den Kleistpreis zu vergeben hatte, den jungen Ödön von Horváth ihm vorgezogen, obwohl Billingers poetische Welt der meinen näher stand.

Warum? Ich glaube, er hatte kein Verhältnis zu seiner Zeit – kein politisches, kein gedankliches, nicht einmal ein emotionelles. Daraus ergab sich für seine Dichtung eine schöne Zeitlosigkeit, für seine Persönlichkeit und seinen Charakter etwas Ungewisses, Verschwommenes.

Ich fürchte, es wird schwer sein, ihn heute wieder zu spielen oder zu lesen – obwohl seine Gedichte schöner sind und bleiben als die meisten heutigen. Aber für reine Naivität gibt es heute kein aufnehmendes oder gleichgestimmtes Organ, weder in der Literatur noch beim Theater, auch nicht die gleichgestimmten Schauspieler, wie die junge Käthe Gold und Werner Krauss, oder Regisseure, die, wie einst Jürgen Fehling, den Schauer und das Sternsingen seiner ›Rauhnacht‹ genial verwirklichen können.

Doch es mag sein, daß in späterer Zeit diese reinen, choralen Stimmen seiner Poesie wieder aufklingen mögen und läuten wie die geliebten Glocken seiner »Goldenen Stadt« Prag.

*

1928

Hier spricht nicht der Kritiker, sondern der Freund – nicht der berufene Beurteiler, sondern der Zuhörer, Zuschauer – nicht der objektive Laienrichter, sondern ein Autor über das Stück eines andern – dies alles muß ich vorausschicken, weil ich mir weder ein falsches Amt anmaßen noch meine subjektive, persönliche Anteilnahme verleugnen will. Richard Billinger verdient und verträgt einen subjektiven Bericht.

Vor fünf Jahren erschien bei Rowohlt Billingers erstes Gedichtbuch ›Über die Äcker‹, liedhafte Verse: zeitlos, einfach, gesättigt von Leben. Dann, im Lauf dieser fünf Jahre, wuchs ihm eine Fülle neuer Gedichte, eine wuchernde Unzahl von Blättern, aus denen sich ein reifer, trächtiger Kern entschält.

Es werden die Stimmen nicht fehlen, die auf Grund dieses Schaffens Billinger als reinen Lyriker abstempeln, eingrenzen, ihm den Weg ins Dramatische versperren wollen. Und doch ist dies ein Weg, gradliniger, natürlicher, als man glaubt. Von der Ballade zum Drama ist nur ein Schritt. Billinger tappt nach diesem Schritt seit Jahren, er wird ihn tun.

Das ›Perchtenspiel‹ ist nicht der erste Anfang dazu. Lange vorher schrieb er einen dramatischen Entwurf, dessen fragmentarische Form die Wucht und Gewalt des Inhalts kaum fassen konnte: ›Die Rosse‹.

Der Roßknecht, ein Menschenleben in der Kammer vorm dämmervollen Stall hausend, darinnen in langer Zeile die mächtigen Ackergäule stehen, selbst eingespannt wie seine Pferde in Leitseile, Kummete, Halfterstricke, vollgesogen mit dem Dampf der Ställe, der Streu, der feuchten Woilachs, kämpft in blinder, furchtbarer Auflehnung gegen die Zerstörer seiner Welt: Traktor, Mähmaschine, Motorpflug. Die gespenstischen übermächtigen Gegner siegen. Die teuren, schwerfälligen Gäule sollen zur Fleischbank. Da packt der Roßknecht den greifbaren Feind, ermordet den Agenten einer Maschinenfabrik, geht zu den Pferden, schüttet ihnen die Krippen voll und erhängt sich im Stall wie einer, der seine Arbeit gut getan hat.

Ich erzähle diesen Stoff mit Absicht vor dem Bericht über das ›Perchtenspiel‹, damit man nicht auf den Gedanken kommt, man habe es in Billingers Person mit einem Nachromantiker, einem zeit- und lebensflüchtigen Eklektiker zu tun.

Jetzt steht ein neues Stück Billingers vor der Vollendung, das vielleicht sein erstes Drama werden wird. Es heißt ›Die Rauhnacht‹ und ist vom ursprünglichsten, persönlichsten Erlebnis gezeugt.

Billinger ist ein Bauernsohn aus dem Innviertel, auf dem Land erwachsen, dem Land entwachsen, landflüchtig, und doch mit tausend Wurzeln im Land gefestet. Er ist das Gegenteil von dem, was man sich gemeinhin unter einem Bauerndichter vorstellt. Er ist kein bukolischer Sänger, kein Idylliker des ländlichen Lebens, er verherrlicht nicht das Bauerntum, verklärt, versüßt und verziert es nicht, er versucht nicht, es zu heroisieren, noch zu kritisieren, es hat ihn geboren, es hat ihm Bild und Ausdruck vermacht, es ist für ihn eine Wahrheit, eine Tatsache, ein Element, das er nie umschreibt, nie pathetisch symbolisiert, sondern das einfach in ihm ist und wirkt. Er ist ein »geschrecktes Kind« des Bauerntums, des Landes: er liebt es nicht, es weckt keine Sehnsucht, keine selige Stimme, keinen hymnischen Chorus in ihm.

Das Land ist hart, grausam, steinig, voll Staub, voll Dornen, seine Tage sind arbeitgezüchtigt, schweißgeblendet, seine Nächte sind schwül und gefährlich, das schlimme Wetter lauert in der Finsternis, der Bach murmelt böse, geschwätzig, es knackt im Gebälk, überall hustet der letzte Atem der Toten, Hunde kläffen unterm Mond, es grinst aus fahlen Getreidesäcken, aus schleimigem Algengrün. Distel und Dorn, Nessel und Unkraut überwuchern den Acker. Die rastlose Plage, deren Gewinn ein Hagel zerschmeißt, die Arbeitslast, die der Winter verschüttet, jeder Frühling dem Bauern neu aufjocht, die dumpfe Enge der niederen Wohnkammern, des kleinen Gemeindelebens, die stumpfe Roheit der Bauern, die Härte der Eltern gegen die Kinder, der Jungen gegen die Greise, der Knechte gegen das Vieh, der gnadlose Himmel über der wetterwendischen Erde, so schreckt, ängstet, zermalmt ihn die Wirklichkeit des heimischen Da-Seins, bis er, im bannenden, lösenden Wort, den geheimen Erntesegen, die Milch und die Süße der reifen Früchte empfängt.

Wenn ein Jahr von schwellender Fruchtbarkeit gesegnet war, die Sonne in den Beeren kocht, der milde Herbst das Land mit einer zweiten Blust beschüttet, werden aus dem Überreichtum der Reife, aus Dunst und Wurzeln, aus dem Schaum und der Fäulnis verschwendeter Säfte, die albischen Zwitterwesen geboren, die guten und bösen Erdgeister in tausendfacher Gestalt, die Faune und Gnomen, Nymphen und Feen, deren Geschlecht auf der Erde so alt ist wie alle Naturmythen überhaupt. Im Pinzgau und Pongau heißen sie die schönen und die schiechen (wilden, teuflischen) Perchten, und dort hat sich der Perchtenglaube in Volkstänzen und -gebräuchen seinen bleibenden Ausdruck geschaffen. Wie Teufels- und Götzenköpfe primitiver Völker werden die Perchtenmasken zum tänzerischen Umzug aufgestülpt. Die uralte Fabel des Spiels: der Mensch erliegt der Lockung der schönen, irrlichtflackernden und dem Hasse der schiechen, spukhaften Perchten. Die Heiligen der Kirche, die vierzehn Nothelfer, erlösen ihn aus ihrem Bann.

Billinger entrückte diese Fabel ihrem späteren, hineingedeuteten Sinn (dem siegreichen Kampf des Christentums gegen die heidnische Welt), entkleidete sie der kirchenpolitischen Symbolik, führte sie zurück auf ihren ursprünglichen mythischen Gehalt und machte sie gegenwärtig durch menschliches Geschehen. Die schönen und die schiechen Perchten werden bei ihm die spielerischen, verschwenderischen, abwegigen, zerstörerischen Geister der Natur – die heiligen Nothelfer die Schützer und Bewahrer des Wachstums, der keimenden Erneuerung. Das menschliche Schicksal erfüllt sich inmitten dieser ewigen Gewalten.

Das Wesen dieses Stückes macht es unnötig, den Gang der Handlung geordnet wiederzugeben, ihr Gerippe zu entschälen: Glanz und Gewicht der Dichtung sind ungleich verteilt. Das Spiel ist mit schwerer, ungefügter Hand geformt, oftmals kaum in den Grundzügen angedeutet, oftmals in kindlicher Überdeutlichkeit verzeichnet: und schafft doch Klänge von leichtester, zärtlichster Schwebung, Umrisse von klarer, mythischer Gewalt. Gestalten recken sich auf, Gesichter enthüllen sich, jäh belichtet von Blitzen dramatischer Eingebung, dann wieder bewölkt, umschattet, traumhaft im Dämmer versinkend. Der Bauer, landflüchtig, entwurzelt, dem Haus entfremdet, der Perchtin verfallen, endlich vom Schicksal ereilt, von der Faust seines Ahns gefällt. Die Alt-Bäuerin, mächtig gedunsen im protzigen Stolz des Besitzes, in heidnischer Größe verhärtet – taut, schmilzt, zerbricht im Leiden der Mutterschaft. Zwei Szenen des Stückes bestehen die Kernprobe des dichterisch Erschauten, dramatisch Gepackten: wie die verstoßene Frau des Bauern – armselig und häßlich im Gefühl der eigenen Erniedrigung – aus dem erwachenden Glauben an ihre schlummernde Kraft, an ihre verschüttete Schönheit, aus dem Glauben an die Schönheit, der Lust zur Schönheit, zur Gewalt des Leibes, zur Befreiung der Seele – schön wird, von innen strahlend, erblühend – das ist eine ganz neue, menschliche, hinreißende Erweckung des alten Märchens vom Zauberspiegel, eine seelische Umformung von zartester, heimlichster Gewalt. Dann: wie das Haus brennt, die Frau – um ihre »Sache« zu retten – in den Flammen umkommt. In diesen beiden Szenen steckt der Ansatz zu Billingers künftiger Dramatik, die über das fragmentarisch Angedeutete, lyrisch Verschwimmende hinaus nach wahrhaft lebendiger Gestaltung ringt.

Die Aufführung war nicht gleichmäßig abgestimmt, verfehlte vielfach den Ton der Dichtung und hatte doch, durch die Eigenart ihrer Darstellung, den Reiz des Persönlichen. Die Spieler der Exl-Truppe, auch die Künstlerschaft ihres Regisseurs Köck, werden ihre eigentliche Aufgabe eher in realistisch menschlichen Stücken finden als in den Umrissen dieses Zauberspiels. Von ihnen, wie von Grete Wiesenthal, ging der Hauch echter Hingabe, Werkverbundenheit aus, die Liebe zum Ganzen, das Gefühl der Verantwortung. Eine haftende, lastende, packende Gestalt, unheimlicher als aller Zauberspuk, war Alice Hetsey-Holzers Alt-Bäuerin. Die entscheidende schauspielerische Leistung, den Höhepunkt dieser Aufführung, gab Franziska Kinz als verstoßene Frau. Sie schuf einen Menschen, den man nicht vergißt, den man wieder sehen will, ein Schicksal, eine Gestalt, die zum stärksten gehört, was das Theater heute zu geben hat. Der Erfolg war spontan, mächtig, die feierliche Reserve sonstiger Festspielabende zerbrechend: Billinger, seine längsten Darsteller um Haupteshöhe überragend, mit dem Brustumfang eines fünfjährigen Pflugstieres, schwebte auf die Bühne, weihnachtlich lächelnd.

Ein Nachruf – wie zu Lebzeiten

Ein Jahr nach dem Tod Ludwig Bergers (1890–1969) wurde ich, anläßlich der Aufstellung seiner von Gerd Bildau geschaffenen Büste im Mainzer Stadttheater, vom Oberbürgermeister der Stadt Mainz gebeten, die Gedächtnisrede für ihn zu halten. Ich tat es in freier Rede, ohne Manuskript, ohne Notizen, ohne Vorbereitung, weil ich die Erfahrung gemacht habe, daß dadurch eine spontane Gesamtwirkung erreicht wird, die mir wichtiger scheint als der ausgeformte Stil einer geschriebenen Ansprache.

Die Rede wurde auf Tonband aufgenommen, und ich bringe sie hier unverändert, ohne sie stilistisch auszufeilen oder zu bearbeiten, als ein Zeugnis der Freundschaft und Dankbarkeit.

*

1970

Herr Oberbürgermeister, meine Herren Mitehrenbürger, verehrte Damen und Herren, liebe Freunde!

Es ist für mich nicht ganz leicht, hier zu stehen und über einen Menschen zu sprechen, der mir so viel im Leben bedeutet hat und nicht mehr unter uns ist. Obwohl er fünf Jahre älter war als ich, habe ich nie geglaubt, daß ich einmal einen Nachruf auf ihn zu sprechen habe. Ich habe immer gedacht, zu seinem achtzigsten Geburtstag würde ich da stehen und er wird hier sitzen.

Er ist nicht da, aber irgendwo hört er mir zu. Das ist mir ganz klar. In einer jener uns unbekannten Transfigurationen ist er auch heute dabei; und da will ich ihn an etwas erinnern, was er immer zu mir gesagt hat, wenn ich im Laufe der letzten zehn Jahre über ihn, seine Bücher, seine verschiedenen Jubiläen geschrieben oder dazu Reden verfaßt habe, über sein Buch ›Wir sind vom gleichen Stoff, aus dem die Träume sind‹, über seinen Roman ›Arabella‹, zu seinem siebzigsten Geburtstag, zu seinem fünfzigsten Bühnenjubiläum. Jedesmal hat der Ludwig gesagt:

»Ei Carl, was hast du mir wieder einen schönen Nachruf zu Lebzeiten geschrieben!«

Er legte großen Wert darauf, daß ich diese Nachrufe zu Lebzeiten schreibe. Er hat mir mal das Versprechen abgenommen, daß ich keinen Nekrolog schreibe, ich habe gefragt: »Warum?« – da hat er gesagt: »Weißt du, solange ich noch lebe, willst du mir nur etwas Nettes sagen, wenn ich aber mal tot bin, könntest Du auch auf meine Fehler kommen, und dann würde die Sache gar nicht aufhören.« Denn über diese kleineren menschlichen Schwächen, die jeder von uns hat und die Ludwig Berger dann und wann seine Mitmenschen fühlen ließ, war er sich ganz klar, und je älter er wurde, desto souveräner wurde sein – er besaß keine Ironie, er hatte Humor, wirklichen Humor –: desto souveräner wurde der Humor, mit dem er sich, sein Leben, in Beziehung zu den anderen Menschen sah.

Es ist also auch heute nicht am Platze, einen Nekrolog zu halten. Es soll so sein, wie wenn es ein Nachruf bei Lebzeiten wäre. Ich will von dem sprechen, was Ludwig Berger von der Jugend, von meiner Jugend her bis heute, über sein Nicht-mehr-bei-uns-Sein hinaus, für mich und damit für uns alle bedeutet.

Wenn man so will, könnte man über Ludwig Berger in vielen besonderen Eigenschaften sprechen. Man könnte sprechen über den Theatermann Ludwig Berger, den großen Theatermann seiner Epoche; und dieser Begriff würde gleichzeitig mit einschließen seine ungewöhnliche Musikalität und seine Bezogenheit zu den bildenden Künsten seiner Zeit und der Menschengeschichte. Das ist ein Komplex. Der andere wäre: Ludwig Berger als Schriftsteller in vielseitiger Weise, als kunsthistorischer, als lebendiger Gegenwartsschriftsteller. Das Dritte wäre: Ludwig Berger in seinen Beziehungen zur Zeit, also auch zur politischen Gegenwart, in seinen Beziehungen zu dem von uns allen erlebten Schicksal. Ich möchte aber nicht systematisch werden. All das sind Teile eines Ganzen, und das Ganze ist es, worauf es ankommt. Diese verschiedenen Teile seiner großen Ausstrahlungs- und Auswirkungsmöglichkeiten machen dadurch ein Ganzes, daß ein ganzer Mensch mit seiner vollen Natur dahinterstand, mit einer Natur im goethischen Sinne, und gleichzeitig mit einer Natur auch im engeren Sinne unserer Rheingauer und rheinhessischen Heimat.

Ludwig Berger entstammte einer Familie – und ich darf hier ein bißchen zurückgreifen, ohne daß ich weitschweifig werden will –, die ganz und gar in diesem Raum, in diesem rhein-mainischen, fränkisch-hessischen Raum verwurzelt und geschichtlich und gegenwärtig dazugehörig war. Jeder hier weiß, was die Familie Bamberger für Mainz und für die Kultur Westdeutschlands überhaupt bedeutet hat. Es waren Bankiers, es waren immer aber auch Menschen im höchsten und weitesten Sinne der Kultur. Es war eine Familie, in der das Kulturelle vom Leben und vom Geschäftlichen und Beruflichen nicht getrennt war. Kultur war da nicht etwas für Sonntag abends oder für Sonntag nachmittags oder für den Feiertag, Kultur war etwas, was ganz und gar vom Aufwachsen bis zum Ende zu diesem Menschen gehörte, und die aus ihnen selbst immer wieder wie aus einem lebendigen Quell gespeist und bereichert wurde.

Da war der Vater Ludwigs und seine Mutter, auf die noch näher zurückzukommen ist. Von Ludwig selber gibt es eine kleine Beschreibung ihrer Brautzeit: sie gehört zu dem Schönen und Zarten unserer Vergangenheit. Die Art, wie sie einmal war und wie eine Brautzeit auch wieder einmal sein wird, wie sie auch heute noch manchmal vorkommt, nämlich, daß nicht nur aus praktischen oder aus Gründen einer Leidenschaft geheiratet wird, sondern daß geworben wird im schönsten und zartesten Sinne, geworben um das Einander-Verstehen, geworben um etwas, was sich erst im Laufe eines Zusammenlebens entwickeln kann, wo Einverständnis im höchsten Sinne dann Liebe heißt. Liebe kann uns überkommen wie ein Wetterstrahl, Liebe kann uns umwachsen wie die Pflanzen eines schönen Frühlings, Liebe kann auch wie ein Abgrund sein, der sich plötzlich vor uns auftut, sie kann ein furchtbares und ein herrliches Schicksal sein. Wenn sie aber dauern soll, so muß sie etwas sein, was geschöpflich mit uns wächst und was wir auch lernen müssen.

Auch dazu gehört die Arbeit... wie zur Kunst, die selbst

wenn jemand wie Ludwig Berger mit so vielen Gaben begnadet ist, doch in jedem einzelnen neuen Abschnitt des Daseins und Wirkens wieder neu erarbeitet, erschafft und erlernt werden muß.

So ist es auch mit der Liebe. Ein Ehepaar kommt zusammen, ein Ehepaar lebt zusammen, und damit dieses Zusammenleben nicht eine äußerliche und konventionelle Form ist, sondern etwas Wahres, etwas menschlich Wahres, muß dieses Ehepaar lernen sich zu lieben, auch wenn sie sich von Anfang an gern gehabt haben, es muß die Liebe lernen, auch in schlechten Zeiten, auch in den Zeiten des Wellentals, das sich wie bei allen irdischen Bewegungen einstellt.

Ich glaube, in dieser Hinsicht haben die drei Söhne Bamberger von ihren Eltern etwas Vorbildliches mitbekommen. Der ziemlich ernst gestimmte, ruhige, gemessene Vater, der andererseits ein leidenschaftlicher Geigenspieler war und jede freie Minute benutzt hat, die ihm sein Geschäft ließ, um daheim Kammermusik zu machen oder zu üben. Wie oft, wenn ich zu Ludwig gegen Abend zu Besuch kam, wenn ich zum Beispiel als junger Soldat auf Urlaub von der Front in Mainz war – meine schönsten Abende waren dann die, zu Ludwig Berger hinaufzugehen und bei ihm Bühnenmodelle zu sehen. Die ersten, die ich in meinem Leben gesehen habe! Die ersten Figurinen! Die ersten Regiebücher! Die ersten dramaturgischen Einrichtungen!... Das habe ich da oben bei ihm in seinem Stübchen erlebt. Und wenn ich dann zu ihm rauf ging, hörte man dann gewöhnlich den Vater Bamberger, der Baff genannt wurde, Geige üben. Und wenn er diesen sporenklirrenden Schritt auf der Treppe hörte, machte er auch wohl einen Augenblick die Tür auf. Er hatte einen langen seidenen Schlafrock an und schüttelte so ein bißchen den Kopf, es war ihm ein bißchen zu laut, wenn einer so hinaufgelaufen ist.

Die Mutter Bamberger, ich habe es schon in einem jener Nachrufe für Ludwig geschrieben, war eine der schönsten Frauen, die ich in meinem Leben gesehen habe, bestimmt die besonderste, eigenartigste und in ihrer Klugheit und Milde und in ihrer herrlich fraulichen und geistigen Ausstrahlung bedeutendste Frau, die ich je sehen werde. Ich habe sie ungemein verehrt, und jeder, der sie kannte, mußte sie verehren. Sie war eine Schülerin, und zwar die Lieblingsschülerin Clara Schumanns, der Frau und später Witwe von Robert Schumann, die ja eine der größten Pianistinnen ihrer Zeit war. Sie hat um der Ehe willen die Möglichkeit, Konzertpianistin zu werden und die Musik zu ihrem Lebensberuf zu machen, aufgegeben.

Diese Mutter hat unendlich viel von ihrem musischen Wesen und ihrem musikalischen Talent auf ihre drei Söhne, aber in einem ganz hohen Maß eben auf den Ludwig vererbt, der von allem etwas hatte, der nämlich das Universale mitbekam. Sein ältester Bruder Ernst wurde in der Familie immer als der hauptsächlich praktische, der das Leben meistern kann und nicht so wie die anderen den brotlosen Künsten verfallen ist, betrachtet. Aber auch dieser älteste Bruder Ernst war ein durch und durch kunstsinniger und kunsterfahrener Mann. Er hat eine Schauspielerin aus Berlin geheiratet, übrigens eine sehr schöne Frau, er liebte die Künste und hat in seiner Weise wohl auch für das Erbe, soweit ich davon weiß, gesorgt, das sich in seinem Sohn, einem musikalisch begabten Menschen, weiter fortsetzt.

Ein ganz, ganz tiefes Gefühl, eine ungeheure freundschaftliche Wärme erfüllt mich heute noch für den zweitältesten: Rudolf Bamberger. Ich will in diese Rede, die hauptsächlich der Freude darüber gilt, daß wir diese Menschen alle gehabt haben, keine Bitterkeit hineintragen. Ich will nur erinnern. Er ist uns geraubt worden von Menschen, die Deutschland eine Zeitlang sein Bestes raubten, darunter nicht nur seine Ehre, sondern auch sein Ansehen in der Welt und unzählige seiner besten und treuesten Bürger. Zu diesen, die da uns weggenommen wurden und deren Leidensweg uns heute noch mit Scham erfüllt – und auch jemand wie ich, der in jener Zeit nicht da war, trägt diese Scham mit –, zu diesen gehört Rudolf Bamberger. Er war ein wunderbarer Charakter, ein sehr in sich zurückgezogener, man würde heute sagen, ein introvertierter Mensch, ein Mann, der nichts aus sich machen konnte, auch in der Kunst kein »Verkäufer«, wie die Artisten sagen. Er konnte sich nicht sehr gut zur Schau stellen. Er hatte eine schöne Baßstimme, und ich erinnere mich noch, wie er einmal in der Mainzer Liedertafel in einer jener unvergeßlichen Händel-Oratorienaufführungen, die unsere Jugend verschönt haben, eine kleine Baßpartie gesungen hat. Aber das Auftreten, selbst wenn es nur auf der Konzertbühne war und nicht im Theater, lag ihm nicht. Das sich Zur-Schau-Stellen war ihm irgendwie peinlich. Er gab das Singen wieder auf, er hat nur in privatem Kreis zu seiner Freude gesungen. Aber sein malerisches Talent war enorm. Das stellte er in den Dienst der Mitarbeit mit seinem Bruder.

Dieses Brüderpaar hat in seinen Inszenierungen für Bühne und Film damals neue Wege beschritten und in Deutschland zu der in den zwanziger Jahren aufblühenden Theatererneuerung aufs höchste beigetragen. Man spricht heute sehr gern von diesen zwanziger Jahren und ihrem enormen Reichtum an theatralischen Erlebnissen und an lebendiger Theaterkunst. Nie wird dabei der Name Ludwig Berger vergessen. Wenn man von Reinhardt und Jessner, von Fehling, von Erich Engel, von Karlheinz Martin spricht und Heinz Hilpert, so fällt immer auch der Name Ludwig Berger als einer derer, die – auf gleicher Rangstufe – das Theater damals aus neuen Quellen speisten.

Ich habe einmal in einem Gedenkwort für meinen guten Freund Heinz Hilpert geschrieben: Wenn Fehling der genialischste und Engel der intellektuellste unter diesen großen Regisseuren war, so war Ludwig Berger der musischste. Und mit diesem Wort »musisch« komme ich nun zu ihm selbst, komme ich dazu, was er eigentlich war und ist und bleibt.

Berger war durchtränkt von musischem Wesen. Man könnte sagen, alle Talente waren ihm in die Wiege gelegt. Das ist ein schweres Schicksal. Es ist viel einfacher, wenn jemand ein bißchen stur und einseitig ist. Ich war es auch nicht in meiner Jugend. Ich habe in meinen Gymnasiastenjahren nie genau gewußt, ob ich Musiker werden soll oder Schriftsteller, bis nachher einfach das Schriftstellerische mich so in die Hand, in die Zange genommen hat: ich konnte nicht mehr anders. Ich habe auch oft zu Ludwig gesagt: Dir fehlt die Sturheit, von der ich ja etwas habe. Du bist zwar auch sehr begierig, aber du bist so schnell. Ich bin langsam. Bei ihm ging alles von selbst. Er hat spielend gelernt, er war nie ein Anfänger. In seinen ersten Inszenierungen hat er das Theater gemeistert. Wenn er angefangen hat, sich mit Malerei zu beschäftigen, konnte er auch ein Bild malen, obwohl er das nur für den Zweck von Bühnenbildern getan hat.

Er ging nach Heidelberg und auch nach München und in andere Universitätsstädte, aber sein entscheidender Ausbildungsplatz war Heidelberg, wo er sofort zu einer Elite von Studenten gehörte. Nicht etwa, weil seine Eltern wohlhabende Leute waren, sondern weil er ein genialischer junger Mensch war. Obwohl er mit Soziologie nichts zu tun hatte und sie nicht studierte, war er bei den damalig geistig Höchststehenden in Heidelberg, Max Weber und Marianne Weber, dauernder Gast. Er hat mit großen Universitätslehrern wie Troeltsch, wie dem Rembrandt-Forscher Karl Neumann – bei dem er auch seine Doktorarbeit gemacht hat –, mit Husserl, mit allen, die damals bedeutend waren, verkehrt. Er wurde in diese Kreise hineingezogen. Natürlich hat ihm das Kammermusikspiel, seine große Musikalität, sehr geholfen. Das Cello – wir waren beide Cellisten, wir hatten denselben Cellolehrer, der mir heute noch unvergeßlich ist – war immer mit; er hat Cello gespielt, er hat Kammermusik gemacht, er hat, soweit es in unserem damaligen Rahmen möglich war, sich für alle neue Musik interessiert, er war immer bei allem dabei, was vorwärts ging und was Licht machen wollte.

Es war eine wirklich ganz ungewöhnliche Universalität in seinem Wesen. Er war Historiker, er hat sich mit Kunstgeschichte beschäftigt. Er hat im Rahmen des Theaters alles versucht von der Operninszenierung bis, nachher gegen Ende seines Lebens, zu diesem Neuen, Großen, was man heute mit einem unschönen Worte »Massenmedium« nennt, das aber aus unserem Leben nicht mehr wegzudenken ist: Fernsehen. Er hat im Fernsehen als einer der Ersten künstlerische Inszenierungen gemacht. Er hat nicht aufgehört, und er hätte, wenn er noch leben würde, auch noch lange nicht aufgehört.

Sein Lebenslauf, seine Wirksamkeit ist wohl den meisten von Ihnen bekannt. Ich kann mich da ganz kurz fassen. 1914 versuchte er in denselben Tagen wie ich, Soldat zu werden, und wir waren auch eine oder zwei Wochen lang gemeinsam Rekruten, draußen in Gonsenheim bei den 27ern. Dann wurde er wegen körperlichen Leidens, wegen einer Unfähigkeit, die Märsche auszuhalten, und wegen einer immer schon vorhandenen Rückgratschwäche und Beinschwäche entlassen. Da war er so unglücklich, ich habe ihn nie in seinem Leben so unglücklich gesehen wie, als man ihm nicht mehr erlaubt hat, Soldat zu sein. So verrückt sind wir damals gewesen.

Und dann, da er eben nicht im Krieg sein konnte, hat er sich rasch – er sollte Bibliothekar oder Direktor eines Kunstmuseums in Freiburg werden – mit dem Theater befaßt. Er hat, zunächst noch als Amateur, in Mainz eine Mozart-Inszenierung, die auch von ihm übersetzt und bearbeitet war, ›Die Gärtnerin aus Liebe‹, gemacht, dann hat man ihn ans Stadttheater geholt, und schon ging es los mit Shakespeare, mit Kleist, mit Goethe. Und schon kam der Sprung nach Hamburg, wo seine ersten Inszenierungen in sämtlichen Zeitungen Deutschlands als aufsehenerregend besprochen wurden. Und schon wurde er an die Berliner Volksbühne zu Friedrich Kayßler geholt. Dort hat er mit einer Immermann-Inszenierung und dann bei Reinhardt mit Shakespeares ›Cymbeline‹ einen Sturm der Begeisterung erregt. Das war in den Jahren der beginnenden Weimarer Republik, so um 1918/19 herum.

Er galt also als einer der Leute, die jetzt das neue Theater machten; er hat es mitgeschaffen. Die Emigration hat ihn nicht aus seinen Bahnen werfen können. Er ist nicht wie viele von uns in ein ganz fremdsprachiges Land gegangen. Holland ist an der Grenze der deutschen Sprache und des deutschen Wesens. Holland ist zwar anders als wir, aber es ist nicht so weit weg, und es ist auch nicht so wesensverschieden, wie wenn ein Mensch nach Amerika oder nach Neuseeland oder auch nach England geht, das vielleicht noch getrennter von uns ist als das viel weiter entfernte Amerika, denn Amerikaner kann jemand werden, wenn er sich Mühe gibt und wenn er es will – als Engländer kann man nur geboren sein. Er ist aber in Holland gewesen, er hat in Holland deutsches Theater weitergemacht, wenn auch zum Teil in holländischer Sprache, mit holländischen Studenten – unter den Augen der Gestapo. Es ist ihm gelungen durchzukommen, ohne daß ihm was passiert ist. Er hat, das muß ich sagen, auch von deutschen Freunden, die dann und wann nach Holland kamen, große Unterstützung und Hilfe gefunden. Die Freunde haben ihn nicht verlassen. Er war tapfer und mutig. Er hat diese Zeit bestanden. Er hat seine unmittelbare Verbindung zu seiner Welt, nämlich zum Theater, zur Musik, zu den Künsten, zur Philosophie, zur Wissenschaft Europas nie verloren. Er ist immer ganz und gar in Europa und Europäer geblieben.

Und nach dem Krieg ist er zurückgekehrt. Sie kennen ihn alle aus dieser Zeit. Sie wissen, wie er hier gewirkt hat, wie er sich an allem, was hier in Mainz vorging, leidenschaftlich, natürlich manchmal auch antagonistisch, auch kämpferisch, beteiligt hat, wie er da war, wie er hier gelebt hat... und eben, es ist mir unbegreiflich, wieso er gestorben ist. Sein Leben lang war er nämlich leidend, und von solchen Menschen kann man sich nie vorstellen, daß es einmal ernst wird. Als Gymnasiast bereits hieß es immer: Auf den Schulausflug kann der Ludwig Bamberger nicht mitgehen, er kann den Weg nicht vertragen, oder: es wird ihm schwach, oder sonstwas. Einmal waren seine Eltern mit ihm und den anderen Brüdern auf der Heimreise vom Sommerurlaub mit meinen Eltern und uns Buben im selben Eisenbahnabteil: Die Eisenbahnfahrt bereits hat sein zartes Nervensystem zur Revolte gebracht. Er konnte es schwer vertragen. Schon in Berlin, in ganz jungen Jahren, mußte er zum Gehen wegen dieser Hüftgeschichte, von der ich medizinisch nichts weiß – ich weiß nur, sie hat ihn immer geplagt –, einen Stock benutzen.

Er hat unermüdlich gearbeitet, auch unter Schmerzen. Er hat in seinem Leben, glaube ich, sehr viele Schmerzen aushalten müssen. Aber morgens beim ersten Licht hat er mit dem Schreibpult in seinem Bett gelegen und bereits gearbeitet, sei es an einem Bühnenbildentwurf, sei es an einer schriftstellerischen

Arbeit. Er war ein unermüdlicher Mensch – und er war ein unermüdlicher Zeitgenosse. Teilnehmend gegenüber den anderen, aber auch eben in seiner Art: einer, der sich reibt an der Welt und der es nicht einfach hinnimmt.

Ich glaube, Ludwig wird mir in diesem Nachruf, den er eigentlich von mir nicht wollte, gestatten, daß ich zwar nicht von Fehlern spreche, aber von Eigenschaften. Er war kein leichter Freund für seine Freunde. Er war ein schwieriger. Und auch darin sehe ich, wenn ich das ganze Leben überblicke, etwas sehr Positives. Mit ihm hat man keine Ruhe gefunden. Er hat einen nicht zur Ruhe kommen lassen. Es war nicht eine Freundschaft, wo man sich immerhin zwar nicht langweilt, aber es ist halt so: jetzt kommt man daher, da sieht man den, da sieht man jenen, sind alte Freunde, und es entwickelt sich nicht mehr viel. Bei Ludwig Berger gab es immer wieder Krach, manchmal sogar ein bißchen zu viel. Es war immer wieder schwierig, mit ihm zu arbeiten. Ich habe immer wieder aufgehört, mit ihm zu arbeiten, und manchmal sind wir auch nicht so ganz ohne Blitz und Donner auseinandergegangen. Auf einer anderen Ebene, nämlich einfach auf der der Freundschaft, der innerlichen Bezogenheit, der Liebe, sind wir immer wieder zusammengekommen.

Das hat sich bis zu seinem letzten, allerletzten Jahr so gehalten. Ich habe, wie gesagt, nicht geglaubt, daß ich ihn verlieren würde, bevor ich selber einmal dahingehe. Ich hatte gerade bei jemand, der immer so anfällig und immer leidend war und immer eigentlich von einer Krankheit bedroht, den Glauben, den man dann bei solchen Menschen hat: er wird hundert Jahre alt, er überlebt uns alle, er wird immer wieder etwas haben. Er hat dann mit dem Herzen zu tun gehabt, er hat sich aber immer wieder aufgerafft.

Es ist noch etwas zu sagen, auch darüber möchte ich in dieser Feierstunde keine Bitterkeit aufkommen lassen, aber es doch erwähnen: daß er, der Verfolgte, der seiner Abstammung wegen aus Deutschland Vertriebene, nach seiner Rückkehr es sehr schwer gehabt hat; daß er sehr schwer hat kämpfen müssen, um sich das Leben, wie es ihm gemäß war und wie es ihm auch zustand, zu erhalten. Er hatte das Haus in Schlangenbad, das seine Eltern und besonders seine Mutter so unendlich liebten... die Mutter, die in diesem Haus wirklich wie in einer ganz eigenen Welt lebte, in einem Musentempel. Dieses Haus hat er gehabt, er mußte es erhalten. Er war von Natur aus von einer unendlich generösen Gastfreundschaft. Wenn er Gäste hatte, so wollte er, daß sie alles haben, was er geben kann, er wollte sogar noch mehr geben. Er mußte sich das alles sehr schwer erkämpfen. Er hat bis zum Schluß seines Lebens nicht einfach auf der Basis einer Sicherheit sein Leben ausleben und noch produktiv arbeiten können.

Er mußte außerdem auch regulär für Geld arbeiten, um sich der Arbeit an seinem eigentlichen Lebenswerk, nämlich der Shakespeareforschung, widmen zu können. Immer wieder mußte er sich herausreißen, mußte er einen Fernsehauftrag oder sonstwas übernehmen, damit er wieder ein paar Monate Arbeitsruhe bekam, denn eine andere Ruhe gibt's für unsereinen nicht. Unsereiner erholt sich, wenn er arbeiten kann, aber natürlich geht's ihm am besten, wenn er frei arbeiten kann, nämlich das, was er wirklich will. Ludwig mußte immer wieder sich diesem gewissen Zügelzwang unterziehen und sich einspannen lassen, damit er dann seinen eigenen Karren stückweise ziehen kann. Es wäre natürlich anders schöner gewesen. So wie es war, war es aber auch in seinem Sinne richtig, denn er hätte gar keine Ruhe gehabt, allzulange auf seinem Stühlchen zu sitzen. Er mußte auch immer wieder in die Theaterluft, er mußte immer in die Auseinandersetzung hinein – und er mußte auch immer wieder mal über etwas beleidigt sein; wenn er das nicht war, war er nicht zufrieden.

Ich habe noch eine Erinnerung. Kurz vor meinem 70. Geburtstag haben wir miteinander geredet, in Frankfurt drüben, und da hat er gesagt: »Stell dir vor, der Heinz Hilpert, der natürlich deinen Geburtstag feiern sollte, nicht wahr, ist zurückgetreten und hat mir überlassen, in der Berliner Akademie der Künste die ganze Feier zu inszenieren!« Und daraufhin – er war schon etwas gereizt – sagte er: »Ich habe mich furchtbar geärgert! Natürlich kommt der Hilpert zuerst... und ich komm' hinterher!« Ich sagte: »Nein, Wopp, so ist es nicht!« Da sagte er: »Ja also, ich stelle Hilpert in die Mitte deiner Feier. Er soll die Festrede halten!« Das war seine Generosität! In dieser Beziehung war er eine köstliche Figur, über die man auch, Gott sei Dank, und mit dem man auch, Gottseidank, viel lachen konnte.

Ich kann auf die Fülle des Materials, das er uns bietet, das er uns in seinem Lebenswerk hinterlassen hat, nicht eingehen. Ich würde sonst zu lange sprechen. Er hat auch Bühnenstücke geschrieben. Er wußte ganz genau, daß er nicht ein originaler Dichter war, dessen Dichtwerk sein Hauptwerk ist. Was er konnte, das waren: Wunderbar für die Bühne empfundene, sozusagen auf die Szene geschriebene Stücke, welche den Schauspielern ihre Möglichkeit gaben, welche dem Regisseur, also in diesem Falle ihm selbst, die volle Entfaltung boten und welche immer in ihrem Stoffgebiet einfach und klar und sauber waren und sich auf das bezogen, was er sowieso studienmäßig tat. Er hat noch in seinen letzten Jahren ein Ottilien-Stück geschrieben, er hat für die Käthe Dorsch, die er so besonders verehrte, zwei Königin-Luise-Dramen geschrieben, die auch in Berlin mit großem Erfolg gespielt wurden.

Er hat sich hauptsächlich den großen, ihm so nahen Gestalten der Musiker schriftstellerisch gewidmet. Es gibt eine Constanze Mozart, es gibt eine Folge von Musiker-Darstellungen, die von der Haydn-Zeit bis in die Schubert-Zeit – mit dem Bogen über Mozart – führt. Es gibt eine wunderbare Schrift von ihm über den Musiker, der sozusagen der Brückenheilige am Strom der Familie Bamberger und damit bis zum gewissen Grad der Stadt Mainz war: Johannes Brahms. Die Schrift von Ludwig über Johannes Brahms ist in ihrer Knappheit vielleicht das Schönste, was über Brahms geschrieben worden ist. Einflechten möchte ich noch die Anekdote, wie seine Mutter als junges Mädchen und Schülerin der Clara Schumann einen Teebesuch von dem noch verhältnismäßig jungen, aber doch schon weltberühmten Johannes Brams erlebt und sich dabei so aufgeregt hat, daß ihre Hand zitterte, und sie hat dem Brahms den Tee über die Hose geschüttet. Er hat es aber nicht übelgenommen von so einem schönen Mädchen.

Jedenfalls Brahms gehörte zu den Brückenheiligen. Wagner weniger, obwohl natürlich der junge Ludwig Bamberger wie alle jungen Menschen dieser Zeit – wie auch wir – eine gewisse Epoche hindurch, in den Entwicklungsjahren, von diesem ungeheuren Genie und von seiner überwältigenden einseitigen Kraft schon gepackt war. Es gab eine Zeit, wo uns ›Meistersinger‹ als die schönste Oper erschien. Als ich vor einigen Jahren – es sind jetzt schon acht Jahre her – hier im Stadttheater eine Rede zu halten hatte über das Mainzer Rhabanus-Maurus-Gymnasium, da wurde vorher die ›Meistersinger‹-Ouvertüre gespielt, und hinterher habe ich zu Ludwig Berger gesagt: »Da ist doch nichts zu machen, das gehört doch zu unseren schönsten Musikstücken.« Da hat er gesagt: »Ja, es ist schon allerhand, was man aus einem C-dur-Dreiklang machen kann!«

Berger als Schriftsteller hier zu beschreiben, würde eine zu große Vielfalt beschwören. Ich will nur von etwas reden, was mir sehr am Herzen liegt, weil ich nicht weiß, wie es und auf welche Weise es heute, nach seinem Ableben, betreut wird. Ich habe selbst dazu leider bisher nicht die Kanäle gehabt, um das zu erfahren. Seine dauernde große Lebensaufgabe sah er in einer – ich will nicht sagen: Erforschung – sondern in einer Durchleuchtung der Shakespeare-Zeit. Das heißt also der Zeit, die, soweit wir das wissen, doch die blühendste und lebendigste der dramatischen Dichtung der ganzen Welt war. Denn die der alten Griechen, das ist etwas anderes. Sie war mehr oder weniger auch ein kultisches Geschehen. Die Blütezeit des Theaters, die in Spanien unter Calderón und den anderen gewesen ist, war eine großartige kulturelle Erscheinung; die elisabethanische Dramatik war ebenso elitär wie volkstümlich. Sie war ebenso ein Theater höchster Bildung und politischer und philosophischer Klärungen wie auch ein Volkstheater, das unmittelbar zu dem Mann auf der Londoner Straße sprach. Und dieses gewaltige Ereignis des elisabethanischen Theaters, diese Erscheinung, die wir Shakespeare nennen, ohne genau zu wissen, wer er war, und ohne uns mit Theorien abzugeben, daß er vielleicht ein anderer war, der auch Shakespeare geheißen hat, dieses Phänomen, das uns als Shakespeares Werk erhalten ist, hat Ludwig Berger, glaube ich, wie kein anderer, auch wie kein Engländer oder englischer Sprachangehöriger, gekannt. Vor allen Dingen ist er den Wurzeln und den dazu führenden Geistesströmen nachgegangen. Er wußte von jedem Shakespearewerk, aus welchen Hintergründen der geistigen und politischen Konflikte dieser Zeit es entstanden ist, worauf es Hinweise enthält, was dieses Werk für seine Zeit meinte. Gerade dadurch wurde es für unsere Gegenwart um so lebendiger.

Im Frühling 1969, vier Wochen vor seinem Tod, bekam ich einen Brief von ihm – da war er in Berlin und schrieb mir: »Ich verdiene hier meine Brötchen, damit im Herbst der Shakespeare vollendet ist und erscheinen kann.« Dazu ist es nicht mehr gekommen. Das Wichtigste, die sinngebende Zusammenfassung, konnte er nicht mehr schreiben, und so liegt das wertvolle Manuskript heute bei einem Verlag herum, dem es nicht gelingt, einen im Stoff erfahrenen Schriftsteller zu finden, der den Schlußstein setzt.

Ich möchte noch über zwei Punkte in Bergers Leben sprechen, die mir besonders erwähnenswert scheinen. Erstens einmal – es klingt merkwürdig, wenn ich das sage – Ludwig Berger als Christ. Zweitens: Ludwig Berger und die Heimat.

Ludwig Berger entstammt einer jüdischen Familie, die schon seit längerer Zeit christianisiert war. Aber wie das im Zug der Zeit, im 19. und Anfang des 20. Jahrhunderts, lag: unter kultivierten und gebildeten Menschen herrschte vielfach eine Konfessionslosigkeit, das heißt, man fühlte sich keiner Konfession direkt verpflichtet; Glaube war bis zum gewissen Grad Privatsache und eigentlich mehr eine Denk- oder philosophische Angelegenheit als die einer Zugehörigkeit zu einer Gemeinschaft. Auch in den jüdischen Familien, die sich ganz und gar mit ihrer deutschen Tradition und mit ihrer deutschen Umgebung identifizierten und ein Teil davon geworden waren. Ludwig Berger ist also – wie man das so nennt – »agnostisch« aufgewachsen. Nicht in einer traditionellen Religion, dennoch aber immer in großer Ehrfurcht vor jeder Religion – und vor allen Dingen: vor dem religiösen Bedürfnis, vor dem, was sich auch im Sozialen, im Politischen, im Menschlichen äußert, dem Bedürfnis, dem Menschen außer seiner nackten Notwendigkeit noch den Drang nach der höheren Kraft zuzuschreiben, der sich im Musischen und im Religiösen äußert.

In den späteren Jahren, vielleicht unter dem Eindruck der schauerlichen Geschehnisse im Zweiten Weltkrieg, der Emigration in Holland, des Bedrohtseins, vielleicht aber auch einfach nur infolge einer geistigen Entwicklung, fand er mehr und mehr zu jener freien Christengemeinde, welche sich auf Rudolf Steiner gründet und die in der Steiner-Nachfolge eine eigene freie religiöse und philosophische Beziehung zum Christentum gefunden hat, die er durch und durch ernstnahm und liebte. Ich erinnere mich an die Stelle eines Briefes, den er mir im Laufe einer anderen Auseinandersetzung einmal schrieb – vor gar nicht langer Zeit: »Trotz meiner Vorfahren und meiner Abstammung ist mir die Bundeslade und der jüdische Mythos fremder und weniger nah als das Mysterium von Golgatha und die Lehre der Bergpredigt.« Das war sein Empfinden, das hat nichts mit dem sogenannten Blut – das es gar nicht gibt, weil es ja immer aus irgendwelchen verschiedensten Quellen zusammenkommt –, das hat mit seinem innersten Wesen zu tun. Und ich glaube, daß er wirklich, im Sinne der Bergpredigt – die ja die erste soziale Utopie genannt werden kann –, im Sinne des heiligen Franziskus und der Liebe – der tätigen, lebendigen, aktiven Liebe zu allem Geschöpflichen, daß Ludwig Berger in diesem Sinne ein Christ war und auch so gestorben ist. Nicht im Konfessionellen: im universalen Menschlichen.

Das andere, was ich noch erwähnen will, ist seine Beziehung zur Heimat. Man sagt mir sehr häufig in lobender und erfreulicher Weise, daß ich in meinem Leben und meiner Arbeit sehr viel Heimatverbundenheit gezeigt hätte. Tatsache ist, daß diese Heimatverbundenheit meiner Ansicht nach etwas ganz Natürliches ist, die eigentlich jeder Mensch von selber hat: so wie er seinen Körper, seinen Leib, die Merkmale seines Familienstandes, seiner Eltern, Voreltern trägt, so trägt er auch die seiner Heimat. Ich halte das gar nicht für etwas besonders Betonenswertes, sondern für etwas ganz Selbstverständliches. Ich meinerseits bin im Jahre 1914 Soldat geworden und nach vier Jahren Weltkrieg eigentlich nie mehr in meiner hessischen, rheinhessischen, Mainzer Heimat seßhaft geworden. Ich war immer unterwegs und war anderswo daheim, hier war ich ein Gast, in dem dann alles wieder aufgelebt ist, was nie vergehen kann... der aber doch nicht mehr Wurzel gefaßt hat.

Ludwig Berger war in einem viel höheren Maße, in einem ganz ungewöhnlichen Maße dieser Heimat ganz und gar verbunden. Er hing daran mit allen Fasern seines Seins. Deshalb war er auch viel kämpferischer, als jemand ist, der nur kommt und die Stadt wiedersieht und sagt: Wie schön ist der Dom! und: Wie schön, daß es das und das noch gibt! und: Wie nett sind die Mainzer! Nach dem Krieg, wie er die erste Möglichkeit bekam, sich wieder irgendwo anzusiedeln, ist Ludwig Berger nirgends anders hingegangen. Er hat in Berlin eine Zeitlang eine Wohnung gehabt, aber nur für die Arbeit. Hier wollte er wieder her: in den Rheingau, der Rheingau war für ihn die Höhe. Er war ja mehr Rheingauer als Rheinhesse. Ich bin wieder mehr Rheinhesse als Rheingauer. Aber im Grund genommen, so furchtbar groß ist der Unterschied nicht. Wir können uns gerade noch verstehen.

Ludwig Berger liebte seinen Taunus, sein Schlangenbad. Er kannte aber auch wie kein anderer die Heimat, ihre Kunstschätze, ihre Bevölkerung, ihre Baulichkeiten. Er kannte zwischen Colmar und Heidelberg und zwischen Koblenz oder Eltville und Kloster Maulbronn eigentlich jeden Winkel, jeden Fleck, in dem hier einmal Geschichte gelebt und Kunst geschaffen wurde. Er wußte einen hier herumzuführen wie kein anderer, mit einem in die alten Burgen im Odenwald zu gehen, er wußte, wo die Minnesänger geschrieben und gearbeitet haben, er wußte, wo in Eltville das Gärtchen ist, das dem Goethe für das Gärtlein der Marthe Schwerdtlein in ›Faust‹ vorgeschwebt haben muß. Er hat uns da überall hingeführt. So lebte er mit dieser Heimat, so ganz und gar war er damit verwurzelt, daß man wirklich sagen kann, die Heimat hat einen ihrer treuesten Söhne in ihm verloren.

Und deshalb bin ich heute so dankbar. Ich bin dankbar, daß ich gerade in diesem Moment hierherkommen durfte, in dem man diesen Freund von mir, dem ich eigentlich alles zu verdanken habe, ehrt. Er war der erste Mensch, der an meine Schreiberei geglaubt hat, als ich noch Soldat war, als ich Oberprimaner war und gesagt habe: ich werde Dichter. Jeder hat gesagt: das ist ein Lausbub, der sich das in den Kopf setzt. Ludwig Berger und seine Mutter waren die ersten, die an meine Sache geglaubt und mich ermutigt haben. Er war der erste Mensch, der mir gesagt hat: mach weiter und schreibe fürs Theater. Er war der erste, der mich nach Berlin, wo er gerade selber groß geworden war, gerufen hat. Er hat mein erstes Stück angebracht am Berliner Staatstheater, bei Jessner, und hat es selbst inszeniert. Mit anderen Worten: es war der Beginn von dem, was ich nachher später getan habe. Ich weiß es nicht, man kann nie wissen, wie es ohne das anders gekommen wäre. Vielleicht wäre es auch zu etwas gekommen, vielleicht auch nicht. Tatsache ist: der mich damals in den Sattel gesetzt hat, auf daß ich dann reiten könne, das war Ludwig Berger. Und diesen ganz großen Dank ihm hier vor Ihnen in der Vaterstadt Mainz abstatten zu dürfen, ist für mich ein wunderbares Erlebnis, ist etwas, was mir ganz und gar aus dem Herzen kommt.

Ich danke Ihnen allen für die Geduld, mit der sie meinen vielleicht etwas breiten Ausführungen zugehört haben. Ich danke Ihnen für Ihre Dankbarkeit an Ludwig Berger. Ich danke dem Bildhauer, Gerd Bildau, der die Büste von Ludwig Berger geschaffen hat, und denen, die sie erworben haben. Ich danke Ihnen für seine Ehrung, und ich bitte Sie, ihn nie zu vergessen.

Für Carl Ebert zum fünfzigsten Geburtstag

Carl Ebert war gebürtiger Berliner, absolvierte Max Reinhardts Schauspielschule und wurde dann sehr bald der Erste »Heldenspieler« am Frankfurter Schauspielhaus.

Über seine Wirkung als Schauspieler steht alles in dem hier folgenden Brief.

Später wandte er sich der Regie zu, wirkte eine Reihe von Jahren als Intendant des Landestheaters in Darmstadt und wurde schließlich Direktor der Städtischen Oper in Berlin.

Zu Weltruhm gelangte er als Leiter und Regisseur der Opernfestspiele in Glyndebourne (England), wo er durchweg mit dem Dirigenten Fritz Busch zusammenarbeitete. Keiner von beiden war Jude, aber sie zogen die Emigration, die Arbeit in England und Amerika, dem Leben im »Dritten Reich« vor.

Nach dem Zweiten Weltkrieg wirkte Carl Ebert zeitweilig wieder als Operndirektor in Berlin, sonst in den USA.

Er ist einer der Wenigen in dieser Sammlung, von dem ich mit Freude feststellen kann, daß er nicht gestorben ist. Er lebt heute, hochbetagt, in Kalifornien.

*

1934

»... denn Mannesdank, wie Liebesglück,
Hält man im Herzen gern zurück!«

Lieber Ebert – seit ein paar Wochen versuche ich, etwas über meine erste Begegnung mit Ihnen zu schreiben, und bring's nicht zusammen. Sie werden verstehen, weshalb mir das so schwerfällt. Denn es handelt sich hier nicht darum, einem Künstler dankbar zu bezeugen: Dein Können hat mich beschenkt, dein Wesen und Wirken hat mich reicher gemacht – sondern es handelt sich bei uns nun tatsächlich um das Erlebnis einer Begegnung, mit allem Schauer des Geheimnisvollen, Unbegreiflichen, das diesem Wort innewohnt. Sie selbst wußten es damals wohl noch nicht – daß es nämlich eine Begegnung war. Für Sie war es, zunächst, ein Besuch. Ich aber wußte es. Für mich war dieser erste Weg zu Ihnen – über die Untere Mainbrück, am Städel vorbei und dann in die stille Frankfurter Wohnstraße, deren Namen ich vergessen habe – ein »Kreuzweg« im Sinne der Lebensentscheidung. Denn ich war damals jung genug und doch schon gefestet genug, mein Leben von Grund auf nach einer goldenen Spur zu richten, deren Ziel und Ende im Un-Endlichen lag und liegt. Sie, Hochgewachsener, standen damals vor mir auf als Wegpfahl und Richtweiser im »ahndevollen Dämmer«, im Frühnebel dieser Tage. Es ist lange genug her, um's auszusprechen, und ich bin froh, es einmal sagen und loben zu können, jetzt – nachdem mir die Zunge gelöst ist.

Ich muß etwas ausholen, will ich den Standort dieser Begegnung in Zeit und Raum bezeichnen, muß kurz ein persönliches Erinnerungsbild beschwören.

Der Krieg war aus. Ich war, knapp zweiundzwanzigjährig, als »alter Soldat« aus Frankreich heimgekehrt. Mit siebzehn Jahren, noch unter den Schicksalssternen von 1914, war ich ins Feld ausgerückt, einer jener ersten Freiwilligen, deren unbeschwertes, von der Flamme blinden Opferwillens ganz erfülltes Herz nur eine Furcht kannte: der Feldzug könne zu Ende gehn, bevor man dabei war. Gewiß war auch viel Abenteuerlust in uns und Ruhmsucht und mancherlei Mitläufertum – (wie stets, wenn viele Menschen das Gleiche tun) –, aber im Kern und Wesen war es etwas anderes, was uns in diesen glühenden August-Tagen ergriffen hatte. In den Rekrutendepots und Ausbildungslagern der Kriegsfreiwilligen war damals, im wahrsten Sinn, die Blüte einer Nation versammelt – und sie ist hingemäht worden. Doch war es ihr tiefer Wille damals – von keiner Bewußtheit gebrochen, von keiner Doktrin ausgerichtet, von keiner uniformen These verengt und gleichgemacht –, sich hinzugeben und aufzuopfern für Künftiges, noch Ungeborenes, aber einstmals Unsterbliches.

Das war wohl nicht nur in Deutschland so.

Die europäischen Armeen zogen damals in einen verhängnisvollen Krieg, der ihren Ländern fruchtlose Zerstörung brachte.

Aber die Jugend Europas – deren Parole überall die gleiche war: das bedrohte Vaterland zu schützen – stand damals auf zu einem Kampf, der in den Herzen und Geistern nicht aufhören wird, bis er der Welt ihren schöpferischen Sinn wiedergegeben, dem Menschengeschlecht ein neues, reineres Angesicht gemeißelt haben wird.

Wir wußten das damals nicht, aber wir ahnten, spürten es, und deshalb waren wir im Aufbruch wirklich ein Volksheer, in dem es keine Unterschiede von Klassen und Rassen gab.

Dann kamen die Todesjahre.

Ein Gott hat vielen von uns, die überleben durften, den Finger auf die Lippen gelegt, das Siegel des Schweigens auf den Mund gedrückt. Wir wollen es nicht brechen.

Als wir zurückkamen, hatten wir mehr Tod gesehen, als viele Generationen vor uns und – so sei es! – nach uns. (Es ist anders gekommen.) Vom Leben wußten wir wenig. Aber wir trugen es in uns als gestauten Strom von ungeheurer Begehr – als einen brennenden Strom von Weltliebe und Weltverantwortung – als Quell und Funke neuen, erdseligen Daseins.

Ich hatte kurz vorher, nach einer heftigen Erschütterung meines Hirns und Schädels, im Lazarett mein erstes Drama geschrieben. Jetzt, in den Wochen der Auflösung und des Rückmarsches, schrieb ich ein zweites. Das war die glücklich ahnungslose Zeit, in der man Dramen noch in drei durchwachten Nächten schrieb. So waren sie denn auch. Das Drama, das ich in der Tasche meines aus dem letzten graugrünen Waffenrock geschneiderten Zivilanzugs trug, hieß: ›Prometheus‹. Ich weiß noch, wie es begann:

Nacht. Dunkelheit. Menschen kauern auf der Erde.
Mann: Rückt dicht zusammen, diese Nacht ist kalt.
Weib: Die Nacht ist immer kalt, und immer lastet Finsternis auf unsrer Stirn, die nach der Sonne krankt.
Sohn: (ein Krieger, im Aufschrei)

Quak nicht von Sonne! Sumpfig Lügenmaul! Nie – Nie gab's die Sonne!!

Mann: Schweig, Elender. Erstick an Deinem Schrei!

So ging es weiter. In Versen. Zum Glück ist es mit einem alten, auf der Mietflucht zurückgelassenen Koffer verschollen.

Es ist so gut, wenn alte Blätter, Briefe, Papiere verlorengehen. Es ist schöner, sich daran zu erinnern, als sie je wieder aufzuschlagen. Damals glaubten ein paar gleichaltrige Freunde von mir, es sei ein, ja »das« Geniewerk. Ich selbst glaubte es nicht, ließ es mir aber gern einreden und war stolz darauf, überlegen abzuwehren. Immerhin dachte ich in geheimen Träumen und Hoffnungsgaukeleien daran, es könne aufgeführt werden, mindestens, es könne mich auf einen Weg bringen, der mich weiterführe und meine Richtung bestimme. Denn in solcher bitterköstlichen Zeit sieht man den Weg nicht, auch wenn die Füße schon drauf laufen.

Wir lebten damals in einer großen, wundergewärtigen Erregung, in einer Spannung ohne Unterlaß und ohne Ruhpunkt. Auf dem Trümmerfeld des Zugrundegegangenen hofften wir, das Neue ohne Keimzeit und Aufräumung mit unsren unbewehrten Händen hervorzaubern zu können.

Alles in allem war es eine köstliche Zeit.

Das wiedergewonnene Leben schenkte sich uns, wild und zärtlich, mit allen Wettern und Regenbögen der Phantasie.

Und wir liebten den Regen, der uns durchnäßte, gerade so wie die Sonne, die uns wieder trockenschien.

Das Wort war uns wichtiger als das tägliche Brot.

Wenn wir nichts zu fressen hatten, lebten wir von Weltanschauung, und wir konnten uns, mangels Geld für Alkohol, an Begeisterung vollsaufen.

Aber immer wieder gab es auch jemanden, der uns freihielt und die Nächte durch irgendwo trinken ließ, bis wir, mit polizeiwidrigem Gegröle, dem hellen Morgen zujubelten.

Wie an geschenktem Corned beef und amerikanischem Speck überfraßen wir uns und verdarben uns die Bäuche mit Kunst,

Wissenschaft, Musik, Philosophie, Religionsgeschichte, Staatslehre und jedweder irgendwie erreichbaren Schönheit oder Narrheit.

Jene Erleuchtung aber, die in chiliastischem Drang alle erwarteten, widerfuhr dem Einen oder Andren in faßbarer und leibhaftiger Gestalt.

Für mich geschah sie im Theater.

Meine Eltern lebten, schon vor dem Krieg, im guten Bildungsstand ihrer Zeit. Sie hatten Geschmack und Unterscheidungsvermögen. So wollten sie, mit Recht, daß man in der Knabenzeit lieber gar kein Theater als schlechtes oder mittelmäßiges kennenlernen solle. Zumal sie sich vorstellten, man werde in den Studentenjahren Gelegenheit haben, in Großstädten zu leben und, mit möglichst unverbildeter Anschauung, Bestes und Reifstes an Kunst und ihrer Interpretation genießen. In meiner Vaterstadt Mainz war das musikalische Leben außerordentlich hoch entwickelt. Das Schauspiel aber war wohl recht provinziell und altbacken geworden. So kam es, daß ich zwar in frühen Jahren ungewöhnlich viel Musik aufgenommen hatte, daß meine theatralischen Erlebnisse sich aber ziemlich auf die Weihnachtsmärchen der Kinderzeit, das ›Kölner Hännesje‹ und ›Schichtls Zaubertheater‹, ein paar schöne Opern und die wenigen schulgerechten Klassikeraufführungen beschränkte, die man eben gesehen haben mußte.

So saß ich nach dem Krieg im Frankfurter Schauspielhaus wie einer, der zum ersten Mal Theater sieht.

Ich hatte keine Vergleichsmöglichkeit. Trotzdem glaube ich heute noch, daß – was ich damals vom hohen Olymp herab in Frankfurt am Main erlebte – das beste Theater der damaligen Epoche und überhaupt allerbestes und großartigstes Theater war.

Die gleiche fieberhafte Erregtheit, die uns vor der Franzosenbesetzung ausgerückten, noch halb feldgrauen und in vieler Hinsicht verwilderten Burschen beherrschte, ging von den Aufführungen dieser Bühne und ihren Darstellern damals aus.

Und die Bereitschaft zur Erschütterung, zur völligen Bezauberung und Verwandlung, mit der wir frisch abgemusterten und entlausten Granatlochbewohner, wir auf das Gröbste und Materiellste dressierten Höhlenmenschen und Kunstschützen der Grabenjahre, jetzt jene Welt des Scheines auf uns wirken ließen, war ungeheuer und unverlierbar. Noch heute kann ich ohne dieses heiße Blutklopfen im Hals keinen Vorhang hochgehen sehen. Und ich glaube, das kommt von dieser Zeit. Ich muß noch ein Erinnerungsblatt wenden – bevor ich endgültig zu Carl Ebert komme – aber das gehört alles dazu.

An einem der ersten Frankfurter Abende ging ich mit einem Freund ins Opernhaus. Man gab ›Fidelio‹. Gleich nach den ersten Tönen war um uns beide die Welt versunken. Und als ein Hintergrund, der diese edelste und menschlichste Musik, die je ein Genius erschaffen hat, noch leuchtender und erlösungstrunkener machte, stieg wortlos all das Grauen und alle Gefangenschaft der vier versunkenen Jahre in uns auf. Als der Gefangenenchor das Licht des Himmels und die Luft der Freiheit scheu und heilig begrüßte – strömten uns beiden die Tränen übers Gesicht. Wir schämten uns nicht. Wir weinten lang und aus tiefstem, erschüttertstem Herzen. Als es hell wurde, saßen wir still und unbewegt. Wir hatten uns den ganzen Krieg von der Seele geweint. Schweigend und beschwingt gingen wir in dieser Nacht nach Haus.

In einer Vorstellung der ›Räuber‹ im Schauspielhaus, ich sah dieses Stück zum ersten Mal – Carl Ebert spielte den Räuber Moor, Feldhammer den Franz, George den Roller –, schrie ich beim Applaus dermaßen, daß man mich aus dem Theater weisen wollte. Ich konnte mir nicht anders Luft machen in meiner Begeisterung, als daß ich – wozu die kämpferische Haltung dieser Epoche einen stets geneigt machte – die Umsitzenden als erbärmliches, stumpfsinniges, herzensfaules Bürgerpack, Schlammfrösche und Kröten, nicht wert und nicht fähig, dem Rauschen von Adlerschwingen ihr dumpfiges Ohrloch zu erschließen –, beschimpfte. Von diesem Tag an drängten wir uns in jede Aufführung, die es gab. Und wir sahen Unvergeßliches.

Carl Zeiss war Intendant, Hartung und Weichert und Brügmann junge, in Kühnheit und Lust zur Erneuerung der theatralischen Formen einander überbietende Regisseure, deren oberstes Gesetz doch stets das der Qualität in Ausdruck und Gestaltung blieb – es spielte ein Ensemble von seltener Persönlichkeitsfülle und seltener Ausgewogenheit: ich nenne nur Ebert, George, die Gerda Müller – der Spielplan brachte die jungen Dramatiker dieser Tage und in ebenso erregenden und aufwühlenden Darstellungen die großen klassischen Stücke, wir sahen dort neben Unruhs damals noch genialischen Werken, neben Sternheim, Wedekind, Gorki und Tolstoi – herrlich und bestimmt auch jeder heutigen Kritik standhaltend – Schiller und Kleist, Shakespeare und Goethe – ›Empedokles‹, ›Penthesilea‹, Sprachwerke größten Formats in verantwortlichster und ernstester Gestaltung – wir erlebten theatralische Versuche von kühnster Phantasie und Darstellungen von wahrhaft kultischer Weihe. Ich glaube nicht zu übertreiben. Es war eine göttliche Theaterzeit, es war eine Lust zu leben. Bald darauf saugte und schlang der große Orkus Berlin eine Kraft nach der anderen – und auch uns selber – in seinen nimmersatten, doch auch wieder vielgebärenden Riesenwanst. Am Ausgang des Krieges aber war Frankfurt zweifellos die fruchtbarste und lebendigste deutsche Theaterstadt. Für mich war es entscheidend, als theaterfremder, doch schon dramatisch besessener Anfänger, dort gelebt zu haben. Unser Beteiligtsein und unsere leidenschaftliche Verbundenheit mit diesem Theaterleben waren ungeheuer. Ich frage mich oft, ob es das heute unter jungen Leuten, die mit der »Zunft« nichts zu tun haben, unliterarische, unverbildete Theaterbesucher sind, noch oder wieder gibt. Ich nehme wohl an, daß es in Blüte- oder Siedezeiten des Theaters und der dramatischen Kunst immer wieder so sein wird. In Zeiten lauer Versuche wird natürlich auch Aufnahme und Widerhall lau.

Nächtelang debattierten wir über die Aufführungen, die Leistung der einzelnen Darsteller, den Wert der Stücke.

Ebert war für mich der künstlerische Mensch, in dem ich jene organische Einheit von Charakter und Formwillen, die mir dunkel als dramatisches Ideal vorschwebte, am erfülltesten zu erblicken glaubte. Es war nicht etwa jene dilettantische Gleichsetzung des Darstellers mit seiner Rolle und seinem Text –, sondern es ging von jeder Rolle, die Carl Ebert spielte, ein solches Maß von unverkennbarem Einsatz der ganzen Person, von menschlicher und geistiger Mitproduktion und Mitverantwortlichkeit aus, daß man sich da gar nicht täuschen konnte, auch wenn man noch nie einen Schauspieler in Zivil oder ohne Schminke gesehen hatte. Hier stand ein Mensch ganz und gar hinter seiner Arbeit. Das spürte man. Und dieses Unbedingte des vollen Einsatzes und des ehrlichen Ernstes war entscheidender noch als das Kriterium der einzelnen Leistung. Und so war es keine backfischhafte Verstiegenheit oder Schwärmerei, wenn man sich sehnlichst wünschte, über das, was einen selbst bewegte und immer brennender zum Wagnis der Kunst hinzwang, gerade mit Ebert, nicht mit irgendeinem Literaten, Dramaturgen oder Lektor, einmal reden zu können. Dazu aber fehlte uns »unbekannten Soldaten« des Zuschauerraums jeder Weg und jede Brücke. Ein Freund von mir war kühn genug, diese Brücke einfach aus dem Nichts zu schlagen.

Dieser Freund hielt meinen ›Prometheus‹ und anderes, was ich in Nächten nach Schauspielhaus-Aufführungen aufs Papier warf, für geniehaft. Darüber hinaus aber spürte und wußte er von entscheidenden inneren und äußeren Kämpfen, in denen ich damals stand. Es handelte sich für mich, kurz gesagt, einfach darum, ob ich mich gewissen praktischen Lebensnotwendigkeiten fügen, von möglicher Daseinshilfe Gebrauch machen und einen Beruf ergreifen sollte – oder ob ich – ganz auf mich selbst gestellt und nur der eigenen Kraft vertrauend – ohne Mittel und ohne Verbindungen, nichts als ein »Dichter« werden wolle. Darüber hinaus war noch eine tiefere, geistige Entscheidung zu fällen: die zwischen dem Überhitzten, politisch orientierten Aktivismus dieser Tage, von dessen Explosivstoffen entfacht Talente rasch aufflammten, um ebenso rasch zu verkohlen – und der Besinnung auf die Grundwahrheiten und Urgesetze von Wachstum und Zucht. Mein Freund aber dachte hauptsächlich daran, daß mir in jeder Weise aus dem Dunkel geholfen werden müsse, und er sagte sich, Ebert sei der richtige Mann, dies zu tun, und auch, wenn mein Stück ihn überzeuge, eine Aufführung durchzusetzen. Er ging, ohne daß ich es wußte, mit einer Abschrift meines Stückes zu Ebert, gab sie ihm, bat ihn, sie zu lesen und Bescheid zu geben. Einige Tage später kam er strahlend zu mir und sagte mir: »Ebert will dich sprechen. Du mußt heut hingehn.« So kam ich hin.

Lieber Ebert, ich weiß nicht mehr alles, was Sie gesagt haben, aber ich weiß, daß Sie genau, ganz genau so waren, wie wir Galeriebesucher uns den Schauspieler Ebert vorgestellt hatten. Und das war viel. Und daß es für mich keine Sekunde und keinen Schatten einer Enttäuschung bei diesem Gegenübertreten und Real-Werden einer gedachten Menschengestalt gab.

Über mein Stück sagten Sie, dem Inhalt nach, das einzig Richtige, was zu sagen war: weglegen – und ein neues schreiben. Aber Sie sagten es so, daß es einen Zustrom von Selbstvertrauen für mich brachte. Und ohne jede Lehrhaftigkeit, ohne jeden so naheliegenden Spruch von »Entwicklung« und alledem zu gebrauchen. Sie waren, im ersten Augenblick dieser Begegnung, ein kameradschaftlicher Mensch und fast schon ein Freund. Wir waren später noch öfters freundschaftlich zusammen. Diese erste Begegnung aber war entscheidend.

Zwei Jahre später fiel mein erstes aufgeführtes Stück in Berlin durch. Ebert hätte beinah mitgespielt. Im letzten Augenblick wurde ihm der Urlaub dafür nicht bewilligt. An seiner Statt wurde für diese Rolle von Ludwig Berger, dem Regisseur, ein junger Schauspieler aus Mainz berufen, der somit zum ersten Mal am Berliner Staatstheater auftrat. Er hieß Otto Laubinger. (Später Obmann der Nazis.) Dies nebenbei.

Andere werden über Eberts Entwicklung als Schauspieler, Regisseur, Theaterleiter, Wesentliches aussagen. Ich habe dem, was ich hier von dem Menschen Ebert erzählte und was er für mich ganz persönlich und insgeheim bedeutet hat, nichts hinzuzufügen.

Zum letzten Mal, Ebert, haben wir uns gesehen auf dem Berliner Presseball des Jahres 1933. Es war der Abend des 28. Januar. Schleicher hatte abgedankt, an diesem Nachmittag, das hörte man schon. Am nächsten Tag wurde die Hitler-Regierung gebildet. Wir standen einen Augenblick beisammen und schauten uns in dem Saal um. Beide wohl recht ballfremde Menschen. Wir blickten über diese Logen, diese Tanzenden, diese Gesichter und Gestalten.

Der Abschied von dem, was wir dort sahen, ist uns wohl nicht allzu schwergefallen.

Und von dem anderen – von dem, was wir achten, lieben und verehren – gibt es keinen Abschied, keine Trennung.

Wir schaffen weiter!

Mehr, und Besseres, lieber Ebert, kann ich Ihnen als Wunsch und Wort zu Ihrem Fest nicht sagen!

Auf Wiedersehen!

Tischrede zu Max Reinhardts siebzigstem Geburtstag

Kurz vor Max Reinhardts siebzigstem Geburtstag erhielt ich eine Einladung von seiner Frau, Helene Thimig, gleichzeitig von seinen Söhnen Gottfried und Wolfgang. Es war die Einladung zu einer Feier in kleinstem Kreis, die für Max Reinhardt am 10. September 1943 in New York veranstaltet werden sollte. Gleichlautend hieß es in diesen Briefen, daß Reinhardt keine Festreden wünsche, daß er vor allem deshalb seinen Geburtstag in New York und nicht in Hollywood feiern wolle, weil er dort einer offiziellen Festveranstaltung nicht hätte entgehen können. Doch würde er und würden sich vor allem sie, seine nächsten Angehörigen, besonders freuen, wenn ich es übernehmen wollte, bei dieser kleinen Abendgesellschaft eine – die einzige – Tischrede zu halten.

Es war damals nicht leicht für mich, die Farm, wenn auch nur für wenige Tage, zu verlassen (zum ersten Mal seit 1941!). Denn es war gerade die Zeit, in der wir Mais, Kartoffeln, Sojabohnen, Kürbisse ernten und alles richtig als Futtermittel zur Aufbewahrung bringen mußten – dazu noch all die andere Arbeit. Aber wir machten es möglich. Unsere Tochter konnte sich für drei Tage von ihrer Schule freimachen, es war ein Wochenende, und meiner Frau zu Hilfe kommen, die betrübt zurückblieb. Daß sie zu dieser Feier nicht mitfahren konnte, war ein Schmerz für sie, denn sie liebte Max Reinhardt.

Die abendliche Feier, von Gottfried Reinhardt sorglich vorbereitet, fand in einem Restaurant der New Yorker Eastside statt, das ›Hapsburg‹ hieß (so buchstabierte man dort merkwürdigerweise den Namen der Donau-Monarchie) und ganz auf österreichische Spezialitäten eingestellt war. Wohlhabende Feinschmecker aßen dort Wiener Salonbäuschl mit Serviettenknödl usw. Der oberste Stock, aus zwei Räumen bestehend, war für die Gesellschaft reserviert – ein Salon für den Apéritif, ein Raum für die Tafelrunde. Sie war nicht sehr groß – ich glaube kaum, daß wir mehr als zwanzig waren: nur der engste, alte Salzburger Reinhardtkreis. Außer Frau Thimig und den Söhnen gab es da Eleonore von Mendelssohn (ihr Bruder Francesco erschien nur kurz als ein tragischer Schatten beim Apéritif, umarmte Reinhardt, verschwand wieder wie in Trance), die Schauspielerinnen Lili Darvas, immer noch schön, und Grete Mosheim, damals noch jung, den Berliner Verleger Erich Reiss, der früher einmal die ›Blätter des deutschen Theaters‹ herausgegeben hatte, der treue, ehemalige Reinhardt-Dramaturg Franz Horch – und noch einige Wenige, alles alte Freunde oder Mitarbeiter. Als Menu hatte sich Reinhard gewünscht: Champagner und Kaviar, dann Tafelspitz – echtes österreichisches Rindfleisch... Zum Nachtisch Wiener Apfelstrudel. Meine Frau nannte so was: das Heimwehessen. – Als ich zur Rede aufstand, zuckte Reinhardt merklich zusammen, doch während meiner Sätze strahlte er ebenso merklich auf, am Schluß erhob er sich, umarmte mich und küßte mich mitten auf den Mund. Um etwas zu sagen, war er zu gerührt.

Später wurde in Grete Mosheims elegantem Appartement im Hotel Plaza – (sie war reich verheiratet) – weiter gefeiert. Ein russischer Pianist, den Reinhardt sehr liebte (sein Name ist mir entfallen), spielte – es wurde geraucht, geredet, gelacht. Reinhardt selbst war eher still und versonnen, aber er sah wunderbar aus: braungebrannt von einer Erholung am Meer, mit festen, straffen Zügen, das Haar wie eine silberne Haube. Auch seine Stimme und seine Sprache waren fest und klar akzentuiert – wie immer. Spät in der Nacht sagte er, fast träumerisch: »Einmal möchte ich doch noch den ›Lear‹ machen – mit Werner Krauss natürlich...«

Wir trennten uns erst gegen Morgen. –

Einen Monat später mußte ich wieder nach New York fahren – zu seinem Begräbnis.

*

New York, 10. September 1943

Liebe Freunde!
Verehrtes Geburtstagskind!

Erschrecken Sie nicht, wenn Sie in meiner Hand die Blätter, auf meiner Nase die Brille sehen. Selbst ich werde älter. Trotzdem soll dieser Toast nicht hinterrücks in eine Vorlesung ausarten. Wenn man aber dem Meister des Zuhörens und Verstehens, dem Toscanini des gesprochenen Wortes, ein paar Worte sagen will – dann darf man sich nicht darauf verlassen, daß sie von selbst aus dem Sektglas spritzen. Sondern man muß sie einholen und wägen – sammeln, keltern und klären.

Wir sind ja auch keineswegs eine normale Festgesellschaft, für die sich ein flüchtiges Sprüchlein schickt. Wir haben schon eher etwas von einer Conspiration. Einer Verschwörung von Eingeweihten, Clubisten, Geheimbündlern. Einem Schwarm sonderbarer und leicht gerupfter Zugvögel im fremden Nest – von einem Traum zusammengeweht – wind-, wolken- und weltverschlagen und doch verwurzelt in einer unverlierbaren Heimat: der Kunst.

Scheint uns auch diese Heimat manchmal in der Luft zu hängen oder in Dunst zu zerrinnen – besonders wenn ihr Boden die eigene Sprache ist –, so schenkt sie uns doch immer wieder das Licht und den Schatten, den Tau, den Regen, die Wärme und den Puls unseres Lebens. – Ja, mehr als je ist die Kunst heute zur letzten und besten Zuflucht geworden, in deren Bannkreis Urfehde und Gottesfriede herrscht.

In einer Zeit, in der den Menschen die kindliche Genialität, die weise Einfalt verlorengegangen ist: zu der unbekannten Kraft, die hinter und über ihnen waltet, Gott zu sagen – in einer Welt, in der sich Bewußtsein und elementare Lebens-Schau bis zum Abgrund der Selbstzerstörung spaltet – wird Kunst zur Religion und der Künstler zum Sachwalter der Ewigkeit. Denn Kunst ist ja nie etwas anderes gewesen, als der prometheische Versuch des Menschen, dem Chaos in seiner eigenen Brust Gestalt und Form zu geben. Und der künstlerische Mensch trägt das Wissen, das heimliche Bild, von jener unendlichen Schönheit, von jener tieferen Harmonie, die das wahre Konzept der Welt bedeutet und die er mit seiner ganzen Person darzuleben und nachzuschaffen bestellt ist.

Wir ehren, wir lieben, wir feiern Max Reinhardt als eine Erfüllung des künstlerischen Menschen. Unter den Künstlern einer Epoche gibt es ja immer jene zwei Grundgestalten: die, welche aus erkanntem Mangel, und die, welche aus bewußter Fülle schaffen. Die Weltverbesserer, die Ankläger, die Fanatiker ihrer Gesinnung, deren Gesicht, auch wenn es Größe und Bedeutung hat, immer zu zelotischer Verengung neigt; und die Weltumfassenden, die Liebenden, die Weisen – die mit leichter Hand ordnen und aus vollem Herzen schöpfen, schenken – verschwenden.

Der große Künstler kann lächeln. Max Reinhardts Lächeln: wär ich ein Dürer, ein Rembrandt, ein Cézanne – ich würde ihm mein bestes Denkmal setzen. – Gewiß hat sein lautes und herzhaftes Lachen, aus einem dunklen Zuschauerraum, uns oft erheitert und manchen Komiker bis an die Grenzen der Übertreibung beschwingt. – Aber sein Lächeln bleibt das Unvergeßliche. Es atmet den Zauber einer umfassenden, einer universalen Seele und die leichte, die unbemühte Kraft eines wahrhaft schöpferischen Herzens. Das schöpferische Herz ist stärker und trächtiger an Segen als der bewußte Wille und der kritische Verstand. Es begabt die Hand des Künstlers mit ihrem guten Griff und ihrer sicheren Führung – und er braucht es, damit in seinen Feldern die Früchte reifen, so wie der Gärtner, der Sämann, die grünen Finger braucht. Es ist der Inbegriff jenes sechsten und siebenten Sinnes, der die Proportion, die Auswiegung, das ordnende Gesetz in allen Dingen ahnt. Proportion heißt das geheime Gesetz der Schönheit. Alle Kunst ist Schönheit. Leben aber und Kunst sind untrennbar, ein organisches Ganzes.

Der Mensch Max Reinhardt, mit seiner freude- und gütevollen Anerkennung alles Lebendigen; mit seiner gestalterischen Lust an der sinnfälligen Erscheinungswelt, die sich vor seinem Geist und seinen Augen zu Form und Wesen ordnet; der Mensch

Max Reinhardt und sein ganzes Leben sind für uns ein Symbol der reichen und unerschöpflichen Produktivität. Er ist kein Exzeßmensch, seine Lebenslust ist nicht pantagruelisch und orgiastisch bestimmt. Aber sie ist eine ganz einzigartige Verbindung des apollinischen und des dionysischen Wesens.

Wenn man sich Reinhardt vorstellt, wie er etwa, am Ende einer großen Gesellschaft in kleinem Kreis zurückgeblieben, mit jener lebensvollen Wachheit (besonders wach zwischen drei und fünf Uhr früh) die ersten Züge einer sehr guten Zigarre genießt, an einem sehr alten Cognac nippt, eine sehr schöne Frau bewundert oder einer sehr brillanten Unterhaltung lauscht – dann glaubt man einfach an die Gerechtigkeit des Lebens, an einen Ausgleich in den Dingen, ja, an den endgültigen Triumph des Edleren, Nobleren, Besseren in der Welt über das Gewöhnliche, Gemeine, Brutale.

Ich brauche in diesem Kreis nichts über seine Kunst zu erzählen. Ich brauche nicht chronologisch zu werden. Keine unvergessenen Eindrücke wachzurufen. Keines der unendlichen Geschenke aufzuzählen, mit denen er uns beglückt hat. Ich will mich auch nicht, wie es sonst die Art älterer Herren zu sein pflegt, in die Details persönlicher Erinnerungen verlieren. Keinen Rückblick. Kein Ruf ins Gestern.

Aber ich will einen Satz zitieren, den ich vor kurzem in einer Biographie Karls des Großen, von seinem zeitgenössischen Geschichtsschreiber Eginhard, gefunden habe, und der mir heute, als ich an Reinhardt dachte, in den Sinn kam: »Im Strom seines Lebens spiegelte sich der unendliche Himmel mit all seinen Welten.« – Das ist Max Reinhardt. Das wird er sein, wenn – nach hoffentlich noch manchem guten Jahrzehnt – der Strom seines Lebens, breit, milde und ruhevoll, in jenes unbekannte Meer einmündet.

Vor zwanzig Jahren, Herr Professor, da gab es auch schon eine Jubelfeier, und es erschien damals, aus den Reihen unserer Generation, eine Flut von kleinen Schriften und Artikeln, deren Inhalt war: Max Reinhardt und die Jugend. Es lag darin die leise Andeutung eines Gegensatzes, die Betonung eines entscheidenden Altersunterschieds. Reinhardt und der junge Schauspieler. Reinhardt und der junge Dramatiker. Reinhardt und der junge Bühnenbildner, Komponist, Verleger, Dramaturg, Kritiker oder was sonst noch alles sich für jung hielt. – Heute – selbst ein wenig reifer – darf ich mich trauen, Ihnen zuzurufen: Max Reinhardt, Sie in Ihrer Kunst ewig junger, Sie begnadeter Mensch! Wir Ärmeren können Ihnen nichts geben, im Vergleich zu den zahllosen Gaben, die wir von Ihnen empfangen haben. Das Einzige, was wir Ihnen darbringen dürfen und was Sie von uns annehmen mögen: das Bewußtsein, heute, immer und überall, wo immer Sie leben und wirken in der Welt, ob Tausende jubeln oder Wenige mäkeln: verstanden zu sein. Verstanden, verehrt und geliebt.

Daher ist unsere Verschwörergesellschaft in dieser Nacht kein Häuflein Bodenloser – sondern wir fühlen uns geeint von einem gemeinsamen leidenschaftlichen Verstehen – von einem gefestigten Wissen – von einem Eros. Darum sei es – im persönlichsten, im menschlichsten, und – ich wage es zu sagen – im kultischen Sinn – ein Ausdruck großer und feuriger Liebe, wenn wir jetzt unsere Gläser leeren, um in einer seltenen Stunde der Vereinung Max Reinhardt zu feiern.

Festrede zu Heinz Hilperts siebzigstem Geburtstag
Gesprochen am 1. März 1960 im Deutschen Theater, Göttingen

Heinz Hilpert hatte schon oft in Max Reinhardts Deutschem Theater inszeniert – unter anderem meinen ›Köpenick‹ und Ferdinand Bruckners ›Verbrecher‹ –, bevor er zu Anfang der dreißiger Jahre die Direktion der Berliner Volksbühne am Bülowplatz übernahm. Im Jahr 1933 aber, nach der »Machtergreifung« durch die Nationalsozialisten, wurden sämtliche Berliner Bühnen der zentralen Leitung des Propagandaministeriums (Goebbels) unterstellt, und Hilpert mußte auf dessen Kommando die Nachfolge Reinhardts als Direktor des Deutschen Theaters antreten. Das war für ihn ein böser Konflikt, er liebte und verehrte Reinhardt, er haßte das Regime, das ihn vertrieben hatte, aber es gab da keine Wahl, keine Ablehnung. Auch bedeutete ihm das Deutsche Theater zu viel, um es irgendeinem Stümper aus Parteikreisen zu überlassen. So empfand er seine Aufgabe: dieses Haus ganz in Reinhardts Sinne und in seinem Geist weiterzuführen – in der Hoffnung, es ihm wie ein Statthalter eines Tages wieder übergeben zu können.

An diesem Theater wurde – ich weiß das von Augenzeugen – nie mit »Heil Hitler« gegrüßt. Die Begrüßung bei den Proben hieß »Guten Morgen«, und es gab unter Hilperts Schauspielern, auch unter den Bühnenarbeitern und dem technischen Personal, keine Verräter oder Spitzel. Nach dem Krieg fiel das Deutsche Theater in die damalige sowjetische Besatzungszone.

Heinz Hilpert leitete dann mit einigen seiner alten und vielen jungen Schauspielern, nach Stationen in Zürich, Konstanz und Frankfurt, das ›Deutsche Theater‹ in Göttingen.

*

1960

Mein sehr lieber Heinz – ich spreche gar nicht die Festversammlung an, sondern nur Dich, nur zu Dir, von mir zu Dir geht in diesem Augenblick, was ich zu sagen habe. Mein lieber

Heinz, ich darf auch sagen, mein innig geliebter und wahrhaft verehrter Freund Heinz Hilpert – als ich den Versuch machte, den Text zu dieser Festansprache für Dich niederzuschreiben, da wurde mir klar, daß ich das eigentlich gar nicht kann. Immer wieder begann ich zu stocken durch die Gewalt der Erinnerung und der Ergriffenheit. Immer wieder wurde ich von einer Flut von Gedanken und Empfindungen bestürmt, so daß man gar nicht mehr weiß, wo anfangen und wo enden. Und so will ich denn einfach mit der Geschichte unserer Freundschaft beginnen, und auch das ist nicht leicht, es ist fast so schwer, wie von der Geschichte einer Liebe zu sprechen. Diese Freundschaft, so darf man heut wohl sagen, umschließt ein Leben in all seinen entscheidenden und bedeutsamen Phasen. Und es ist in beiden Fällen und in vollem Umfang ein Leben für die Kunst, für die Dichtung, fürs Theater. Und wenn ich von Dir und Deinem Theater spreche, was untrennbar ist, so kann ich nicht umhin, auch von mir zu sprechen, denn wir sind und wir waren von Anfang an in vielfacher Weise, im geistigen wie im vitalen Bereich, in der Zielsetzung und vor allem auch in dem, was wir gemeinsam verehrten, so eng verbunden, daß manche unserer Hauptstationen zusammenfielen und fast die gleichen zu sein schienen, und unsere Wege haben sich immer wieder gekreuzt und verschlungen.

Vor zwei Jahren erlebten wir beide eine merkwürdige und etwas wehmütige Wiederbegegnung, in Berlin, als Du zum ersten Mal, seit Du dort Hausherr warst, im Deutschen Theater in der Schumannstraße ein Stück inszeniert hast. Ich meine jetzt nicht unser persönliches Wiedersehen, sondern das mit dem Hof des Deutschen Theaters – den es nicht mehr gibt, der nicht mehr da ist, der nicht mehr existiert, aber für uns beide eine Stätte so unauslöschlicher Erinnerung geblieben ist wie kaum eine Stätte der Kindheit oder der frühen Jugend. Denn dort fing alles an, dort kulminierte eine Kunst- und Geistesepoche, dort begegneten sich Welten und lösten sich voneinander ab, dort vollzog sich auch unser erstes Zusammentreffen, von dem Du später erzähltest, ich hätte es mit den Worten begonnen: »Ei, wolle Sie net e

Siggah?« wobei ich aus der oberen Rocktasche schwungvoll eine eben bei einem wohlhabenden Verwandten frisch geklaute Havanna hervorzog.

Der Bau des Deutschen Theaters steht heute noch unverändert, auch sein Treppen- und Bühnenhaus, der Zuschauerraum mit seinen Logen, der für uns damals schon etwas von einer verblichenen Pracht hatte, worin sein eigenartiger Reiz und Zauber bestand. Er steht äußerlich unverändert, mit seinen schmalen hohen Fenstern an dem oberen Stock, den Fenstern der Direktionsräume, hinter denen damals manchmal die kleine Gestalt und der herrliche Kopf Max Reinhardts erscheinen mochte, um hinunterzuschauen wie ein Lehrer auf den Schulhof, auf dem seine Kinder spielen. Denn auf diesem Schulhof, Theaterhof, der nicht mehr ist, da standen immer einige Gruppen und Grüpplein von Schauspielern, ganz großen und ganz kleinen, Stars und Anfängern, Prominenten von gestern, heute, morgen, von Regisseuren und Bühnenmalern, Dichtern oder deren Raupen, Larven, Puppen und Embryos, das stand alles da herum und debattierte, diskutierte, schwadronierte, schimpfte, Witze reißend, Anekdoten erzählend, planend, prüfend, einander sich ärgernd, sich anregend, einander amüsierend. Da wurde der »Professor« oder größere Kollegen nachgemacht, da wurden Probengeheimnisse verraten, und – wie sollte das anders sein bei Menschen, die von ihrem Talent, ihrem Ausdruckswillen und von ihrer Phantasie überquellen – da redete man sehr viel von sich selbst, und manche hübsche Frau ging vorüber, und mancher Liebeshandel nahm dort seinen Anfang, aber, was noch viel wichtiger ist, mancher Freundschaftsbund fürs Leben wurde dort geschlossen.

Er ist nicht mehr da, dieser Hof, nicht mehr eingefriedet von den altmodischen grauen Häusern an der Vorderfront in der Schumannstraße, durch die zwei tunnelartige Durchfahrten in ihn hinein und aus ihm heraus führten, und der alte Theaterbau in seinem neuen Verputz wirkt heute wie ein restauriertes Schloß in einem kahlen, abgeholzten Terrain, der weite leere Raum davor ist eben kein Hof mehr, kein Vorhof der Kunst und des Lebens, und eine andere Welt ist dort eingezogen. Unsere Welt aber, wenn sie auch dort nicht mehr ihr Forum hat, ihre Agora, ihren peripatetischen Marktplatz wie damals – unsere Welt ist keineswegs vergangen. Manche aus dieser Zeit, die nicht mehr am Leben sind, haben ein Werk hinterlassen, das die Zeit überdauert oder den Glanz ihres Namens, den Widerschein ihrer Leistung, und wer wie Du in unsere Gegenwart hineinlebt, steht noch in voller Schaffenskraft und fruchtender Reife.

Wir waren damals die sogenannte »Junge Generation«. Kräftige Hähnchen oder auch häßliche Entlein, unter den Kluckhennenflügeln des uns bemutternden Herbert Jhering schrien, krähten und gackerten wir heftig in die Welt, und über uns kreiste mit ausgestreckten Fängen und scharfem Hackeschnabel der Geier Alfred Kerr, immer bereit, herabzustoßen und einen von uns, der seinen Hals zu weit vorgestreckt hatte, in der Luft zu zerreißen. Doch wenn auch die Federn stoben, wir hatten ein dickes Fell, und was gegen uns stand, war zum mindesten ein Standpunkt, d. h. ein echter Widerstand, den es zu berennen und zu brechen galt, und ich glaube, das ist uns besser bekommen, als wenn man uns gleich blindlings verstanden oder gar – gedeutet hätte!

Lassen Sie mich hier einfügen, daß wir damals, in diesem ersten Jahrsiebt nach dem Ersten Weltkrieg, wirklich eine junge Generation waren, ein durch eine gemeinsame geistige Leidenschaft und eine Art von ungeschriebenem Glaubensbekenntnis verbündetes »Junges Deutschland«, so wie es ein »Junges Deutschland« gab zur Zeit des Sturm und Drang, zur Zeit des Vormärz, zur Zeit der ›Freien Bühne‹, in den Anfängen Gerhart Hauptmanns, und soweit ich das sehen kann, hat es seitdem, seit unserer Jugend, zwar neues und anderes, aber kaum wieder in diesem Sinne eine »junge Generation« gegeben, so daß wir vor der etwas schwierigen Aufgabe stehen, sie auch in der Reife immer noch zu sein und zu bleiben, wovon unser heutiger Jubilar – und in aller Bescheidenheit gesagt, auch sein leichtsinniger Festredner – vielleicht ein gewisses Zeugnis ablegen.

Ich bitte, lassen Sie mich noch einen Augenblick in diesem

Hof des Deutschen Theaters verweilen und bei den Gestalten, die ihn bevölkerten: da war die alte Garde Reinhardts, die wir, die Neuankömmlinge von damals mit einem gewissen Mißtrauen betrachteten. Da stand der bezaubernde Moissi, Alessandro, Prototyp eines von uns scharf abgelehnten ariosen Theaterstils, immer von einem Schwarm hypnotisierter Schauspielschülerinnen umgeben und selbst immer noch aussehend wie ein etwas vernachlässigter Schauspielschüler. Da wuchtete die Buddha- und Golem-Gestalt des machtvollen Paul Wegener, da kam mit den blauen Augen eines Wundertäters, stets von seiner über den Tod getreuen Frau Else geleitet, Sankt Albert Bassermann, da schwebte die Eckersberg mit einem Kometenschweif von Grafen und Baronen vorüber, da berlinerte der gescheite Paul Grätz, da zungenhaspelte Max Gülstorff, die Gülle genannt, und da schritt auch schon, jung, scheu und grüblerisch, die Zukunft, in Gestalt von Mathias Wiemann.

Die Reinhardt-Ära, das war für uns schon die Vergangenheit, und daß man ihr, der Vergangenheit nämlich, sein Bestes verdankte, begriffen wir erst viel später. So wie es überhaupt mit der Beziehung zur Tradition wohl sein muß. Indem man nämlich als neu Beginnender auf sie hustet oder auch pfeift, nimmt man sie trotzdem wie Atemluft oder wie keimträchtige, unsichtbare Stoffe in sich auf und lebt dann von ihr. Wer sich aber von vornherein von ihr nähren und an ihr vollsaugen will, der muß an ihr ersticken. Die Gegenwart aber, unsere Gegenwart in dieser Zeit, wie war sie erfüllt, fast berstend von künstlerischer Brisanz, Elementargeistern und Originalgenies. Es war die Zeit der Krauss und Jannings, Klöpfer, George, Granach, Forster, Homolka, aber auch noch Kayßlers, Wegeners, Wintersteins, Steinrücks, Pallenbergs, Bassermanns. Man könnte noch ein Dutzend Namen nennen, und unter allen denen war kaum einer, der nicht einmal auf dem Hof des Deutschen Theaters ein Gastspiel gab. Selbst der grimme Kortner, eigentlich Fronvogt und Zwingherr am Gendarmenmarkt, erschien dort häufig mit Erich Engel, der eine, Kortner, so aussehend als plane er einen sofortigen Gewaltstreich zur totalen Machtübernahme sämtlicher Theater des In- und Auslandes – der andere, Erich Engel, offenbar immer gerade mit einem tief-spekulativen philosophischen Problem beschäftigt, das aber dann schließlich doch nur auf dem Wege des historischen Materialismus zu lösen war. Erich Engel hatte Brecht und mich gemeinsam aus München mitgebracht, wo wir uns kennengelernt und befreundet hatten. Er hatte durchgesetzt, daß wir beide am Deutschen Theater engagiert wurden, um uns ein Existenzminimum zu verschaffen – denn in Berlin zu sein, in Berlin zu leben, das war damals überhaupt das Entscheidende für jemanden, der beim Theater weiterkommen wollte. Und damit das einen Namen hatte, wurden wir Dramaturgen genannt, obwohl es schon zwei Ur-, Erz- und Archetypen dieser Gattung gab, nämlich den bärtigen Kahane und den glatzköpfigen Herald, die tatsächlich Dramaturgengeschäfte besorgten. Wir, Brecht und ich, besorgten unsere eigenen, jeder auf seine Art, indem nämlich jeder nur daran interessiert war, daß seine eigenen Stücke eventuell drankämen. Sonst brachten wir dem Theater nicht allzuviel Nutzen. Ich besitze von Brecht aus dieser Zeit ein getipptes Manuskript des Stückes ›Im Dickicht‹, auf das er mir als Widmung geschrieben hatte: »Es geziemt dem Manne, zu rauchen und zu kämpfen mit der Metaphysik.« Auch das taten wir teilweise auf dem Hof des Deutschen Theaters, und da man uns im Theater eher als störend empfand, verlegten wir unsere Tätigkeit in die den Hof umgrenzenden Wirtschaften: östlich Saalbachs Keller, westlich Balsers Bierstube, in der Mitte, d. h. unter den Kammerspielen, das DT, Deutsches Theater-Restaurant, das uns aber damals im allgemeinen zu vornehm war. Bald war ich bei allen so in der Kreide, daß ich mich nur noch mit einem einigermaßen zahlkräftigen Ganz- oder Halb-Prominenten hineinwagen durfte.

Es war um den Beginn des Jahres 1924, nur knappe 36 Jährchen zurück, mir kommt das alles vor wie letzten Donnerstag – es war die Zeit, als der Währungszauberer Schacht die große Inflation beendete und plötzlich alles für ein paar Jahre in einer glanzvollen Prosperität aufblühte, die sich besonders aufs kulturelle Gebiet auswirkte. Kerr nannte es die perikleische Zeit Berlins. Um diese Zeit fiel uns in dem von Berthold Viertel gegründeten und geleiteten Theater ›Die Truppe‹ in der Erstaufführung von O'Neills ›Kaiser Jones‹ ein neuer Schauspieler auf, Gegenspieler des genialischen Oskar Homolka, ein Schauspieler, der mit einer unglaublich rohrspatzenfrech hervorspringenden Nase und einem auf Berliner Weise immer etwas schief gequetschten Mund als weißer Schurke mit Tropenhelm auf der schrägen Bühnenfläche stand und seine Sätze herausfordernd und präzise hinschmetterte. Er kam von der Volksbühne, die damals noch unter Kayßlers Leitung stand, und bald sahen wir, gleichfalls in Viertels Theater, zum ersten Mal eine Inszenierung von ihm, es war, glaube ich, ein Stück von Synge, auf englisch heißt es: ›The Playboy of the Western World‹, die Titelrolle wurde von einem unbekannten jungen Berliner gespielt, namens Leonard Steckel. »Dies'rr Hilp'rrrt«, sagte Brrrecht, »ist garrr nicht so übel.« Bald gehörte »dies'rr Hilp'rrrt« zum innersten Zirkel der Jungen auf dem Hof des Deutschen Theaters, wo er für die Matinee-Bühne des vortrefflichen Moritz Seeler, Ehre seinem Andenken, ein Stück von Bronnen inszenierte.

Wie erinnere ich mich an diese ersten Begegnungen, an diese ersten Gespräche, an dieses erste Zusammensein nach Matineen oder an Abenden auf dem Hof des Deutschen Theaters oder in der Umgebung. Ich weiß genau, ich sehe ihn vor mir, wie er damals aussah, und niemand würde es sich denken. Anders als heute. Es gab damals keine Art von »Uniform der Jugendlichen«, es gab ja auch noch keine Halbstarken, und *so* jugendlich waren wir alle gar nicht mehr, aber immerhin hatten wir so eine Neigung zu einem gewissen individuellen Anzug – Brecht, ein bürgerlicher Fabrikantensohn wie ich, hatte sich die proletarische Lederjacke zugelegt – wir beide (Hilpert und ich) hatten aber mehr eine Neigung zur Elégance, die allerdings bei mir aus von der Taille ab angestückten Taschentüchern am Hemd bestand, aber oben sah es blendend aus. Heinz jedoch war schnieke, das kann man nun nicht anders sagen – er hatte ein gewisses »un-peu-fin-de-siècle« an sich, ein Arom von verworfener Großstädtischkeit im Gegensatz zu uns abenteuerlichen

Provinzlern. Er trug einen Scheitel und schief über die Stirn eine Oscar-Wilde-Frisur und ein Monokel. Es ging das Gerücht von ihm, daß er vorher Lehrer in einer Mädchenschule gewesen sein soll, auch schon so elegant, und daß er von dort habe fliehen müssen, weil ihn die kleinen Mädchen viel zu gern hatten. Aber, bitte, ich weiß das nicht, ich will nichts gesagt haben, ich möchte keinen Beleidigungsprozeß, von seiten der kleinen Mädchen.

Wenn man das wieder beschwören könnte, was damals vorging, wenn eine solche Matinee auf der Jungen Bühne gespielt wurde. Die Junge Bühne war eine Organisation ohne einen Pfennig Geld, sie bestand nur aus der Person eines kleinen, viereckigen, vierschrötigen, sonderbaren Mannes mit Bambusstock namens Moritz Seeler, der später leider in der traurigsten Zeit unseres Landes und Volkes umgekommen ist. Dieser Moritz Seeler stampfte Aufführungen aus dem Boden, auf deren Zettel die besten und größten Namen des damaligen Berliner Schauspielertums zu finden waren. Er brachte es fertig, daß bei den Uraufführungen damals noch unbekannter Autoren Schauspieler wie Forster, Wegener, Kortner, die Bergner und Gerda Müller mitmachten, ohne Geld, ohne Bezahlung. Geprobt wurde an späten Nachmittagen oder auch nachts, es wurde alles aus der Erde gestampft, die Beleuchtung, die Dekoration, das mußte irgendwie aufgebracht werden, und eines Sonntags morgens ging dann vor einem Publikum, das von Albert Einstein und Stresemann bis zu den bedeutendsten Theaterleuten und Literaten Berlins ging, etwas in Szene, was unter Umständen noch ganz ungegoren war, das Pfeifen und Schreien und Pfuirufe und Gelächter und Klatschen und Beifall und Applaus hervorrief, eine ungeheure Erregung von der Bühne ins Publikum und zurück, und aus dem dann doch fast immer etwas gewachsen ist, was blieb.

Damals eroberten wir die Welt, mit Klauen, Zähnen, Gedanken und Phantasie, und sie nahm uns an ihre tausend Brüste und ließ uns nie wieder los, selbst als uns die Heimat ausspuckte oder sonstwie aus unserm Wirkungskreis vertrieb.

Es war im Februar 1925, daß Heinz Hilpert zum ersten Mal

ein Stück von mir, auch im Rahmen dieser Jungen Bühne, inszenierte. Es hieß ›Pankraz erwacht oder die Hinterwäldler‹, auch ›Kiktahan‹ genannt, ein frei erfundener indianischer Name, in deren Erfindung ich damals sehr fleißig war. Seeler verkündete bei der Nachfeier, ich hätte damit die Epoche des Neo-Barbarismus eingeleitet. Es war ein Scherz wie andere. Wir aber, nämlich Heinz Hilpert und ich, wir waren damals im Anfang eines Sichsetzens, eines innerlichen Klarwerdens. Wir waren damals beide in einem Augenblick, wo wir noch drauflos experimentierten und versuchten, was sich versuchen ließ, aber schon langsam spürten wir, was wir eigentlich selbst tun müßten und sollten und wofür wir da seien. Und es begann hier ein Weg, der eben in vieler Hinsicht ein gemeinsamer und gleichartiger ist. Denn wir wollten weder den Neo-Barbarismus noch sonst einen -ismus, wir wollten gar nichts, was eingrenzt, in irgendeine Richtung oder Dogmatik zwängt, wir begannen nämlich zu begreifen, was die Kunst ist, das große Spiel, nie Spielerei, nicht um ihrer selbst willen, sondern um Gottes und der Welt willen lebendig, ein Element, manchmal zeitklärend, doch niemals zeitbedingt, kein Erziehungsmittel, sondern eine Verzauberung, ein Medium der Durchdringung und Durchleuchtung des menschlichen Wesens, und daß sie ihr Ethos in sich selbst trägt, in ihrer Sauberkeit, Reinheit, Beseeltheit, in ihrer größtmöglichen Vollendung, in ihrer geheiligten Proportion. Unvergeßlich die endlosen Gespräche, in denen wir damals diese Dinge mit anderen und allein versuchten abzuklären, auszufühlen und zu durchdringen. Unvergeßlich die vielen, vielen Gespräche, die sich dann im Lauf von jetzt fast vierzig Jahren Leben daran anschlossen und immer wieder aus demselben Zentrum, aus demselben Kern und nach derselben, leuchtenden Mitte hin zu leben versuchten. Wenn ich ein neues Gedicht gemacht hatte, damals, dann zerrte ich Heinz Hilpert in Tuchers Bierrestaurant am Bahnhof Friedrichstraße und las es ihm dort vor. Die Proben zu ›Kiktahan‹ hatten uns nähergebracht, das ungeheure Getöse der Generalprobe und der Aufführung, die gemeinsam durchlebten Stunden der Angst, des Grauens und dann der Erlösung, daß es vorbei war, hatten uns noch nähergebracht, und ich habe in dieser Zeit begonnen, so zu schreiben, wie es mir niemand sagte, sondern wie ich empfand, nämlich das Stück, das aus meiner Heimaterde kam, den ›Fröhlichen Weinberg‹. Ich schrieb das draußen, im Haus eines Freundes am Wannsee. Eines Tages kam ich nach Berlin zurück, wo ich zwei kleine Zimmerchen hatte, die nie bezahlt wurden und trotzdem den Namen »die Lustmörderbude« hatten. Jedenfalls ist dort nie was passiert – kein altes Verbrechen aufzudecken! – Aber, dort in der Lustmörderbude, da schleppte ich den Heinz hin am letzten Nachmittag, ich mußte abends wegfahren von Berlin – darf ich diese Geschichte erzählen? – sie ist zu schön, um sie auszulassen – ich hab sie nicht aufgeschrieben, sie muß heraus! – Ich habe damals einen Freund gehabt namens Carlo Mierendorff, der im Krieg leider von einer Bombe getötet wurde, nachdem er lange im KZ war, ein deutscher Sozialist, ein ungeheuer begabter und großartiger Mensch. Er war in dieser Zeit Sekretär des Transportarbeiter-Verbandes – im Lauf seiner Gewerkschaftskarriere – und hatte von einem Zweig des Verbandes, nämlich von den Rheinschiffern, einen Liter Rheinschiffer-Schnaps bekommen. Es war was ungeheuer Starkes, ein Etikett war darauf, auf der war ein Totenkopf gemalt, sonst nichts, 100% stand drunter. Während ich meinem Freund Heinz Hilpert an einem Juli-Nachmittag den ›Fröhlichen Weinberg‹ zum ersten Mal, und damit überhaupt zum ersten Mal einem Menschen hintereinander vorlas, haben wir beide uns immer in der Erregung des Lesens und Zuhörens diese Flasche mit dem Totenkopf gegenseitig aus der Hand genommen und angesetzt und wie ich mit dem Stück fertig war, war auch die Flasche fertig, und wir hatten ziemlich rote Köpfe, und es stellte sich heraus, in einer halben Stunde ging mein Zug am Anhalter Bahnhof. Ich hatte aber noch nicht gepackt, ich mußte am andern Morgen in Salzburg sein, der Zug ging nach München. Nun hilf mir, Hilpert, hilf mir packen! Wir haben also zusammengerafft, was uns da wichtig erschien. Ich muß dazu einfügen: ich hatte in Salzburg eine sehr wichtige Verabredung, ich wollte mich verloben – und ich hatte mir zu diesem Zweck zum ersten Mal im Leben einen Pyjama gekauft, von dem wurde aber dann im Koffer am nächsten Tag nur das Oberteil gefunden. Also, so gründlich haben wir nicht gepackt. Zum Schluß klappten wir das Ding zu und gingen runter. Damals nahm man sich noch, um etwas Geld zu sparen, Pferdedroschken in Berlin, mit denen es ja fast so rasch ging wie mit dem Taxi. Wir fuhren also in der Pferdedroschke zum Anhalter Bahnhof; in der Luft kam die Nachwirkung des Totenkopf-Schnapses: wir fingen an zu schreien und zu reden, wir redeten beide gleichzeitig – muß das inszenieren – wo das sein wird – und das und jenes – wir kamen also an den Zug; in einem Coupé dritter Klasse deponierte ich mein Gepäck; aus der Tasche zog ich meine Tabakspfeife; die schenkte ich ihm. Damals trug er, elegant wie er war, das gibt's heut gar nicht mehr, steife Stehumlegkragen, die auf das Hemd aufgeknöpft waren. Auf diesen steifen Stehumlegkragen schrieb ich ihm mit Tintenstift eine Widmung, indem ich ihm meine Tabakspfeife schenkte. Dann war ich oben in dem Coupé und lehnte mich aus dem Fenster heraus, er stand unten, es wurde ununterbrochen zwischen uns hin und her geschrien, bis der Zug aus der Halle war: »Carl, du bist mein Dichter!« – »Heinz, du bist mein Regisseur!« – »Carl, du bist mein Dichter!« – »Heinz, du bist mein Regisseur!« – Wie der Zug dann draußen war – vorher war das Coupé ziemlich voll –, war ich ganz allein und konnte mich bequem ausstrekken. Ja, diese Geschichte mußte erzählt werden.

Ich will mich aber nicht ins Anekdotische verlieren; ich bitte Sie, nicht zu befürchten, daß es bei solchen Geschichten bleibt, ich werde schon noch zum Substantiellen kommen, nämlich zu Heinz Hilpert selbst, als Regisseur, als Theatermensch, als Gebender und Schenkender für ganze Generationen von Theaterkünstlern. Das ist nun nicht hier zu beschreiben, dieser Weg sollte einmal von jemandem ganz genau gezeichnet werden, wie er, eben mit seinen Anfängen an der Volksbühne, mit diesen Inszenierungen an der Jungen Bühne – die meinige hat ihm übrigens dann das Engagement beim Deutschen Theater, später, bei Robert Klein, eingebracht – begonnen hat, wie er dann in Frankfurt, Düsseldorf, in anderen Städten sich selbst entwickelte, dann in Berlin zu einem der reichsten, fülligsten Regisseure des damals weiß Gott an Talenten, an Regietalenten nicht armen Berlin wurde. Wie er schließlich dann in einer Zeit, in der es nur noch das Theater und überhaupt die kulturellen Dinge gab, welche sich gegen eine Überflutung seltsamerweise durch die ganze Zeit hindurch halten konnten bis zum Ende des Krieges, wie er da in Berlin eine Festung, eine Insel reiner Gesinnung und wirklichen Kunstwillens und menschlicher Sauberkeit gehalten und immer mehr befestigt und gestärkt hat, bis schließlich dieses, unser altes, geliebtes, schönes Berlin teils unter den Bomben, teils unter der Eroberung und der Besetzung und allem, was dann kam, zusammenbrach und heute sein Inseldasein in Tapferkeit und Hoffnung fristet.

Er gehört nicht zu den Regisseuren, die sensationell inszenieren. Er schafft kongeniale Darstellungen des Dichtwerks, die dadurch sensationell werden, daß er die Schauspieler an ihren Rollen und am Wort des Dichters erblühen läßt. Er ist also alles andere als ein vordringlicher, sich selbst inszenierender Regisseur. Seine Aufführungen sind so, daß Laien nicht wissen würden, es habe sie jemand inszeniert – fast das Beste, was man über Inszenierungen sagen kann. Und für uns, die wir es wissen, ist er, gerade dadurch, vielleicht der prägsamste, der gründlichste Regisseur, den es in dieser Zeit gab und heute noch gibt.

Ohne je das Theater zur Schulstube zu degradieren oder es mit einer Propaganda-Tribüne zu verwechseln, wurde er durch seine Leidenschaft zum Werk, zum Drama, zur Dichtung und vor allem zum Schauspieler, sein Erzieher, vielleicht der stärkste Erzieher von Darsteller und Ensemble in unserer Zeit. Sein Ethos ist die Sauberkeit, die Genauigkeit, die Verantwortung, seine Alchimie ist das Wissen um das geheimnisvolle Wachstum, das ewig Unberechenbare im Dichtwerk und in der Natur des nachschaffenden Menschen, seine Kraft und sein Erfolg ist die Liebe, die strenge, keusche und immer mitzeugende Liebe, die ihm vom Schöpfer geschenkt ist und die er schöpferisch verströmt. Dadurch werden seine Schauspieler Teile von ihm selbst, und er ist immer ein Teil von ihnen, stärker oder schwächer, wie es dem Menschen bemessen ist, aber immer nach dem Maß voller Menschlichkeit.

Nun, das sind Worte, die man vielleicht auch über einen anderen Künstler sagen könnte. Ich möchte aber hier ganz konkret aussprechen, worin gerade die Besonderheit dieses einen Heinz Hilpert besteht. Und da kommt er mir selbst mit einem Satz zu Hilfe, den er einmal in irgendeiner Schrift über Theater und Schauspieler geäußert hat – ich kann ihn nicht mehr wörtlich zitieren, aber dem Sinne nach sehr genau. Er schrieb nämlich, es komme alles darauf an, daß beim Theater der Begriff der *Karriere* durch den Begriff der *Entwicklung* ersetzt werde. In diesem von Hilpert selbst geprägten Wort steckt der Kern seiner Lebensarbeit – und ein Vermächtnis. Die Karriere, das ist das vordergründig Funktionelle – die Entwicklung, das ist das organisch Wesentliche im künstlerischen Schaffen und Leben. Wenn Hilpert Regie führt, dann entwickelt er die Dichtung wie einen belichteten Film, der in einem chemischen Säurebad noch einmal verwirklicht werden muß, damit die auf ihm schon vorhandene Landschaft und Gestalt sichtbar in die Anschauung tritt. Und er entwickelt gleichzeitig die Persönlichkeit des Darstellers, indem er sich selbst an der Dichtung und an der Arbeit mit dem Darsteller fortschreitend und immer neu entwickelt. Darin besteht auch das Geheimnis seiner unbrechbaren Elastizität und Arbeitskraft.

Entwicklung ist der Inbegriff des organischen Lebens. Ihre geheimnisvolle und symbolträchtige Erscheinung heißt Metamorphose, Gestaltwerdung. Wir kennen sie aus der Pflanzenwelt und von verschiedensten Tierarten – das gleiche Geschöpf, in seiner Wesensart unverändert, wird in einem unendlich geheimnisvollen, nur zum Teil erforschbaren Vorgang, der Gewebezerlösung und -wiederverbindung zum erfüllten Ganzen, also zur fruchtbaren, fortpflanzungsfähigen und damit auch dem Tod bereiten Vollgestalt. Die Tatsache, daß es in seiner endgültigen, vollkommenen Gestalt nicht nur zeugungs- und gebärfähig, sondern auch todbereit ist, bedeutet einen ganz entscheidenden, vielleicht *den* entscheidenden Substanzgewinn, Wesenszuwachs. Denn die Todbestimmtheit, für alle Kreatur, bedeutet die Bereitschaft und den Beruf zum Eingang ins Allgültige, in den Quell und Mutterschoß des Lebens. Aufs Kunstwerk und aufs Schaffen des künstlerischen Menschen angewandt, dessen Anliegen immer die eigentliche Bestimmung, Ursprung, Ziel und Ende des Menschen ist und war, bedeutet jeder Schritt zur Erfüllung und zur Reife einen von vielen Schritten zum Tod, zum Tor des Todes hin, das für uns, wenn wir nicht wie die Austern dämmern, eine Mündung ins verwandelte, erhöhte Leben ist und sein muß. Entwicklung ist also nicht im materialistischen Sinne ein motorisch-funktionelles Fortschrittsprogramm innerhalb der Existenz, sondern im Betracht der Kunst und des Künstlers ein Schritt über die Existenz hinaus, ins Allgültige, Allverbindliche.

Und so ist ein Theatermann, nämlich dieser, Heinz Hilpert, der Entwicklung über Karriere stellt, ein Künder und Wegbereiter des Theaters als eines Kolumbarium der Unsterblichkeit.

Schubert ist nicht per Zufall oder nicht nach einer nur zufälligen Wahl der Musiker, der uns beiden, Dir und mir, eigentlich am nächsten ist von allen. Schubert war immer für Dich der Inbegriff dessen, was in der Kunst überhaupt erreicht werden kann aus einer befangenen Unbefangenheit, aus einer beschwerten Leichtigkeit, aus einer traurigen Heiterkeit oder aus einer Lebensfreude, die gleichzeitig Lebenstrauer und Wissen vom Ende ist.

Schubert und Du, Ihr habt unendlich viel gemein in dieser tiefen Zärtlichkeit zu allem Lebendigen, das sich gestalten will, zu allem Kreatürlichen und zu aller Form. Und dieses Zärtliche, dieses Behutsame, dieses unendlich Feinfühlige in Hilperts Theaterschaffen ist etwas, was nie übersehen werden darf. Der größte Unsinn ist, wenn irgendwelche Leute ihn für einen forschen Taktstock-Regisseur gehalten haben, es ist fast ein so großer Unsinn, wie wenn irgendwelche Leute mich für einen forschrobusten Sauf- und Rauf-Dichter halten. Das ist alles Unsinn, aber der Unsinn kann uns egal sein. Die Eselsköpp gehen uns nichts an, in unserer Heimat sagt man: die sind kein »Geeschenstand« für unseren Zorn – die können wir ruhig vergessen.

Nicht vergessen aber, nie vergessen werden wir die Dinge, die aus Deinen Inszenierungen auf uns übergeströmt sind wie aus einem Schubertschen Quintett. Zweimal im Leben hast du mir dieses Quintett, das heute gespielt wird und das mich deshalb heute auch noch tiefer berührt als sonst, auf Platten geschenkt, und zwar zu meinem vierzigsten Geburtstag und zu meinem sechzigsten. Ich weiß nicht, ob Du Dich selbst daran erinnerst, ich habe es noch in der alten und in der neuen Pressung.

Darf ich noch an zwei besondere Stationen auf unserm Weg – werd ich zu lang? Ah, lassen Sie mich noch! – darf ich noch auf zwei besondere Stationen auf unserm Weg hinweisen: das eine ist Deine Aufführung meines ›Hauptmann von Köpenick‹ in Berlin, die wohl die beste war, die überhaupt je von einem Stück von mir gemacht worden ist, außer der des ›Teufels General‹ in Zürich, die Du auch gemacht hast. Der ›Köpenick‹ in Berlin, das war im Jahr 1931, zwei Jahre vor Beginn einer unheilvollen Zeit und von mir aus ganz bewußt als eine Warnung gemeint, nicht nur eine Warnung zeitgemäßer Art, sondern über die Zeit hinaus. Das Stück beschäftigt sich gar nicht mit dem Deutschen allein, es ist ja schließlich gemeint als eine Auflehnung des Menschlichen gegen eine Verschwörung der Bürokratie in der ganzen Welt. Es gibt in der ganzen Welt das Tödliche und das Lebendige, das dagegen auf will. Und dieses ist nur eine Spezies davon. Und so wurde es von ihm inszeniert nach dem Wort, das ich diesem Stück vorangestellt habe: »›Nein‹, sagte der Zwerg« – aus dem ›Rumpelstilzchen‹ der Brüder Grimm – »›laßt uns vom Menschen reden, etwas Lebendiges ist mir lieber als alle Schätze der Welt!‹« So hat er es inszeniert, hin auf das Wort, das ich dem Stück nachgestellt habe und das darin vorkommt, auch aus den Brüdern Grimm, aus den ›Bremer Stadtmusikanten‹: »›Kommt mit‹, sagte der Hahn, ›etwas Besseres als den Tod werden wir überall finden!‹«

So ähnlich ist es uns dann auch gegangen, wir sind weg, wir

sind in die Welt, etwas Besseres als den Tod fanden wir auch noch überall, etwas knapp Besseres. Manchmal dachte ich, es wäre umgekehrt, man hätte besser den Tod gefunden – das Leben hat uns drüber hinweggetragen. Es waren die Jahre, in denen auch wir getrennt waren, obwohl nie im Inneren getrennt. Ich erinnere mich noch, wie wir eine Photographie bekamen von unserm Henndorfer Haus, das bereits beschlagnahmt und weggenommen war, nach Amerika noch irgendwie hinübergeschickt, wo Heinz Hilpert, sein Bühnenbildner Ernst Schütte, sein Mitarbeiter Alfred Ibach, traurig, und ich kann nur sagen mit belämmerten Gesichtern, wie Hunde, die die Schwänze hängen lassen, vor diesem Haus saßen, in dem wir so viele unendlich glückliche Stunden miteinander verbracht haben.

Und dann kam ein Tag, wo ich mit Ach und Krach gerade, mit Paß- und allen anderen Schwierigkeiten, in die Schweiz gekommen war und morgens ins Zürcher Schauspielhaus ging, in dem, wie ich wußte, mein Freund Hilpert nun dieses von mir in der Ferne aus unbrechbarer Liebe zu meiner Heimat, zu meinem Land und Volk geschriebene Stück ›Des Teufels General‹ inszenierte, er, der meine frühen Dinge gemacht hat, meinen ganzen Weg mitgegangen war, nach diesen Zeiten, in denen ich nicht wußte, ob ich je wieder mit einem Wort in dieser Sprache und auf dieser Bühne in Erscheinung treten würde – es wurde von ihm inszeniert. Es war sehr zum Herzklopfen, und wie ich den dunklen Zuschauerraum betrat – die Schauspieler noch ohne Kostüm auf der Probe – ganz leise mich hinten hineinschleichen wollte, da hörte ich doch gerade den Hilpert sagen, zu Gustav Knuth: »Jaja, Gustav, ik weeß, es is mehr Text wie der Lear, aber *einmal* mußt'n doch können!«

Da hatte ich das Gefühl, ich bin zu Hause, zu Hause, daheim. Im nächsten Moment merkte er auch schon was und klopfte ab – und wir lagen uns in den Armen. Nun, laß mich nicht sentimental werden, es ist kein Grund zur Sentimentalität, sondern zur wirklichen Rührung.

Jetzt ist der Augenblick, wo mein Manuskript aufhört und wo ich doch noch hinzuzufügen habe, was mir der liebe Gott ins

Ohr sagen muß – ich habe ihn heute morgen flüstern hören; er nannte mir den Titel eines Romans von Thomas Wolfe: ›Es führt kein Weg zurück‹. Aber er sagte es nicht traurig und nicht resigniert, sondern mit einer Schubertschen heiteren Gelassenheit und leidenschaftlichen Freude am Vergehen, an diesem Wunder des Vergehens, das ja immer wieder Werden bedeutet. Er sagte es und ich sage es heute, jetzt zu Dir als einen großen Trost, als ein herrliches Wissen, Du wirst mich verstehen, es ist zwischen uns beiden da, es führt kein Weg zurück, und wir brauchen ihn nicht. Wir brauchen nicht die Vergangenheit, wir brauchen auch nicht die Zukunft, für uns geht es nicht um das, was vor uns war, nach uns sein wird, sondern um die Dimensionen von Zeit und Ewigkeit, in denen allein sich das große Spiel der Kunst abspielt, das Lebensspiel, das wir die Kunst nennen.

Und ich habe noch einen Fund gemacht, vor ein paar Tagen, indem mir eine kleine Schrift von Heinz Hilpert in die Hand fiel, aus der ich Ihnen einen Satz zitieren will, eine Schrift, die ich entweder nicht gelesen oder vergessen hatte. In dieser Schrift heißt es: »Wir müssen uns klar machen, was ›Spiel‹ bedeutet. Es ist Versunkenheit und Entrücktheit aus allen Zweckzusammenhängen des Lebens. Es ist ganz nutzloses Tun und doch zwingend und beglückend, weil es von der innersten Natur des Menschen kündet und seine Verbundenheit mit allem Gespielten, allem Dargestellten durch nichts anderes als durch die bloße Seelenkraft dartut. Wo immer menschliches Tun in solche Art Spiel mündet, beglückt es die Menschen, die es betrachten, oder zieht die, die in seine Nähe kommen, in die Haltung des Interesses und der innigsten Teilnahme.«

So weit Heinz Hilperts eigene Worte. Sie sind mir ganz aus dem Herzen gesprochen, und sie drücken einen Teil von dem aus, was wir gemeinsam wollten und erstrebten, als wir uns noch mit Tintenstift auf die Stehkragen schrieben. Und was wir heut und immer wollen und erstreben, das, und noch etwas mehr, Kunst, ein Funke Leben, ein Fragment der Zeit und Ewigkeit in einem Brennglas oder Zauberspiegel einzufangen, durch den es zum heilenden Strahle wird, zum heilenden Strahl der Wahrheit. Das ist für uns die ewige Verzauberung, die himmlische Illusion des Theaters.

Es ist ein kompliziertes und geheimnisvolles Treiben, und es ist dennoch klar und durchsichtig wie Kristall, es ist ein Kinderspiel und bedarf der Hand des Meisters, es *ist* Verzauberung, Kunst, ich sage es noch einmal, ein Funke von Leben, ein Fragment aus Zeit und Ewigkeit, eingefangen im Brennglas und im Zauberspiegel, durch den es zum heilenden Strahl der Wahrheit wird. Und das Heilende besteht nicht in Belehrung, in Aufklärung, in Information, es besteht in einer Veränderung Ihres seelischen Klimas, Ihres inneren Wesens, der Aufnahme eines neuen, eines veränderten Seelenklimas, einer besseren Luft, durch die nicht die Zustände geändert werden, sondern Ihre, unsere Seele berührt und verwandelt.

Wir aber, lieber und verehrter Heinz, wie wunderbar, daß wir es wissen, es führt kein Weg zurück, es soll kein Weg zurück führen, auch wenn wir heute in manchen Erinnerungen uns freuen, wir brauchen nicht die Verklärung der Vergangenheit, wir brauchen nicht die Nebel der Zukunft, es strömt alles in die große, klare Einheit, Zeit und Ewigkeit. Und in dieser Gesinnung, im Sinne dieser geheiligten Dimensionen, grüße ich Dich und beuge ich mich vor Leben und Lebensleistung eines großen, eines beispielhaften Künstlers und Menschen, Heinz Hilpert, und ich bitte Dich, laß mich Dich jetzt umarmen.

Autor und Regisseur
Für Jürgen Fehling

1965

Wenn ein Autor sich nach der Aufführung über seinen Regisseur beschwert und ihm die Schuld für mangelnden Erfolg zuschiebt, so ist er fast immer selbst daran schuld – sofern er nämlich lebt, sofern er sich auszudrücken versteht, sofern er genug Theatertalent besitzt, um bei einer Bühnenrealisation auf sinnvolle Weise mitzureden. Was an toten Dramatikern geschieht, ist eine andere Sache. Doch habe ich auch darin, in einer fast 45jährigen, ständigen Befassung mit dem Theater, die Erfahrung gemacht, daß die Entgleisungen recht selten sind. Im allgemeinen wird ein Regisseur, der den Theaterstil seiner Epoche in den Fingerspitzen hat, der dem Drama seiner Zeit gerecht werden kann, auch den Klassiker für seine Generation lebendiger und unverfälschter darstellen als der Eklektiker oder Traditionalist. Ich muß mich dabei gar nicht auf die grandiosen Klassikerinszenierungen der zwanziger und dreißiger Jahre berufen, deren Qualität für die Heutigen nicht mehr beweisbar ist, ich brauche nur zwei Aufführungen des Zürcher Schauspielhauses aus den letzten beiden Jahren zu erwähnen: Kurt Hirschfelds ›Nathan‹, das wurde durch die gelassene Rationalität, die exemplarische Klarheit der Sprache ein ganz »modernes« Stück – und Werner Düggelins ›Räuber‹, ja, das war der junge Schiller! Da spürte man – gerade durch das Wegfallen aller traditionellen Pathetik – das glimmende Feuer, da hatte jede Figur ihre volle Menschlichkeit, da wurde sogar die berüchtigte Amalie eine »gute Rolle«. Ein guter Regisseur mit eigenwilliger Vorstellungskraft ist fast immer auch ein guter Dramaturg und für den Autor eines neuen, noch unerprobten Stückes der beste Helfer. Nur muß natürlich auch der Autor eine eigenwillige Vorstellungskraft besitzen und mit seinem Regisseur ins reine kommen, bevor er in die Proben geht und sich in die Einzelarbeit verbeißt. Dann aber sollte er ihn durch volles Vertrauen und durch genaues Hinhören auf das, was er allein in seinem inneren Ohr vielleicht nicht oder falsch gehört hat, unterstützen. Natürlich ist das für einen Anfänger, der mit seinem Erstling auf die Bühne kommt, nicht ganz einfach. Doch für ihn gilt es vor allen Dingen: zu lernen – und man lernt an nichts so viel wie an einem Durchfall. Außerdem bleibt ihm, wenn er sich auf den Proben mißverstanden fühlt, immer noch die Möglichkeit, sein Stück zurückzuziehen – Brecht hat das bei seinen Jugendstücken öfters getan. Eigentlich müßte er sich darüber schon klar sein, wenn er sich vorher mit dem Regisseur zusammensetzt, das Stück mit ihm durchliest, Striche und Änderungen erwägt, die Besetzung – also den genauen Charakter jeder Gestalt – und den Stil, den Grundzug der Inszenierung bespricht. Diese Art von Zusammenarbeit zwischen Regisseur und Stückeschreiber halte ich für unerläßlich, während die gemeinsame Arbeit auf Proben sehr von der Persönlichkeit, der Sensibilität, Befangenheit oder Unbefangenheit des Regisseurs abhängt, dem man ja auch eine individuelle Arbeitsweise und Arbeitsentwicklung zubilligen muß. Es gibt Regisseure, die ihren Autor am liebsten von der ersten Probe ab dauernd dabeihaben, als eine Art von Stimmgabel, an der man gelegentlich die Tonart kontrolliert. Max Reinhardt liebte das, stellte auch viele Rückfragen und ließ sich gerne auf Diskussionen ein, was für andere Regisseure den Arbeitsvorgang hemmen könnte. Berthold Viertel pflegte den Autor sogar zu bitten, selbst mit den Schauspielern über Auffassungsdinge, Tonfälle und so weiter zu reden, was für die Schauspieler nicht immer ungefährlich ist: sie werden unsicher, wenn ihnen von zwei Seiten verschiedenes gesagt wird; ich persönlich spreche nur dann direkt mit ihnen, wenn ich mich mit dem Regisseur völlig einig weiß oder wenn ich von beiden Seiten wegen einer zu klärenden Frage zu Rat gezogen werde. Es gibt Autoren, die verlangen, eine Inszenierung von Anfang an unter Kontrolle zu haben, die müßten dann aber eigentlich, wie Brecht, selbst Regisseure sein, und im Grund steckt wohl in jedem guten Dramatiker auch ein Regissuer. Es ist also denkbar, daß der Autor seine Stücke selbst inszeniert, und falls er selber die Hauptrolle spielt, wie der großartige Komödienschreiber Curt Goetz in den meisten seiner Stücke, für die er sich also bereits das Regiebuch mitgeschrieben hatte, sogar selbstverständlich. Im allgemeinen aber scheint es mir besser, daß ein Stück, auch wenn es mit stärkstem Theatersinn geschrieben ist, noch einmal durch den Filter einer anders gearteten künstlerischen Begabung, nämlich der rezeptiven und auf diese Weise produktiven des Regisseurs, gesiebt und geklärt wird. Es gibt Regisseure mit dem Eros paedagogicus, die ihren jungen Autor gern dabeihaben, um ihn zu erziehen – mein erster Lehrmeister (bei meinem Drama ›Kreuzweg‹ im Staatstheater Berlin, 1920) war Ludwig Berger. Bei ihm habe ich wirklich Grundlagen gelernt, Grundlagen theatralischer und sprachlicher Kultur, gerade weil ich immer ein bißchen in der Opposition war (ich war 23, er 28, und das kam mir ungeheuer alt vor). Max Reinhardt hatte es gern, wenn man ihm beim »Zaubern« zusah, er hatte da keinerlei Hemmungen, er freute sich, wenn man beobachtete, wie *er* beobachtete, und wie er plötzlich irgendwelche, in einem exakten, lexikondicken Regiebuch genau festgelegten Einzelheiten, vom Schauspieler beeindruckt, vollständig umwarf. Andere Regisseure, wie Heinz Hilpert, der die besten, meisterhaftesten Aufführungen meiner Stücke gemacht hat, empfinden den Autor, den »Mitwisser«, solange sie sich nicht ganz mit den Schauspielern eingearbeitet haben, als eine Art Voyeur, dessen Anwesenheit sie in ihrer Unmittelbarkeit, ihrer künstlerischen Kopulation mit dem Darsteller hemmt. Manche, und nicht die schlechtesten, müssen auch auf den Proben erst selber »suchen«, experimentieren, sich hineinleben, wobei die Anwesenheit eines natürlicherweise um seine Sache besorgten Beisitzers sie stört. Das sollte der Dramatiker respektieren. Gustaf Gründgens liebte es, mit dem Autor vor Probenbeginn eine ausführliche Korrespondenz zu führen, wobei er vielleicht manches klarer formulieren konnte als im Gespräch. Auch so kann, bei gegenseitiger Elastizität und einem grundsätzlichen Einverständnis, eine ideale Zusammenarbeit zustande kommen.

Nun hört man, nicht erst seit gestern, viel reden über Inszenierungswillkür, bei der die Aufführung, der Regie-Einfall, Selbstzweck wurde – der Ausdruck »Zeitalter des Regisseurs« existiert seit dem Anfang des Jahrhunderts, und gewiß sind diese Klagen in manchen Fällen berechtigt, wie überhaupt das Mißtrauen gegen das rein »Sensationelle«. Die Redaktion einer Theaterzeitschrift berichtete mir vor etwa einem Jahr, ein Regisseur in Brüssel habe die gute alte ›Lustige Witwe‹ mit Zwischenspielen oder Filmstreifen und Bildern von sozialem Elend, Kriegs- und Revolutionsszenen oder dergleichen »angereichert«, und sie, wie man so sagt, zeitkritisch aufgemöbelt – ich möge dazu Stellung nehmen. Nun nehme ich nie Stellung zu etwas, was ich nicht selbst gesehen habe und aus eigener Anschauung genau beurteilen kann, lehnte das also ab. Aber ich glaube, prinzipiell sollte man Stücke nicht für etwas verwenden, vor allem nicht für etwas Propagandistisches, wofür sie nicht gemeint, erdacht und geschrieben waren. Es lassen sich ja neue schreiben oder andere, geeignete Vorlagen benutzen. Doch gibt es Regisseure, deren mächtige Theaterphantasie einfach der dichterischen Potenz mancher Stücke überlegen ist – und wo es sich um das Genie handelt, hat jeder Einwand zu schweigen. Die genialischste und genialste Persönlichkeit – in einer Zeit, in der es so viele großartige Regisseure gab wie – nach Reinhardt – Jessner, Karlheinz Martin, Hilpert, Erich Engel, Ludwig Berger, Otto Falckenberg, Richard Weichert, Gustav Hartung, Piscator –, bleibt, meiner Meinung nach, *Jürgen Fehling*, der jetzt fast Achtzigjährige. Und wir hatten im damaligen Berlin Gelegenheit, auch die Regiekunst des Auslands kennenzulernen: die entscheidenden Anregungen kamen in dieser Zeit aus dem Osten. In England gab es, bis zu dem Auftreten von John Gielgud und Lawrence Olivier, kaum ein modernes Theater, auch Bernard Shaw fand seine besten Inszenierungen bei Reinhardt in Berlin oder bei den Pitoeffs in Paris, wo es – seit dem Altmeister des Realismus Lugné Poe – sonst nur Durchschnittstheater gab, und nichts von dem, was man heute (mit einem törichten Wort) als »Avantgardismus« bezeichnet. Aber aus Moskau kam in den zwanziger Jahren noch Stanislawski, mit seinem unendlich ausgewogenen, leisen, eindringlichen Ensemblespiel, dann kamen die Habimah, das Jiddische Theater, ein Gastspiel der Meyerhold-Truppe und der »entfesselte« Tairoff mit seinem beschwingt-tänzerischen Giroflé-Girofla und anderen, zum mindesten als Bewegungsspiele hinreißenden Inszenierungen (vieles davon sieht man heute staunend als dernier cri wieder). Nirgends jedoch eröffnete sich das »Neue«, das Bahnbrechende, das – absichtslos, programmlos – Originale mit so heißem Atem, mit solch eruptiver Gewalt wie in den Aufführungen Jürgen Fehlings. Da war eine von außen her ungebändigte, nur sich selbst meisternde Leidenschaft, da wurden unbekannte Aspekte des Theaterspielens aufgerissen, da wurden große Schauspielernaturen wie Heinrich George, Werner Krauss, Alexander Granach, Agnes Straub, Lucie Mannheim, Lina Lossen (um nur einige zu nennen) auf ihr höchstes Format gebracht, Chargenspieler zu echter künstlerischer Leistung gesteigert. Willkür? Gewiß, Fehling formte den Schauspieler nach seinem Willen, das heißt: nach seiner plastischen Konzeption, nach seiner dramatischen Phantasie, aber er befreite dabei seine Ausdruckskraft, er machte ihn nicht zum »Instrument«, sondern zu Erscheinung und Stimme in einer dichterischen Vision. Sein Ziel war (wie er selbst einmal erklärte) »Verzauberung« des Menschen auf der Bühne, des Menschen im Zuschauerraum – also nicht »Zauber«, sondern angewandte Magie. Natürlich dehnte sich das auch auf die Stücke aus, er liebte am meisten solche, die er selbst noch »zu Ende dichten« konnte oder mußte. Von Brecht hat er, wenn ich mich recht erinnere, nur zwei Stücke gemacht (›Eduard den Zweiten‹, ›Mann ist Mann‹), und das führte zu Kontroversen – von mir hat er nie ein Stück inszeniert, obwohl wir einander nahestanden und vor jeder meiner Uraufführungen die Möglichkeit erwogen: ihn reizte an sich alles, was überhaupt auf dem Theater darstellbar war. Aber meine Stücke lagen ihm im Grunde gar nicht. »Bei dir ist alles zu klar«, sagte er mir einmal, halb im Scherz, halb im Ernst – »du mußt Nebel schreiben, verstehst du? Nebel – daraus kann man was machen!« Diesen produktiven Nebel, in dem dennoch große Form, Gestalt, Realität steckte, fand er am stärksten in der niederdeutschen Mystik Ernst Barlachs. Aufführungen wie ›Der arme Vetter‹ oder ›Der blaue Boll‹ habe ich – nicht nur im deutschen, sondern im Welt-Theater – nicht mehr wiedergesehen. In seinen Shakespeare-Inszenierungen hat er so ziemlich alles, was später an Stil-Experimenten versucht wurde, vorweggenommen, das Spiel auf der leeren Tribüne, auf der ansteigenden Riesenfläche, wofür das große Haus am Gendarmenmarkt alle Möglichkeiten der Proportion hergab – nur blieb das bei ihm nie im Experimentellen stecken, jede seiner Konzeptionen wurde zur Verwirklichung eines organischen Ganzen. Wo er große dramatische Dichtung realisieren konnte, war er gewiß am stärksten – doch kam es ihm auf die Qualität neuer Stücke nicht unbedingt an, wenn sie – wie etwa die im Entwurf groß gemeinten Historien Hans Rehbergs – seiner szenischen Phantasie Stoff und Nahrung gaben. Als ich ihn bald nach dem Zweiten Weltkrieg in Berlin wiedersah, nahm er mich sofort in seine Wohnung mit und zeigte mir – mit einem jugendlichen Enthusiasmus sondergleichen – die Photos und Szenenbilder seiner Inszenierungen, die ich durch die Emigration versäumt hatte: da sah ich gewaltige Gruppen, ungeheure Gestalten – Kopf und Fäuste von Heinrich Georges Luther, wie von Veit Stoß oder Riemenschneider. »Stück war Scheiße«, sagte Fehling – »aber *so* haben wir das gespielt –!« Ein paar Gebärden, ein paar Worte, und eine ganze Inszenierung wuchs auf. Die letzte große Aufführung, die ich von ihm sah, war Hebbels ›Maria Magdalena‹ in München (mit Joana Maria, der Gorvin). Da wurde, über Hebbels Zeit und Stunde hinaus, ein menschliches Pandämonium angeheizt, da waren die Regungen und Handlungen der Personen ins Absurde gesteigert, wie kein »Absurder« es uns gezeigt hat, und beim letzten Satz des Stückes – »Ich verstehe die Welt nicht mehr« – war es nicht die patriarchalisch-bürgerliche Welt des ständischen Handwerks, die da zerbrach – sondern unsere mit ihrem grausig verzerrten Menschenangesicht.

So beschließe ich diese Betrachtung mit der Huldigung an einen Regisseur, mit dem ich nie selbst gearbeitet habe – mit dem mich nichts anderes verband als Bewunderung und Freundschaft. Mit der Huldigung an einen Großen der »Vergangenheit« wird die Leistung und Bedeutung keines anderen geschmälert, auch nicht die der Heutigen angezweifelt. Doch geziemt es dem Zeugen und Zeitgenossen, sich vor der erlebten Größe zu verneigen.

Der große Cas

1967

Über dieses Buch, das vom großen Cas handelt – ›Caspar Neher – Bildende Kunst und Bühne im 20. Jahrhundert‹, herausgegeben von Siegfried Melchinger und Gottfried von Einem –, kann man eigentlich nichts sagen oder schreiben, als daß es in jede Bibliothek gehört, in jedes Kunstinstitut, in jede Schule und Hochschule, aber auch in die Hand jedes einzelnen, der sich ein Bild über die Entwicklung von Kunst und Theater, und zwar über deren entscheidende Phase im zwanzigsten Jahrhundert machen will. Das Werk umfaßt die Lebensarbeit eines der bedeutendsten Künstler und »Bühnenbauer« unserer Zeit, seine gesamte Entwicklung, von der trüb-verschwimmenden Spelunkenatmosphäre, der genialischen Wandkritzelei des »Verworfenen« bis zur Bemeisterung jeden theatralischen Raumproblems, seinen hartnäckigen Stilwillen, seine artistische Wandlungsfähigkeit, seine nüchterne Poesie, seine unverwechselbare, scharfkantige Persönlichkeit.

Es wird, von allen anderen Beiträgen abgesehen, von einem einfach unübertrefflichen Aufsatz Siegfried Melchingers eingeleitet, der die Gestalt Caspar Nehers und die Theaterepoche, die er, vor allem in der Zusammenarbeit mit Brecht, geprägt hat, vollkommen vergegenwärtigt. Hier war der in der gesamten Kulturgeschichte fast einmalige Glücksfall eingetreten (ja, ich wüßte auf Anhieb kaum einen zweiten, gleichgearteten), daß zwei Riesentalente von genialem Format und mit dem Willen zur Meisterschaft am gleichen Ort, in der gleichen Umwelt und Umgebung, miteinander aufgewachsen sind und über alle Wechselfälle hinweg, über alle Trennungen, kleinere oder größere Entfernungen und Entfremdungen, einander immer wieder gefunden, ergänzt und befruchtet haben.

So ist dieser Neher-Band natürlich auch zugleich ein Brecht-Buch, doch wird darüber hinaus die Eigenständigkeit und Vielseitigkeit des Malers und Bühnenbauers, auch des Operndichters Caspar Neher zur vollen Anschaulichkeit gebracht, ebenso wie sein Zusammenwirken mit vielen anderen, richtungsweisenden Persönlichkeiten der modernen Theatergeschichte.

Für unsereinen, der den Cas seit seinen jungen Jahren, den frühen zwanzigern, gekannt hat und mit ihm befreundet war, hat das Buch noch eine ganz andere, manchmal fast erschrekkende Wirkung: Mir war bei der Lektüre immer wieder, als sähe ich ihn mit seinem langen, sehr gleichmäßigen Schritt über den alten Hof des Deutschen Theaters daherkommen... Obwohl bei Brecht manchmal vom »dicken Cas« die Rede ist, war er nicht wirklich dick, niemals fett, er schien eher robust, derbknochig, mit seinem fahlblonden Kopf, in dem sich Bauernschädel, Faunsmaske und Gelehrtengesicht sonderbar vermischten. Es konnte, in seinen jungen Jahren, etwas Wildes, Barbarisches von ihm ausgehen, das sich dann später wohl verlor.

Ich erinnere mich eines kleinen Zwischenfalls beim Polterabend von Gustav Kiepenheuer in Potsdam, als er die schöne Noa, die wirklich aussah wie ein Tahiti-Gauguin-Mädchen, heiratete. Es wimmelte von Literaten, Künstlern, Theaterleuten aller Art in dem Potsdamer Haus, da war alles, was damals zu den Jungen gehörte, aber auch, von Karin Michaelis bis Joachim Ringelnatz, die gegensätzlichsten und absonderlichsten Figuren der Berliner Geisteswelt. Und es gab ungeheuer viel zu trinken, der Hausherr hatte ein wahrhaft generöses Symposium bereitet. Über irgend etwas oder jemanden muß der Cas eine Wut bekommen haben, zuerst versuchte er den Gegenstand seines Ärgers zu verprügeln, der sich aber im Gedränge verflüchtigte, dann muß er sich plötzlich mit seinem Riesenrausch allein in der Küche gefunden haben und ließ dort seine Wut an den überall herumstehenden abgegessenen Geschirren und benutzten Bestecken aus, indem er alles, dessen er habhaft werden konnte, in großem Bogen zum Fenster hinausschmiß. Die Küche lag ebenerdig, und es konnte fast alles wieder unzerbrochen von der weichen Gartenerde aufgelesen werden. Aber es war ein Glück, daß man ihn erwischte, bevor er an die Gläser geriet. Ein ganzer

Stoßtrupp wurde aufgeboten, um ihn zu bändigen, wobei sich Brecht beobachtend und belustigt im Hintergrund hielt. Aber dann war der Cas plötzlich wieder ganz friedlich und erinnerte sich nicht mehr, in der Küche gewesen zu sein oder eine Wut gehabt zu haben. Er hatte sie wohl auch gar nicht, sondern die Wut hatte ihn: vorübergehend. So war der Cas, bei Gelegenheit.

Einmal habe ich den Cas weinen sehen. Es klingt, für die, welche ihn gekannt haben, fast unglaublich, aber es gehört zu seinem menschlichen Bild. Das war ein paar Wochen oder Monate nach Brechts Tod. Wir trafen uns zufällig im Büro von Kurt Hirschfeld in Zürich, der damals noch Vizedirektor des Zürcher Schauspielhauses war. Natürlich kam unser Gespräch auf Brecht. Und plötzlich liefen dem Cas die Tränen herunter. Dann wischte er sich die Brille und ging weg – nicht ohne noch eine exakte Verabredung für den gerade fälligen Bühnenbau getroffen zu haben.

Sonst, in seinem bewußten Leben, waren seine Hände und sein Kopf von unablässiger Tätigkeit. Unvorstellbar, mit welcher Raschheit und Sicherheit sich der junge Mensch aus der »Provinz« die Technik des großstädtischen Bühnenbaus angeeignet hatte, wie er mit den versierten, konventionell eingeschulten Bühnenmeistern und -arbeitern an Reinhardts Deutschem Theater fertig wurde: Sie merkten, der kann sein Handwerk – auch wenn das, was er ihnen zu bauen oder wegzulassen zumutete, Abdeckungen der Bühnenmaschinerie zum Beispiel, in ihren Augen verrückt oder unmöglich war.

Beherrschtes Handwerk, künstlerisch erhöht und durchleuchtet; ein Auge, vor dem Wände wie Menschen durchsichtig wurden und die Bäume sich entblätterten, um ihre wahre, nackte Gestalt zu zeigen. Ein Blick, ein böser Blick vielleicht, aber ein Blick, der niemals unscharf wurde, niemals danebentraf – und eine begnadete Hand. So war der Cas.

Und so steht er auf in diesem Werk – der Maler, der Architekt, der Baumeister der Bühne, dessen Bedeutung weit über den Wirkungskreis des deutschen Theaters, auch des Brecht-Theaters, hinausreichte und in die Welt ausstrahlte.

Berthold Viertel
(28. Juni 1885–24. September 1953)
Versuch einer Porträtskizze

1960

In Berthold Viertels Zügen war, neben dem Gescheiten und Sinnlich-Besinnlichen, immer etwas Närrisches – wie bei vielen von künstlerischer und illuminärer Leidenschaft Besessenen. Auch Frank Wedekind zeigte weniger eine Fauns- als eine Clownsvisage. Es ist die Narrheit, Närrischkeit der »lustigen Person« aus dem früheren Dramenarsenal, welche gar nicht so lustig ist, sondern ihre Heiterkeit und ihre Grimasse aus dem Wissen um die verzweifelte Dualität des Menschenwesens, aus Lebensweisheit und Lebensklage, aus Liebe, Trauer und Zorn wie aus letzten Oktobertrauben keltert. Dies alles war um seinen Mund, auf seiner Stirn, in seinen Augen zu Hause. Vermächtnisse mischten sich da aus Orient und Okzident zu einer Gattung, einem Gesicht von west-östlicher Polarität. Die Stirn, unter kräftigem, in der Erregung leicht gesträubtem Haar, war die eines talmudischen Lehrmeisters, aber auch eines stets neuer Dinge begierigen Scholaren, Mund und Nase waren etwas schräg zueinander gestellt und zeugten von wacher Sinnlichkeit, in jedem Betracht, nicht nur in dem des Geschlechts; in den helldunklen Augen, deren Pupillen sich zum scharfen Sehschlitz verengen, aber auch zu kindlichem Staunen erweitern konnten, wohnten Lachbereitschaft – mehr als im Mund – und eine, selbst im Zorn nicht zu unterdrückende, milde Zärtlichkeit. »Der Freundliche«, so typisierte ihn Brecht in einer Parabel. Es ist die verbindliche, auch demonstrierende Freundlichkeit, Menschenfreundlichkeit, welche allen alles herschenkt und am Ende nichts für sich behält. Es ist auch die sanfte Gewalt des Nicht-Widerstrebens. Er kannte den Gott der Rache, aber er opferte ihm nicht. Mit der Schuld des Täters, jeden Täters, wollte er sich nicht beladen. Er nahm lieber die Bettlerschale als nach Beute zu jagen. Ur-Christliches war in seinem Gesicht: was nach der Bergpredigt kommt und in die Thebais geht, Passion und Lebensverklärung, Sensualität und Askese. Oft schien er ein Amateur, im schönsten Sinn dieses Wortes, doch sein Geist, seine Wortkraft und sein Formbewußtsein drängten zur Meisterschaft, wie er sie in manchen seiner Verse und seiner Prosastücke, wie er sie in seinen späten Jahren auf dem Theater erreicht hat. Er war ein Regisseur, der vor Leidenschaft, auch vor bezähmter Ungeduld, zittern konnte, mit dem Kinn, den Bakkenmuskeln, den Händen, der Stimme, der aber nie einen Mitwirkenden anschrie. Die Schauspieler fühlten sich von ihm im Sinne der biblischen Gattenliebe *erkannt*. So erschlossen sie sich, wie die Victoria Regia im Mondstrahl einer bestimmten Nacht. »Puppenfee« nannte er die große Schauspielerin Käthe Gold, und so führte er sie am hauchzarten Seidenfaden. Er kannte kein Diktat. Wenn er sprach, wollte er Antwort. Deshalb hörte man ihm zu, hörte auf ihn. Noch wenn er rabulistisch wurde, hatte sein Wort den Tonfall der Wahrheit. Er war ehrlich bis zur Kontradiktion. Er kannte keine Scham vor seinen Schwächen, und es war ihm die Kraft zur Kreisbildung verliehen: noch im Reich des »Personenkults«, in der Filmwelt von Hollywood, in welcher er nach außen hin sich an der Peripherie bewegte, war er ein innerer Mittelpunkt, Jünger sammelten sich um ihn, der selbst zur Jüngerschaft gewillt war. Wenn er die eine Faust zornig ballte, war die andre zum Streicheln geöffnet. Sein Zorn galt der Niedrigkeit und dem Unrecht, sein Erbarmen der Schwachheit. Im Gedächtnis bleibt ein Gesicht, auf dem es immer wetterleuchtet, das stets beunruhigt ist und das, der weltlichen Passion hingegeben, die Ruhe der Überwindung ausstrahlt – ein Gesicht von närrischer Prophetengewalt.

Festrede für Gerhart Hauptmann

Gerhart Hauptmanns siebzigster Geburtstag, am 15. November 1932, stand unter einem besonders dramatischen, wie wir heute wissen: tragischen Aspekt der deutschen Zeitgeschichte, der dem Vergessen zu entreißen ist. Hier sei kurz die politische Vorgeschichte angedeutet.

Am 30. Mai 1932 war die Regierung Brüning, die letzte demokratische Regierung der Weimarer Republik, zurückgetreten – durch parteipolitische Intrigen zu Fall gebracht. Es folgte ein Kabinett Franz von Papen, das versuchte, noch ohne Einbeziehung der Nationalsozialisten und ohne die Mittel des Terrors, ein konservatives, »autoritäres« Regime in ganz Deutschland zu etablieren.

Dieser Regierung, welche mit den belastenden Problemen, der Arbeitslosigkeit und dem latenten Bürgerkrieg zwischen rechts und links, ebensowenig fertig wurde wie Brüning, schien es am dringlichsten, die einzelnen Länder auf ihren Kurs zu bringen – das Wort »Gleichschaltung« war damals noch nicht im Schwunge –, und das wichtigste, bedeutendste Land war Preußen mit der Hauptstadt Berlin.

Die frei gewählte preußische Regierung war, entsprechend der Mehrheitsverhältnisse im Preußischen Landtag, sozialdemokratisch und stand natürlich im Gegensatz zu dem neuen, »autoritären« Kurs. Sie hatte auch keinerlei Grund, zurückzutreten. Da entschloß sich Herr von Papen, am 20. Juli 1932, zu einem »Staatsstreich«, den er durch die regierungstreue Reichswehr ausführen ließ. Tatsächlich wurde von einem »Leutnant und zehn Mann« die rechtmäßige preußische Regierung Braun-Severing gewaltsam abgesetzt – und das war keine »Köpenickiade«. Die Regierung erklärte zwar, ihre Absetzung nicht anzuerkennen, wurde jedoch von diesem kleinen Detachement aus ihren Amtsräumen entfernt, und ihre Proteste verhallten machtlos. Ich glaube, sie wichen der Gewalt, um das zu verhindern, was sie für

Deutschlands größtes Unglück hielten: den offenen Bürgerkrieg. Neuer preußischer Regierungschef wurde ein gewisser Dr. Bracht, vormals Bürgermeister von Essen – eine unbekannte Figur, die auch nach Hitlers »Machtergreifung« wieder in der Versenkung verschwand.

Doch als am 14. und 15. November die Stadt Berlin, mit allen ihren Theatern und öffentlichen Organen, sich anschickte, Deutschlands größten Dichter zu feiern, gab es faktisch zwei preußische Regierungen, eine amtierende und eine legale, aber abgesetzte, die sich um das Recht stritten, an diesen Festtagen das Land Preußen zu repräsentieren. Es war wie ein Vorspiel des kommenden Unheils. Unberührt von dieser Tragigroteske, waren die Menschen aller Schichten und Klassen in der Großstadt Berlin gewillt, ihren Dichterfürsten – den letzten, der dieses Wort wirklich verdiente – gebührend zu feiern.

Die offizielle Feier der Stadt Berlin fand am Vorabend des eigentlichen Geburtstages, am 14. November, in den Berliner Ausstellungshallen am Kaiserdamm statt, den größten Messehallen Europas, die ein enormes Fassungsvermögen für Volksversammlungen hatten, größer als der Berliner Sportpalast. Als Vertreter der jüngeren deutschen Autorengeneration war ich als Festredner gewählt worden, damals mit 35 Jahren gerade halb so alt wie der Jubilar, aber durch den Erfolg meines ›Hauptmann von Köpenick‹, der schon ein Jahr zurück lag, offenbar legitimiert. Die Riesenhalle war bis zum letzten Winkel gefüllt. Vor mir sprachen nur der Berliner Oberbürgermeister Sahm und der Präsident der Bühnengenossenschaft, Carl Wallauer.

Merkwürdigerweise hat sich in meinem Archiv ein Bericht über diese wahrhaft festliche Veranstaltung erhalten, aus der ›Vossischen Zeitung‹ vom 15. November 1932, Morgenausgabe, in dem es nach einer Schilderung des vieltausendköpfigen Auditoriums heißt:

»Carl Zuckmayers Rede, deren Hauptteil wir den Lesern darbieten, brach zuerst den Bann, der von der ungeheuren Halle ausging, die anfangs alle Improvisation des Beifalls und des Lachens zu lähmen schien. Die Herzenswärme seiner Sprache und das süddeutsche Temperament seines Vortrags, bei dem die Faust oft genug auf das Pult niederfuhr, riß die Menge zu Ovationen hin.«

Die Rede, deren politischer Unterton nicht zu überhören war (und auch von den Nazis nicht überhört wurde), folgt hier unverändert.

*

14. November 1932

Die Gestalt des Dichters, den wir heute ehren, ist so sehr unser Besitz geworden, so sehr ein Teil unsres Bewußtseins, unsres geistigen Erbgutes und unsrer lebendigen Gegenwart, daß wir nur seinen Namen zu nennen brauchen – *Gerhart Hauptmann* –, um eine unvergängliche Welt, eine unverlierbare Landschaft zu beschwören. Eine Welt, hart wie Wintererde, hart und rissig und in ihrer Tiefe durchronnen vom ewig glühenden Strom der Sehnsucht, des Drangs nach Lösung, nach Befreiung, nach Erleuchtung, Aufstrahlung aller irdischen Finsternis. Eine Landschaft, in der es sprießt, wächst, wuchert und welkt, in Busch, Baum, Ödnis und Ackerland, in der es talt und gipfelt, flüstert und braust, keimt und wettert unter Sonnen- und Sternenflut, unter Mondschatten und Wolkensturm: die Landschaft der menschlichen Seele, der ewigen Fruchtbarkeit, des großen, Raum und Zeit geheimnisvoll einenden Dichtertums.

Gehart Hauptmann! Seit seine junge Gestalt im Frühnebel auftauchte, als Fackelstoßer in ein kommendes Jahrhundert – seit damals sind mehr als vier Jahrzehnte dahingegangen, deren jedes ein Menschenalter an Geschehen und Wandel aufwiegt. Geschlechter sind versunken, neue aufgestanden. Die Erde kreiste durch Erschütterungen, die ihre Kruste bis zum Feuerkern umzupflügen, alles noch so Festgefügte zu vernichten, Neues, Ungeformtes vulkanisch emporzuschleudern schien. Aber dieser Name, und das Werk, das er bedeutet, steht vor uns in der Welt mit einer so allgemeinen, allverbindlichen, allväterlichen Gültigkeit wie jener Erzvater, von dem es in der Bibel heißt: ich will Dich Adam nennen, das ist »Mann aus Erde« – und dem der Schöpfer seinen lebendigen Atem einblies.

Ein Quell von Wärme – ein Meer von schöpferischer Gewalt – ein Strom von Milde, von Kraft, von Vertrauen!

Wie reich, wie unzerstörbar ist eine Nation, der dieses Werk, diese Gestalt zuteil wurde, in der unser bestes, unser einziges Erbgut lebt! Mag dieses Volk immer wieder in selbstzerfetzender Besessenheit seine reinsten Quellen trüben, sein helles Gesicht zur tragischen Grimasse verzerren: wenn der Satz zu Boden sinkt, bleibt das Geklärte oben.

Deutsch-Sein hieß immer und in all den großen Erscheinungen, die allein eine Volkheit verewigen: Künder der Menschenwürde sein.

Menschenwürde heißt: Inkarnation all dessen, was den Menschen frei, groß, ewig macht – was in ihm, dem Weltgeschöpf, den schöpferischen Funken schürt und hütet.

Menschenwürde heischt alles das, was der Mensch an unverbrüchlichen Rechten zu fordern hat: die allgemeine, die persönliche und die geistige Freiheit, aus der eine höhere Ordnung, Bindung erst erwachsen kann. Dieses größere Deutschland, das Deutschland des Geistes, des Rechtes, der Freiheit, brennt heute heißer und schmerzhafter in unseren Herzen denn je. Und mehr als zu allen Zeiten muß der Dichter heute sein Anwalt, sein Bewahrer und Verkünder sein.

Dies aber ist Gerhart Hauptmanns besondere deutsche Sendung: daß sich in seinem Wesen und in seinem Werk alles vereint, was uns im Zerrspiegel des Tages heute vielfach zerrissen und zerklüftet, unheilbar entfremdet und entzweit erscheinen mag. Heimatliebe und Weltgeist, Volktreue und Völkerfreundschaft, Klarheit, Schnellkraft des vorwärts stürmenden Geistes und religiöse Inbrunst, Besinnung, Gläubigkeit des Herzens. Einung heißt nicht Vermengung, Einung heißt Überwölbung, Verschmelzung, Durchläuterung der Gegensätze – heißt das Begreifen gemeinsamer Wurzeln, Ziele und Bestimmungen. Fast scheint dies im Wirrsal der heutigen Welt nur noch durch ein Wunder möglich. Aber ist es nicht ein Wunder, daß wir diese

Stunde erleben dürfen, in der ein Volk ohne jede Ausnehmung sich vereint in der glückhaften Begeisterung für das große, nicht mehr zu verrückende Bild seines lebendigen Dichters? Daß diese innere Einung, die heute keiner noch so leidenschaftlichen, noch so edlen, noch so notwendigen Bemühung gelingen mag, im Zeichen eines Dichters geschieht? Welch ein Beweis für die zeitüberspannende, die wahrhaft führende Macht und Gewalt der Dichtung, der großen Kunst überhaupt, und welcher Trost, welche Hoffnung, dies heute zu erkennen! Gibt es ein Wort, das uns alle mächtiger, schlichter und ernster zusammenreißt – gibt es einen Deutschen, der seine Stimme ausschließen könnte, wenn uns Hauptmanns Dichterstimme zuruft: *Der deutschen Zwietracht mitten ins Herz?!*

Der Dichter Gerhart Hauptmann, der sich erst kürzlich in seiner prachtvollen Frankfurter Goethe-Rede zu den großen brüderlichen Gedanken der Menschheit bekannte, scheint berufen, uns das Vorbild des organischen Wesens, der menschlichen Ganzheit, der erkämpften Harmonie leibhaft und lebensdicht vor Augen zu führen. Und, ich spreche jetzt zu den Schaffenden, zu den Jüngeren unter uns: was wir leben und was wir leisten, ist undenkbar ohne ihn. Unabhängig von den Wandlungen der Ausdrucksform, von den Fördernissen des Augenblicks, vom Eigenwuchs des Persönlichen, ist hier der Mutterboden, in dem unsre Wurzeln ruhn, die Vatersonne, die unser Wachstum bestrahlt. Es wuchs noch nichts auf der Welt, und es wird nichts Beständiges wachsen, ohne vom Samen des Vergehenden befruchtet, von seinen Säften und Salzen genährt zu sein. Und es schöpfte noch kein Künstler aus sich selbst, ohne auch aus dem Vorbild zu schöpfen – ja, je reicher und voller seine eigne Kraftquelle strömt, desto stärker ist in ihm das Bewußtsein des Unvergänglichen, der Erbmasse, der fruchtbaren Tradition. Ich spreche nicht vom Äußeren, vom Formalen, sondern vom Wesenhaften, vom Kern. Und im Kern, in seiner wesenhaften Erscheinung bleibt Gerhart Hauptmann für uns der gültige, der beispielhafte Dramatiker dieser Zeit. Nicht allein: seines meisterlichen Könnens wegen. Beispielhaft ist das Umfassende seines dramatischen Weltgefühls. Beispielhaft ist sein Wissen um das Leiden der Kreatur. Aber Hauptmanns Wissen und Sagen ist niemals wehleidig: er bejammert das Leiden nicht, sondern er erhöht es zur Passion, indem er seinen Sinn, seine Wurzel, seinen tragischen Quell erschließt. Beispielhaft endlich ist Gerhart Hauptmanns Weg. Wir wissen, daß dieser Weg nicht leicht und einfach war, daß man ihm manchen Stein in seinen Garten schmiß. Dies braucht uns aber nicht mit der billigen Genugtuung zu erfüllen, daß es immer so war, wie es heute sei, sondern viel wichtiger ist, daß es uns weist, wie ein Mann, ein Künstler, seinen Weg gehen muß, unbekümmert um Rechts oder Links, unbeirrt vom Hoch- oder Niederschreien, das Auge nur auf sein Werk gerichtet und nur verantwortlich dem Gesetze seiner Kunst, das er in sich selber trägt.

Seit Gerhart Hauptmann die Fülle seiner Gedichte, seiner Gestalten über die deutsche Bühne aussäte, eine Saat, deren Frucht noch lange nicht erschöpft und abgeerntet ist – seitdem ist noch nicht wieder die Gnadenstunde des großen Dramas für uns angebrochen, seitdem formt sich nur spärlich und vereinzelt das dramatische Bild einer Welt, die selbst allzusehr zum Schauplatz tragischer Erschütterungen geworden ist. Aber wir scheuen uns nicht, dem Zunftmeister, dem großen Verkünder und Vollbringer zuzurufen: es geht weiter! Es hebt schon der Wind an, der uns große Fahrt bringen wird nach der Stille! Deutsche Dichtung, deutsches Drama, deutsches Theater wird leben, solange unsere Sprache lebt!

Es kann hier nicht meine Sache sein, das Werk des Dichters hochzuheben in seiner Vielfalt und Bedeutung. Das taten und tun Berufenere in diesen Tagen. Mein Wunsch, mein innerster Wunsch und der dieser Versammlung ist es nur, ihn zu feiern im vollen Sinn des Wortes, ihm Dank, Liebe, Verehrung darzubringen. Sage mir keiner, ein Geburtstag sei ein Tag wie jeder andere, und es stehe wohl an, das Werk, die Leistung, nicht aber die Person und den Tag zu feiern. Der Tag und die Stunde, zu der eine Mutter ihr Kind auf die Welt bringt, ist von den Sternen des Lebens beschienen, die unsere Bahn begleiten, unser Tun bestrahlen und beschatten, bis zum Ende. Ob wir nun die sieben Jahrzehnte froh begehen oder der zehn mystischen Jahrsiebte gedenken, die dieser Tag ausründet: Altwerden ist auch ein Verdienst! Reifen ist ein Verdienst! Und Schönheit und Gnade sind das höchste Verdienst auf Erden! Welche Freude, welch ein Geschenk ist es für uns, den siebzigjährigen Hauptmann so jung, so ungebrochen unter uns zu wissen, unter uns erscheinen zu sehen wie einen lebendigen Mythos, den Mythos vom Dichter, vom großen lauteren glühenden Menschentum! Ja, ich will jetzt zur Freude aufrufen, zum Fest, zur Feier! Dies ist die Stunde, wo die Sonne senkrecht überm Pol steht und in die kein Schatten fällt! Nach allem, was der Dichter uns in seinem Werke gab, schenkt er uns nun diesen Tag seines Lebens als ein Symbol jener unsterblichen, lustvollen, weltzeugenden Schöpferfreude, die aus jeder Nacht und jeder Finsternis mit jedem jungen Tag wieder aufsteht! Laßt mich zum Ende noch von mir selbst sagen, wie tief und mächtig ich jetzt von Freude bewegt, von Glück erfüllt bin, daß ich, selbst gerade erst die Hälfte seiner Jahre zählend, an dieser Stelle stehen darf, um Dir, verehrter, lieber, großer Dichter Gerhart Hauptmann, Aug in Auge Dank zu sagen im Namen einer Jugend, eines Volkes, einer Welt schaffender Menschen – und um Deinen Festtag einzuläuten mit den Glocken unserer Herzen!

Für Alexander Lernet-Holenia
(21. Oktober 1897–3. Juli 1976)

Zu seinem fünfundsiebzigsten Geburtstag, am 21. Oktober 1972

Alexander, Dein Wort und Dein Vers hat hymnisch vollendet,
Was des Messias' Meister in deutscher Sprache begonnen.
Hat sich der Stern Deines Lebens zum dämmernden Wesen gewendet,
Bleibt Deine Sprache ein Spiegel sich *ewig erhebender* Sonnen.

★

1972

Alexander Lernet-Holenia ist der Caballero, der Lordsiegelbewahrer, der Grandseigneur unter den Dichtern seiner Generation. Er ist, auch wenn er nicht von Minne singt, den großen Troubadours zuzurechnen, welche die hohe Schule ihrer Kunstübung mit ritterlicher Haltung verbanden – der letzte vielleicht für dieses Jahrhundert und einige andere. Lernet-Holenia ist ein ritterlicher Poet. Ritterlich nicht so sehr durch die Wahl seiner Gegenstände, welche häufig, nicht ohne Schwermut, aber auch nicht ohne Ironie, die Lebensart und die Formen einer vergangenen Standeswelt widerspiegeln – sondern durch seine Ehrfurcht vor dem Adel des Wortes und seine zugleich herrschaftliche und dienstbare Behandlung der Sprache. Selbst wo diese, wie in manchen Passagen seines erzählerischen Werkes, fast salopp oder spielerisch gehandhabt wird, ist sie immer von einem traditionsgebundenen, doch neu und echt erlebten, im heutigen Schrifttum nur ihm allein eigentümlichen Ritual geprägt.

> »– damit sich Gott wie weiches Wachs
> abforme, hält der Dichter seine Siegel
> ihm unter wie ein Großalmosenier.«

So kennzeichnet er selbst den ihm zuteil gewordenen Auftrag. Sein Stil ist sein Charakter, und sein Charakter ist, im besten Sinne der Wertbewahrung, konservativ, doch ebenso eigenwillig wie bravourös. Er scheut sich nicht, bei seinen Zeitgenossen rechts und links Anstoß zu erregen, und er ist unbeeinflußt von den Tagesparolen der Mode. Er setzt künstlerische Disziplinen fort, die er so korrekt meistert, wie er sich zu kleiden pflegt, ohne jemals epigonal, unpersönlich oder altbacken zu werden. Heraldik und Mythologie sind in seiner Lyrik und seiner Prosa keine äußerlich ornamentalen Züge, sondern, wie seine gelegentlichen Ausflüge in barocke Bildfülle und formprächtige Artistik, dem Gesetz und Wesen seiner Poesie zutiefst eingeboren und angehörig. Hätte er wählen können, so hätte er sich vermutlich das dreizehnte Jahrhundert für sein Leben und Dichten ausgesucht und im damaligen Französisch oder Italienisch geschrieben. Da es ihm aber bestimmt war, im zwanzigsten und im Bereich der deutschen Hochsprache, mit dem besonderen Tonfall des alten Österreich, heranzuwachsen, bewegt sich seine Dichtung in einer Welt der Träume, die aber nicht wie unsere Schlafträume im Ungewissen verschwimmen. Es sind Tag- und Denkträume, auserlesene Träume jedenfalls, denen er eine völlig unverwechselbare, bis ins konkrete Detail überzeugende und eigentümliche Wirklichkeit verleiht. Diese Wirklichkeit wiederum bedeutet ihm, so will es scheinen, nur den Anlaß zu seinen, teils aus vorhandenen Weistümern schöpfenden, teils von seiner eigenen Erfahrung ausgesponnenen Meditationen. So seltsam dies bei der Eleganz seiner Diktion, dem Kavaliersmilieu, in dem die meisten seiner Geschichten spielen, anmuten mag, sind diese Meditationen durchweg metaphysischer, ja eschatologischer Natur. Sie ziehen sich, wie kostbare Perlschnüre, lose gereiht und in unauffälliger Fassung, durch sein ganzes Werk. Sie befassen sich mit den letzten Dingen – dem Geheimnis der Zeit, der unendlichen Endlichkeit, und mit dem Unfaßbaren, dem Phänomen des Todes.

Fast in allen seinen Romanen und Novellen, auch denen, die scheinbar mit leichter Hand hingeworfen sind, ist der Tod (als das einzige gemeinsame Schicksal aller Lebenden) immer gegenwärtig, oft sogar der eigentliche Inhalt seiner Untersuchung. Immer wieder handelt es sich um die visionäre Erforschung des

Todes oder des Sterbevorgangs. Selbst in das genialisch-galante Scherzo seiner frühen Prosa, die ›Abenteuer eines jungen Herrn in Polen‹, gellt schon am Anfang die Todesfanfare, wenn sich das bei der Attacke zusammenschwindende Kavallerieregiment wie in verwehende Flocken aufzulösen beginnt. Und mitten in die amüsante und amouröse Anekdote (denn seine besten Romane ließen sich oft auf den Aktionsradius einer Anekdote komprimieren) fällt die Hinrichtungsszene eines wirklichen oder vermeintlichen Spions wie der spitze Schatten eines Galgens oder aber einer steil gegiebelten Kapelle, die der Aufbewahrung der Verstorbenen dient.

Doch ist seine Todesvision selten finster oder bedrückend. Manchmal, wie beim Hinsterben des Silverstolpe in dem wunderbar verflochtenen Roman ›Beide Sizilien‹ – der an keiner erkennbaren Krankheit stirbt, sondern einfach »des Todes« ist –, gleicht sie einer, unserer Tonsetzung nicht mehr gewohnten, äolischen Weise oder der Auflösung einer fast schon überirdischen Mozart-Symphonie. Allerdings wird sie vorher von einem brennenden Gesicht des Weltuntergangs kontrapunktiert, das eine Frau, die niemals gelebt hat, in einem Traum, der niemals geträumt wurde, berichtet. Der unvermeidliche, weil seit den Anfängen des Menschengeschlechtes offenbarte doomsday, das Ende unseres Gestirns und all seiner Bewohner, stellt sich bei Lernet-Holenia stets als ein gewaltiges, alles verzehrendes Feuer dar – in diesem Fall aus kosmischen Ursachen, einer »Nova« im Sonnenkörper, erklärt. Die Möglichkeit, daß die Menschen selber durch Mißbrauch ihrer Macht dieses furchtbare Endfeuer verursachen könnten, wird hier noch nicht in Betracht gezogen.

Wie die meisten Angehörigen dieser Jahrgänge, wurde Lernet-Holenia dem Tode und dem Sterben in sehr früher Jugend konfrontiert. Noch nicht siebzehnjährig, meldete er sich beim Ausbruch des Ersten Weltkriegs zu einem österreichischen Kavallerieregiment, bei dem er den vierjährigen Feldzug als Offizier mitmachte. Doch löst das Kriegserlebnis bei ihm nicht, wie bei den anderen Autoren seiner Generation, entweder aktivistische Kriegsgegnerschaft, Ächtung des Krieges und seiner sozialen und politischen Ursachen aus, oder aber Glorifizierung des Krieges und damit aktivistischen Nationalismus. Keines von beiden. Alexander betrachtete den Krieg, und die Geschehnisse seiner Zeit überhaupt, wie ein mythisches Schauspiel, an dem er zwar als Lebender teilnehmen muß, von dem er sich aber gleichzeitig als Schreibender distanziert. Dies läßt sich zum Teil damit erklären, daß er Österreicher ist – daß für ihn also mit dem Ausbruch, dem Verlauf und dem Ende dieses, des Ersten Weltkriegs etwas auseinanderfiel, was ihm als das einzige noch Zusammenhängende erschienen war und worin all seine Lebens- und Wertbegriffe wurzelten. Andererseits damit, daß er, wenigstens zu Beginn des Feldzugs, als Kavallerist noch eine gewisse Schönheit des kriegerischen Vorgangs erlebt hat – soweit es bei einem Schreckensvorgang wie dem des Krieges überhaupt etwas wie Schönheit geben kann –, und es gibt, die großen Maler haben es uns gezeigt, ästhetische Kategorien selbst beim Höllensturz, beim Martyrium, bei der Schlacht. Der Aufzug, die Anordnung und die Entwicklung eines attackierenden Kavallerieregiments hinterläßt bei dem, der es überlebt, vermutlich die Erinnerung an eine furchtbar mitreißende Dynamik, an ein schauerlich blendendes Spiel mit dem Tod. So scheint es manchmal, als spiele die Reiterei, auch wo sie aufgerieben und niedergemäht wird, für Lernet eine ähnliche Rolle wie für Ernest Hemingway der Stierkampf: etwas, worüber er immer wieder schreiben muß und was sich in gewissen Sequenzen seines Werkes fast litaneienhaft wiederholt. Hier vollzieht sich das Sterben, in seiner Sicht, wie in dem Lied, dem alten Reiterlied, das er in der Szene, »als Einleitung zu einer Totenfeier für Rainer Maria Rilke« geschrieben, zitiert: sie fallen wie Kräuter im Maien. Dazu gesellen sich mythische Urvorstellungen vom Übergang aus der seienden Welt in die nicht mehr seiende, wie sie im Gilgamesch-Epos, in der Edda, bei Homer, Virgil und Dante angerührt werden oder wohl überhaupt den seherischen Dichtungen eigen sind. Öfters wird, in Lernets Lyrik sowohl wie in seiner Prosa, die neuntägige Wanderung erwähnt (vermutlich einem keltischen Mythus entsprechend), die der Mann, wenn er sterben muß, antritt, indem er einen nach Norden zu verlaufenden, endlosen Hohlweg entlang reitet, bis er an dessen unkenntlichem Ziel im Nichts verschwindet. Sie vollzieht sich, nach unseren physikalischen Begriffen, in der Sekunde oder dem Bruchteil der Sekunde, in welcher der körperliche Tod eintritt. Völlig überzeugend ist dies in einer seiner meisterhaften, in ihrem epischen Fluß unwiderstehlichen Erzählungen gestaltet, der Geschichte des ›Baron Bagge‹, der bei einem Angriff, von zwei Kugeln getroffen, vom Pferde stürzt und fast gleichzeitig, oder jedenfalls nur einige Augenblicke später, durch ein paar überlebende Reiter gerettet wird. In dem Moment jedoch, in dem er »gefallen« war, erlebt er einen Traum, den der Leser mitzuträumen nicht aufhören kann, da er, wie der Betroffene selber, ganz in seinen Bann geschlagen wird; doch ist es eigentlich kein Traum, sondern eine exaktere, stärker belichtete Wirklichkeit, die nur durch das seltsame Verhalten einiger ganz realer, irdischer Personen oder ihre plötzliche Anhäufung oder durch eine gewisse Unverständlichkeit ihrer Äußerungen oder der Bedeutung ihrer Blicke geheimnisvoll und überwirklich erscheint. Das Phantastische besteht darin, daß alles so weiter geschieht, wie es hätte geschehen können, daß keine imaginäre, der irdischen entfremdete, sondern eine der gewohnten und bekannten entsprechende Landschaft das Geschehen umschließt, die nur in wenigen Zügen stygischen Wesens ist: der Fluß rauscht nicht, sondern er klirrt, als bestehe er aus Glasscherben (wobei allerdings, es ist Winter, auch an treibende Eisschollen gedacht werden kann) – der Schnee flockt nicht weiß, auch nicht wässerig trübe herunter, sondern scheint von einer grauen, unbekannten Aschensubstanz (wobei allerdings auch an eine Verfärbung durch den Staub in der Nähe befindlicher, erloschener Krater gedacht werden kann) – kurzum, die Vorstellungswelt bleibt irdisch real, und das Geschehen entwickelt sich in einer Logik, die Träumen nicht eignet, wenigstens nicht durch eine so lange Traumspanne hindurch – denn Träume, wie wir sie im Schlaf erleben, sind keine Wanderung ins Endgültige, ins Nevermore, sondern eine vielschichtige

Reflexion der inneren und äußeren Lebensvibrationen und daher in immer wechselnder, sich verschiebender Bewegung. Der Todes- oder Sterbetraum aber hat, in der Erkenntnis des Dichters, seine eigene Zielstrebigkeit, nämlich die einer letzten, geheimen Wunscherfüllung, einem sich mehrfach wiederholenden und abwandelnden Finale gleichend. Ich glaube, daß mit diesem ›Baron Bagge‹ dem Dichter ein absolutes Kunstwerk gelungen ist, wie es die Literatur nur selten aufzuweisen hat.

Als Alexander Lernet-Holenia im Jahre 1926 den Kleistpreis erhielt, war er bereits mit einem Gedichtband, ›Kanzonnair‹ hervorgetreten, der sich von der damals modernen Lyrik völlig abhob und Anklänge an Rilke erkennen ließ (was wäre ein Dichter, der keine Ahnen hat!). Solche Verse wirkten in dieser Zeit eher dekorativ oder »formalistisch« und riefen die Parodisten auf den Plan. Aber da rauschte bereits in einer geformten Bilderfülle, wie sie auch bei seinen Vorgängern kaum zu finden ist, der ›Dreikönigszug‹ vorüber, der mit der Zeile endet: »– und es kreiset der Wein in der heiligen Nacht« – da geschah der ›Betlehemitische Kindermord‹ wie ein grausiges, aber unaufschiebsames Geschäft, dem der berittene Feldhauptmann, zwar etwas angewidert doch eher gleichgültig, beiwohnt, »leicht vornübergeneigt, weil ihn das Schreien störte, und er sah an allem vorbei, bis er jemanden melden hörte, daß man jetzt fertig sei«. Eine Haltung, die wir nicht nur von Kreuzigungsgruppen aus dem 17. Jahrhundert, sondern auch aus unserer eigenen, damals noch unvorstellbaren Zeitgeschichte kennen. Als ein völlig Anderer, gleichsam Vollendeter, trat er zur selben Zeit mit seinen frühen Stücken auf die Bühne. In diesen, dem Einakter ›Ollapotrida‹, der ›Österreichischen Komödie‹ zum Beispiel, war nichts von Anfängertum zu spüren, auch nichts vom damals üblichen Umsturz oder von Sturm und Drang. Da erschien ein neuer Dramatiker, der das Métier in allen Fingerspitzen hatte, der Szenenführung und Dialog mit einer sicheren Leichtigkeit beherrschte, als habe er jahrelang, wie Molière, seine eigenen Rollen geschrieben und seine Komödien mit seiner eigenen Truppe einstudiert. Von diesem Talent durfte man sich eine Erneuerung der Commedia dell'arte versprechen, eine Übertragung der spanischen und venezianischen Typenspiele auf die uns bekannten Züge und charakteristischen Masken der Gegenwart. Man wäre nicht überrascht gewesen, hätten Reinhardts Kammerspiele von jetzt ab jede Saison mit einem neuen Lernet-Holenia eröffnet. Doch es traf nicht ein. Er schrieb noch einige, gleichfalls in sich vollendete Szenen wie den düster leuchtenden, balladesken ›Saul‹, dann wandte er dem Theater den Rücken – vermutlich, weil es ihn langweilte oder weil er es für eine untergeordnete Kunstübung hielt, in der er sich nur noch gelegentlich einmal, und ziemlich beiläufig, versuchte. Ich erinnere mich an seinen erstaunten Blick, als ich ihm irgendwann sagte, an einem Stück müsse ich ein halbes, manchmal ein ganzes Jahr arbeiten. »Für ein Theaterstück«, sagte er mit hochgezogenen Brauen, »braucht man ein verregnetes Wochenende.« Aber offenbar hat es in dieser Zeit selbst im Salzkammergut samstags oder sonntags zu wenig geregnet, und er fuhr lieber auf seinem schmalen Ausleger mit Rollsitz, den ich »den Einbaum« nannte, auf dem Wolfgangsee umher. Vielleicht verspürte er auch schon, hinter der glanzvollen Fülle des damals theatralisch Dargebotenen, die kommende Agonie des Theaters...

Denn Lernet-Holenia hatte immer das Gespür für den geheimen Wind- und Wellengang seiner Zeit, auch wenn er sich in seinen Schriften niemals, wie man das heute nennt, »engagierte«. Durch die lange Reihe seiner umfangreicheren und kürzeren Erzählungen (unter denen es Kostbarkeiten gibt wie die kaum zwanzig Seiten lange, das Leben eines Pferdes und eines Menschen umfassende Novellette ›Maresi‹), auch durch seine lyrische Dichtung und nicht zuletzt durch die im Faksimile seiner eigenen, dem Wesen seiner Dichtung und seiner persönlichen Erscheinung vollständig kongruenten Handschrift veröffentlichten Hymnen ›Das Feuer‹ – durch sein ganzes Werk geht ein Zug von gelassener, doch keineswegs müder, eher trotziger Resignation.

Welcher Schreibende hat nicht schon die Empfindung gekannt, daß das, was er sagen möchte, eigentlich unsagbar, das

Begonnene unvollendbar sei, ja, daß das Beginnen bereits eine Vermessenheit bedeute? Diese Seelenlage ist kaum in einem anderen, mir bekannten Werk so ergreifend zum Ausdruck gebracht wie in Lernet-Holenias seltsamem Roman ›Der Graf von Saint-Germain‹, den er in einem Zwischenreich, zwischen den Lebenden und den Revenants, ansiedelt und mit dem Einmarsch der Hitlertruppen in Österreich enden läßt. Selbst das fabelhafte Pilatus-Spiel, das von den Zöglingen eines Internats nächtlicherweise improvisiert wird, legt Zeugnis ab von der Unvollendbarkeit des groß Geträumten – und am Ende des dritten Teils dieser Erzählung, das ihren Wendepunkt bedeutet, zitiert er ein Gedicht, in dem es heißt:

»Denn dies ist's ein Dichter zu sein:
viel aufzugeben, ja
das Werk auch zuletzt
und das Ungeheure der un-
geschriebenen Strophen,
Unzuvollendendes aber
auf immer bewahren zu müssen –«

Dies sei, schreibt Lernet, die Übersetzung eines Gedichtes von Théophile Gautier, ohne die Reime. Aber ich glaube, man wird bei Gautier das Gedicht vergebens suchen. Es weist die Thematik und den Tonfall auf, der sich in der späteren Poesie Lernet-Holenias immer wieder äußert, so in der tragischen Hymne ›An Gottfried Benn‹, in der er die Vergeblichkeit jeder Frage, das Stummbleiben aller vom Dichter beschworenen Gestalten und Gesichte elegisch besingt: »sie bleiben stumm, / wie alles stumm geblieben, was Du je / befragt...«

Doch resignierte der Dichter nicht in seiner Haltung, als es galt, sie in den finsteren Zeiten zu bewahren. Das »Tausendjährige Reich« blieb für ihn eine Welt des Abscheus und der Schande, mit der es nicht den Schatten eines Kompromisses geben konnte, nur schweigende Verachtung. Nicht einen Augenblick zweifelte er am Untergang dieses Reiches, dessen Vorzeichen er einmal, in seinem Roman ›Mars im Widder‹, durch ein

Bild, oder besser: ein Naturereignis, von unheimlicher Symbolkraft heraufbeschwört: den leise dahinscharrenden Zug wandernder Krebse, ein sonst kaum je beobachtetes Phänomen, dem ein Offizier, nachts vor dem Einsatz in Polen, in einer Art von selbsthypnotischer Benommenheit beiwohnt.

Als aber die tausend Jahre herum waren und sich die Geheimschubladen der meisten verbotenen oder stumm gebliebenen Autoren als leer erwiesen, kam aus der seinen eine Elegie oder auch ein Anruf ins Neblichte, Dunkle, Ungewisse hinaus, ernst und trauervoll, doch von männlicher Klarheit durchhellt: das Gedicht ›Germanien‹.

Warum fällt mir, wenn ich nach einer Zusammenfassung dieses Porträts einer ungewöhnlichen Dichter-Persönlichkeit suche, der Name Marcus Aurelius ein? Ich wüßte nicht, daß er ihn je zitiert oder sich auf ihn beruft. Ist es nur wegen des herrlichen Reiterstandbildes auf dem römischen Kapitol?

Oder ist es wegen der Strophe, mit der Alexander Lernet-Holenia sein Buch handgeschriebener Hymnen, mit einer Ode ›An Christus‹, vollendet:

»Denn keine Unsterblichen gibt es,
als unseresgleichen. Großes haben zwar
die Heroen getan,
Größeres die Götter,
das Größeste aber
die Menschen.«

Amicus amicorum: Franz Theodor Csokor (1885–1969)

Tischrede zu seinem achtzigsten Geburtstag, Wien, 1965

Mein lieber, verehrter, einzigartiger Freund und Jubilator Franz Theodor! Liebe Festgenossen!

Dem PEN-Club und den Göttern sei es gedankt, daß ich heute hier in diesem Saal, an dieser Stelle stehen darf, um Dir zur glücklichen Vollendung Deines achtzigsten Lebensjahrs eine Tischrede zu halten. Denn es hätte uns beiden, in diesem Jahr 1965, dem etwas merkwürdig Irreales, eine schwer definierbare Ungewißheit anhaftet, auch leicht passieren können, daß wir uns gegenseitig Nekrologe halten müßten, und es wäre uns beiden weniger wohl dabei. Bei einer Tischrede aber darf es beiden, dem Angeredeten wie dem Redner, gewiß recht wohl sein – denn sie ist keine akademische Ansprache, sie mag festlich sein, ohne feierlich zu werden, sie steht nicht unter dem Gesetz der literarischen Verpflichtung, sondern lediglich unter dem der Gemeinsamkeit und des Herzens, das aber auch seinen eigenen Verstand, vor allem aber: seine tiefe, unverbrüchliche Überzeugung besitzt.

Seit den Symposien des Plato und Sokrates, seit den Minne- und Kampfliedern der Troubadours, seit den weltlichen Gelagen des großen Geistlichen Martin Luther, haben sich Freunde und Gleichgesinnte immer wieder beim Liebesmahl, beim randvollen Becher, übers Tischtuch oder die Speisetafel hinweg, verständigt und angesprochen, sie haben gelobt und gelästert, gesagt und gesungen, vom Rausch der Stunde erfüllt, wobei sich Apoll und Dionysos, wenn sie der Stunde günstig waren, die Leier aus der Hand nahmen. So darf ich Dich hier, Du Hochverdienter und Vielgewürdigter, Polytropos, Vielgewanderter und Vielgewandter, ohne die würdevollen Töne der Würdigung, deren es zwischen uns nicht bedarf, unverhohlen und in voller Freiheit des Herzens mit einem erweiterten Trinkspruch bedenken: Salve amicus, amicus amicorum, Freund der Freunde, sei gegrüßt! Wenn immer ich an Dich denke, und ich tue es oft, wenn mir der Name Franz Theodor in den Sinn kommt, so erfüllt er mich mit Heiterkeit, Vertrauen und Wärme: denn er bedeutet mir gleichsam das lebendige Symbol der Freundschaft, der großen camaraderie, der selbstlosen Menschenliebe, der Brüderlichkeit. Diese echte und wahre, bei allem Wissen um das Pandämonium des Erdenlebens stets versöhnliche und versöhnende Herzensgüte, diese immer ausgestreckte Hand der fraternité und der gegenseitigen Hilfe, des unbefangenen, von keiner Konvention belasteten Gebens und Nehmens kennzeichnet Dein Werk und Dein Leben, untrennbar ineinander verwoben, und von uns, Deinen Zeit- und Weggenossen, nur als Einheit zu begreifen. Unter all den Persönlichkeiten, den großen und minderen, die mir im Lauf meines Lebens, und besonders in unserem recht labilen, ich möchte sagen: nicht ganz ladenreinen Berufskreis, begegnet sind, kannte ich keinen, für den das Wort Schadenfreude, in wenig anderen Sprachen, aber leider in der unseren zum Begriff geworden, so völlig außerhalb allen Fassungsvermögens, jenseits aller Empfindungsmöglichkeiten steht. Dir nämlich ist die wunderbare Gabe der Mitfreude, der unbedingten Neidlosigkeit, der grenzenlosen Teilnahme am Glück wie am Leid Deiner Mitmenschen verliehen, und Du hast sie uns vorgelebt, ganz gleich, ob das Glück Dir selber hold oder unhold war, ob es Dir gute oder schlechte Tage bescherte. Und man kann nicht behaupten, daß Dein Leben eine Kette von Glücksfällen gewesen wäre, daß Du nicht vieles, das anderen blindlings in den Schoß geschmissen wurde, in Deinen besten Jahren hättest entbehren, daß Du nicht manchen Tropfen Galle oder, wie Zola es nennt, schon beim ersten Frühstück, beim Aufschlagen der Morgenzeitung, Deine Kröte hast schlucken müssen. Aber sie konnte Dich nicht vergiften, da Du eben die Mißgunst nicht kanntest, sondern nur die Mitgunst, die ich als menschliche Eigenschaft fast dem Mitleiden vorziehen möchte, und diese Gabe der Mitgunst hat Dir wiederum, wohin Du auch kamst in der Welt, immer und nach jedem Sensenschnitt und jedem Kahlschlag, eine neue Ernte von Gunst, von Sympathie und Freundschaft eingebracht, die Du in Deinen Lebensscheuern gar nicht halten und fassen, die Du nur weiterschenken, verschwenden und wie eine gute Saat verstreuen konntest. So bist Du im Grund, trotz aller Stöße und Nackenschläge, trotz aller Verluste und Gefährdungen, doch immer ein Glückskind gewesen, ja ein Kind jener Götter, die ihren Lieblingen »alle Freuden, die unendlichen, alle Leiden, die unendlichen« ganz geben. Nie hast Du halb gelebt, nie einen Teil Deines Wesens von der ganzen Daseinsfülle abgeschaltet, geschont, aufgespart oder im Kühlschrank verwahrt. Du hast Armut nicht als Not oder Schmach empfunden, sondern als das Teil, das den meisten unserer Erdenbrüder gesetzt ist und aus dem herauszutreten schon fast an Sünde grenzt, es war eine franziskanische Armut, die den Mangel an Besitz und irdischem Gut zur Gottesbrüderschaft erhebt. Du warst, wie sich die arabischen Bettler nennen, ein Gast Gottes, und wenn Allah Dir dann doch einmal den Hut und die Hände mit Piastern füllte, so ließest Du sie gern wieder durch die Finger rinnen, denn Du wußtest und weißt, daß Gold nicht mehr ist als Sand, beides weder eß- noch trinkbar, wenn man Durst oder Hunger hat, Durst oder Hunger des Leibes und der Seele, und so bist Du bis zu Deinem heutigen Ehrentag, auch mit Titeln, Orden und Gaben überhäuft, das ewige Kamel geblieben, das bei der großen Prüfung durchs engste Nadelöhr gehen wird, und zwar direkt ins Himmelreich. Ich will auf Deine herrliche Gabe der Mitmenschlichkeit, der Mitgunst und Mit-Freude zurückkommen, und da es sich hier um eine Tischrede, nicht um ein literarisches Exkrement handelt, darf ich getrost ins Anekdotische abschweifen. Ich erinnere mich eines Abends, in einer schon bedrohten und bedrängten Zeit, auch einer Zeit äußerer und innerer Bedrängnis für Dich, an dem ich einen großen, von mir selbst unerwarteten Erfolg im Burgtheater hatte, das sich mir ein Jahr vorher, als einem verdächtigen Emigranten, noch versperrt und das auch Dir damals noch nicht seine prächtigen Tore geöffnet und seinen, Gottseidank, versetzbaren Goldreif an den Finger gesteckt hatte. An diesem Abend, es wurde eine Nacht, waren wir beide bei unsren Freunden Franz Werfel und Alma Mahler nach der Premiere zu Gast, und ich erfuhr erst gegen Schluß des Festes, daß eine gleichfalls geladene Dame, die uns beide vorher nicht kannte, Dich die ganze Zeit hindurch für den Autor des Stückes und mich für den Csokor gehalten hatte. Als ich sie fragte, weshalb, antwortete sie: »Er hat so gestrahlt, ich dachte, das kann nur der sein, der heute den Erfolg gehabt hat.« Und was da aus Dir gestrahlt hat, das war eben jene Mit-Freude, die größer ist als die selbstische und deren Großmut keine Grenzen kennt. Diese Großmut, diese echte Generosität befähigte Dich ebenso, in voller Unbefangenheit und innerer Freiheit Geschenke anzunehmen, ohne daß der Gebende sich dadurch beschämt oder verlegen fühlte. Auch dies darf ich durch einige Anekdoten oder Schnurren aus Deinem Leben bekräftigen. In einer Zeit, in der der Erwerb einer anständigen Mahlzeit für Franz Theodor, wie für viele Künstler und Dichter, ein Problem war, wurde er von unserem verewigten Freund Egon Friedell in eben diesem prächtigen Hause Mahler-Werfel auf der Hohenwarte eingeführt, bei einem Abendessen, zu dem zwar Friedell, aber nicht Csokor eingeladen war. Friedell stellte ihn der Herrin des Hauses mit den Worten vor: »Du weißt, Alma, ich trinke nur – da habe ich mir meinen Esser mitgebracht.« – Alma, ebenfalls ein Mensch von mehr als konventioneller Großzügigkeit und Gastfreundschaft, ging sofort darauf ein, räumte dem unerwarteten Gast einen Platz an der reichbesetzten Tafel und fragte ihn dann im Lauf des Abends: »Herr Csokor, kann ich irgend etwas für Sie tun? Brauchen Sie etwas, was ich Ihnen beschaffen könnte?« – »Ja«, sagte Franz Theodor ohne lang nachzudenken, »ich brauche einen Diwan, ich hab' nämlich in meinem Zimmer nur eine Matratze liegen, und die ist recht unbequem.« – »Gut«, sagte Alma – und am nächsten Tag kamen die Möbeltransporteure und brachten in Franz Theodors karge Bude das, was man heute eine komfortable Schlafcouch nennen würde. – Auch wir, meine Frau und ich, hatten das Glück, zu Deinen Gastfreunden zählen zu dürfen, denn ich hatte mir durch den – für mich jedesmal unerwarteten und fast erschreckenden – Erfolg einiger Stücke in Henndorf nah bei Salzburg eine alte Mühle zu einem ruhigen und schönen Arbeitsheim machen und sogar ein kleines Gästehäuschen auf meinem Grund aufstellen können – und ich kann sagen, daß jeder Deiner Besuche, die mit der Zeit Tradition wurden, für uns ein Geschenk war. Mit der Zeit hatten sich die Freundschaft und diese Tradition der Besuche so befestigt, daß Du – so glaube ich wohl – bei uns zu Hause warst und selbst in Henndorf eine Art von Heimstätte gewonnen hast, der Du heute noch treu bist. Ich habe dann einmal in einer guten Stunde den Wunsch ausgesprochen, Du möchtest jederzeit, ob wir selber dort wären oder gerade verreist, und wenn Du eine ungestörte Arbeitsbehausung brauchtest, auch ohne Anmeldung einfach kommen und Dein Quartier im Blockhäuschen, das ursprünglich für die gelegentlichen Besuche meiner Eltern erbaut und sonst häufig unbewohnt war, Dein Quartier aufschlagen. Das wurde dann zu einer Selbstverständlichkeit, die keinerlei Umstände verlangte, denn Umstände hat es, seit wir uns kennenlernten, zwischen uns nie gegeben. Wohl aber hieltest Du auf die guten Formen der Kommunikation. So bekamen wir einmal, als wir gerade für einige Zeit in Berlin waren, eine Postkarte von Dir mit dem Bild des Henndorfer Kriegerdenkmals, die einzige Bildpostkarte, die damals dort zu haben war, und darauf stand nur: »Bin hier und arbeite an meinem Stück. Wann kommt Ihr?« – Einige Zeit später kam meine Frau zuerst, ich selbst war noch in Berlin oder auf irgendeiner Reise zurückgehalten, nach Henndorf, wo unser Haushalt mit den Kindern und der Köchin schon installiert war, und stattete unserem Freund Csokor, oder Tschokki, wie ihn die Kinder und das Dienstpersonal nannten, im Blockhäuschen einen Besuch ab. Während sie sich mit ihm – der sie wie ein Fürst in seinem Palais empfing und ihr gleich einen Kaffee machte – unterhielt, mußte sie immer die mit Tannenholz verschalten Wände des kleinen Wohnzimmers betrachten und überlegte sich, ob unser Tschokki womöglich unter die Schmetterlingssammler gegangen sei oder wie Ernst Jünger auf »subtile Jagd« – denn dort sah man, fein säuberlich mit Stecknadeln aufgespießt, unzählige kleine weiße – nun ja, es waren keine species von Schmetterlingen oder Baumwanzen, was da alle Wände bedeckte, es waren – bei näherem Hinschauen blieb kein Zweifel – lauter weiße engbeschriebene Zettel, etwa so groß, wie sie früher von den Apothekern an die Medizinflaschen geheftet wurden. »Ja, mein liebes Kind«, sagte der Tschokki, denn so pflegte er sie immer anzureden – »mein liebes Kind, das ist der zweite Akt. Den ersten hab' ich schon fertig. Und vom dritten steckt die Hälfte überm Bett im Schlafzimmer.« Das war so seine Arbeitsmethode, er fing die Gedanken und die Sätze wirklich wie seltene oder gewöhnlichere Nacht- und Tagfalter, spießte sie auf, sonderte dann die besseren und unlädierten aus, fügte sie wie ein Kosmetenmosaik zusammen und warf die unbrauchbaren in den Ofen. Ich bin heute noch stolz zu sagen, daß es der ›Dritte November 1918‹ war, was damals mit ebensoviel Intuition wie Kunstfleiß entstand, ich bin stolz darauf, daß dieses Stück, wie ich glaube, nicht nur eines der besten aus seiner Feder, sondern eines der weitaus besten der neueren österreichischen Dramenliteratur, in diesem unserem Häuschen entstanden ist. Mit dem Erfolg dieses Werks und des von ihm verdeutschten polnischen Großen Welttheaters, der ›Ungöttlichen Komödie‹, war auch sein Durchbruch auf der österreichischen Bühne – die deutsche war uns allen damals verschlossen – und, für eine Zeit, seine materielle Existenz gesichert, bis er diese mögliche Sicherung, um des Heils seiner Seele und der Reinheit seines Gewissens willen, wieder aufgab und sich dem Schicksal des Flüchtlings, mit all seinen Bedrohungen und Nöten, aussetzte. Doch will ich von dieser berühmt gewordenen und wahrlich fabelhaften Odyssee hier nicht sprechen, sondern noch eines kleinen Vorfalls aus jener Zeit gedenken, in der er der Gast Gottes und, Gott sei gedankt, manchmal auch der unsere war – eines, wenn man will, vielleicht unbedeutenden Vorfalls, eines menschlichen Zuges, der für uns aber den ganzen Franz Theodor Csokor spiegelt und dessen ich mich nur mit Rührung erinnern kann. Wenn Du, mein lieber Franz, nach einiger Zeit des Aufenthaltes in unserem Häuschen oder im Henndorfer Wirtshaus wieder davon mußtest, weil Dich irgendeine Aufgabe oder eine Hoffnung oder auch nur Dein gewohntes Kaffeehaus in

Wien erwartete, war es uns immer ganz klar, daß Deine Barmittel gerade zum Erwerb des Billets dritter Klasse Salzburg – Wien ausreichten. Was dann, fragten wir uns. Du warst, geliebter Freund, zwar ein Gast Gottes, aber niemals das, was man einen Schnorrer nennt: das Anpumpen lag Dir nicht, und Du wußtest, daß ich zwar in meinem Henndorfer Heim leben und Freunde bewirten konnte, aber dafür, besonders in der Hitlerzeit, durch das Schreiben von Filmmanuskripten für Alex Korda in London schwer arbeiten mußte und überhaupt kein reicher Mann war. Aber da war nun ein gewisses Schamgefühl – unter Männern –, ich hatte meinerseits eine Art von Scheu davor, so unbefangen gegenseitig unser Verhältnis als Gastfreund und Gast immer war, Dir plumpes Geld anzubieten. Meine Frau und ich besprachen das manchmal, ernstlich besorgt um Dich, in später Stunde, und es wurde uns ganz klar, daß sie, als Frau und Herrin des Hauses, überhaupt als die Matriarchin und Zuchtmeisterin unseres manchmal recht libertinischen Freundeskreises – wir nannten sie gelegentlich die »Majorin von Ekkeby«, nach der prächtigen Gestalt aus dem ›Gösta Berling‹ der Lagerlöf –, kurzum, daß sie das viel eher tun und dabei eine für Dich akzeptablere Form finden könne, als das für mich, den jüngeren Kollegen und Kameraden, möglich gewesen wäre. So gelang es ihr einmal, Dir vor Deiner Abreise unter irgendeinem liebenswürdigen Vorwand hundert Schilling aufzudrängen. Aber kaum warst Du fort, da kamen unsere Köchin und unser Hausmädchen, bei denen Du eine ausgesprochene Favoriten- und Protektionskinderstellung einnahmst und die Dich heiß liebten, heulend, in Henndorf sagte man »plaazend«, buchstäblich tränenüberströmt zu uns: »Der liebe guete Herr Tschokki! Jeder von uns hat er zum Abschied fünfzig Schilling gegeben – des wär doch garnet nötig g'wesen ...«

Meine Damen und Herrn, der jüngeren und der älteren Generation – sollte es unter Ihnen jemanden geben, der nicht mehr weiß oder nie gewußt hat, was ein Edelmann ist – mit dieser kleinen Geschichte, so hoffe ich, habe ich es Ihnen bewiesen. Und nicht nur ich, sondern jeder, der in diesen lichten und finsteren Jahren mit Dir gelebt hat, und Deiner Freundschaft teilhaftig war, könnte in unzähligen solcher Geschichten das gleiche beweisen. Die Freundschaft, nicht nur im Sinne der persönlichen Zuneigung, sondern – sagen wir getrost: die Menschenfreundschaft und im weiteren Sinne die Völkerfreundschaft – die Möglichkeit eines organischen Zusammenlebens und Zusammenwirkens all dieser unendlich vielen, durch Geschichte, Rasse, Sprache verschiedenartigen und doch unter Gottes gewaltigem Himmel, seiner Liebe und seinem Zorn gleichgearteten, dem gleichen Schicksal ausgesetzten Geschöpfe auf dieser Welt – das war immer Dein Anliegen, und wird es immer sein – wozu Dir die Tradition der alten Donaumonarchie und ihrer jahrhundertelang lebendigen Völkersymbiose eine Art von Vorbild geschaffen hatte: die Tragik ihres Auseinanderfallens hat keiner mit solcher leidenschaftlichen Zugehörigkeit, zum Teil und zum Ganzen, geschildert wie Du in eben jenem ›Dritten November‹. – »Erde aus Österreich«, sagt der jüdische Stabsarzt, als sie den k. u. k. Obersten begraben. Und das sagt alles. Doch hatte diese Deine Welt- und Menschenfreundschaft niemals einen didaktischen, dogmatischen oder abstrakten Charakter: Durch Dein Leben und Deine Dichtung geht ein starker Strom der Wirklichkeit, eine brennende Daseinsnähe – ich wüßte diese Deine ergreifende Empfindungskraft nicht besser zu konkretisieren, als daß ich sie mit dem Wort »Eros der Freundschaft« bezeichne. Also nicht eine nur rational fundierte Humanität – sondern diese volle Menschlichkeit, die aus den drei mächtigen Quellen unserer Existenz genährt wird: dem Geist, der Seele, dem Geschlecht.

Du hast Dein Leben nie völlig mit dem einer Frau verbunden, Du bliebst ein Junggeselle, ein Vagant, ein Einzelgänger, ein zeitloser Zeitgenosse, auch in Deinem, soweit wir das berühren und erahnen dürfen, persönlichsten Bereich. Doch war die Frau für Dich immer Mittelpunkt und Peripherie des Lebens, Du wußtest und weißt, daß sie Nabel und Horizont unseres männlichen Weltbildes bedeutet und daß wir ohne sie, ohne ihre Sympathie, ihre Zuneigung und Nachsicht, nichts anderes wären als

»verlorene Strabantzer«. Für Dich waren die Frauen, mit denen Dich Liebe und Lebensfreundschaft verbunden hat, kein sogenannter Ankerplatz. Du warst und bliebst ein Matrose auf großer Fahrt. Doch war Dein Verhältnis zu ihnen, wie kurz oder wie lang sie Dein Leben begleiteten, immer das der zärtlichen Hingabe, der inneren Treue, ich möchte sogar sagen – und gerade Du wirst mich nicht mißverstehen – der Keuschheit, das heißt: im schönsten, auch im leidenschaftlichen Sinn: der Verehrung. Ich will ein paar Namen nennen, von denen ich weiß, daß sie an diesem Abend wie Traumgesichte oder auch wie Leuchtfeuer in Deinem Herzen sind: Lina Loos, die auch denen, die sie nicht gekannt haben, aus Deinen Emigrationsbriefen so lebendig und nahe ist, und die genialisch-unglückliche Margarete Köppke, ein hochbegabtes Kellerkind aus dem Rheinland, von Euch in Wien in eine geistige und intellektuelle Atmosphäre hinaufgesteigert, der ihre im Grund primitive Natur nicht gewachsen war – sie hat damals sozusagen ein Marylin-Monroe-Schicksal vorweggenommen, nur ohne die grausam exakten und taktlosen Blitzlichter der modernen Publizität. Du aber warst ihr – dessen bin ich gewiß – auch wenn Du ihr nicht helfen konntest – ein Trost und dadurch dennoch ein Helfer in ihrer schwersten Stunde.

Mein lieber Freund, Du hast vor mir immer etwas voraus gehabt, worauf ich doch noch zu sprechen kommen will – schon in frühen Jahren – einen großen Vorzug. Nämlich eine etwas defekte Gesundheit. Dies ist in zweierlei Betracht ein Vorteil: vor allem wird man, wenn man sein Leben lang von kleineren oder größeren gesundheitlichen Übeln geplagt worden war, die im Alter unvermeidlichen kleineren oder größeren Unbilden leichter, weil gewohnter, und mit mehr Gelassenheit ertragen. Außerdem wird man nicht, wie es mir geschieht, von allen Leuten als das sogenannte blühende Leben angeschaut, dem man alles zutrauen und zumuten kann, sondern als ein normaler Mensch mit seinen natürlichen Schwächen. Man hat sich dann wohl auch eine Technik im Umgang mit seinen Leiden und mit seinen Ärzten erworben, die einen gelehrt hat, beide zwar zu akzeptieren, aber doch nicht allzu ernst zu nehmen und dem, was sie uns auferlegen, zwischendurch munter zu entfliehen. So hast Du es ja auch früher stets gehalten. Wie oft, wenn Du zu uns nach Henndorf kamst, hattest Du's gerade wieder schwer mit dem Magen – »Mein liebes Kind«, sagtest Du zu meiner Frau – »mein liebes Kind, i muß strengste Diät halten.« Alles wurde auch sofort darauf eingestellt, aber wenn dann für Dich ein kleines Naturschnitzel auf den Tisch kam und für die andern ein goldkrustiger Schweinsbraten, dann sagtest Du zu meiner großen seelischen Entlastung und Beruhigung: »O wos« – und griffst tüchtig zu. Leben tust Du, wie man sieht, noch immer – so Gott will noch eine gute Zeit – und wenn – dann nur durch die gesunde Relation zwischen Vernunft und Leichtsinn, die ich jedem, jüngeren oder älteren Anwesenden als die beste Therapie empfehlen kann. Bei Dir aber, in Deinen früheren Jahren, fiel mir oft ein Vers unseres geliebten Joachim Ringelnatz ein, der heißt (und ich mache mit den Fingern die Ausrufezeichen):

»Ich bin, Gottlob! nicht ganz gesund.
Doch, Gottseidank! auch nicht sehr krank.«

Dies, so hoffe und erflehe ich, soll auch, nachdem Du einiges Schmerzhafte hast kosten müssen, der Zustand Deiner späten und reifen Jahre sein.

Liebe Freunde – Sie werden vielleicht befremdet sein, daß ich nicht auf die Zeiten zu sprechen kam, in denen wir gelebt haben – die Zeiten des Grauens, der Angst, der furchtbaren Todesmahd, in der wir, durch Fügung, nicht durch unser eigenes Tun vom Schlimmsten verschont blieben. Ich fühle, daß es mir an diesem Abend und in diesem festlichen Zusammenhang nicht zusteht, diese uns allen immer gegenwärtigen und nie zu vergessenden Schatten im Wort zu beschwören. Doch steht es mir und uns allen wohl zu, gerade in diesem festlichen Augenblick und gemeinsam mit unserem Jubilar unserer Toten zu gedenken – derer, die – wie Ödön von Horváth – für uns nie ersetzlich sind und die – in jedem Augenblick, den uns das Leben noch vergönnt, immer mit uns am Tische sitzen, aus unserem Glas trinken und in unsren Herzen wohnen.

Bertolt Brecht hat gewußt und in seinem Gedicht an die Nachgeborenen ausgesprochen: daß der Haß, auch der gerechte gegen die Unterdrücker, das Gesicht verzerrt, daß Zorn, auch der gerechte, die Stimme schrill macht. Du aber, amicus amicorum, Freund der Freunde, hast uns durch Dein Leben gelehrt, daß es auch in den finsteren Zeiten möglich ist, zu lächeln ohne zu lügen; mit dem Wort und dem Laut der Güte zu sprechen, ohne die Wahrheit zu verschweigen; über Zorn, Haß und Rache zu stehen – und doch mitten im Kampf. Und Du weißt, daß es für uns und für die Nachgeborenen immer noch diese drei gibt: Glaube, Liebe und Hoffnung – und die Liebe, immer und ewiglich, ist die größte unter ihnen.

Im Zeichen dieser Liebe, nenne sie Agape, Caritas, Eros – im Zeichen dieser irdischen und himmlischen Liebe: Sei umarmt.

Fräulein Trudi

Dieser kleinen Huldigung für die Zürcher Saaltochter »Fräulein Trudi« muß eine große Hommage vorangestellt werden für

Frau Hulda Zumsteg.

Denn ohne sie gäbe es kein Fräulein Trudi, und nicht das kultivierteste Restaurant der Stadt Zürich, ›Die Kronenhalle‹.

Frau Zumsteg ist eine der außergewöhnlichsten Persönlichkeiten, denen ich in meinem Leben begegnet bin. Nach einer harten Jugend und lehrreichen Entwicklungsjahren begann sie mit dem Gastgewerbe, als einfache Kellnerin. »Die Einnahmen einer Serviertochter«, schreibt sie selbst in einer zu ihrem achtzigsten Geburtstag gedruckten Festschrift, »waren damals sehr bescheiden. Fünf Rappen waren das übliche Trinkgeld... Es fiel mir nicht leicht, auf diese Weise mich selbst und meine kleine Tochter durchzuschlagen.« Es gab keine Sperrstunde. Oft ging ihr Dienst von morgens vor acht bis um vier Uhr früh. »Um neun kamen die Handwerker des Reviers«, erfährt man von ihr, neun Uhr morgens nämlich zum »Z'nüni«, bestellten Gesottenes und tranken ihr Bier oder einen Dreier (Wein). Von Mineralwasser oder alkoholfreien Getränken wußte man damals noch nichts.

Traumzeiten – doch nicht für die Kellnerin.

Bald aber avancierte sie zur Buffetdame in einem Restaurant ›Mühle‹ und heiratete nach zwei Jahren dessen Wirt, Herrn Gottlieb Zumsteg. Als das Geld, besonders während des Ersten Weltkriegs, in munteren Strömen floß, legte das Paar Zumsteg jeden Franken zurück, bis es im Jahr 1920 das damals vernachlässigte, heute weltberühmte Restaurant ›Kronenhalle‹ kaufen konnte.

Warum ich diese Geschichte erzähle?

Weil damit eine Erfolgslaufbahn und eine Entwicklung von ungeahnten Ausmaßen begann. Die ›Kronenhalle‹ wurde nämlich nicht ein Schlemmerlokal, exklusiv für reiche Leute, wie früher ›Horcher‹ in Berlin oder ›Maxim‹ in Paris, sondern, bei höchster kulinarischer Qualität, eine Heimstätte und ein Treffpunkt der Künstler aus der ganzen Welt.

Dies hatte vor allem mit der Kunstliebe und dem Kunstverstand des Ehepaars Zumsteg und besonders mit der Sammlerfreude ihres Sohnes Gustav zu tun, aber auch mit dem liebevollen Verständnis der Frau Hulda für künstlerische, ja geniale Persönlichkeiten – sie mußte seit dem Tod ihres Mannes, 1957, das Restaurant allein führen. Ich brauche nur zu erwähnen, daß ihr bester Freund Marc Chagall heißt, den sie – ebenso wie die Größen der Haute Couture, Coco Chanel oder Christian Dior, in Frankreich persönlich besuchen konnte –, daß James Joyce in seinen Schweizer Jahren und Thornton Wilder bei jedem Schweizer Besuch (außer vielen anderen aus dem Reich der Literatur und der Kunst) dort Stammgäste waren. Und die ›Kronenhalle‹, in der man ebensogut eine Bratwurst zum Bier essen kann wie Hummer oder Fasanen zu den erlesensten Weinen, lag und liegt so wunderbar zentral auf dem Weg zum Schauspielhaus, zum Kunsthaus, zur Oper, zur Buchhandlung Oprecht vis-à-vis, daß es bald keine Dürrenmatt-, Frisch- oder sonstige bedeutende Premiere mehr gab ohne die Nachfeier in der ›Kronenhalle‹.

Wo aber in der Welt kann man sein Menu bestellen im Anblick des herrlichsten »blauen Blumenstücks« von Chagall, der beiden Picassos, der Werke von Léger, Braque, Matisse, Giacometti, sogar Renoir und Rodin und all der anderen Prachtstücke, die dort die Wände zieren – nicht wie in einer Ausstellung, fast unauffällig, wie in einer höchst gepflegten und noblen Privatwohnung!

Frau Hulda Zumsteg, nun bald 86 Jahre, erscheint jeden Abend in ihrem Restaurant, um die Runde an den Tischen der Gäste zu machen, und kümmert sich jeden Morgen um das Menu des Tages – eine ebenso liebenswürdige wie imponierende »Patronne«, von ihren Kellnerinnen »die Mutter« oder »Mama« genannt. Sie ist von Couturiers wie Yves Saint-Laurent, Hubert de Givenchy oder Cristobal Balenciaga mit ausgesuchter, vornehmer Einfachheit gekleidet und trägt die schönsten Seidenschals der Welt. Ich halte sie für unsterblich – und im Herzen ihrer Gäste wird sie es sein.

*

1972

Wenn ich mit meinen Eltern als Knabe in die Schweiz kam, erfreute mich das in Deutschland unbekannte Wort »Saaltochter«. Die freundlichen Mädchen und Frauen, die sich mittags und abends im Berghotel in ihren hübschen Trachten zur Table d'hôte einstellten, waren nicht einfach Kellnerinnen, sondern Saaltöchter. Es liegt in dem Wort nicht nur das Anheimelnde, Familiäre, sondern es eignet ihm eine gewisse Würde. Selbst der notorische Grobsack, der daheim »Hee, Ober!« brüllt, muß sich einer Saaltochter gegenüber der gebotenen Höflichkeit befleißigen und »Bitte, Fräulein« sagen. Wird man aber Stammgast, so darf man die Saaltochter beim Vornamen nennen. Zum Beispiel: »Fräulein Trudi.« Fräulein Trudi ist, wie ihre Wirkungsstätte, die ›Kronenhalle‹, längst eine Zürcher Institution geworden (was sich auch von einigen anderen dort seit langem wirkenden Damen, ich greife nur Fräulein Klara, Olga, Ella heraus, wie vor allem von der Propriétaire und »Mama« Zumsteg sagen läßt). Aber Fräulein Trudi ist wohl am längsten bei der Matriarchin in der Rämistraße heimisch. Am 20. Juni sind es vierzig Jahre – und am gleichen Tag begeht Fräulein Trudi einen runden Geburtstag, den man ihrem Aussehen nach ruhig um 10 Jahre herabsetzen kann: sagen wir 60. Ich selbst darf mich seit 38 Jahren (es sind inzwischen 42 geworden), mit Unterbrechungen, dort als Stammgast fühlen (wie fast das ganze Zürcher Schauspielhaus und seine Autoren), und in all diesen Jahren war Fräulein Trudi so etwas wie unser Mascotte und unsere gute Fee: bildhübsch in der Jugend, nobel und graziös in der Reife – stets, auch im wildesten Gedränge der überfüllten Säle, von der gleichen Liebenswürdigkeit und Sicherheit. Wie manche Regiebesprechung oder Premierenfeier haben wir unter ihrer Betreuung dort erlebt – und es mag sein, daß noch einige folgen. Wenn ich diesen Glückwunsch zu ihrem Ehrentag mit meinem Namen zeichne, so steht er für unzählige Gäste, die ihrer in dankbarer Herzlichkeit gedenken.

Ödön von Horváth

Als ich Ödön von Horváth zum ersten Mal begegnete, trug er ein schwarzes Hemd und verbeulte Manchesterhosen. Das war damals, 1929, keineswegs üblich, auch nicht unter Studenten oder Literaten, es gab da noch keine »Radikalen-Uniform«; selbst unter Brechts Lederjacke war etwas, das einem weißen Hemd ähnlich sah.

Wir trafen uns in der Kantine der Berliner Volksbühne, die kurz vorher seine erste Aufführung in Berlin, das Stück ›Die Bergbahn‹, herausgebracht hatte. Karlheinz Martin, Direktor der Volksbühne, hatte uns zusammen bestellt. »Du wirst einen erstaunlichen Menschen kennenlernen«, hatte er mir gesagt, »einen bayrischen Bahnarbeiter ungarischer Abstammung, der Stücke schreibt.«

Ödön kannte damals von mir nur den ›Fröhlichen Weinberg‹, der ihm einen Riesenspaß gemacht zu haben schien: auch den politischen Todfeind in seiner Komik aufs Korn zu nehmen. Davon war aber zunächst nicht die Rede. Wir bestellten Bier und Steinhäger, schauten einander an.

Plötzlich sagte Ödön, mit diesem nur ihm eigenen Lächeln, das mehr von den Augen als vom Mund ausging und dem etwas tief Wissendes und unendlich Freundliches innewohnte:

»Sie haben mich durchschaut.«

Ich wußte natürlich, was er meinte.

Für die Leute von der Volksbühne war es ein Fressen, das Stück eines »echten Proletariers« aufzuführen, der selbst an der Zugspitzbahn gearbeitet hatte, und er hatte ihnen den Gefallen getan, eine Zeitlang diese Rolle zu spielen. Dabei brauchte man nur seine Hände anzusehen...

Jetzt lachte er darüber wie über einen gelungenen Lausbubenstreich.

Aus diesem Lachen wuchs das Gespräch, es ging gleich um die Arbeit, um Pläne, Ideen. »Ich hab' da so was angefangen«, sagte

Ödön, »das ein bißchen nach dem ›Fröhlichen Weinberg‹ tendiert. Aber weniger fröhlich – böser, bissiger, satirischer. Kann ich einmal kommen und was daraus vorlesen?«

Es war der erste Entwurf zu seiner Komödie ›Italienische Nacht‹, mit der er zwei Jahre später in Berlin seinen Durchbruch erlebte.

Als wir uns trennten, lud ich ihn in unsere Wohnung am Schöneberger Stadtpark zum Mittagessen ein.

Er erschien in einem wohlgebügelten Flanellanzug und sah fast elegant aus. Aber er hatte auch im schwarzen Hemd fast elegant ausgesehen, und so war es immer mit ihm, auch wenn er später in Henndorf, wie wir alle, in kurzen Lederhosen und Bauernleinen herumlief. Den Edelmann (im Sinne des Wortes) konnte er nie verleugnen. Höchst merkwürdig war es, daß er, in dessen Stammbaum die ganze k. u. k. Monarchie, besonders deren östliche Völker lebten, sich völlig aufs Bayerische stilisiert hatte, auch in seiner Sprache und Ausdrucksweise – im Gegensatz zu seinem nur wenig jüngeren Bruder Lajos, der durchaus ungarisch war, auch immer mit leicht ungarischem Akzent sprach, als käme er geradewegs aus Budapest.

Ödön neigte in seinen jungen Jahren zu einer gewissen Dicklichkeit, was nichts ausmachte, da er hochgewachsen war. Er war keineswegs ein großer Esser, er soff auch nicht, aber er trank gerne Bier in den kleinen Kneipen von Berlin, München, Wien, und der einzige Sport, mit dem er sich beschäftigte, waren die großen Fußballkämpfe an Sonntagnachmittagen, aber nur als Zuschauer.

Er empfand sich selbst als einen Bayer aus Murnau, dort lebte seit einiger Zeit seine Familie, dort lebten seine Modelle – auch die Dialektanklänge in seinen Stücken sind durchweg mehr bayerisch als österreichisch gefärbt.

Sein erster Besuch bei uns schaffte sofort eine Stimmung von völliger Vertrautheit und Vertrauen, besonders hatte er gleich eine fast geschwisterliche Neigung zu meiner Frau, und überhaupt herrschte unter uns Dreien eine Art von Einverständnis, wie man es mit Blutsverwandten selten hat. Wir liebten Ödön, und er war bei uns, später noch in viel höherem Maß, zu Hause.

Eines Tages sagte er uns, seine Eltern kämen zu einem Besuch nach Berlin, ob wir sie nicht einladen möchten. Damals war er noch nicht, wie später, Dauergast in der Grunewaldvilla Francesco von Mendelssohns, und er hatte sonst keine Freunde in Berlin, die er seinen Eltern gern vorführen wollte. Die Proletarierlegende hatte er längst begraben, aber er hatte von seiner Familie eher »murnauerisch« gesprochen. Was dann zu Besuch kam, war die echte, unveränderte alt-österreichisch-ungarische Aristokratie, und zwar in ihrer bescheidensten und gescheitesten, charmantesten und liebenswertesten Form. Sie waren aus einer anderen Zeit, aber dennoch aus unserer Welt, an der sie teilhatten durch das Medium ihrer Söhne. Denn auch Lajos, der uns später sehr nahestand, war Künstler – ein hochbegabter Zeichner und Illustrator.

Natürlich war die Denkart und Tradition der Eltern konservativ, aber alles andere als »reaktionär«: in ihnen lebte die Liberalität eines übernationalen, weltoffenen Katholizismus.

Neun Jahre später, nach Ödöns Begräbnis, durchwachte meine Frau die Nacht mit ihnen und dem zweiten Sohn Lajos, in dem kleinen, schäbigen Pariser Hotel, in dem Ödön abgestiegen war.

Das Köstliche war, mit Ödön auszugehen, besonders dann in die kleinen Wiener »Beisel«, die er liebte, oder in den Prater oder aufs Münchner Oktoberfest: immer passierte etwas unter den Leuten, etwas, das vielleicht auch sonst passiert wäre, aber gleichsam auf Ödöns geheimes Stichwort oder auf seinen humorisch-magischen Blick gewartet hatte – so daß aus den geringsten Anlässen mehr erwuchs als Anekdoten. Menschen – in ihrer tragikomischen Maskerade. Dahinter war, was Ödön wirklich und wahrhaftig suchte: die Seele.

Denn er war, im Dichten und Leben, ein tiefgläubiger Mensch. Der Gott, gegen dessen mißbrauchtes und verzerrtes Götzenbild er revoltierte, war für ihn immer da, als höhere Macht und Ordnung. Die Menschen seine verlassenen und verlorenen Kinder. So wie die Marianne in seinen ›Geschichten aus dem Wienerwald‹. Das Böse wuchs für ihn aus der Dummheit, und die Dummheit (oder ihre Macht) wieder aus jener gottverlassenen Zeit, in der wir alle nur noch auf Inseln lebten. ›Jugend ohne Gott‹. Der Titel ist wörtlich zu nehmen.

Als ich im Jahr 1931 den Kleistpreis zu vergeben hatte – es wurde dazu immer nur *eine* Person gewählt, die keinem Kuratorium oder Gremium unterstand, sondern ganz allein für die Nominierung des Preisträgers verantwortlich war –, gab es für mich nach der Lektüre einer Unzahl von Stücken, für das Drama nur *eine* Entscheidung: Horváth.

Dabei war damals sein stärkstes und dauerhaftestes Stück, die ›Geschichten aus dem Wienerwald‹, erst im Entstehen, ich kannte nur Szenen daraus. Desto schöner war dann die Bestätigung durch das abgeschlossene Werk, das sofort nach seiner Vollendung in Berlin von Heinz Hilpert uraufgeführt wurde.

Am Höhepunkt der Premierenfeier, im Hause Francesco von Mendelssohns, als gegen Morgen schon die begeisterten Vornotizen der wichtigsten Kritiker herauskamen, war Ödön plötzlich sehr bedrückt.

»Ich glaube«, sagte er, »wir werden in Berlin keine Premiere mehr feiern.«

Man widersprach ihm – aber er hatte recht.

Ums Jahr 1935 kam Ödön zum ersten Mal zu uns nach Henndorf. Er hatte noch eine Zeitlang, unter dem Schutz eines ungarischen Passes, in Berlin gelebt, nicht um »ein Stück über den Nationalsozialismus« zu schreiben, den kannte er gut genug, sondern weil ihn das Verhalten der Menschen in einer solchen Lage interessierte. Aber jetzt war der Boden auch für einen ausländischen Paßträger dort zu heiß geworden. In Murnau konnte er sich längst nicht mehr sehen lassen. So war er, als er zu uns kam, recht eigentlich heimatlos. Wir aber betrachteten die Henndorfer »Wiesmühl«, die ich im Jahr 1926 nach dem Erfolg des ›Fröhlichen Weinberg‹ erstanden und eingerichtet hatte, schon längst als unser eigentliches Heim. Ich mußte zwar immer wieder zu Filmarbeiten nach London oder Paris, da meine

Stücke und Bücher in Nazideutschland schon seit der offiziellen »Verbrennung« verboten waren, aber wir fühlten uns in Henndorf nicht im »Exil«. Dieser letzte Rest von Daheimsein gab auch unseren Freunden ein Gefühl von Geborgenheit und Bleibe, und es bildete sich ein fester »Wiesmühlenkreis«, der immer wieder bei uns zusammentraf. Am häufigsten kamen Ödön und sein liebster und treuster Geselle, Franz Theodor Csokor.

Ödön verlegte sehr bald seine eigentliche Arbeitsstätte nach Henndorf. Wenn er nicht, aus beruflichen oder privaten Gründen, in Wien zu tun hatte, lebte er in einem Zimmer des alten »Kaspar-Moser-Bräu«, nur eine Viertelstunde von unserem Haus, und schrieb am liebsten an einem Ecktisch der großen Wirtshausstube, an dem auch ich meinen Stammplatz hatte und von wo ich ihn oft gegen Abend, nach einem gemeinsamen Bier mit »Obstler«, zu uns abholte. So hausten wir in den letzten Jahren vor der endgültigen »Austreibung« (durch Hitlers Einmarsch) in einer Art von Symbiose, in der meine Frau den Mittelpunkt bildete. Mit ihr besprach Ödön am liebsten die häufig wechselnden und ungemein vielfältigen Ideen und Stoffe zu neuen Arbeiten. Wenn er vormittags zu uns herunterkam, war ich gewöhnlich am Arbeitstisch oder auf einer meiner vielstündigen Wanderungen, die er nie mitmachte. Er ging dann mit meiner Frau in unserem Garten auf und ab und erzählte, wobei er häufig – darin wieder ein echter Ungar – frischen Lauch oder junge Zwiebeln aus einem Gemüsebeet zog und roh verspeiste. Meine Frau mußte ihn dann bitten, nach der anderen Seite zu sprechen.

Das letzte, was Ödön an jenem Ecktisch im Henndorfer Wirtshaus schrieb, war sein Roman ›Jugend ohne Gott‹. Er hätte ihm zum Absprung nach Amerika verhelfen können, es schwebten Filmpläne – doch es kam anders.

Es steht heute in den Literaturgeschichten, daß Ödön von Horváth, im Alter von 37 Jahren, am 1. Juni 1938 in Paris am Rond Point während eines Unwetters von einem herabstürzenden Ast erschlagen wurde.

1931

Horváth scheint mir unter den jüngeren Dramatikern die stärkste Begabung, darüber hinaus, der hellste Kopf und die prägnanteste Persönlichkeit zu sein. Seine Stücke sind ungleichwertig, manchmal sprunghaft und ohne Schwerpunkt. Aber niemals wird sein Ausdruck mittelmäßig, was er macht, hat Format, und sein Blick ist eigenwillig, ehrlich, rücksichtslos. Seine Gefahr ist das Anekdotische, seine Stärke die Dichtigkeit der Atmosphäre, die Sicherheit knappster Profilierung, die lyrische Eigenart des Dialogs. Es wäre ein Mißverständnis, ihn für einen Satiriker zu halten, obwohl einzelne seiner Figuren und Situationen satirisch gezeichnet, d. h. von einem kritischen Blickpunkt aus überzeichnet sind. Wesentlich sind aber bei ihm nicht diese Momente, sondern das Weltbild und seine künstlerische Umschmelzung. Es ist anzunehmen, daß er der dramatischen Kunst, die immer und ohne Einschränkung eine Menschenkunst und eine Sprachkunst bleibt, neue, lebensvolle Werte zuführen wird.

Abschied von Ödön von Horváth
(Gesprochen an seinem Grab, Paris, 7. Juni 1938)

Wir stehen sehr arm und ratlos an diesem Grabe, und es ist, als müsse jedes Wort versagen vor einem Schicksal, das die starre, blicklose, schweigend unerbittliche Maske zeigt – vor einem Unglück, das ohne Sinn erscheint und aus dem blinden, blindwütigen Zufall geboren. Unser Schmerz möchte sich auflehnen, die Fäuste schütteln, anrennen wider jene höhere Gewalt, die außer Schuld und Sühne, außer Gesetz und Verantwortung steht – und doch müssen wir uns beugen vor der Wucht und Mahnung des Unabänderlichen – vor der unteilbaren Gewalt von Leben und Tod, Sinn und Widersinn, Geist und Vernichtung.

Der Freund – der Mann, von dem wir Abschied nehmen, fand einmal die Antwort auf die furchtbarste Frage, die sich von Menschenlippen und aus Menschenherzen hebt: die Frage nach Gottes Güte.

Sie wurde ihm von einem Kinde gestellt – vor einem Jahr, als wir noch zusammen in Österreich lebten – wir gingen an einem Bauernhof vorbei, dessen Bewohner zu den besten und bestgesinnten Menschen des Ortes gehörten und die durch eine Kette grausamer Schicksalsstreiche und Unglücksfälle nahezu vernichtet worden waren.

Das Kind fragte plötzlich:

»Warum läßt Gott zu, daß diesen Leuten alles das passiert – und so viel Schlechte und Böse laufen herum und bleiben ungestraft? Und wenn er es zuläßt – warum sagt man dann, er sei gut?«

Ödön gab darauf die einzige Antwort, die vielleicht einem Kinde faßlich sein mag – und auch die Theologie aller Zeiten kennt keine bessere:

»Man kann nicht wissen, was Gott mit den Menschen vorhat.«

In dieser Antwort liegt kein Verzicht und kein Verzagen, aber eine tiefe, ahnungsvolle Bescheidung und eine große, mutige Glaubenskraft.

Du Freund, der uns so grausam weggerissen wurde, den wir verloren haben – Du lieber und sehr geliebter, nie verlierbarer und unvergeßlicher Mensch: Was hatte Gott mit Dir vor? Mit Deinem Erscheinen, Deinem Aufleuchten auf unsrem fahlen Stern, mit dieser blitzenden Sekunde in den dunklen Fluten der Ewigkeit, mit diesem jäh herabstürzenden Ende, das eine Fülle von Hoffnung begrub?

Und wie sollen wir begreifen, daß es von Dir nun in der Vergangenheit zu reden gilt und daß Du nicht mehr teil hast an dem, was wir »das Leben« nennen, weil unser Blick nicht darüber hinaus reicht?

Ich weiß, es ist nicht Dein Wille und nicht in Deinem Sinn, und es wäre nicht würdig vor der stummen Majestät des Endgültigen, wollte man Weihrauch streuen, große Worte machen und den falschen Trost der Gloriole weben.

Du wußtest Dich einem Orden eingeschworen, der der strengste und nüchternste dieser Erde ist und nur ein unbrechbares Gelübde kennt: das der Wahrheit.

Ihr hast Du mit Deinen besten Kräften und mit so viel glückhafter Begnadung, wie Deinem Wesen geschenkt war, Dein Leben lang gedient. Du hast jung begonnen und mußtest jung enden – und doch stehst Du nicht in der Reihe jener früh Vollendeten, von deren Genius Du den Mundhauch und das heimliche Schwingenwehen verspürtest.

Du durftest Dich nicht verschwenden, das Feuer Deines Herzens war nicht bestimmt, zu verflackern und rasch zu verglühn.

Alles an Dir war Anfang, Anstieg, versprechendes Beginnen.

Das Werk, das Du uns zurückläßt, war die Skizze, der Entwurf, die geheime Planung zu einem größeren Werke von haftender Schönheit und Bedeutung, das Dir zu schaffen nicht mehr erlaubt wurde. –

Dein Leben und Hiersein, Dein liebenswertes Menschentum, an das uns die Erinnerung begleiten wird, solange wir atmen, war Skizze und Entwurf, war Knospe und Wurzel zu einem edlen, starken und bruderlichen Leben, dessen Entfaltung noch vor Dir lag.

Dein innerstes Wesen war: Tapferkeit und Bereitschaft – jene echte und schmucklose Tapferkeit des Herzens, die sich nicht brüstet, die leise und nobel bleibt, deren Licht und Waffe »Humor« heißt und deren Sieg die Güte ist. Dein Lachen, Dein Witz, Deine kindhaft unbändige und doch vom heimlichen Wissen beschattete Freude am Skurrilen, am Verwirrenden, an Maske und Fratze und am klappernden Würfelspiel des unberechenbaren Vorfalls – all das band sich und verwob sich mit dem schönen und zarten Gespinst Deiner verklungenen Lebenstage – und Du erschienest uns oft wie ein zeitloser Spaziergänger oder ein Ruhender auf einer Bank, der das Vorüberziehende und Vorbei-Eilende staunend betrachtet – begierig es zu erkennen und doch stets in leiser und wägender Distanz – verträumt und scharfsichtig zugleich – ein Fremder, ein Beurlaubter auf unsrer Erde, vielleicht ein Vorposten aus einer besseren und reineren Welt – und doch mit aller Nähe und Kleinheit dieser Erdgestalt aufs innigste vertraut.

Ja, dem Kleinen und Kleinsten gehörte Deine besondere Art von Liebe – den Anonymen – denen, die »Masse« sind und Masse bilden, ohne es zu wissen und ohne sich zu bekennen – und die doch in der steten und unbegriffenen Sehnsucht leben, Mensch zu werden und eines edleren Menschentums teilhaftig zu sein.

Du hast ihre Sprache verstanden, Du hast oft die Seelenlosigkeit ihrer Zufallsworte enthüllt, und doch erspürtest Du dahinter die geheimen Herztöne der Unerlöstheit, der Not, der Trauer, der Hoffnung aller Kreatur. Und aus der schmucklosen, der unverblümten Sprache des dumpfsten, des zeitgebundenen Alltags erwuchs Dir ein ganz persönliches und neu geartetes, ein zartes und kraftvolles Dichtertum.

Das große Versprechen in Deinem Schaffen war nicht so sehr sein Inhalt, seine direkte Aussage – als jene seltsam feinhörige Sprachform – jener gedichthafte, liedhafte Klang, der ganz Dein eigen war und der einer großzügigen, vornehmen und – dies sei betont – im tiefsten Sinne frommen Geistes- und Herzenshaltung entsprach.

Alles war Anfang, alles war Plan und Beginn.

Wer in den letzten Jahren, den letzten Monaten der von Katastrophen und Untergängen bedrängten Zeit, mit Ödön von Horváth lebte, der weiß um dieses Keimende und Werdende, um den Ernst dieses Strebens und Suchens, dem alles, was geschah, und gerade das Bittere und Vernichtende, zur besseren Sicht und Einsicht, zur Klärung und zur Erkenntnis dienen mußte.

Wir haben gemeinsam die Nacht erlebt, in der Österreich unterging, und wir haben uns in dieser Nacht zum letzten Mal die Hand gedrückt, bevor es uns auseinanderwehte.

Dann haben wir Dich erwartet – aber Du bist nicht mehr gekommen. Und jetzt stehen wir an Deinem Grab, über dem keine Salve knattert – an einem Totenbett, das ohne heldisches Gepränge ist – und unserem Abschied von Dir bleibe jedes hohle Pathos fern und jede respektlose und gemeine Anbiederung mit den Gewalten, deren unerbittliche Größe, deren unnahbare Ferne und Heiligkeit Du voll Scheu und Schauer erkannt hast.

Und wenn Dein Tod ein noch so grausamer Beilhieb war und noch so unbegreifliches Zeugnis ablegte von der furchtbaren Verkettung des Menschen in das Vorbestimmte und Unverhütbare – so geschah es doch inmitten der Freiheit, die Du liebtest – inmitten der weiten und freien Atemzüge eines lebendigen, eines menschenwürdigen, eines starken und kämpferischen Daseins.

Er riß Dich weg, er trennte Dich ab von uns Lebenden – aber er ließ die reine Essenz, den bleibenden Niederschlag Deines Wesens unberührt. Das aber verschmilzt sich mit alledem, was unberührbar bleibt von den zerstörenden Mächten, von Neid, Haß, Unterdrückung und Niedrigkeit und worin sich die Ahnung von einer schöneren und reineren Menschlichkeit immer wieder auf Erden darstellt.

Und so betrachtet, so gewußt, verliert auch der Tod seine Schrecken und zeigt uns eine Stirn von stiller, edler und verklärender Majestät. So betrachtet, ist der Tod nur ein Übergang und eine Verwandlung, die das wahrhaft Lebendige ewig bewahrt – ja, vielleicht ist er wirklich, wie ein Dichter ihn nannte: die mildeste Form des Lebens.

Du lieber und geliebter Freund, Du treuer und brüderlicher Mensch. Wenn wir jetzt Abschied nehmen von Dir, so ehren wir Dein Wesen und Wirken damit, daß wir hier nicht nur Deiner allein gedenken, sondern der Tausenden, die unter den sinnlosen Streichen der Gewalt und des Unheils täglich dahinsinken und noch hinsinken werden – all der »Viel hunderttausend Ungezählt – was unter die Sichel fällt« – der Ungezählten auch, die verurteilt bleiben zum Leben in ungeliebten Ländern oder einer entstellten, verlorenen Heimat – derer, die den Frieden wollen und deren Los aufgezwungener Krieg ist – all derer, denen Dein Herz und Deine Freundschaft gehörte und denen Dein Werk Hilfe und Halt werden sollte.

Du bist nun sehr weit weg vom Gewimmel und Gewirr unseres Lebens – und doch mit seinem Ursprung ganz nahe und fest verbunden – und Dein inneres Auge, das der Unsterblichkeit gehört, schaut nun vielleicht einen Teil von jener einen und einzigen Kraft, die gesetzgeberisch unser Leben und unsere Treue fordert: der Wahrheit.

Wir, die wir zurückbleiben und weiterleben, erneuern vor Deinem stummen Angesicht unser Gelübde, das am Anfang jeden Kunstschaffens und am Ende jeder Prüfung steht: der Wahrheit zu dienen.

Mag sie auch heute weit verbannt scheinen und kaum noch ein glimmendes Licht in einer großen Finsternis – so wird doch Menschenatem nicht aufhören, es wieder und wieder zu entfachen – dem Tag entgegen – dem Tag einer zukünftigen, einer freien und edleren Welt.

Ein Salzburger Bauernroman: ›Philomena Ellenhub‹ von Johannes Freumbichler

Im Frühling oder Frühsommer des Jahres 1936 kam bei mir in Henndorf mit der Post ein ziemlich schweres Paket an, das – zunächst zu meinem Schrecken – ein handgeschriebenes Manuskript enthielt, weit über tausend Seiten. Der Titel hieß ›Philomena Ellenhub‹, der Name des Autors Johannes Freumbichler. Von diesem lag ein sehr höflicher, sachlich gehaltener Brief bei: es handle sich hier um die Arbeit vieler Jahre, er habe bis jetzt keine Gelegenheit zur Veröffentlichung, und wenn ich Zeit fände, sein Buch zu lesen, wäre ihm an meiner Beurteilung viel gelegen, zumal mir ja Land und Leute, um die es hier ging, wohlbekannt wären.

Allerdings kannte ich sowohl den alten Henndorfer Geschlechternamen Freumbichler, als auch die großen, umliegenden Bauernhöfe, darunter die »Hub« und die »Ellenhub« mit ihren prächtigen Häusern, Ställen und Scheunen, die für die Ewigkeit gebaut schienen und alle, selbst die Scheunentüren zum Einfahren von Heu und Korn, etwas von dem Schwung und der Großzügigkeit barocker Baukunst zeigten.

Ich selbst steckte damals mitten in der Arbeit an dem englischen ›Rembrandt‹-Film für Charles Laughton und sollte in nächster Zeit wieder nach London fahren, hatte also eigentlich zu einer so umfangreichen Lektüre gar keine Möglichkeit, auch hatte ich mit zugeschickten Manuskripten unbekannter Autoren immer nur schlechte Erfahrungen gemacht. Trotzdem verführte mich die lokale Neugier, vielleicht auch der Bann einer höchst charaktervollen Handschrift, die erste Seite aufzuschlagen.

Nach einer Stunde lief ich in großer Erregung zu meiner Frau: »Wir haben da etwas ganz Unglaubliches bekommen – eine Dichtung, eine echte, wahrhaftige Dichtung, wenn auch vermutlich viel zu lang, aber du mußt das gleich lesen« (da mir die dringende Arbeit, von der wir damals lebten, keine Zeit ließ).

Meiner Frau ging es wie mir: nach dem ersten Satz war sie im Bann des Erzählers, und sie las und las, bis sie das Riesenwerk bewältigt hatte und mir besondere Teile daraus abends vorlesen konnte. Sie schrieb damals noch nicht selbst, und für den Haushalt gab es in diesen Zeiten noch Personal, so war sie sofort entschlossen, falls der Autor einverstanden sei, die notwendigen Kürzungen mit ihm auszuarbeiten, um das Werk auf ein für einen Verleger annehmbares Maß zu bringen, ohne daß dabei Substanz und sprachlicher Reichtum vermindert würden.

So kam Johannes Freumbichler, brieflich gebeten, zum ersten Mal in unser Haus. Er war eine höchst bemerkenswerte Erscheinung. Wäre ich ihm auf der Straße begegnet und hätte seinen Kopf gesehen, so wäre ich stehen geblieben und hätte mich gefragt: Wer ist der Mensch? Denn solche Köpfe gibt es nicht oft. Früh ergraut, das bartlose Gesicht von Entbehrungen und Leiden gefurcht, doch mit ganz wachen, hellen, großen Augen hinter der schmalen Brille, einem Blick von ungebrochener Entschlossenheit und von Traumbereitschaft zugleich, ging von ihm eine stille, unprätentiöse Würde aus, ihm selbst wohl unbewußt, die ihn älter erscheinen ließ, als er war. Um die kindliche Unbefangenheit, auch den Humor seines Wesens freizulegen, brauchte es erst das Überschreiten einer Vertrauensschwelle. Das stellte sich bald ein, da meine Frau sich wohl hütete, ihn gleich mit Strichen oder Kürzungen zu erschrecken. Wir sprachen von den Personen seiner Geschichte, die vor fast hundert Jahren, zwischen 1830 und 1848, spielte, und die uns doch alle wie von der Dorfstraße oder vom Wirtshaus her bekannt waren – und über seine eigenen Henndorfer Jugenderinnerungen. So kam er ins Erzählen, das Gespräch wurde persönlich, heiter, gelöst, und wir erfuhren einiges über seinen bisherigen, schweren Lebensweg, obwohl er die privaten Umstände seines Lebens nur mit großer Zurückhaltung erwähnte. Einige Tage später besuchte ich ihn, ohne Ankündigung, denn wir hatten beide kein Telefon. Es war ein schöner, damals kaum befahrener Weg, immer am Wallersee entlang, von Henndorf nach Seekirchen, leicht ansteigend bis zu einer Art Wasserscheide, auf der das alte

Wirtshaus Fischtagging stand, dann wieder leicht bergab, und bevor man den unschönen Ort betreten mußte, lag ganz allein, ohne Nachbarn, das kleine Häuschen, das er bewohnte. Es war aufs bescheidenste eingerichtet, im Winter wohl nur mit einem sogenannten Kanonenöfchen zu heizen; zwischen Ofen und Fenster stand der schlichte Arbeitstisch, mit aufgeschichtetem Schreibpapier, alles in peinlichster Ordnung und Sauberkeit. Da lebte und schaffte dieser Mann, mit seiner Frau und einem etwa fünfjährigen Enkel, in völliger Kompromißlosigkeit nur das schreibend, was er wollte und mußte. Er hätte sich nie um des Geldes willen zu irgendeiner billigen Zeitungsarbeit hergegeben – und er hatte bis jetzt von Verlegern oder Redakteuren keine Ermutigung gefunden. Er arbeitete unablässig, mit dem Fleiß eines mittelalterlichen Handwerkers und der Genauigkeit eines Notenstechers.

Als ich wegging, wußte ich, daß es schwer sein würde, ihm in seiner Armut beizustehen, ohne seinen Stolz zu verletzen. Später, als meine Frau die seine kennengelernt hatte und wir in dauerndem Verkehr standen, ergab sich das ganz selbstverständlich. Aber ich konnte ihm guten Gewissens zusichern, daß ich einen Verleger für sein Werk finden werde, wenn er es mit meiner Frau auf notwendige Kürzungen hin durcharbeiten wolle. Gern ging er darauf ein.

Und nun kamen Wochen, ja Monate, in denen er fast täglich zu irgendeiner Zeit in der Wiesmühl erschien, um stundenlang mit meiner Frau seine Handschrift Wort für Wort durchzuackern. Es war richtiges Ackerwerk, es galt zu jäten, gerade Furchen zu ziehen, das Gelände zu begleichen. Meine Frau hat für eine solche Arbeit Geduld und Sicherheit, wie man sie kaum bei einem Verlagslektor finden würde; und als das Manuskript nach großer Mühe schließlich um ein paar hundert Seiten leichter war, hatte es nur an Kraft und Schönheit gewonnen. Dann ließen wir es mit der Maschine abschreiben, und ich fuhr selbst nach Wien, um es dem mit uns befreundeten Verleger Zsolnay vorzulegen, sonst wäre es vielleicht in einem Lektorenbüro lange liegengeblieben. Zsolnay versprach, es noch am selben

Abend zu lesen, und am nächsten Tag hatte ich die Zusicherung eines Vertrags für Johannes Freumbichler, sogar mit angemessenem Vorschuß.

Das Buch erschien im Jahr 1937, und ich verfaßte die hier folgende Einführung für die Wiener ›Neue Freie Presse‹, deren Literaturblatt damals das angesehenste war. Der Erfolg blieb nicht aus. Noch im gleichen Jahr, 1937, wurde Johannes Freumbichler mit dem Großen Österreichischen Staatspreis für Literatur ausgezeichnet.

Er veröffentlichte dann bald darauf noch seine Salzburgischen Dorfgeschichten, in denen es Schildereien von breughelscher Deftigkeit gibt: wenn sich etwa nach dem Begräbnis des mächtigen »Herrn Bräu«, dessen letztem Willen entsprechend, das ganze Dorf besäuft.

Oder aber das mit dem Auge eines Verhaltensforschers gesehene, stufenweise Ansteigen der Aggression bis zur blinden Kampfwut, eigentlich Mordlust, bei einer sonntäglichen Rauferei.

Freumbichlers Bauern sind im Grunde aufrührerisch, nicht frömmlerisch. Er selbst war ein gütiger, friedfertiger Mensch.

*

1936

Wenn ich versuche, von diesem wunderbaren Buch, ›Philomena Ellenhub‹ – dem Salzburger Bauernroman von Johannes Freumbichler – zu berichten, wahrhaft wunderbar als Erscheinung wie als Werk – so heißt es fast: von einem lebendigen Menschen zu erzählen, den man lange und gut gekannt hat – oder von einer Welt voll gegenwärtiger und unverlierbarer Gestalten, wie sie uns immer wieder in einer wohlvertrauten Landschaft begegnen. Der einfache Lebensweg einer Bauernmagd, umrankt vom vielfältigen Wuchs des ländlichen, dörflichen, bäuerlichen Daseins, wird hier – ohne Vorsatz oder Absicht, nur durch die schlichte Formung seiner Wahrheit und Wirklichkeit – zum Sinnbild des irdischen Lebens überhaupt – die Menschen, die sich in ihrer Lebensnot und -lust, in ihrem simpelsten Alltag und in ihrer heimlichen, abwegigen Verzauberung enthüllen, tragen das Zeichen ihrer ewigen Bestimmung an der Stirn – und die Landschaft, darin sie leben und atmen, stets vom Geheimnis des Wechsels und Wandels umwittert, vom Hauch des Schöpferatems durchweht, vom Himmel der Träume und Ahnungen überwölbt – wächst zur Landschaft der Seele.

Es sei gleich gesagt: dieser »Salzburger Bauernroman« des Johannes Freumbichler (Paul Zsolnay Verlag, Wien) hat mit Bauerndichtung im üblichen beschränkten Sinne ebensowenig zu tun, wie etwa ein Werk von Stifter oder Hamsun. Man findet hier nichts von der hausbackenen Realistik, noch weniger von der falschen Verzierung und Schönfärberei, von der philiströsen und glatten Eingängigkeit, die dem Begriff »Heimatkunst« den Beigeschmack von Enge und Bierstüberlniveau verliehen hat – und am allerwenigsten ist diese wahrhaft ursprüngliche, im höchsten Sinn einfältige und volkverbundene Erzählung irgendeiner schlagworthaft zeitgemäßen Programmatik einzuordnen. Ich halte dieses Buch für eine in seiner Art wirklich ganz ungewöhnliche und einzigartige Erscheinung, denn es ist vollkommen ohne Vorbild, vollkommen »unliterarisch« und dabei vollkommen dichterisch. Hier erzählt ein Mensch, dem das Wort gegeben ist, zu sagen und zu künden, und der die Welt seiner nächsten unmittelbaren Anschauung, das Überkommene, Gelebte und Erfahrene – in seiner wahrheits- und sinnverschworenen, ebenso liebreichen wie rücksichtslos unverhohlenen Wiederschöpfung zum Weltganzen erhebt. Daß diese Welt gerade die unsere, die unserem Herzen verwandteste, die österreichische, die salzburgische ist, und daß der Lebensstand, der sie erfüllt und bevölkert, das unvergängliche, zeitlose, ewig alte und stets aus sich selbst verjüngte Bauerntum darstellt – macht das Buch zu einem beglückenden und unverhofften Geschenk.

Ja, es ist wirklich ein klarer Quell, ein lauteres Wasser, ein Himmel voll Sonne, voll Wolkenzug und voll nächtiger Finsternis, voll Wetterleuchten und voll Sternenmilde – gütig, reif und weise – auch streng, hart und ohne falsche Barmherzigkeit, Rücksicht oder Verhüllung – wahrhaftig bis ins Innerste und doch stets von einer heimlichen Harmonie verklärt, von einer unsichtbaren Waage ausgewichtet – von seinem eigenen, unbewußten Formgesetz gebaut und getragen. Das Stilelement seiner Sprache ist Zeit, Breite, fibelhafter Ernst und kindlich unbestechliche, altmeisterlich gedämpfte Anschaulichkeit. Auf jeder Seite fast stehen Sätze, die man laut lesen muß, aus Freude an der Reine und Klarheit des Sprachklanges, an seinem unterirdischen Zauberstrom, an der absichtslosen Symbolkraft der einhelligen, starken Bilder, die wie auf einem Wallfahrtsweg von Station zu Station führen. Breite und Ausführlichkeit ist eine Natureigenschaft dieser Erzählweise, ja, ihr Gesetz, und der Leser soll und muß sich durchackern, damit er wirklich erwirbt und besitzt, was ihm erschlossen wird – so wie man eine Landschaft nur »erwirbt«, indem man sie, Schritt vor Schritt, zu Fuß durchwandert und ihr etwas Schweiß und Mühe schenkt.

Das Mundartliche ist in diese Sprache so eingestaltet, daß es niemals Selbstzweck, nie Illustration oder Spielerei wird, und der Erzählungston, auch die Sprechweise der handelnden Menschen, ist ungekünstelt und unverfälscht, so wie die Lieder und Bauernballaden, die nicht »eingestreut« sind, sondern eben dort vorkommen, wo sie gesungen und gesagt werden müssen, und die nie ins Literarische übersetzt sind, sondern eben so dahinfließen, wie sie dem »Volksmund« entströmen – mit guten und schlechten Reimen, edlen und minderen Strophen, mit all ihrem Hergebrachten und allen endlosen Wiederholungen, aber immer aus ihrer echten ursprünglichen Melodik, aus der »Urlinie« dichterischer Formbildung heraus – fromm, skeptisch und lebensernst wie die Sprechart und die Handlungsweise der Bauern.

Manchmal erreicht die Dichtung Höhe und Lauterkeit in einem Satz oder einem Versklang, die an einen Matthias Claudius gemahnen könnte.

Dabei ist das Wesentliche und Entscheidende an diesem in Überfülle und enormer Schilderungsfreude hinströmenden Erzählertum, daß es nie ins Wuchern, ins Abwegige, ins Nebensächliche verläuft, sondern immer seinem Sinn, seiner Mündung, seinem heimlichen Ziel verknüpft und verbunden bleibt – daß die Gestalt seiner Hauptperson und ihr Schicksal aus dem Reichtum, der Buntheit des Umweltlichen immer klarer, immer plastischer, immer leuchtkräftiger hervortritt und, erst in den primitiven Farbtönen eines Hinterglasbildes angelegt, zu voller reifer Menschlichkeit erwacht. Durch das Medium dieser an Leib und Seele völlig echten, völlig in sich ausgerundeten Frauensperson erlebt der Leser den Ablauf einer Zeitspanne, die all das umschließt, was an Erschütterungen, Verhängnis, Wechsel und Wandel, die Geschicke des Menschengeschlechtes auf- und niederhebt – all das äußere und innere Geschehen, das zwischen Geburt und Tod die großen Marksteine setzt. Friede und Krieg, Umsturz und Wiederaufrichtung, Ringen um Freiheit und um Ordnung, beides im falschen wie im echten Verstand der unerlöst ringenden Menschen – Kampf um das höhere Leben, ums Göttliche, Wahn, Verirrung, und schließlich wieder der Frieden und die heilige Gelassenheit im Bewußtsein einer urewigen, unzerstörbaren Weisheit, die alles am Ende ausklärt und nach seinem eigensten Gewicht wägt. So wie man hier im Dorf nur die Fernstöße, die Abflutungen der großen Weltereignisse wahrnimmt, doch umgewandelt ins bluthaft Lebendige, in die elementaren Wallungen der menschlichen Natur – den Ausbruch eines Krieges, einer fernen Revolution, nicht anders als den animalischen Ausbruch des Kampftriebes in einer sonntäglichen Rauferei –, so spiegelt sich die überzeitliche, die allmächtige Gottnatur und ihr gewaltiges, unergründliches Wesen und Wirken im Bildnis dieser bäuerischen Geschöpfe und der Wirrsale und Klärungen ihrer Lebensläufe. Ohne Überschätzung, ohne Selbstgerechtigkeit und ohne große Worte tut sich das Bauerntum dar als der Urgrund jener beständigen, erhaltenden, bewahrenden Kräfte, welche die Wandlung der Erscheinungen nicht verändern und nicht einmal berühren kann, weil sie selbst im Gesetz des ewigen Wandels und der ewigen Erneuerung, lebensträchtig, verharren.

Tiefe, einfache Lebensfrommheit vermag hier die Wechselströme zwischen Schöpfer und Erschaffenem zu schauen und zu künden:

»Die Menschen haben in ameisenhafter Mühe die Erde gefurcht und gekämmt, gefüttert und getränkt, haben Millionen Steine von ihr gelesen, haben sie zu ihrem Ruhebeet, Milchbrunnen und Apfelbaum gemacht. Und sie wieder, die Göttliche, hat in heimlicher Weise listig an ihnen geformt und gebosselt, und sie so geschaffen wie sie selber war und ist: warm und weich und kräftig, und wiederum hart und starr und erbarmungslos. Und wenn jegliches Ding, lebend oder tot, Mensch oder Tier, Wolke und Luft, Steine, Pflanzen, ja, das Aas am Wegrand, geheime Ströme ausatmet und auf alles, was es umgibt, einwirkt – wie muß dann diese Natur, durch unermessene Zeiträume, auf die Menschen einwirken?« – Und, an einer anderen Stelle: »Nicht die Furcht – die *Schönheit* zwang den Menschen in die Knie und ließ ihn staunen, das heißt: beten.«

Aus solchem kindhaften und urtümlichen, scheuen und ahnungsvollen Staunen schuf der Dichter sein Werk – aus Ernst und Heiterkeit, aus irdischer Liebe und himmlischer Weisheit wunderbar gewoben –, und wir erkennen es dankbar als ein starkes und tröstliches Gebet.

Es ist die Lebensarbeit eines reifen Mannes, der, von Bauern stammend, zum Dichter berufen, sein ganzes Dasein nur dieser Berufung widmete, ohne doch je den Zugang zur Öffentlichkeit, zum Widerhall, zum Erfolg gefunden zu haben.

Er, der keiner Härte, keiner Bitternis und keiner Grausamkeit des Daseins aus dem Weg ging, weder in seinem Werk noch in seiner Existenz, vermag es, am Ende dieses Buches das Wort zu sagen: »Erhebet eure Herzen und glaubet daran: Das Leben ist einfach, liebreich und gut.«

Thomas Bernhard: ›Frost‹

Während der Zeit, in der Johannes Freumbichler fast täglich zur Arbeit zu uns hinüberkam – es war etwa eine Stunde zu Fuß –, ergab es sich ganz von selbst, daß wir gelegentlich auch seine Frau und mindestens einmal seinen fünfjährigen Enkel zu einer »Jause« in die »Wiesmühl« einluden – woran sich dieser noch gut erinnert. Er war ein blonder, wohlerzogener Knabe, sehr still, zunächst etwas scheu, und am sichersten fühlte er sich offenbar an der Hand seines Großvaters. Sein Name war Thomas Bernhard.

Wir wußten nichts über seine näheren Familienverhältnisse, wo seine Mutter lebe oder warum er nicht bei seinen Eltern sei, und wir stellten auch keine Fragen. Er lebte immer bei seinen Großeltern, nicht nur besuchsweise, und wuchs bei ihnen auf. Sein Verhältnis zum Großvater muß völlig ungetrübt, harmonisch gewesen sein – er selbst berichtet davon in einem seiner letzten Bücher mit sehr schönen, dankerfüllten Worten. Durch den Großvater habe er die Natur kennengelernt, die richtige Sprache, überhaupt die Grundlagen des Lebens.

Als wir nach der Exilzeit wieder nach Salzburg kamen, waren Johannes Freumbichler und seine Frau verstorben. Bald aber begegneten wir wieder dem jungen Thomas Bernhard, der damals offenbar eine sehr schwere Zeit hinter sich und wohl auch noch vor sich hatte.

Er war in den Jünglingsjahren an Tuberkulose erkrankt und hatte eine längere Zeit in einer Heilanstalt im Pongau verbracht. Später mußte er seine Mutter in Salzburg qualvoll an Krebs sterben sehen. Von ihm selbst heißt es in einem Literaturkalender, er sei nach Absolvierung einer kaufmännischen Lehre vier Jahre Gerichtsaalreporter gewesen (ähnlich hatte William Faulkner angefangen), dann Bibliothekar in London und schließlich Dramaturgiestudent am Salzburger Mozarteum. Genaueres weiß ich nicht über diese Zeit, aber in Salzburg trafen wir ihn wieder.

Damals hatte er seine tiefgehende Neigung zur Musik entwikkelt und sich in den Kopf gesetzt, Sänger zu werden. Meine Frau verschaffte ihm ein Vorsingen bei einem der großen Salzburger Dirigenten, an dessen sicher sehr berühmten Namen sie sich nicht erinnert, aber er muß ein sackgrober Kerl gewesen sein. Sobald er bemerkte, daß Bernhards Stimme, ich nehme an ein Baß, völlig »unausgebildet« war, schmiß er ihn kurzerhand hinaus, und meine Frau dazu.

Auf Thomas Bernhards literarische Spuren bin ich erst später gestoßen. Zuerst kam mir ein schmaler Band in die Hand, ›Flachgauer Gedichte‹, in dem er, wie sein Großvater, aber auf völlig andere Art, die heimatliche Umwelt zu bannen suchte (so wie man Geister bannt). »Flachgau« hieß die Salzburgische Vorgebirgslandschaft zwischen dem Thalgau und dem Innviertel. Dann erschien in der ›Neuen Rundschau‹ etwas wie ein gesprochenes Ballett – ein früher theatralischer Versuch. Und schließlich, wohl auf Veranlassung von Rudolf Hirsch, im Insel-Verlag sein erster großer Roman ›Frost‹, der mich völlig gefangen nahm, wie auch viele seiner späteren Dichtungen. Ich konnte ihn, wie ehemals das Epos seines Großvaters, als einer der ersten in der ›Zeit‹ besprechen und lasse diese Rezension hier folgen.

Was mich immer wieder bei ihm fasziniert, ist die Musikalität seiner Sprache, in Rhythmus und Tonart. Auch seine Stücke sind gleichsam in symphonischen Sätzen komponiert. Am stärksten berührte mich sein Stück ›Jagdgesellschaft‹, in dem er die Dichte eines Strindbergschen Kammerspiels erreicht. Strindberg und Dostojewski – hier soll kein Vergleich angestellt werden, aber bei diesen sehe ich Patenschaft.

*

1963

Ein Medizinstudent, der in der chirurgischen Abteilung eines Provinz-Spitals seine klinischen Semester absolviert – man nennt das in Österreich eine Famulatur –, bekommt vom Assistenzarzt der Klinik den Auftrag, seinen Bruder, den »Kunstmaler« Strauch, zu beobachten, der allein, und offenbar im Zustand geistigen Verfalls, in einem weltverlassenen Bergdorf haust. Er soll über seine Beobachtungen Bericht erstatten.

Dieser Bericht, nämlich die täglichen Aufzeichnungen des Studenten, bilden den Inhalt des Romans von Thomas Bernhard, ›Frost‹. Ich halte das Buch für eine der stärksten Talentproben, für eines der aufwühlendsten und eindringlichsten Prosawerke, die seit Peter Weiss von einem Autor der jüngeren Generation vorgelegt worden sind. Wenn ich an die Lektüre zurückdenke, höre ich ein merkwürdiges Poltern, wie wenn Eisbrocken, durch einen nächtlichen Föhneinbruch von der Dachrinne abgeschmolzen, auf der Schneekruste vorm Haus zerschellen. Dieses unheimliche, bedrohliche, traumhaft erregende Gepolter, in dem sich das Zerfallen aller menschlichen Zusammenhänge bis zur völligen Entblößung eines letzten Seelenrestes andeutet, spielt sich im Hintergrund einer klaren, zuchtvollen, bildkräftigen Sprache ab – es wird nicht von den Worten selber hervorgebracht, sondern man erlauscht es, tief erschreckt und betroffen, unter und zwischen ihnen. Es wird da etwas zum Anklang gebracht, was wir nicht kennen und wissen, was wir mit Erlebtem, Erfahrenem, auch mit literarischen Vorbildern, kaum vergleichen können und was dem »Abgrund« Mensch, von dem Büchner sprach, neue Perspektiven erschließt. Denn dies ist kein »psychologischer« Roman, auch wenn die verschiedenen Phasen des Zerfalls und der Vereinsamung, man sollte besser sagen: Verfrostung, des Malers Strauch mit der Exaktheit eines klinischen Rapports zur Sprache kommen. Es hat vielmehr etwas von einer furchterregenden Legende oder einem schauerlichen Märchen, von der Geschichte eines mythologischen Martyriums oder, mit den Worten des Autors und seines Objekts, von einem »Gang durch ein vormenschenwürdiges Jahrtausend« – von »Expeditionen in Urwälder des Alleinseins«.

Dabei drängt sich mir wieder ein akustischer Vergleich auf: in diesem Buch *dröhnt* die Einsamkeit, es dröhnt und hallt darin das Alleinsein, wie die Schritte eines Menschen, der als Letzter, Vergessener, in einem riesigen dunklen Gewölbe, etwa nachts im versperrten Petersdom, eingeschlossen wäre. Dabei handelt es sich durchaus nicht um eine Geschichte der »Ausweglosigkeit« im Sinne jenes modischen Trivialbegriffs – denn es wird ja nach einem Ausweg gesucht, der im Bereich der menschlichen Möglichkeiten liegt, und ebenso, verzweifelt, doch nicht ohne Hoffnung, nach einem *Einweg*, der tiefer ins Innere und dadurch zu einem erkennbaren Quellgrund führen könnte. Mich erinnert das, was in diesem Buch vorgeht, eher an die keineswegs nur sportliche oder abwegige Arbeit der Höhlenforscher, die doch davon ausgeht, daß man außer dem Lauf der unterirdischen Gewässer unbekannte Einsichten finden könnte und neue Zeugnisse über den Ursprung des Menschen.

In den hemmungslosen, kataraktischen Monologen des Malers Strauch, der längst nicht mehr malt und der seine Bilder »verheizt« hat, der den jungen Menschen, den Auslöser seiner ins Nichts gesprochenen Entladungen, wie ein Maultier, das er beladen möchte, »mit dem Stock vor sich her treibt«, der »seine Sätze ausstößt wie alte Leute Speichel«, auf endlosen Spaziergängen – »Fluchten« nennt sie der Erzähler – durch die im Frost verharschten oder im Neuschnee verweichenden Hohlwege – aus diesen Wortkaskaden einer nur noch auf sich selbst bezogenen Phantasie, aus diesen abstrusen (doch nie »absurden«!) Gedankenfetzen und Simultanvisionen eines überempfindlichen, gleichsam der schützenden Schädeldecke beraubten Gehirns – aus alledem und in alledem ergibt sich auf kaum begreifliche Weise ein geheimer und geheimnisvoller, doch durchaus einleuchtender Sinn (man könnte vom Sinn des Un-Sinns oder von der Hellsicht der Blindheit sprechen), es geht das furchtbar Zwingende, entsetzlich Faszinierende, die Bannkraft des Wahnsinns davon aus, der in einer anderen, unerforschten Dimension dennoch »Methode hat«; und in einer immer mehr aus den Konturen herauswachsenden Plastik erhält dieser Maler Strauch, der »arme Narr«, der »Idiot«, eine besondere, unübersehbare Geschöpflichkeit – mit der er den jungen Mediziner, den ausgeschickten Spion, den detachierten Beobachter, überwältigt und, ohne daß das mit irgendeinem peinlichen Fingerzeig erklärt oder unterstrichen wird, zu einem anderen Menschen, wohl überhaupt erst zu einem Menschen macht.

Wer die Landschaft der oberen Salzach kennt, den Pongau, mit seinen wie vom Zufall zusammengewürfelten kleinen Industriestädten, Rangierbahnhöfen, im ewigen Sprühregen ihrer Wasserstürze, mit seinen finsteren, schluchtartig eingeschnittenen Seitentälern, der weiß, mit welcher beklemmenden Realistik der Autor ihren Farbton und ihr Klima trifft. In einer überheizten Kleinbahn, gemeinsam mit einem Trupp übermüdeter Schneeschaufler, fährt der »Famulant« nach dem Dörfchen Weng hinauf. »Es war wie in einem Kuhbauch so warm.« Aber der Frost hängt in den feuchten Kleidern. »Weng ist der düsterste Ort, den ich jemals gesehen habe.« Eine dieser inzüchtigen Siedlungen, in der man nicht die Straße überqueren kann, ohne einem Dorftrottel zu begegnen, der einen sabbernd anglotzt, mit den Fingern nach einem greift.

Der fiktive Ort Weng – das ist die Szenerie einer Vorhölle, aus der man, wie in einem Alptraum, nicht mehr herausfindet, von dunklen Sackgassen und ungewissen Lichtern genarrt, von Lemuren umlauert. »Ganz kleine, ausgewachsene Menschen, die man ruhig schwachsinnig nennen kann... nicht größer als ein Meter vierzig im Durchschnitt... Alle haben sie da versoffene, bis zum hohen C hinaufgeschliffene Kinderstimmen, mit denen sie, wenn man an ihnen vorbeigeht, in einen hineinstechen...« Überall hört man kläffende, heulende Hunde, aber man sieht sie nie, höchstens als Kadaver, die die Wirtin in ihrer Sudelküche vermetzt. »Weng liegt hoch oben, aber noch immer tief unten, wie in einer Schlucht.« In Schwarzach-St. Veit hat der Fluß unerträglich vorm Fenster des Studenten gerauscht, hier ist es »unerträglich still«. Hier hat sich der Maler Strauch, den sein Bruder, der Chirurg, mehr als zwanzig Jahre nicht mehr gesehen hat, wohl auch nicht sehen wollte, gleichsam in seinem eigenen Labyrinth verkrochen, hier unternimmt er seine endlosen, fluchtartigen Spaziergänge, von denen man das Gefühl hat, daß sie immer im Kreise herumführen.

Es ist eine Endstation, ein Verlies, in dem sich einer selbst eingeschlossen und den Schlüssel durchs vergitterte Fenster hinausgeworfen hat: aus Angst vor allem, was ihm draußen widerfahren würde. Trotzdem greift er nach jedem Streifen Licht, der durch das Gitter hereinfällt, als könne er es festhalten und sich daraus eine andere Welt, eine andere Freiheit machen, eine Brücke zur Erlösung, aus einer Existenz heraus, in der er nur mehr untergehen kann, zugrunde gehen, erfrieren.

Er haust da in der kahlen, knarrenden Stube eines drittrangigen Gasthofs (ich kann mich nicht erinnern, ob in dem Buch erwähnt wird, daß der Stubenboden knarrt, aber so eindringlich ist die Erzählkunst, daß ich die Dielen knarren höre, wenn der Maler nachts, schlaflos, mit schmerzendem Kopf, in Wollsokken auf- und abgeht). So eindringlich, daß sich alles, auch das Abstrakte, die verschlungenen Gedankenfasern, der intellektuelle Ausfall eines aufgespaltenen Geistes, in sinnliche Vorstellung verwandelt, akustische, mehr noch optische (denn nicht aus Zufall ist dieser Strauch ein Maler, »Kunstmaler«), ich sehe die toten Baumstrünke auf dem Weg zum Hochwald und ihr verrottetes Wurzelzeug, die »Eisenbahnübernachtungsräume«, das im Bau befindliche Wasserwerk und die – vielleicht nur eingebildete – Geschwulst am Fuße des Malers wie sichtbar gewordene Rudimente seiner Gedankenwelt, seiner »Worttransfusionen«, ich rieche den säuerlichen Dunst des Wirtshauses und die Bettlaken der Wirtin, als könnte ich Empfindungskategorien des Malers, Zellenekel, physiologisches Grausen und spirituelle Farbekstasen, in mathematische Figuren verwandeln.

In diesem Gasthof trifft sich die mittlere und obere Schicht des inferioren, doch von der industriellen Gegenwart schon überfahrenen Ortes. Die Lastwagenchauffeure, die Vorarbeiter, der Ingenieur. Der Wasenmeister, der Hilfsgendarm – die mit manchen anderen das Bett der Wirtin teilen. Während der Wirt, wegen Totschlags, in einer Strafanstalt verdämmert. Der Gasthof ist das Nervenzentrum einer dumpfen Kleinwelt von dumpfer Geschlechtlichkeit, beherrscht von der brutalen Schlächternatur der vulgivagen Wirtin, die mit dem Schürhaken auf ihre schwangere Tochter losdrischt. Geschlechtlichkeit, vom Zauberstab des Eros unberührt, durchdringt wie ein rüdes, zwanghaftes, lustloses Triebgeschehen diesen vernachlässigten, daher unverhohlenen Menschenschlag: »Alle leben sie ein Geschlechtsleben, kein Leben«, sagt der Maler einmal über seine »vormenschenwürdige« Umwelt. »Hier können Sie lauter Beobachtungen machen, die sich in Kälte umwandeln, in Mißgunst gegen sich selbst.«

Doch verliert sich der Berichterstatter, der Erzähler, nicht in die Details solcher Beobachtungen, er trumpft nicht auf mit der nackten Abscheulichkeit. Wenn einmal die Wirtin und der Wasenmeister, nachdem sie miteinander geschlafen haben, in der leeren Gaststube sitzen, Wurstscheiben essen und Bier trinken, spürt man ein Würgen im Hals, eine Scham, wie sie die nackteste Schilderung des Schamlosen nicht hervorrufen könnte. »Es riecht nach Menschenfleisch«, sagt der fraßgierige Riese in einem Märchen.

Alles, was in dem Ort geschieht, gewinnt solch bannend überwirkliche, märchengleiche Bedeutung. Der Tod eines Holzziehers, der, kurz bevor er unter seinen Schlitten kam, den Maler noch gefragt hat, wieviel Uhr es sei. Die boshaften »Schausteller«, die verkrüppelte Tiere und Kinder für Geld sehen lassen. Grausamkeit und Härte des Landlebens, durch kein Naturidyll gemildert, werden zum Sinnbild der »großen Kälte«. Zwei Abgestürzte im Gebirg. Das »Viehdiebsgesindel«. Das Armenhaus. Die unheizbare Steinwohnung des Pfarrers. Der Brand eines Gehöftes, der Tod einer Bäuerin, ein Begräbnis, Gespräche über den Bau des Kraftwerks. Das alles webt sich um das Schicksal des Malers Strauch, webt ihn ein, wie Spinnenfäden, die sich um eine gefangene Fliege schließen: Nach außen ist kein Entrinnen.

Desto wilder verstrickt er sich in seine eigenen Ingespinste. Es gibt für ihn keine Verbindung mehr zur Welt, zu seinem früheren Leben. Man hat ihn abgeschrieben. Auch jener Chirurg, sein Bruder, der ihn von einem Fremden beobachten läßt, tut dies wohl mehr in der Absicht, ihn loszuwerden, als sich ihm zu nähern. Der Appell des Beobachters: »Erhören Sie Ihren Bruder!«

verhallt ungehört. Er »bekommt keine Post mehr. Endgültig nicht mehr«. Doch rennt er immer wieder den gleichen Weg zur Station, um sich Zeitungen zu kaufen – ein letzter, kindlich anmutender Versuch der Kommunikation. »Das Politische ist ja doch das einzig Interessante an der Menschengeschichte.« Man spürt, er meint etwas ganz anderes, jenseits der Ideologie. Er sagt: Der Kommunismus wird kommen – ohne Für, ohne Wider, er sagt es wie: Es wird wieder ein anderer kalter Winter sein – er ist »die vorläufige Zukunft der Menschen der ganzen Welt«. Aber: »Was könnte das Gekläff (der unsichtbaren Hunde) noch ankündigen, wo wir alles schon wissen, wo wir alles schon kennen, es sei denn den *wirklichen* Weltuntergang.«

Seine Erinnerungen verallgemeinern sich, sind nicht mehr persönlicher Natur. Er war einmal Hilfslehrer, er spricht vom »Leben der Hilfslehrer« wie vom Leben einer bisher wenig beachteten Baumwanzenart. »Alle Kindheiten sind gleich. Nur erscheinen die einen in einem alltäglichen, die andern in einem milden, die dritten in einem teuflischen Licht.« Die Erkenntnis des Lebens hat nichts Pastoses, sie erscheint ihm »in Traumfarben«. Dann wieder in gewaltigen Visionen. Die schwarzen, winterlichen Baumstämme, sie verwandeln sich in die Erscheinung von Richtern, »gewaltigen Richterpersönlichkeiten«! »Große Urteile fällen die! Diese ungeheuren Urteile!« Er erblickt das Ungeheure, das Große, ebenso im Zustand seiner Macht wie im Urzustand seiner Hilflosigkeit. Die »großen Gedanken« er sieht sie wie armselige Defraudanten unter Anklage stehen, sie werden verhaftet, ins Gefängnis eingeliefert, es gibt keine Verteidiger, »nicht einmal einen lausigen Pflichtverteidiger. Hören Sie! Sehen Sie! Allen großen Gedanken ist grundsätzlich immer der Kopf abgeschlagen worden.« Er besitzt nur noch ein Buch – »seinen Pascal«. Man weiß nicht, ob er noch darin liest. Einmal findet ihn der Wasenmeister in der eisigen Kälte – »hockend auf einem Wurzelstock«. Schleppt ihn zum Dorf zurück.

So mag er gehockt haben, als er dann abgängig wurde. »Wegen der herrschenden Schneefälle mußte die Suchaktion nach dem Vermißten, an welcher sich auch Angehörige der Gendarmerie beteiligten, eingestellt werden«, liest man im »Demokratischen Volksblatt«. Damit bleibt er verschwunden, und auch der Erzähler verschwindet mit dieser Nachricht aus unserem Blickfeld. Wir wissen nicht, wie er mit dem Resultat seiner Aufgabe fertig wird, wie er weiterlebt.

Doch gibt uns der Autor, in den ersten Seiten des Buchs, einen Fingerzeig. Er spricht von der Schwierigkeit, etwas »Unerforschliches zu erforschen« – nämlich das Außerfleischliche. »Und es kann ja sein«, heißt es dort, »daß das Außerfleischliche, ich meine damit nicht die Seele, daß das, was außerfleischlich ist, ohne die Seele zu sein, von der ich ja nicht weiß, ob es sie gibt, von der ich aber erwarte, daß es sie gibt, daß diese jahrtausendalte Vermutung jahrtausendalte Wahrheit ist; es kann durchaus sein, daß das Außerfleischliche, nämlich das ohne die Zellen, das ist, woraus alles existiert und nicht umgekehrt, und nicht nur eines aus dem anderen.«

Wenn man das Buch gelesen hat, fühlt man sich auf eine Spur gesetzt, die so alt ist wie die menschliche Überlieferung und dennoch so neu, und in unerforschtere Gebiete weisend als der Flug in den Raum.

Nach Brechts Tod

August 1956. Ein Anruf aus Frankfurt von Peter Suhrkamp: Brecht sei gestorben. Er wollte nicht, daß ich das durchs Radio oder aus der Zeitung erfahre, weil er wußte, wie sehr mich die Nachricht treffen würde. Auch bat er mich um ein paar Zeilen, die er mit anderen Stimmen aus unserer Generation veröffentlichen könne.

Am Tag vorher war unsere jüngere Tochter aus den USA zurückgekommen, wo sie an der University of California ihr Studium abgeschlossen hatte. Ich fragte sie, was sie von Brecht kenne.

Das Stück, sagte sie, das sie in Zürich gespielt haben, und ihn selbst, von seinem Besuch auf der Farm.

Das Stück war ›Puntila‹, das er gemeinsam mit Kurt Hirschfeld, Vizedirektor am Zürcher Schauspielhaus, inszeniert hatte; ich hatte sie auf die Generalprobe mitgenommen.

»Und von seiner Lyrik?« fragte ich.

»Nichts«, sagte sie.

Wir lebten damals in einer Vierzimmerwohnung, in einem Chalet aus altersgeschwärztem Holz, in Chardonne, oberhalb des Genfer Sees. Nach rückwärts gab es eine Terrasse, etwa so hoch wie die Obstbäume des Gartens. Sie war von der Krone eines großen, alten Kirschbaums umschlossen, und es war da sehr still.

Am Abend saßen wir dann auf dieser Terrasse, meine Frau, unsere Tochter und ich, ich hatte nur ein Windlicht angezündet, bei dem ich gerade aus der ›Hauspostille‹ lesen konnte, und meine Gitarre aus dem Futteral geholt, aus dem sie lange nicht gekommen war.

Plötzlich war mir der Herbst 1923 ganz gegenwärtig. Ich spielte die Akkorde, mit denen Brecht seine ›Ballade vom ertrunkenen Mädchen‹ begleitet und die er mir damals gezeigt hatte. Und fast alle Gedichte, die ich damals von ihm gehört hatte, kannte ich noch auswendig, auch die Melodien, zu denen er manche sang, selbst sein Tonfall, seine Aussprache, waren mir geläufig, als hätten wir gestern erst zusammengesessen. Ich las und sang einen großen Teil der ›Hauspostille‹. Ich endete mit dem Gedicht ›Von der Freundlichkeit der Welt‹, dessen letzte Zeilen lauten:

»Fast ein jeder hat die Welt geliebt,
Wenn man ihm drei Hände Erde gibt.«

*

Ein Brief an Peter Suhrkamp

Chardonne sur Vevey, 17. 8. 1956

Lieber Peter,
Die Nachricht von Brechts Tod geht mir sehr nah. Wir standen nicht mehr so, daß man sich »Freund« nennen konnte, aber erst recht nicht das Gegenteil: das Trennende lag auf einem Gebiet, das mir unwichtig erscheint, auf dem der Theorie. Ihm schien es wichtig, er glaubte an die Notwendigkeit der politischen Theologie, der absoluten Wandlung, auch in der Poetik, im künstlerischen Ausdruck. Ich glaube, daß wir in Wandlungen stehen, die weitere Räume umfassen als die soziologisch (oder stilistisch) fixierbaren. Und ich glaube, was von Brechts Werk bleiben wird, liegt auf dieser Linie des »Welthaltigen«, nicht des Didaktischen – in seiner persönlichen Melodie, die von Nachfolgern seines Stils oder seiner Methode nicht zu erjagen ist. Ich bewundere seine Theaterarbeit, mehr noch seine Lyrik, und trauere um eine unersetzliche Gestalt in der deutschen Dichtung – und um einen Kameraden der Jugend.
In herzlicher Verbundenheit!

Dein Carl Z.

Aus einem Brief an Kurt Hirschfeld

20. August 1956

...

Brechts Tod geht mir furchtbar nah. Obwohl, oder vielleicht gerade weil wir in den letzten Jahren keinen Kontakt mehr hatten. Aber die Anfänge, die Jugend, München – die Zeit der »Jungen Bühne«, Berlin – und durchs ganze Leben, da war Einer, der einen anging, und aus dem gleichen Zeitenschoß. Mir ist, als sei unsere ganze Generation weggestorben, und man sei nur per Zufall noch nicht ganz verfault.

Meine schwierigste Entscheidung – und ich *hasse* Entscheidungen – hat mit Amerika zu tun. Mir scheint die ewige Rastlosigkeit, die das Bewohnen zweier Kontinente mit sich bringt, das Hin und Her, die Unkosten der Reiserei, das ewige Gezerre wegen dem Paß, kaum mehr erträglich, doch wird's uns hart, es aufzugeben, zumal man nicht recht weiß, wohin man sonst gehört. Also immer noch und immer wieder »Emigrant«. Und vermutlich bis zum Ende.

Sei samt den Deinen sehr herzlich gegrüßt, auch von Jobs, und laß mal von Dir hören.

Dein Old Zuck

Nachschrift: Ein Jahr später ließen wir uns dann endgültig in unserem neuen Heim in Saas-Fee nieder.

Ein Tag in der alten Villa Hammerschmidt

Wenn meine Frau und ich in der Amtszeit von Theodor Heuss nach Bonn kamen, waren wir immer zu Gast in der Villa Hammerschmidt – seit Gründung der deutschen Bundesrepublik Amts- und Wohnsitz des Bundespräsidenten. Das war ein schöner, aber nicht ganz einfacher Aufenthalt. Die Villa Hammerschmidt wurde, soviel ich weiß, erst unter der Präsidentschaft von Gustav Heinemann renoviert und erweitert. Damals gab es dort außer den Privaträumen für Heuss und seine Schwägerin, die ihm seit dem Tod seiner Frau, der Schriftstellerin Elly Heuss-Knapp, die Wirtschaft führte, eigentlich nur ein richtiges Gastzimmer mit zwei Betten, das wir dann innehatten – dann noch ein sehr kleines, einbettiges, das für die alte Heuss-Freundin, Frau Toni Stolper, reserviert war und von ihr sehr oft bewohnt wurde, dahinter lagen außerdem die Zimmer für seinen persönlichen Referenten, den unentbehrlichen, getreuen Hans Bott – und für alle nur *ein* Badezimmer mit Toilette, das auf der anderen Seite des Flurs lag.

Um 7 Uhr 15 morgens wurde unsere nie verschlossene Schlafzimmertür aufgerissen, vom Bundespräsidenten persönlich, der eine dicke Wolke von Brasilzigarrenrauch hereinblies und von frischer Rasur glänzte: jeden Morgen Punkt sieben war der Friseur bei ihm.

»He, seid Ihr no net auf«, rief er herein, »um halb acht ischt Frühschstück!« Nun gab es ein Hetzen und Laufen über den Gang zum häufig gerade besetzten Badezimmer, und wir erschienen zum Frühstück mit entsprechender Verspätung, was »Onkel Theodor«, wie wir ihn freundschaftlich nannten, nicht übelnahm, denn jetzt konnte er sich Zeit nehmen. Gleich nach den Butterbrötchen, mit einer neuen Tasse Kaffee, steckte er sich seine zweite Brasil an, ich rauchte dann auch, und schon begann das erste, angeregte Gespräch des Tages. Ich erinnere mich, daß er bei unserem letzten Besuch morgens auf Wilhelm

Busch zu sprechen kam, über den er eine Arbeit unter der Feder hatte, und ich erzählte ihm, daß ich in den späten zwanziger Jahren bei einem Besuch in Heidelberg von Friedrich Gundolf erfahren hatte, er wolle ein Buch über Wilhelm Busch schreiben (wozu es durch seinen frühen Tod nicht mehr kam). So ging das Gespräch noch über eine Zigarre hin, bis kurz vor zehn Hans Bott in der Tür stand, schon mit der Aktenmappe unterm Arm.

»Kinder, entschuldigt mich«, sagte der Bundespräsident – »i muß jetzt reschiere.«

Und verschwand.

Am Vormittag konnte ich dann zuerst im Garten spazierengehen, aber nicht durch den Gartenausgang zum Rhein hinunter – da stand ein Polizist auf Wache. Immerhin stellte ich fest, daß im Garten ein Grünspecht, vermutlich ein Pärchen nistete, was aber Heuss gar nicht interessierte.

»I bin Hischtoriker«, sagte er, »die Ornithologie geht mi nix an.«

Später arbeitete ich dann im obersten Stock im sogenannten »Naumann-Zimmer«, zum Andenken an seinen Freund und Lehrer Friedrich Naumann so genannt und als Bibliothek eingerichtet.

Es hatte einen wunderschönen Blick auf den Rhein. Als ich den bei Heuss erwähnte, kam ich schlecht an.

»Ach, Euer Scheiß-Rhein«, sagte er – »nur wege dem Poschte muß i den immer sehe. I hätt' lieber e Häusle in Schduagard oder Lörrach. I freu mich schon druf, wenn i den Poschte los werd und kann wieder hoim ins Ländle.«

Nachmittags machte er sich manchmal frei und unternahm einen Ausflug mit uns, einmal zu der wunderbaren alten Kathedrale von Altenberg im Bergischen Land, die ökumenisch geführt wurde – wobei er sich über das stets vorausfahrende Polizei-Auto ärgerte. Aber daß er dort schon angekündigt war und ihn ein Kirchenchor mit Gesang begrüßte, störte ihn überhaupt nicht. Er ließ sich gerne feiern und machte seine Späße mit den Kindern, dann besichtigten wir die Kirche.

Nur wenn etwa ein Bürgermeister ein Blatt Papier aus der

Tasche zog, winkte er heftig ab. »Geh' mir lieber ins Wirtshaus«, sagte er, »uf e Schöpple.«

Um halb acht mußten wir zum Nachtessen zurück sein und waren pünktlich, man konnte seine liebe Schwägerin nicht warten lassen. Dazu und nachher gab es schwäbischen Rotwein, womit ihn Verehrer aus Württemberg reichlich versorgten, die Zigarren wurden angesteckt, und man blieb, zu meiner Freude, um den Tisch herum sitzen.

Um elf zog der getreue Hans Bott, der gewöhnlich abends dabei war, die Uhr. »Für den Bundespräsidenten Zeit zum Schlafen.«

Doch waren wir gerade in einem besonders lebhaften Gespräch.

»Sie hen recht«, sagte er dann zu Bott – »der Bundespräsident müßt' ins Bett, aber der Heuss bleibt hocke!«

So ging's noch bis etwa Mitternacht, dann schickte er uns ins Bett, ließ aber für sich noch eine Flasche Roten und die Zigarrenkiste in sein Arbeitszimmer stellen. Dort schrieb er an seinen Reden oder Essays. Das sei seine »beschte Zeit«, sagte er, »für Einfäll«.

Aber um 7 Uhr 15 blies er uns wieder, frisch rasiert, die Brasilwolke ins Schlafzimmer.

Das Gesicht des Theodor Heuss
(Versuch einer Bleistiftskizze)
Geschrieben zu seinem siebzigsten Geburtstag, 1953

Wenn ich an Theodor Heuss denke, sehe ich vor allem, unverwechselbar, einmalig und einzigartig, sein Gesicht. Auch wenn ich sein Werk, seine Reden und Schriften, sein Denken und Handeln, die Wirkung seiner Persönlichkeit nicht kennen würde, hätte dieses Gesicht eine ganz bestimmte Bedeutung für mich. Es wäre immer noch: das deutsche Gesicht, so wie man es meint und wünscht.

Völker haben ihre wesenhaften Gesichter, Gesichtsgrundzüge, in der Form und im Ausdruck, in Bewegung und Ruhe. Sie sind, trotz aller Variationen – etwa zwischen einem Nord- und einem Südfranzosen, einem Mailänder und einem Neapolitaner –, von einer generellen Mitte her erkennbar, bestimmbar. Ein Schwede. Ein Spanier. Heute sogar schon: ein Amerikaner. Wer würde nicht, denkt man ans russische Gesicht, das Porträt Dostojewskis sehen, in dem sich die weiten Distanzen und Extreme dieses Volkes, bis ins Mongolische, an dem er wohl keinen Blutanteil hatte, aus einer seelischen Durchdringung und Umfassung gesammelt zu haben scheinen.

Was ist das deutsche Gesicht? Wie schaut es, in seiner besonderen Prägung, in seinen heimlichen Wesenszügen, aus? Wer selbst ein Deutscher ist, wird es vielleicht in einem Wunschbild sehen. Und wer, wie ich, vom Südwesten Deutschlands stammt, liebt es am meisten in dieser landschaftlichen Verschmelzung, wie sie aus dem Zusammenströmen der größeren und kleineren Flüsse, Rhein, Mosel, Neckar, Main, Inn, Donau, Isar, Lech, umgrenzt und versinnbildet ist. Vielleicht mehr als bei anderen Völkern, scheint das deutsche Gesicht vom Individuellen her bestimmt: es ist stark im persönlichen Charakter, es verschwimmt in den kollektiven Zügen. Trotzdem ist seine Bestimmbarkeit nicht nur die der großen, der überragenden Einzelpersönlichkeit. Nicht nur: der Goethekopf. Der Lutherschädel. Das Antlitz Beethovens, die Totenmaske Friedrichs des Großen.

Im Gesicht des Theodor Heuss findet sich Erbe und Alter seines Volkes ganz und zu gleichen Teilen vermischt mit frischer, lebendiger Gegenwärtigkeit. Es ist unabhängig von Tracht und Mode und – obwohl durchwoben von einer ganz bestimmten Geistesbildung, ihrer Tradition und ihrer Erneuerung – auch unabhängig von Lehre und Doktrin: fern von den physiognomischen Verengungen der Dogmatik, doch in seiner natürlichen Fülle und Flächigkeit immer gehalten vom goldenen Schnitt der bewußten Humanität. Ich kann es mir in den hohen Zeiten der deutschen Renaissance, als Dürerzeichnung, vorstellen, aber auch in den Kampfzeiten der erwachenden bürgerlichen Geistesfreiheit, oder dort wo die schwäbischen und hessischen Pastoren Träger einer neuen, sozialrevolutionären Religiosität wurden, wo der ›Hessische Landbote‹ umging – oder wo die stürmisch-zarte Menschen- und Gottesliebe des Matthias Claudius ihre Brüderschaft ergriff und erweckte.

Nichts ist zu groß oder zu klein, zu eng oder zu weit in diesem Gesicht, auch die lange Oberlippe steht in eigenwilliger Proportion zu Kinn, Wangen und Nase, es ist die Proportion der guten Stimmung (im Sinn der musikalischen Intervalle, der Instrumentenstimmung), der ernsten Heiterkeit, der gescheiten Einfalt, des Wiegengeschenks von Salz und Feuchte, Intelligenz und Humor. Es bedarf zur Durchklärung dieses Angesichts keiner überragenden Stirn, der Geist lebt in all seinen Zügen, die Beseeltheit, auch mit ihrer heimlichen, verborgenen Trauer, bewohnt es von innen her. Zum Gesicht eines Menschen gehört notwendig, was aus ihm spricht, die Stimme. Diese, in ihrer tiefen, männlichen Tonlage, strömt vor allem Ruhe aus – jene wohltätige Ruhe des beherrschten Temperaments, das kein Schreien, Kreischen, Zischen, Gellen kennt und, bei starker Nachdrücklichkeit, niemals den Überdruck, die Anstrengung, die heftige Interjektion benötigt. Den Mund möchte man gern mit Zigarre zeichnen, beim Einziehen des Rauchs aus einer großen, kräftig-leichten Brasil, wodurch der Bestimmtheit seiner

Linie das Liebenswürdige, Graziöse einer weisen Genußbereitschaft zugetan wird. Auch die Nase, nicht überbetont, doch mit ausgeschwungenen Nüstern, bezeichnet maßvolle Irdischkeit, und der gute Schluck Wein verleiht den Zügen Andacht und Freude.

So möchte ich es zeichnen können, das deutsche Gesicht, wie wir es der Welt als unsere beste Mitgift, in aller Bescheidenheit, aber auch in sicherem Selbstbewußtsein, zuwenden möchten. Das Gesicht des Theodor Heuss.

Die Brüder Grimm
Ein deutscher Beitrag zur Humanität

Mein Versuch über die Brüder Grimm ist entstanden aus Sprach-Heimweh.

Dies ist für einen Schriftsteller im Exil die schmerzhafteste Form des Heimwehs, zugleich die unsentimentalste und, unter Umständen, produktivste.

Es war das letzte Kriegsjahr, 1944/45. Niemand konnte mehr daran zweifeln, daß Hitler den Krieg verlieren würde.

Aber Deutschland! Was würde aus Deutschland werden? Und wir? Würde ein Deutschland aus dem Untergang des Hitlerreichs hervorgehen, in dem man leben konnte – und wollte? Bis jetzt hätten wir kaum die Mittel gehabt, auch nur eine Überfahrt zu bezahlen (und wenn ich nicht später einen Posten als amerikanischer Regierungsangestellter bekommen hätte, hätten wir sie nie gehabt). Würden wir je wieder die eigene Sprache auf einer Straße hören?

Seit Jahren sprachen, lebten, ja träumten wir englisch, denn es gab dort in der ländlichen Einsamkeit keinen Menschen, der Deutsch konnte – wenn nicht einmal Besuche kamen, aber die kamen nur im Sommer!

Von diesem Sprach-Heimweh, das man in den ersten Jahren nicht so schmerzhaft gespürt hatte, da man ganz mit Überleben in der fremden Welt beschäftigt war, wurden wir jetzt immer heftiger heimgesucht – und da war für uns ein Trostquell die Baker's Library, die große Bibliothek des Dartmouth College in Hanover, New Hampshire (von dem ich später meinen ersten, amerikanischen Ehrendoktor bekam) –, etwa 50 km von unserer Farm entfernt, zu der meine Frau alle zwei Wochen fuhr. Wir sparten das damals noch streng rationierte Benzin für diese Fahrten – und von dort brachte sie mir alles mit, was ich an älterer und neuerer deutscher Literatur nur erträumen konnte, denn in dieser wunderbaren Bibliothek gab es die Literaturen sämtlicher bedeutender Weltsprachen, durchweg in Originalausgaben. So konnte sie mich mit dem gesamten Werk der Brüder Grimm, auch mit allem biographisch Vorhandenen über sie, fortlaufend versorgen, und ich begann nach Tagen schwerer körperlicher Arbeit in den Nächten mit dieser Schrift.

Das Kriegsende und die bewegten Zeiten, die für uns folgten, unterbrachen die Arbeit – ich habe sie dann in den Jahren 1947/48 in der Schweiz vollendet, und sie erschien zum ersten Mal 1948 im Suhrkamp-Verlag, mit dem Untertitel:

»Ein deutscher Beitrag zur Humanität.«

1948

1 *Von der Stille und der Andacht zum Unbedeutenden, vom Werk und vom Leben*

»Das ist das Erste, was mir in Erinnerung tritt, wenn ich meines Vaters oder Onkels gedenke, daß Stille ihr eigentliches Element war.«
Hermann Grimm

Stille ist über die Landschaft ihres Lebens gebreitet, wie der leichte Nebel eines Frühherbstmorgens, der einen Tag vollkommener Klarheit heraufbringt. Stille – nicht Schweigen. Es ist jene Stille, die die leisen Dinge beredt macht, das Verklungene nachschwingen läßt. Das Kullern eines Bachs, das Brechen eines Zweigs, das Knistern welker Blätter, in der Stille der Nacht oder des Nebels ist jeder kleine Laut von einer tieferen Spannung erfüllt. Die Luft scheint durchbebt vom lautlosen Donner des Weltalls. Es ist nicht Grabes-Ruhe, nicht Todes-Stille, es ist die Abgestimmtheit der belebten Welt, die Stille der Werkstatt, der Arbeit, der tätigen Versenkung. Ein Holz knackt im Ofen. Ein zahmer Vogel zwitschert. Eine Fliege summt. Die natürlichen Geräusche wirken am Wesen der Stille mit, machen sie dichter, und drängen sich nicht in ihren inneren Kreis. »Nur das Kritzen der Feder war zu hören«, erinnert sich Wilhelm Grimms Sohn an die Arbeitsstuben der Brüder, »oder bei Jacob manchmal ein leises Hüsteln. Die Züge des einen wie des anderen waren immer in leiser Bewegung. Die Brauen hoben oder senkten sich. Zuweilen blickten sie in die leere Luft. Manchmal standen sie auf, nahmen ein Buch heraus und blätterten darin. Ich hätte nicht für möglich gehalten, daß jemand es wagte, diese heilige Stille zu stören.«

Es scheint mir reizvoll, von unseren Tagen und unserem Standort aus, sich einen Lebenslauf vorzustellen, dessen Element die Stille war. Kann man sich den Hieronymus im Gehäuse, den Virgil in seinem Bienengärtchen denken, die Welt seiner inneren Gesichte gegen den Ansturm von außen abschließend, wenn über ihm die Luft von den Motoren der Bombengeschwader dröhnt? Im Grund ist wohl kein großer Unterschied, ob in einer Arbeitsstube die Feder knirscht oder die Schreibmaschine klappert. Ob draußen Kosakenhufschlag aufs Pflaster knallt oder die Raupengürtel der schweren Panzerwagen darüberpoltern. Auch das Leben der Brüder Grimm – von dem man mit Recht in der Einzahl sprechen kann, denn sie haben wirklich aus ihren beiden Leben ein einziges gemacht – verlief nicht immer in sogenannten ruhigen Zeiten. In ihre Jugend fielen die Französische Revolution, der Machtaufstieg Napoleons, die Unterwerfung Europas, die Befreiungskriege. In ihr nahendes Alter die Vorstürme, Rückschläge und Nachwehen des Jahres Achtundvierzig. Der Inhalt ihres Lebens, ihr Werk, scheint davon kaum beeinflußt. Sie bauten daran mit einer leidenschaftlichen Unbeirrbarkeit, für die das Wesen der Zeit in jener aus Vergangenheit, Gegenwart und Zukunft gewirkten Stille vollständig verschmolzen ist. Dabei gehörten sie keineswegs zu der besonders abscheulichen Menschengattung, die wir oder die sich selbst die »Stillen im Lande« nennen, die Gilde der Muffigen und Verschnupften, die ihre eigene Unfähigkeit, sich Gehör zu verschaffen, hinter einer Attitüde hochmütiger Bescheidenheit, nicht ohne heimliches Rachegelüst, verstecken. Die Brüder Grimm versteckten sich nicht und wichen der Welt nicht aus, auch nicht ihrer Zeit oder der Wirklichkeit, aber die Wirklichkeit bestand für sie lediglich im Sinn und im Resultat ihrer Arbeit, für deren Anerkennung und Ausstrahlung sie immer kämpften. Jede äußere Form der Publizität empfanden sie nur als ärgerliche Störung, sie hatten auch kein Bedürfnis nach Lehrtätigkeit und nahmen nur widerwillig und aus Gründen der Existenz Universitätsstellungen an. »Das Auftreten zu bestimmten Stunden auf dem Katheder«, schreibt Jacob Grimm, als er sich der Göttinger Professur nicht erwehren kann, »hat etwas Theatralisches und ist mir zuwider.«

Noch mehr zuwider war beiden jede Art von Ortsveränderung. Sie hingen an ihrer engsten Heimat, im »Hessischen«, wie die Katzen am Haus. Von Hanau nach Steinau, wohin ihre Eltern mit den sechs kleinen Kindern übersiedelten, war es auch damals kaum ein paar Stunden Kutschenfahrt, Landschaft und Leute, selbst der Dialekt fast gleich. Dabei erzählt einer der Brüder, wie er in der Steinauer Kirche die Augen schloß und davon träumte, daß er nach dem Gottesdienst hinaustrete und wieder in Hanau sei. Er stellte sich auch vor, daß draußen sein in Hanau verstorbener Großvater stehen und ihn ansprechen werde, was ihm weder unheimlich noch erstaunlich vorkam. Im Land der eigenen Geburt bleiben die Toten lebendig. Und viele Auswanderer, zu allen Zeiten, haben sich schwerer von den Gräbern der Heimat getrennt als von den Lebenden. Für Leute, die über Sibirien und Japan oder über Afrika und Brasilien, nach Nordamerika auswandern mußten, scheint allerdings die Übersiedlung von Kassel nach Göttingen, vom Hessischen ins Hannöversche, keine ausgewachsene Emigration zu sein. Aber auch Goethes »Deutsche Ausgewanderte« waren nur von einer Seite des Rheins auf die andere verbannt, von wo sie sich sehr heftig zurücksehnten. Entfernung ist ja relativ, und die Trennung selbst, nicht die räumliche Distanz, erzeugt das Heimweh, das Jacob Grimm zum Gegenstand seiner Antrittsrede in Göttingen machte. Es mag wohl auch physiologisch bedingt sein, aber es ist bestimmt keine geographische Quantität. Die Seele sehnt sich vom Nachbarhaus nach dem Ort ihrer Liebe. Nach dem beseelten Ort. Und nur die Beseelung des Allernächsten, des eigensten, sinnlichen Umkreises, gebiert Sprache. Die menschliche Sprache, im Knospen und Blühen, ist in einem sonderlichen Grad mit der Empfindung des Heimwehs verbunden. Wer es nicht kennt, dessen Zunge stockt und stottert. Das Leben der Brüder Grimm war davon durchzogen. In seinem engen Umkreis herrschte die unermessene, die schöpferische Weite des Herzens.

Jacob und Wilhelm waren die beiden ältesten von sechs Geschwistern, Jacob nur ein Jahr früher als der Bruder geboren. Der Vater, Advokat und Stadtschreiber, starb in ihrer Knabenzeit, und da die Familie in dem kleinen Ort Steinau von der Witwenpension zehren mußte, kamen sie zur Gymnasialausbildung nach Kassel. Die Verbundenheit der beiden Brüder hat etwas fast Unbegreifliches, ihre Äußerungen haben die zärtliche Leidenschaft von Liebenden. »Wie Du weggingst«, schreibt Wilhelm, als Jacob Grimm von seinem Lehrer Savigny nach Paris berufen war, »da glaubte ich, es würde mein Herz zerreißen, ich konnte es nicht ausstehen, gewiß, Du weißt nicht, wie lieb ich Dich habe.«

»Lieber Wilhelm«, antwortet Jacob, »wir wollen uns einmal nie trennen, und gesetzt, man wollte einen anderswohin tun, so müßte der andere gleich aufsagen. Wir sind nun diese Gemeinschaft so gewohnt, daß mich schon das Vereinzeln zum Tode betrüben könnte.«

Damals war der eine zwanzig, der andere neunzehn. Und das Merkwürdige ist, daß sie den Entschluß zu dieser untrennbaren Gemeinschaft auch wirklich durch ihr ganzes Leben durchgeführt haben. Jacob, der Stärkere und Bedeutendere in seinem wissenschaftlichen Werk, blieb unverheiratet, und es ist nicht bekannt, auch nicht wahrscheinlich, daß es in seinem Leben irgendeine andere menschliche Beziehung von einigem Belang gegeben hat als die der verwandtschaftlichen Liebe und der geistig beschwingten Freundschaft. Dabei war er in seinen Lebensäußerungen durchaus das, was wir einen »normalen Menschen« nennen würden, vielleicht mit gewissen hypochondrischen Zügen, aber ohne verbiegende, verzerrende oder gar krankhafte Merkmale, noch nicht einmal ein Sonderling. Wilhelm, auch gesundheitlich, körperlich zarter veranlagt, durch lange Krankheits- und Leidensjahre in seiner Jünglingszeit geprüft und verinnerlicht, mehr kontemplativ und dichterisch gestimmt als der in seiner Leistung und Selbstbegrenzung gigantische Bruder, hat mit neununddreißig Jahren geheiratet, eine glückliche Ehe geführt und drei Söhne bekommen, von denen der erste im Säuglingsalter starb. Kennzeichnend ist wohl, für die Tonart und Grundstimmung dieser Ehe, daß er sich die Gattin aus dem engsten Heimats- und Lebensumkreis geholt hat, also kaum eine Neuschaffung, eher eine Erweiterung oder Erfüllung seines Familienstandes. »Ich habe meine Frau schon als Kind gekannt«, schreibt er in seiner Selbstbiographie, »und meine Mutter hat sie als ihr eigenes geliebt, ohne daß sie dachte, sie könnte es jemals werden.« Und während der ganzen Zeit dieser Ehe, bis zu Wilhelms Tod, hat Jacob immerfort mit dem Bruder gelebt, im selben Haus, am selben Eßtisch, Arbeitsstube an Arbeitsstube oder manchmal zusammen im gleichen Raum, ohne daß sich, nach dem Zeugnis der Söhne, jemals der geringste Mißton, die leiseste Schwierigkeit oder Problematik aus dieser seltenen Symbiose ergab. Auch in ihren Gewohnheiten und Neigungen wiesen die Brüder ungewöhnliche Konformitäten auf, und ihre kleinen unterschiedlichen Vorlieben bezogen sich hauptsächlich auf die Farbtöne des Geschmacklichen, die Lieblingsblume, die Lieblingsspeise, die verschiedenen Mineralien, denen sie als Briefbeschwerer auf ihrem Schreibtisch den Vorzug gaben – Jacob liebte Muschelkalk, Wilhelm Bergkristall –, und wenn man genau hinschaut, so hätte es kaum umgekehrt sein können. Nur in einem Punkt differierten sie beträchtlich, der in der Schilderung des Sohnes recht erheiternd klingt, nämlich im Tempo ihrer geliebten Spaziergänge. »Wilhelm ging langsam, Jacob rasch«, schreibt Hermann Grimm, »zusammen sind sie so nie gegangen.« Aber Jacob beschreibt in seiner Rede über das Alter die große Freude, die er jedesmal auf seinen Wegen durch den Berliner Tiergarten empfand, wenn ihm aus der anderen Richtung der auch schon weißköpfige Bruder begegnete und sie schweigend, nur sich zunickend, aneinander vorüberschritten.

Wilhelm langsam, Jacob rasch. In ihrer äußeren Erscheinung waren sie recht verschieden, Jacob robuster und kräftiger, und es scheint ganz natürlich, daß der physisch zärtere, in seiner Jugend durch ein chronisches Asthma und schweres, qualvolles Herzleiden jahrelang mit der Todesnähe vertraute Wilhelm in seinem Temperament mehr Ausgeglichenheit und Harmonie aufwies und auch mehr zur Heiterkeit, zu Spaß, Ulk und Unfug neigte. In ihrem Privatverkehr hatten beide ihre humorigen Neigungen, die sich auch öfters in ihrer Korrespondenz dartun, nicht wie der klassische Dichterkreis um den idyllischen Johann Heinrich Voß, der sich privatim in ungeheuren, gargantuesken Schweinigeleien gefiel, sondern auf eine mehr harmlos-amüsante Manier. So liebte Wilhelm besonders bei geselligen Abenden im Göttinger Gelehrten- oder Schriftstellerkreis gewisse »Hampelmanniaden« aufzuführen, bei denen es nicht an der Veräppelung lächerlicher oder dubiöser Zeitgenossen fehlte; ich stelle mir vor, daß es dem ähnlich gewesen sein mag, was man in Schwabinger Ateliers, bei Münchner Künstlerfesten, ein »Gschnas« nannte, und woraus manchmal sogar Darbietungen von literarischem Zeitinteresse, »Überbrettl«, »Scharfrichter«, »Nachrichter« und ähnliche Kunstspiele, hervorgegangen sind. Ein Herr von Meusebach tat sich bei solchen Gelegenheiten besonders hervor, wohl auch als unfreiwilliger Komiker, denn schon bei seiner bloßen Namensnennung mußte Wilhelm Tränen lachen. Überhaupt zeigt sich bei Wilhelm auch im Verkehr mit großen, bedeutenden Persönlichkeiten und in seinen Erinnerungen an sie – in der Jugend hat er einige Tage in Goethes Nähe verbracht, Bettina und Clemens Brentano, Arnim, die Schlegels, Tieck, Görres, Savigny gehörten zu ihrem Freundeskreis – immer eine Art von respektvoller Selbstsicherheit, eine angeborene, liebenswürdige Lebens- und Umgangskunst. Das Verständnisvolle, Hilfreiche, Hellhörige ist ein Hauptzug seines Wesens, auch seines Schaffens, als dessen reinsten, dichterischen Niederschlag wir die Vorrede zu der zweiten Ausgabe der ›Märchen‹ erkennen werden. »Ich glaube, er wäre ein sehr guter Arzt geworden«, sagte Jacob von ihm, »ich ein schlechter, zur Not ein leidlicher Botaniker.« Jacob war, in jeder Beziehung, von härterem Stoff und schwererem Kaliber. Das gewaltige Werk, das er als Sprachforscher, ja als eigentlicher Begründer und Vater moderner Sprachforschung hinterlassen hat, türmt sich in Blöcken und Quadern. Sein ganzes Dasein war diesem Werk untergeordnet und verschworen, alle seine Lebensäußerungen weisen darauf hin. Schon als Student zeigte er brillante Fähigkeiten, fast spielend, absichtslos und mehr durch Zufall glitt er gleich nach absolviertem Studium in die diplomatische Laufbahn, die er aber bei erster Gelegenheit für einen schlecht bezahlten, jedoch durch ausreichende Freizeit zu privaten Studien verlockenden Bibliothekarposten aufgab. Die Staatskarriere lag ihm nicht, sie war ihm sogar zuwider, weil man dabei, wie er sich ausdrückte, zu viele langweilige Menschen kennenlernen muß. Dabei nahm er nicht nur an allen geistigen und wissenschaftlichen, sondern auch an den politischen Ereignissen und Entwicklungen seiner Zeit den lebhaftesten Anteil, ja, er wurde einmal in seinem Leben, wenn auch in temperierter Form, zum politisch Verfolgten, zum kämpferischen Zeugen für Gewissensfreiheit und bürgerliches Rechtsgefühl, und in seinem Alter wurde er ins Frankfurter Parlament des Jahres 48 gewählt, an dessen unglücklichen Redeschlachten er sich allerdings nie beteiligte. Wenn er öffentlich sprach, dann über ein ganz bestimmtes Thema, einen fest umrissenen Stoff, zu dem er Konkretes, Exaktes, Durchdachtes und gründlich Erarbeitetes vorzubringen hatte. Im Parlament das Wort zu ergreifen oder sich an Debatten und Diskussionen zu beteiligen, entsprach nicht seiner Art. Aber, so schreibt ein anderer Parlamentsteilnehmer über ihn, »er wußte so beredt zuzuhören«.

Wie manche zur Erfüllung einer bedeutenden Aufgabe, zur Vollendung eines ungewöhnlichen Werks ausersehene Persönlichkeit trug er an diesem inneren Ruf, der an ihn ergangen war, wie an einer nie ganz abzuwerfenden Last. Das Werk ist vor solche Menschen wie ein Berg gestellt, den es in grenzenloser Geduld abzutragen gilt und dessen Schatten immer auf ihre Existenz fällt, obwohl oder gerade weil in der Arbeit selbst ihnen eine Höhe des Entzückens und der produktiven Lust zuteil werden kann, die anderen versagt ist.

»Ich bin still, einseitig und oft traurig«, schreibt Jacob Grimm von sich selbst. »Für glücklich halte ich mich nicht, allein Gott hat mir im Grund ein heiteres Gemüt gegeben, das gleich wieder ausmauert, wo es Risse und Lücken setzt.« – »Meine Eltern sind mir früh gestorben«, heißt es ein andermal, »und ich habe auch sonst weniges in der Welt, zu dem ich über Berg und Tal reisen möchte.« Er hatte viel, wozu er nicht zu reisen brauchte.

Er hatte die Brüderschaft, die Schaffensgnade und die Begeisterung.

Was die Brüder Grimm geschaffen und uns vermacht haben, geht weit über das Literarhistorische oder Philologische hinaus. Es wächst auch, von der Wurzel seiner Grundanschauung her bis in seine einzelnen Erkenntniszweige, hoch über den allgemeinen Horizont ihrer geistigen Provenienz und Nachbarschaft, der des neunzehnten Jahrhunderts. Selbstverständlich war ihre Denkwelt, ihre wissenschaftliche Methode, dem Strom ihrer Epoche verwandt und bewegte sich vielfach in parallelen Straßen. Trotzdem scheint mir immer wieder das Ergebnis der Grimmschen Sammlung und Forschung, das Wesen der von ihnen nachgewiesenen Gesetze und aufgestellten Regeln, auch die Natur und Eigenart ihrer Thematik, in einer ebenso sachlich-konkreten wie ahnungsvollen Weise mit unserer heutigen, dem neunzehnten Jahrhundert vielfach entwachsenen und entfremdeten Denk- und Anschauungsart zu kommunizieren und ins Zukünftige auszustrahlen. Es ist auch kein Zufall, daß die »Brüder Grimm«, als Name und Begriff, wenn auch vor allem durch die Popularität der Kinder- und Hausmärchen, eine Art Volksgut, ein Symbol des zu Weisheit gewandelten Wissens, der konkretisierten Geistigkeit geworden sind, daß die Vorstellung der Lebensnähe, der menschlichen Blutwärme, unmittelbar von ihnen ausgeht als von den meisten ihrer bedeutenden Zeitgenossen. Das neunzehnte Jahrhundert: Säculum des Pragmatismus, der Dialektik, des Entwicklungsglaubens, der Fortschrittvergötterung. Romantik und Rationalismus bilden Unter- und

Oberstimme, die machtvollen Eröffnungen der exakten Wissenschaft, die dem Primat der Technik standhalten muß oder es promoviert, geben den Ton an. Und es war schon eine gewaltige Umwälzung, die sie ins Werk setzten, sie pochten mächtig ans Tor der Erkenntnis, sie rüttelten an allen Schranken. Diese großen Eröffnungen – Cuviers vergleichende Anatomie, das Gesetz von der Erhaltung der Energie –, die Lehre von der Entstehung der Arten, von der politischen Ökonomie, von Kapital und Arbeit, die experimentelle Physik, die Grundlagen der Bakteriologie, die Mendelschen Versuche, die gesamte Evolutionstheorie, sie alle streben nach einer mechanistischen Erklärung und Bemeisterung der irdischen Existenz und gleichzeitig nach einem Punkte, von dem aus man die Welt aus den Angeln heben könnte. Denn das und nichts anderes würde der Mensch unternehmen, hätte er den Patentschlüssel der Weltmechanik gefunden, ohne gleichzeitig ihren Sinn zu verstehen, der seinem forschenden Blick verborgen bleiben muß, der nur dem ahnungsvollen Tastsinn der Seele, der liebenden Ehrfurcht vor einem ewig waltenden Geheimnis erfühlbar sein mag. Mit den Neufindungen unseres Jahrhunderts, besonders auf dem Gebiet der Physik, der Astronomie, überhaupt der Naturwissenschaft, die zu den eingleisigen Theorien des vorigen teilweise in einem direkten Gegensatz stehen, auch wenn sie aus ihrer Spur hervorgetreten sind – ich denke an die Berechnung der Relativität in Zeit und Raum, die Gleichsetzung von Linie und Kurve, Atomlehre, Gewichts- und Quantenforschung, Entdeckung der kosmischen Strahlen, Verwandlung von Energie in Materie (in allerjüngster Zeit durch die Meson-Versuche aufs erregendste bestätigt), ich denke auch an die morphologische Betrachtung der Natur- und Kulturphänomene, an die Suchlichter und Bohrungen der modernen Psychologie –, mit den Forschungsergebnissen also der jüngsten Entwicklung und im Katastrophenzug der jüngsten Menschheitsgeschichte scheint mir die bange Frage nach dem Sinn, oder aber die ehrfurchtsvolle Anerkennung seiner schöpferisch-göttlichen Substanz, wieder in den Mittelgrund aller geistigen Betrebung überhaupt getreten. Mit anderen Worten: der Darwinismus oder der historische Materialismus müssen notwendig zu einer atheistischen Weltauffassung führen, die moderne Biologie, Geschichtsmorphologie, Medizin und Physik zu einem tieferen Glauben, zu einer vergeistigten Religiosität.

Die Brüder Grimm, in ihrem Forschungswillen durchaus Kinder ihrer Zeit, waren doch stets von diesem Glauben durchdrungen, ihre Formeln und Regeln zielten niemals aufs rein Mechanistische hin, sie blieben immer auf den Menschen, das Ding und den Sinn, auf das Lebendige und Organische bezogen, sie waren Vorläufer einer beseelten Wissenschaft. Das Rüstzeug lieferte ihnen ihre scharfäugige Epoche. Jacob Grimm selbst verspürt eine gewisse Polarität zwischen der vergleichenden Anatomie und seiner vergleichenden Etymologie, aber Grimm bleibt nicht im Anatomischen hängen, ihm genügt nicht die Feststellung des Systems oder die Durchleuchtung der Gewebe, er glaubt nicht die Seele durch Aufschneiden des Körpers zu finden oder aber ihre Nichtexistenz durch die Analyse der Drüseninhalte erwiesen zu haben. Für ihn ist die Anschauung des Nächsten, des Dinglich-Erfaßbaren, immer die eines Bildes, das für ein größeres, tiefer verborgenes Bild gesetzt ist. Und das scheint mir auch das Moderne an den Grimms zu sein, daß sie sich weder mit der Mechanik der Vorgänge begnügen, noch nach dem vermessenen Hebelpunkt außerhalb der Welt streben. Sie bleiben stets und mit allen ihren Untersuchungen durchaus innerhalb der Welt, der dichten, greifbaren, sinnlichen Menschenwelt – sie sind in ihrer Auffassung von der Möglichkeit mehrerer Ursprachen, der Aufbildung verschiedener Sprachreihen und ihrem genetischen Wachstum, das ebensosehr freies Menschenwerk wie das Walten natürlicher und kreatürlicher Notwendigkeit dartut, ganz nah bei der modernen Naturerkenntnis, ihr Sinn für das Echte, Wirkliche, Elementarische steht wie ein starker Halm, der Spelzen und Körner tragen muß, ihr eingeborenes Maßgefühl läßt sie das Magische mit dem Leibhaftigen, das Bedeutungsvolle mit dem Gebrauchsmäßigen wunderbar und beispielhaft verbinden. Das Herrliche und Produktive für einen heutigen Schriftsteller, der sich mit ihrem Werk befaßt, ist eben dieser völlige Mangel an abstrahierender Didaktik, und diese fortwährende Bezogenheit auf die Dinge, die Sachen, das lebendige Menschentum. »Sprachforschung, der ich anhänge und von der ich ausgehe«, schreibt Jacob Grimm, »hat mich doch nie in der Weise befriedigen können, daß ich nicht immer gern von den Wörtern zu den Sachen gelangt wäre. Ich wollte nicht bloß Häuser bauen, sondern auch darin wohnen.« In der ›Geschichte der deutschen Sprache‹, 1848 erschienen, also schon einen Großteil seiner Lebensarbeit umfassend, erklärt Grimm die Methode der »linguistischen Archäologie« und sagt dabei, daß der »Gebrauch des selben Wortes unter verschiedenen Völkern den Bestand einer Sache aufweist, in einer Zeit, da sie die wenig unterschiedenen Dialekte einer ältesten Ursprache redeten.« Die Bezogenheit auf die »Sachen« ist das Lebenselement der Grimmschen Etymologie, aber sie verleiht auch ihrer deutschen Grammatik, ihrer Lautlehre und Formenlehre der germanischen und nordischen Sprachen, die jeweils sprachvergleichend im weitesten Sinne wirkt, und endlich dem ›Deutschen Wörterbuch‹ ihre Körperhaftigkeit, ihre Dichte und ihre Durchblutung. Das heißt, um es allgemeiner zu sagen, die Anschauung der Brüder Grimm, auch im Rein-Wissenschaftlichen, ist immer dichterisch gestimmt, sie zieht das Unerschöpflich-Vielfältige der irdischen Erscheinungen, der Gottnatur, wie auch das Unlogische und Unauslotbare der Menschenseele und ihrer abwegigen, doch niemals sinnlosen Spiele, in ihre Betrachtungsweise mit ein, und sie selbst nannten ihre Liebe zum Irdisch-Mikrokosmischen, zum Erspüren des großen Waltens in den kleinsten und nächsten Dingen, die mannhafte Demut auch, mit der sie immer in den Grenzen ihrer Gaben und des Erreichbaren zu bleiben wußten, mit einem erleuchtenden Goethewort die »Andacht zum Unbedeutenden«.

Gerade daraus aber erwuchs ihnen der Mut und die Berechtigung zum wahrhaft Bedeutenden, zu einer übergeordneten und distanzierten Betrachtung von Umwelt und Mitwelt, Zeit und Leben, aber auch der Edel-Mut einer inneren Haltung, die das

Menschliche in jeder Erscheinung und noch im kritischen Betracht mit den Augen der Güte, des Verstehens und der Brüderlichkeit, des Mit-Leidens und auch der Mit-Freude anblickt. »Mir widersteht die hoffärtige Ansicht«, schreibt Jacob Grimm in seiner Vorrede zur ›Deutschen Mythologie‹ (1835), »das Leben ganzer Jahrhunderte sei durchdrungen gewesen von dumpfer, unerfreulicher Barbarei. Schon der liebreichen Güte Gottes wäre das entgegen, der allen Zeiten seine Sonne leuchten ließ, und den Menschen, wie er sie ausgerüstet hat mit Gaben des Leibes und der Seele, Bewußtsein einer höheren Lenkung eingoß. In alle, auch die verschrieensten Weltalter wird ein Segen von Glück und Heil gefallen sein, der edelgearteten Völkern ihre Sitte und ihr Recht bewahrte.«

Was für ein Trost liegt in diesem Satz für uns Heutige, die wir doch zweifellos in einem jener »verschrieensten Weltalter« beheimatet sind. Welch ein Beispiel in einer Zeit, die das Gerechte so gern ins Selbstgerechte, das wägende Urteil in den Verdammungsspruch gegenüber ganzen Völkern, Schichten, Ständen oder ins Einseitig-Alleinseligmachende einer überheblichen und angemaßten Dogmatik verengen und zuspitzen möchte.

»Gerecht gestimmt« zu sein, gegenüber Zeitaltern und Völkern, Denkmälern und Erscheinungen, Dingen und Menschen, ist der Brüder Grimm immerwährendes Bestreben. Hier liegt ihr unvergänglicher Beitrag zu einer *Humanität,* die nicht nur das Humanitäre als ethisches Ideal, sondern das Gesamt-Menschliche in seiner wechselseitigen Beziehung zum Welt-Ganzen, das heißt: zum Göttlichen, umschließt, den kreatürlichen Zusammenhang wieder herstellend, die liebende Ehrfurcht vor jedem einzelnen Leben als Leitstern und Grundlage allen Handelns anerkennend, und in deren Thronerhebung unsre einzige Hoffnung, Friedenshoffnung, Zukunftshoffnung versammelt ist.

»Poesie und Recht«, sagt Jacob Grimm in den Anmerkungen zu einem seiner reifsten und männlichsten Werke, den ›Deutschen Rechtsaltertümern‹, »sind gemeinsamen Ursprungs.«

Indem er, auf streng philologische Methode, dem dichterischen Ausdruck, den bildhaften und sinnbildlichen Wortschaffungen in den Formeln der altdeutschen Rechts-Sprache, den Weistümern, nämlich Rechts-Weisungen des Volkes in den verschiedenen Stämmen und Sprachgruppen, nachspürt, erkennt und beweist er immer klarer, daß der ursprüngliche Antrieb zur Dichtung, Sprachverdichtung, dem zur Schaffung einer gültigen Rechts-Sprechung, also einer sittlichen Ordnung innerhalb der Gesellschaft, gleichzusetzen ist, ja, daß beide, in seinen Worten, »aus einem Bett miteinander aufgestanden waren«.

Der Rechts-Spruch, der Urteils-Spruch, der über den Anlaß des Einzelfalls hinaus ein dauernder Wahrspruch, Sinnspruch sein muß, das wägende, klärende, scheidende, entscheidende Wort, gewinnt durch Plastik und Metrik seine Formelkraft, seine Banngewalt, seine verbindliche Geltung.

Der Weg vom Laut zur Form, von der Sprache als Natur-Ausdruck, als Notwendigkeit, zu ihrer freien Bemeisterung im Dienst göttlicher und menschlicher Sittengesetze, wird hier am konkreten Sachbestand urtümlicher, aus dem Volke selbst erwachsener Rechts-Weisungen erhärtet. Alle menschliche Dichtung, ohne ihrem freien Gedanken- und Formenspiel, ihrer weltweiten Fülle, ihrem unendlichen Schweifen in Phantasie, Vision, Erinnerung und Ahnung, ihren sinnlichen Lustquellen und ihren Niederschlägen seelischer Trauer irgendwelche Grenzen setzen zu wollen, wird hier auf eine gemeinsame, ethische Grundlage zurückgeführt. Das Ethische also und das Ästhetische in der menschlichen Sprache von vornherein seiner scheinbaren Dissonanz, seines künstlichen Gegensatzes enthoben.

Grimm, in seiner Befassung mit den deutschen Rechtsaltertümern vom Geist ihrer Wortbildung, ihres sprachlichen Ausdrucks her, eröffnet gleichzeitig einen faszinierenden Einblick in die Struktur und das Wesen primitiven Volksrechtes überhaupt. Das altdeutsche Recht, nur anscheinend auf der feudalen Herren- und Knechtsmoral fußend, enthüllt ihm in seiner Wirklichkeit einen tief demokratischen Zug. Besitz- und Machtverhältnis, die Beziehung zwischen dem Herrschenden und dem Dienenden, ist auf einer individuellen Rechtsbasis begründet und, auch wenn durch Erbtum vorgezeichnet, veränderlich, ausgleichbar, wechselseitiger Verpflichtung oder Dingbarkeit unterworfen und nicht in ökonomischen oder hierarchischen Standes- und Klassengrenzen erstarrt. »Angesichts des Zustandes heutiger Fabrikarbeiter«, schreibt Grimm, der moderne Europäer, ums Jahr 1828, »muß die alte Hörigkeit und Knechtschaft beinah milde erscheinen.«

Selbstverständlich empfiehlt er nicht etwa ihre Wiedereinführung und zieht überhaupt aus seiner historischen Darstellung keinerlei völkisch-regressive Folgerungen. Und doch ist er auch hier, wie Friedrich Schlegel einmal das Wesen des Historikers umschrieb, ein »nach rückwärts gekehrter Prophet«, die Notwendigkeit neuer Rechtsformen für eine zukünftige Gesellschaft erahnend. Ohne die zivilisatorische Bedeutung des Römischen Rechts ableugnen zu wollen, macht er es in der Konsequenz seiner sozialen Anwendung für die Verdumpfung und Beschränktheit unserer Bauern verantwortlich.

Das Bewußtsein einer dem Recht, als der Grundlage aller Gesittung, innewohnenden künstlerischen Formkraft – beinah in Erfüllung des antiken Begriffs der Kallokagathia, der Verschmelzung des Schönen mit dem Guten –, die Überzeugung, das Recht, wenn es einmal Spruch und Satz geworden, beschworen und sanktioniert ist, nicht gebeugt und gebrochen werden kann, geht nicht nur als ein mächtiger Zug durch das gesamte Werk der Brüder Grimm, sondern auch durch ihr persönliches Leben, das von der Idee und dem Gesinnungsgehalt ihrer Arbeit untrennbar ist. So ist auch jener aufwühlende Göttinger Zwischenfall, den Jacob Grimm selbst so empfand, »wie wenn ein Wetterstrahl sein stilles Haus getroffen hätte«, und der ihn fast zum politischen Märtyrer gemacht hätte, mehr aus verletztem und gegen die Verletzung tapfer ankämpfendem Rechtsempfinden als aus eigentlichen politischen Affekten zu erklären. Das Leben der Brüder war bis dahin in verhältnismäßig ruhigen Bahnen verlaufen. Nach der Kasseler Gymnasialzeit, der Marburger Studienzeit, durch Jacobs Pariser Reise und durch erzwungene Kurortbesuche Wilhelms kurz unterbrochen, waren sie beide, bald nacheinander, wieder nach Kassel übergesiedelt und wirkten dort gemeinsam an der staatlichen Bibliothek, nachdem Jacob die diplomatische Laufbahn endgültig aufgegeben hatte, erst noch unter dem französisch-westfälischen König, dann, nach Napoleons Fall, unter dem wieder eingesetzten Kurfürsten. Ihre literarischen Arbeiten und Publikationen, zu denen ihnen die Bibliothekartätigkeit Muße und Studienfreiheit ließ, verschafften ihnen in der gelehrten und gebildeten Welt rasch wachsende Anerkennung, mancherlei Auszeichnung, ja einen gewissen Ruhm, der sich allerdings niemals materiell auswirkte. Ihnen machte das nicht viel aus, sie waren an eine bescheidene Lebensweise gewöhnt und fanden ihre Befriedigung in der Arbeit und deren Anerkennung. Diese Anerkennung fanden sie wohl in den Kreisen ihrer bedeutendsten Zeitgenossen, aber keineswegs bei ihrem Landesherren und Brotgeber, dem regierenden Kurfürsten von Hessen-Kassel, der ein recht engstirniger Mensch gewesen sein muß. Schon in dem Anstellungsdekret, das er nach seiner Wiedereinsetzung den Brüdern ausstellte, drückte er – offenbar von Zwischenträgern beeinflußt – den Wunsch oder die Mahnung aus, »daß gedachte bei der Bibliothek angestellt Werdende mehr für die Bibliothek als für sich selbst zu arbeiten«. So mäßig wie sein Kanzlei-Deutsch blieb auch weiterhin sein Einschätzungsvermögen für die Bedeutung der von ihm angestellt Gewordenen. Er hat die Gelegenheit versäumt, dadurch, daß er sie an seinen Hof gefesselt und ihre Arbeit unterstützt hätte, glorreich in die Geistesgeschichte einzugehen. Ihm war es im Gegenteil zuwider, daß Leute, die er bezahlte, mehr und anderes taten, als einfach ihre Amtsstunden abzuraspeln und ihre Dienstgeschäfte zu erledigen, die von den beiden gewiß nicht vernachlässigt wurden. Er hatte das Gefühl, sie studierten, produzierten, publizierten gleichsam auf seine Kosten – er wollte unauffällig pedantische, aber keine genialen oder berühmten Bibliothekare. So wurden sie bei Beförderungen und Gehaltszulagen übergangen, zurückgesetzt, in subalterner Stellung gehalten. Trotzdem wären die Brüder Grimm lieber in ihrer gewohnten Umgebung geblieben als sich einer Ortsveränderung zu unterziehen, sie hatten ja als Beamte durchaus keinen Ehrgeiz, aber Wilhelm hatte inzwischen eine Familie gegründet, und die daraus erwachsenen Existenzsorgen zusammen mit dem Drängen der Freunde bewogen sie schließlich, gemeinsam einen ehrenden Antrag an die Göttinger Universität anzunehmen. Anfänglich behagte es ihnen gar nicht in Göttingen, zumal Wilhelm wieder eine schwere Krankheit zu überstehen hatte. »Die hiesige Lebensart will mir nicht recht schmecken«, schreibt Jacob 1830. »In Kassel war vom Kurfürsten abgesehen alles für unsere Natur und Arbeiten günstiger. Es sieht mich hier fremd an aus allen Gassen, und ich möchte manchmal auf und davon.«

Mit der Zeit aber verlor sich wohl das Fremde, man mußte sich gewöhnen, die lebendige Resonanz und Anerkennung bei Hörern und Berufsfreunden, die immer stärkere Bindung an einen Kreis geistig regsamer, aufgeschlossener, zum Teil sogar bedeutender Persönlichkeiten mag das ihrige dazu beigetragen haben, daß man in Göttingen allmählich anwuchs und, ohne Kassel ganz zu vergessen, sich sogar zu Hause fühlte. Aus dieser Zeit stammt ein Satz Wilhelm Grimms, den ich in Amerika mit einer gewissen Trostempfindung las, er lautet: »Treue Ergebenheit für das neu erworbene Vaterland, fühle ich, ist sehr wohl vereinbar mit fortwährender Teilnahme und Zuneigung für das angeborene.« So lebte man acht Jahre, und acht arbeitsame, produktive, ertragreiche Jahre sind eine recht lange Zeit, lang genug, um an einem Ort Wurzeln zu ziehen und ihn als Wahlheimat zu adoptieren. Da fiel der Wetterstrahl, der sie aus diesem neu gewonnenen Boden wieder herausriß. Wie oft in allen Zeiten, griffen die Ereignisse einer sogenannten hohen oder großen

Politik – als wenn von einem fernen Seebeben die Brecher über eine stille abgelegene Insel schlügen – in höhere und größere Lebens- und Geistesbezirke ein, mit denen sie im Grund gar nichts zu tun hatten, und stellten unbeteiligte Menschen vor harte persönliche Entscheidungen.

Im Jahre 1837 starb König Wilhelm der Vierte von England, Victoria wurde seine Nachfolgerin, die bisherige hannöversche Personalunion flog auf, und der Herzog Ernst August von Cumberland wurde König des Staates Hannover, zu dem Göttingen damals gehörte. Das alles hatte mit den Brüdern Grimm und ihrer Arbeit gar nichts zu tun. Hannover aber hatte im Jahre 1833 nach langen Beratungen eine Verfassung bekommen, auf die sich der frühere König und die Stände geeinigt hatten, es war keineswegs eine besonders freiheitliche oder demokratische Verfassung, aber sie garantierte gewisse parlamentarische Grundrechte und schien im Licht der damaligen Epoche ziemlich liberal. Dem neuen König nun gefiel diese Verfassung nicht, sie schien ihm seine absolutistischen Rechte zu sehr zu schmälern, und von einem Tag auf den anderen stürzte er sie um, aus einseitiger Machtvollkommenheit, ohne die Stände auch nur zum Schein zu befragen. Seine Maßnahmen wurden von kriecherischen Ministern unterstützt und gedeckt. Niemand wagte ernstlich aufzubegehren. Alle Staatsangestellten, also auch die Göttinger Professoren, hatten den Eid auf die Verfassung abgelegt. Nun forderte der König sie auf, diesen Eid kurzerhand zu brechen. Die Zumutung dieses Eidbruchs war es, viel mehr als der eigentliche Inhalt der umgestürzten Verfassung, die dem Rechtsempfinden der Brüder Grimm unerträglich erschien. Es handelte sich für sie nicht so sehr um den politischen Wert oder Unwert dieser Verfassung oder der Staatsform, die sie als einen Fetzen Papier behandeln konnte, sondern um eine reine Gewissensfrage. In ihrem politischen Denken und Empfinden waren die Grimms durchaus konservativ – was man ja nicht mit reaktionär verwechseln darf! –, aber in ihrem rechtlichen, moralischen, menschlichen Empfinden erwuchs ihnen gerade aus diesem Konservativismus, aus der Treue zum Erschaffenen und

Erworbenen, eine unbedingte Standhaftigkeit der Gesinnung. Hier liegt das Beispielhafte in der Aktion dieser »Göttinger Sieben«, denn außer Jacob und Wilhelm Grimm waren es nur noch fünf, die den Mut hatten, ihre Existenz für ein moralisches Prinzip aufs Spiel zu setzen. »Die Freiheit des Christenmenschen«, zitierte Jacob von Luther, »muß uns auch den Mut machen, unserem Fürsten zu widerstehen, wenn der wider Gottes und der Menschen Recht verstößt.« Es wäre ganz falsch, in die Handlungsweise der Brüder Grimm eine revolutionäre Tendenz, eine Kampfstellung für die politische Demokratie, gegen die monarchistische Staatsform, hineinzuinterpretieren. Das lag nicht in ihrem Wesen und ihrem Beruf. Sie kämpften ganz einfach für die Heiligkeit des Eides, für die Sauberkeit der Gesinnung, für die Verantwortlichkeit der Regierung, wie immer sie auch geartet sei, gegenüber dem Volk, den Regierten, für das Recht und für die Freiheit des Gewissens, und sie taten es ohne jede Rücksicht auf ihren eigenen Vorteil, ohne Programm, ohne Rückendeckung.

Wie sehr hätte man sich in unseren Tagen, gerade unter Universitätslehrern, eine solche Haltung gewünscht! Aber es waren auch damals nur sieben, darunter, außer den Brüdern Grimm, Dahlmann und Gervinus, die die Zivilcourage hatten, eine Protestation aufzusetzen, und die denn auch die entsprechende Reaktion von seiten einer weniger couragierten Mitwelt zu ihrem Leidwesen erfahren mußten. »Die Charaktere fingen an sich zu entblättern«, schreibt Wilhelm Grimm, »gleich den Bäumen des Herbstes bei einem Nachtfrost. Da sah man viele, in nackten Reisern, des Laubes beraubt, mit dem sie sich in dem Umgang des gewöhnlichen Lebens verhüllten.« Für heutige Begriffe, da man sich gewöhnt hat, im Fall einer gegen Staatsgewalten protestierenden Persönlichkeit an Lagerhaft, körperliche Züchtigung, Verschleppung, Hinrichtung zu denken, nahm das Verhängnis noch einen verhältnismäßig gnädigen Verlauf. Für damalige Umstände und Anschauungen war es keine Kleinigkeit, aus einer Universitätsstellung fristlos entlassen und des Landes verwiesen zu werden, auch wenn das

Nachbarland keine Tagereise entfernt war. Jacob Grimm, als einer der Rädels- und Wortführer, mußte innerhalb von drei Tagen, unter Androhung von Freiheitsstrafe, mit einem Zwangspaß über die Grenze, die er bei Witzenhausen überschritt, um sich ins Kurhessische und ins angestammte Kassel zurückzubegeben. Dort aber, an der Grenze des Königreichs Hannover, das er in Schimpf und Schande verlassen mußte, erwartete ihn eine Genugtuung, die bewies, daß auch damals das Beispiel einer mannhaften, unabhängigen Haltung unter der Jugend seine Wirkung tat; Hunderte von Studenten erwarteten ihn an der Werrabrücke, spannten ihm die Pferde aus und zogen seinen Wagen bis zum Schlagbaum, wo sie ihm eine enthusiastische Abschiedskundgebung bereiteten.

»Gib dem Herrn eine Hand, er ist ein Flüchtling, sagte eine Großmutter zu ihrem Enkel, als ich am 16. Dezember 1837 die Grenze überschritten hatte. Und wo ward ich so genannt? In meinem Geburtslande, das an dem Abend desselben Tages ungern mich wieder aufnahm und meine Gefährten sogar von sich stieß.« – »Nicht der Arm der Gerechtigkeit, die Gewalt nötigte mich, ein Land zu räumen, in das man mich berufen, wo ich acht Jahre in treuem, ehrenvollem Dienste zugebracht hatte.«

Die Schrift ›Über meine Entlassung‹, der diese Sätze entstammen und die Jacob Grimm unmittelbar nach den Ereignissen als Rechtfertigung und Anklage verfaßte, konnte trotz ihres gemäßigten Charakters in deutschen Landen nicht veröffentlicht werden. So ließ er sie in Basel erscheinen und von dort aus, soweit möglich, verbreiten. Wilhelm, dem man noch Zeit gelassen hatte, seinen Hausstand aufzulösen, folgte ihm einige Wochen später mit seiner Familie ins Exil, das allerdings für die Brüder Grimm in ihrer eigentlichen Heimat gelegen war. Nun saßen sie wieder in Kassel, ohne Stellung, ohne kurfürstlichen oder königlichen Brotherrn, ohne Einkommen und ohne Ersparnisse, aber mit dem Stolz eines ungebeugten Gewissens und mit verdoppeltem Schaffenseifer. Man sammelte Geld für sie, das sie aber niemals angerührt, sondern wissenschaftlichen Stiftungen zugeleitet haben. Sie brachten sich mit den Erträgnissen ihrer publizistischen Arbeit mühsam durch, und aus dieser Zeit stammt der ihnen wohl hauptsächlich aus Unterstützungsgründen zuteil gewordene Auftrag zur Schaffung und Herausgabe des ›Deutschen Wörterbuchs‹, unter dessen Last sie denn auch für den Rest ihres Lebens weidlich seufzten. Denn sie hatten unendlich viel anderes zu tun, der Kreis ihrer selbstgestellten Aufgaben schien ohne Grenzen. »Wie wenn Tage lang feine dichte Flocken vom Himmel niederfallen«, klagt Jacob einmal über die aufgezwungene Arbeit am Wörterbuch, »bald die ganze Gegend in unermeßlichem Schnee zugedeckt liegt, werde ich von der Masse aus allen Ecken und Ritzen auf mich andringender Wörter gleichsam eingeschneit. Zuweilen möchte ich mich erheben und alles wieder abschütteln.«

Dabei haben sie in dem unvollendeten Wörterbuch, von dem sie in mehr als einem Jahrzehnt nur die ersten sechs Buchstaben des Alphabets bewältigen konnten, eine Arbeit von geradezu sagenhafter Gründlichkeit und ingeniöser Stoffdurchdringung geleistet. Wilhelm, dem nicht Jacobs fast barbarische, physische Arbeitskraft verliehen war, übernahm davon nur den Buchstaben D, Jacob bearbeitete A, B, C, E und F. Bei der Arbeit an dem Artikel Frucht, dem Wort der vollendeten Reife, starb Jacob Grimm, es ward seine letzte Ernte.

III Vom lebendigen Quell

An der Schwelle von Leben und Werk aber, schon in den gemeinsamen Studienjahren begonnen, dann in der Zeit ihrer Kasseler Bibliothekartätigkeit fortgesetzt und vollendet, steht die Sammlung und Herausgabe der ›Kinder- und Hausmärchen‹, womit die Brüder Grimm nicht nur der deutschen, sondern der gesamten lesenden Welt einen unvergleichlichen Besitz, den echtesten, frischesten, lebendigsten Quell ursprünglicher Volks-Phantasie erschlossen haben. Mir scheint es besonders zaubervoll, daß ein so streng gefügtes Lebenswerk gleichsam mit dem Verspieltesten, Verträumtesten, Mutwilligsten und

Sprunghaftesten beginnt. Aber es fügt sich durchaus und geradezu zwangsläufig in die Gesetzlichkeit ihres Werkbaus. Von Anfang bis Ende kennzeichnet das Schöpfen aus dem ursprünglichen Quell, das Sammeln, Sichten und Deuten autochthoner Sprachdenkmäler und unverbildeter Bestände, diesen Werkbau, der auf den Grundpfeilern Poesie und Recht, Volk und Ursprung, unablässig und in einer kaum begreiflichen Vielfalt, zu einem überragenden Gebäude wächst. Die Sammlung der Märchen legte den Grund zu der Brüder Grimm bleibender und heftig verteidigter, von August Wilhelm Schlegel ebenso heftig angezweifelter Überzeugung, daß Naturpoesie und Kunstpoesie zwei völlig verschiedene Gattungen seien, ja getrennte Welten, aus anderen Wurzeln wachsend, mit anderen Mitteln arbeitend, anderen Geist- und Formgesetzen unterworfen. Im Volks-Epos, auch da, wo es höchste Kunstform erreicht und reine Dichtung wird, sahen sie wie in den Sagen und Mythen, Märchen und Legenden, oder auch im überlieferten Lied, den Ausdruck einer anonymen, unverbildeten Schöpferkraft der menschlichen Seele, dem somit auch ein verbürgter Wahrheitsgehalt innewohnt, eine natürliche Zuverlässigkeit, wie sie das individuell geschaffene Dichtwerk höchstens durch die persönliche Echtheit und Integrität seines Autors, aber nicht mehr aus dem Stoffe selber gewährleisten kann. Geschichte und Sage sind im Urzustand gleich. Die Legende steht schon zwischen beiden, das Märchen ist ein ungetrübter Niederschlag der menschlichen Seele, und das ursprüngliche Epos dokumentiert die Mythe, den Ausdruck gemeinschaftlicher Schau und Erkenntnis aus dem Dämmer der Völkerschaften. Drama und Lyrik sind bereits dem individuellen Schaffen der bewußten Einzelpersönlichkeit privilegiert, deren seherische Berufung sich in eigener Kunstform gestalten und nachweisen muß. Ein Epos mit den Mitteln der Kunstpoesie schaffen zu wollen, das heißt durch das Medium des seiner Produktivität bewußten, gebildeten Schriftstellers oder Dichters, fanden sie unmöglich oder sogar vermessen, da es sich nur selber schreiben könne. Unter Epos verstanden sie also die Verdichtung der unmittelbar überlieferten Volksgeschichte oder -sage, nicht nur die Form der Verserzählung, des metrisch gebundenen Berichtes oder des dichterischen Romans. Mir geht durch den Kopf, was sie wohl, hätten sie ihn noch gekannt, zu Richard Wagners ›Ring des Nibelungen‹ gesagt hätten. Ich fürchte, was die Dichtung anlangt, nichts allzu Lobesames. Dabei wandten sie sich keinesfalls gegen Kunstpoesie oder dichterische Literatur, die aus dem Volkston schöpfte, was sich aus ihrem positiven Verhältnis zu Clemens Brentano und durch Wilhelm Grimms Herausgabe und Einleitung der sämtlichen Werke Achim von Arnims, nach dessen Tode, erweist.

»Von der Volkssage«, schreibt Jacob Grimm in seiner Einführung zur ›Deutschen Mythologie‹, »werden mit gutem Grunde die Märchen abgesondert, obgleich sie wechselseitig ineinander überstreifen. Loser, ungebundener als die Sage, entbehrt das Märchen jenes örtlichen Haltes, der die Sage begrenzt, aber desto vertraulicher macht. (Mit »vertraulich« meint Grimm hier gewiß vertrauenswürdig, zuverlässig.) Das Märchen fliegt, die Sage geht. Das Märchen kann frei aus der Phantasie schöpfen, die Sage hat eine halb historische Beglaubigung. Wie das Märchen zur Sage, steht die Sage selbst zur Geschichte, und, läßt sich hinzufügen, die Geschichte zu der Wirklichkeit des Lebens. Im wirklichen Dasein sind alle Umrisse scharf, hell und sicher, die sich im Bild der Geschichte stufenweis erweichen und dunkler färben. Der alte Mythus aber vereinigte gewissermaßen die Eigenschaften des Märchens und der Sage, ungehemmt im Flug vermag er zugleich örtlich sich niederzulassen.«

Mit der Sammlung der Märchen und ihrer Deutung durch Wilhelm Grimm wurde ein Geniegriff in die Tiefe und in den Grund allen menschlichen Fabulierens und seiner heimlichen Sinngebung getan. Der Märchenquell steigt aus der Völkerkindheit. Darum ist Amerika, das weiße Amerika, ein Land ohne Märchen. Sein Volk hatte keine Kindheit, es ist nicht dort geboren, es hat eine neue Kindheit begonnen auf selbstgewähltem Boden, der ihm nicht Mutter-Schoß, nicht Schöpfer-Vater gewesen ist. Sinnwörter wie »Mutter-boden«, wie »Vaterland«, hätten dort nicht entstehen können. Denn es kamen zuerst Erwachsene, und sogar im Bewußtsein Erwachsene, mit einer eigenen Idee, einer Anschauung, einer Religion und deren geprägten Formen, mit ihren Legenden, Märchen, Liedern, Sprüchen, sozusagen im Gepäck, zum Vergessen und zum Bewahren. Das Mitgebrachte blieb ihnen zeitweilig erhalten wie eine Tracht, aber nicht wie eine eingewurzelte und weiterwachsende Überlieferung. Sie wurden nicht von einem Land erzeugt und getragen, sondern sie nahmen ein Land in Besitz, oder auch in Obhut, in Pflege, in Vormundschaft. Das Land ist die Tochter, es erzählt ihnen keine Märchen, es fragt und macht sie fragen. Was in dem Land selbst lebendig war an Geisterstimmen, Elfenraunen, furchtsamem oder fürchtebannendem Geflüster aus den Urtagen der Erinnerung, verschwand mit dem Leben seiner Eingeborenen. Darum atmet die amerikanische Landschaft in ihrer großartigen und wilden Jungfräulichkeit, in ihrer herrlichen Vielfalt und Weite, immer eine gewisse Trauer oder Melancholie, die tristitia der unbeseelten Kreatur. Das neue weiße Volk aber, das keine Kindheit hatte, schuf sich seine eigene Legende, lebte seine eigene Sage, träumt seinen eigenen, unbewußten Märchentraum, aus dem Rausch jener Weite, jener Unermeßlichkeit, die es zu erschließen, zu durchmessen, zu bemeistern gilt. Da ist kein Platz für das Wuchern und Treiben der Erinnerung, das Schweben und Keimen der Ahnung, wie es in der europäischen Völkerseele daheim ist. Hier, wo wir geboren wurden und unsere Märchen ersponnen sind, hat einmal unsere Urväter die Flut bedroht, ein Bergrutsch verschüttet, das Ungeheuer verfolgt. Katastrophen des Kosmos und der Erde, Untergehen und Überleben oder Neu-Erstehen, durchleben die Erinnerung. Chthonisch-tellurisches Erinnern und Ahnen bildet die Tiefenschicht von Mythen, Sagen, Märchen – die immer schwebende kosmische Katastrophe dämmert in der dualistischen Menschenseele. Flut und Feuer, Abgrund und Sturmschwinge, die Rettung auf den Gipfel, das hilflose Versinken, Kälte und Hitze, Licht und Finsternis. Der Sonnenaufgang, immer wieder erhofft und bezweifelt, ist das heilende Wunder, die Nacht der Absturz. Der Feuerbringer Prometheus erfüllt sein Geschick, der Trotz hängt an den Felsen geschmiedet. Liebe wandelt Aufruhr zu Demut, Gnade wird Brot. Die Seele aber, in ihrer scheuen Entfaltung, Furcht, Glück und Schmerz, das Erleiden des Lebens und seine jubelnde Erfüllung, die schauernde Berührung von jener göttlichen Hand, die den Schläfer weckt und zur Besinnung bringt, das Geschenk und die Strafe des Daseins, das kreatürliche Geschick, und das stumme, stumm sprechende, allzeit lebendige Wesen und Treiben der unerschöpflichen Natur, in den Märchen der Kinder und der Einfältigen wird alles zu Stimme und Gestalt. Dieses Unbewußte, Absichtslose, das tiefsten Bewußtseinsinhalten der Menschheit Laut gibt und keine Zeitschranke kennt, lebte auch im Beginnen der Brüder Grimm, als sie, halb noch aus romantisch-verspielter Neugier, jener Neugier, aus der alle Wissenschaft entsprang, mit ihrer Sammlung begannen. Wilhelm selber spricht von den »guten Zufällen«, die sie dazu brachten, darin bestärkten und weiterführten.

»Einer jener guten Zufälle aber«, erzählt er, »war die Bekanntschaft mit einer Bäuerin, aus dem nah bei Kassel gelegenen Dorf Zwehrn, durch welche wir einen ansehnlichen Teil der hier mitgeteilten, darum echt hessischen Märchen erhalten haben. Diese Frau, noch rüstig und nicht viel über 50 Jahre alt, heißt Viehmännin, hat ein festes angenehmes Gesicht, blickt hell und scharf aus den Augen und ist wahrscheinlich in ihrer Jugend schön gewesen. Sie bewahrt diese Sagen fest in dem Gedächtnis, welche Gabe, wie sie sagt, nicht jedem verliehen sei und mancher gar nichts behalten könne. Dabei erzählt sie bedächtig, sicher und ungemein lebendig mit eigenem Wohlgefallen daran... Niemals ändert sie bei einer Wiederholung irgend etwas in einer Sache ab und bessert ein Versehen, sobald sie es bemerkt, mitten in der Rede gleich selber. Die Anhänglichkeit an das Überlieferte ist bei Menschen, die in gleicher Lebensart unveränderlich fortfahren, stärker, als wir, zur Veränderung geneigt, begreifen können... Der epische Grund der Volksdichtung gleicht dem durch die ganze Natur in mannigfachen Abstufungen verbreiteten Grün, das sättigt und sänftigt, ohne je zu ermüden.«

So wie die Zwehrner Märchenfrau, die Viehmännin, erzählt die Mutter ihrem Kind die überlieferten, manchmal aber auch selbsterfundenen Geschichten, und das Kind merkt auf, daß sie bei Wiederholungen nicht eine Silbe, nicht einen Tonfall verändert oder vergißt. Denn darin erspürt es Wahrhaftigkeit, Gültigkeit, Beständigkeit. Dichtung und Glaube entwachsen der gleichen magischen Kraft des Tonfalls, dem eine Offenbarung innewohnt und der sie verbürgt.

Der Ausgabe von 1812 – ich erwähne die Jahreszahl nur wegen des bemerkenswerten Kontrastes zwischen ihrer blutig-heroischen Geschichtsbedeutung und der Seelenlage des gleichzeitig hier Geschaffenen – stellte Wilhelm Grimm eine Vorrede voran, die neben seinen wunderbaren Untersuchungen über die Elfen in allen Völkersagen und über Kinderwesen, Kindersitten und Kindersprüche, zum Schönsten gehört, was er geschaffen hat. Diese Vorrede deutet die Märchen, ohne Zergliederung oder Sezierung, mit einem Sach- und Sinnverständnis, das moderne Traumdeutung, Tiefenpsychologie, Symbolforschung intuitiv vorwegnimmt und sogar in ihrer gleichnishaften Schlichtheit überholt. Sie liest sich so einfach wie eine biblische Geschichte, denn sie ist selbst von Märchenluft durchweht und könnte in ihrer Weisheit und vieltönigen Instrumentation durch keine spätere Nachdeutung ergänzt oder überflügelt werden. Ich kann es mir nicht versagen, einige Stellen daraus zu zitieren, weil sie nicht nur für das Wesen der Märchen und die Bewertung von Wilhelm Grimms Werk, sondern für den Inhalt und Sinn dieser Untersuchung entscheidende Aufschlüsse geben.

»Innerlich geht durch diese Dichtungen«, heißt es da von den Märchen insgesamt, »dieselbe Reinheit, um derentwillen uns Kinder so wunderbar erscheinen; sie haben gleichsam die selben bläulichweißen, makellosen, glänzenden Augen (in die sich die kleinen Kinder selbst so gern greifen!), die nicht mehr wachsen können, während die anderen Glieder noch zart, schwach und zum Dienst der Erde ungeschickt sind. So einfach sind die meisten Situationen, daß viele sie wohl im Leben gefunden ... Die Eltern haben kein Brot mehr und müssen ihre Kinder in dieser

Not verstoßen, oder eine harte Stiefmutter läßt sie leiden und möchte sie gar zugrunde gehen lassen. Dann sind Geschwister in des Waldes Einsamkeit verlassen, der Wind schreckt sie, Furcht vor den wilden Tieren, aber sie stehen sich in allen Treuen bei, das Brüderchen weiß den Weg nach Hause wieder zu finden, oder das Schwesterchen, wenn Zauberei es verwandelt, leitet es als Rehkälbchen und sucht ihm Kräuter und Moos zum Lager... Der ganze Umkreis dieser Welt ist bestimmt abgeschlossen: Könige, Prinzen, treue Diener und ehrliche Handwerker, vor allem Fischer, Müller, Köhler und Hirten, die der Natur am nächsten geblieben, erscheinen darin. Das andere ist ihr fremd und unbekannt. Auch wie in den Mythen, die von der Goldenen Zeit reden, ist die ganze Natur belebt, Sonne, Mond und Sterne sind zugänglich, geben Geschenke oder lassen sich wohl gar in Kleider weben... Die Pflanzen und Steine reden und wissen ihr Mitgefühl auszudrücken, das Blut selber ruft und spricht, und so übt diese Poesie schon Rechte, wonach die spätere nur in Gleichnissen strebt... Alles Schöne ist golden und mit Perlen bestreut, selbst goldene Menschen leben hier, das Unglück aber ist eine finstere Gewalt, ein ungeheurer menschenfressender Riese, der doch wieder besiegt wird, da eine gute Frau zur Seite steht, welche die Not glücklich abzuwenden weiß, und dieses Epos endigt immer, indem es eine endlose Freude auftut. Das Böse auch ist kein Kleines, Nahestehendes, und deshalb das Schlechteste, weil man sich daran gewöhnen könnte, sondern etwas Entsetzliches, Schwarzes, streng Geschiedenes, dem man sich nicht nähern darf: ebenso furchtbar die Strafe dafür. Schlangen und giftige Würmer verzehren den Frevler oder in glühenden Eisenschuhen muß sich das Opfer zu Tode tanzen. Vieles trägt auch eine eigene Bedeutung in sich: die Mutter wird ihr rechtes Kind in dem Augenblick wieder im Arme haben, wenn sie den Wechselbalg, den ihr die Hausgeister dafür gegeben, zum Lachen bringen kann, gleichwie das Leben des Kindes mit dem Lächeln anfängt und in der Freude fortwährt, beim Lächeln im Schlaf aber die Engel mit ihm reden. So ist eine Viertelstunde täglich über der Macht des Zaubers, wo die menschliche Gestalt frei hervortritt, als könne uns keine Gewalt ganz einhüllen, und es gewähre jeder Tag Minuten, wo der Mensch alles Falsche abschüttelt und aus sich selbst herausblicke. Dagegen aber wird der Zauber auch nicht ganz gelöst, und ein Schwanenflügel bleibt statt des Armes, und weil eine Träne gefallen ist, ward ein Auge mit ihr verloren, oder die weltliche Klugheit wird gedemütigt, und der Dummling, von allen verlacht und hintangesetzt, aber reinen Herzens, gewinnt allein das Glück. In diesen Eigenschaften aber ist es gegründet, wenn sich so leicht aus diesen Märchen eine gute Lehre, eine Anwendung für die Gegenwart ergibt. Es war weder ihr Zweck noch sind sie darum erfunden, aber es erwächst daraus, wie eine gute Frucht aus einer gesunden Blüte, ohne Zutun der Menschen. Darin bewährt sich jede echte Poesie, daß sie niemals ohne Beziehung auf das Leben sein kann, denn sie ist aus ihm aufgestiegen und kehrt zu ihm zurück, wie die Wolken zu ihrer Geburtsstätte, nachdem sie die Erde getränkt haben.« »Was den Inhalt selbst betrifft«, heißt es an einer anderen Stelle – einer der wenigen, an der von der allgemeinen Bedeutung die Rede ist und nicht unmittelbar vom Stoff her gehandelt wird –, »so zeigt er bei näherer Betrachtung nicht ein bloßes Gewebe phantastischer Willkür, welche nach der Lust oder dem Bedürfnis des Augenblicks die Fäden bunt ineinander schlägt, sondern es läßt sich darin ein Grund, eine Bedeutung, ein Kern gar wohl erkennen. Es sind hier Gedanken über das Göttliche und Geistige im Leben aufbewahrt, alter Glaube und Glaubenslehre, in das epische Element, das sich mit der Geschichte eines Volkes entwickelt, getaucht und leiblich gestaltet. Doch Absicht und Bewußtsein haben dabei nicht gewirkt. Je mehr das Epische überhand gewinnt, desto mehr wird das Bedeutende verhüllt.«

Die großen, immer wiederkehrenden Hauptthemen, Situationen und Handlungen, und die feststehenden, immer wiederkehrenden Typen werden von Grimm erschöpfend charakterisiert und ergeben, in Zusammenfassungen, von denen ich nur die konzentriertesten Beispiele zitieren will, ein vollständig symphonisches Welt- und Lebensbild.

Belebung der ganzen Natur, naiver Animismus, ist die erste Stufe der Beseelung des sinnlichen Erlebens.

»Der Machandelbaum hat einen guten Geist, seine Früchte erfüllen den Wunsch der Mutter nach einem Kind, die gesammelten Beeneken des Ermordeten werden unter seinen Ästen, die sich gleich den Armen des Menschen bewegen und sie umfassen, wieder belebt, die von ihm aufgenommene Seele steigt aus den leuchtenden, aber nicht brennenden Flammen der Zweige in der Gestalt eines Vögleins empor, dem Grab der Mutter entspringt ein Bäumlein, aus dem vergrabnen Eingeweide eines geliebten Tieres wächst ein Baum mit goldenen Äpfeln. Die Quelle ruft den Kindern zu, nicht aus ihr zu trinken, weil sie sonst verwandelt würden. Das Roß Fallada spricht nach seinem Tode. Die Raben weissagen, die Tauben lesen dem armen Kind die Erbsen aus der Asche, hacken den bösen Schwestern das Aug aus... Mit dieser Ansicht von einer allbelebten Natur hängt auch das Übergehen in eine andere Gestalt zusammen, und die hier verwandelten Steine, Bäume und Pflanzen sind eigentlich geistig belebt... Dasselbe bedeutet die Quelle, an welcher das Wasser des Lebens geschöpft wird, es gibt Menschen, welche Zauberei in Steine verwandelt hat, ihre Gestalt zurück.«

Wandlung, Verwandlung, Gestalt-Vertauschung, Umformung, auch die Wünscheldinge, Wunschmittel, die Wunschelruot des Gral, sie alle künden von jener tief geahnten Metamorphose, der Kommunikation von Stoff und Geist. Denn auch der Menschengeist ist jener »Energie« verwandt, die sich in Materie verwandelt, und alles stoffliche, körperliche Dasein wiederum verbildlicht seinen geistigen Ursprung und strebt nach ihm zurück.

Dann aber, einfach und eindeutig, vollzieht sich in der Märchenwelt der Kampf des Guten mit dem Bösen.

»In vielfachen Wendungen und Verschlingungen«, sagt Wilhelm Grimm, »wird er dargestellt, häufig in den kindlichen Verhältnissen der Geschwister. Der Bruder ist in die Gewalt böser Mächte gefallen, die Schwester hört es und sucht ihn nun, durch Wälder und Einöden wandernd, scheut keine Gefahr, vollbringt die schwersten Aufgaben, erlöst ihn endlich, denn das Gute und Reine taucht doch am Ende als das allein Wahre und Bestehende hervor und besiegt das Böse. Und in wie viel schönen Zügen ist dabei das Menschliche eingeflochten!«

Das Menschliche, das Wilhelm Grimm hier meint, bahnt sich seinen Weg wie ein Bächlein durch Gestein und Gestrüpp, aber es braucht immer die Hilfe der höheren, der geistigen Welt, um die unteren Mächte zu überwinden und nicht von ihnen getrübt oder verschlungen zu werden.

»Die reinen Geister«, führt er aus, »indem sie das Gute befördern, begleiten sichtbar den Menschen auf seinen Wegen... Daher... die Märchen von jenen besonders Begabten, mit ungewöhnlichen Vorzügen Ausgestatteten. Jener kommt schon in einer Glückshaut auf die Welt, ihm schlägt alles Widerwärtige zum Vorteil aus, er geht selbst in die Hölle, dem Teufel sein Geheimnis abzulocken.«

Mit diesem klaren Satz erhellt Wilhelm Grimm, aus der Märchenanschauung heraus, das Wesen von Talent und Begnadung, das Geniale, das durch keine Dialektik auseinanderzulegen und zusammenzusetzen ist, sondern nur in seiner Ganzheit als Gabe, Schöpfergabe, ausgeschüttet und empfangen wird, damit immer wieder ein Bild, Vorbild, Sinnbild entstehe, um den Menschen in ihrer chthonischen Finsternis, planetarischen Einsamkeit, die das Auge nicht durchdringen kann, ein Leuchtzeichen, eine Lichtspur zu hinterlassen.

Das Menschliche aber erfährt seine wunderbare Transfiguration in dem Motiv, das Wilhelm Grimm als eines der vornehmsten und bedeutsamsten aller Märchendichtungen erkennt: der Erlösung durch Liebe.

»Die gute und unschuldige, gewöhnlich die jüngste Tochter wird vom Vater in der Not einem Ungeheuer zugesagt, oder sie gibt sich selbst in seine Gewalt. Geduldig trägt sie ihr Schicksal, manchmal wird sie gestört von menschlichen Schwächen und muß diese erst abbüßen, doch endlich empfindet sie Liebe zu ihm, und in dem Augenblick wirft es auch die häßliche Gestalt eines Igels, einer Bestie, eines Frosches ab und erscheint in gereinigter, jugendlicher Schönheit. Die gleiche Sage, die auch bei den Indern heimisch ist und mit der römischen von Amor und Psyche, der altfranzösischen von Parthenopex und Meliuere sichtbar zusammenhängt, deutet die Bannung in das Irdische und die Erlösung durch Liebe an. Stufenweise arbeitet sich das Reine hervor, und wird die Entwicklung gestört, so stürzt das Elend und die Schwere der Welt herein, und nur von der Berührung der Seelen (die aber oft so leibhaft vor sich geht, wie wenn die Prinzessin den kalten Frosch in ihr warmes Bettchen nimmt oder ihn an die Wand werfen muß, damit er die Gestalt wandle), vor der Erkenntnis der Liebe, fällt das Irdische ab.«

Wo fände man eine sinnhaftere Darstellung von den widerstrebenden und um tiefere Einheit, Verschmelzung ringenden Liebesmächten, der irdischen und der himmlischen, ihrer brennenden Begegnung im Eros, ihrem Erlösungsdrang und seiner Erfüllung in der Geburt der Schönheit, der heimlichen Harmonie?

Den Tiermärchen und den Reisen und Wanderungen unbelebter Dinge, etwa Strohhalm, Bohne und Kohle, die wieder eine andere Welt auftun als die animistischen, widmet Grimm noch eine besondere Betrachtung, aus der nur ein Satz genommen sei:

»Das heimliche Treiben der Tiere in den Wäldern, Triften und Feldern, auch im Stall, Hof und Hausboden, hat etwas sehr Bedeutendes, es herrscht unter ihnen eine bestimmte Ordnung, in dem Bau ihrer Wohnung, dem Ausflug, der Heimkehr, dem Füttern der Jungen, der Vorsorge für den Winter. Ihr Gedächtnis scheint groß, sie machen sich miteinander verständlich, und ihre Sprache ist wohl nicht mannigfaltig, aber mächtig und eindringlich.« Ich möchte hinzufügen, auch wo ihnen Menschensprache beigelegt wird, ist das Menschliche nicht ihr Antrieb, sie stehen für andere Bilder und Ordnungen, und sie mögen also nicht im direkten Sinne vermenschlicht werden, wie es moderne Tiergeschichten in sentimentalisierender oder moralischer Weise oft versuchen.

Grimm übersieht auch nicht den vieler Märchendichtung innewohnenden Humor, von dem er sagt, daß er sich »manchmal nur leise äußert, und daß man ihn mit der eingelegten Ironie moderner Erzähler nicht verwechseln muß.« Besonders beschäftigt er sich mit gewissen humorigen Gestalten und Zügen, die er als typisch deutsch bezeichnet und als in den Märchen der anderen Völker nicht leicht zu finden, wie jene des Halb-Rohen, Halb-Dumpfen, Halb-Wachen, Halb-Menschlichen, etwa des phantastischen Igel-Hans, der sich durch Humor aus dem Wilden und Tierischen erhebt, wie der Bruder Lustig aus seiner Sünde.

Damit kommen wir, zum Schluß und vielleicht als Gipfel, zu den immer wiederkehrenden, den feststehenden Gestalten, den wirklichen Menschen in der Märchendichtung, von denen der Bruder Lustig eine der charakteristischsten ist. Sagt Grimm: »Er bekümmert sich um nichts als ein fröhliches Leben, er weiß nicht, was gut und was bös ist, und ihm wird darum nichts zugerechnet. Als der Herr kommt, bei ihm zu herbergen, ist er bereit, das Letzte mit ihm zu teilen, doch vertut er gleich im Spiel den Groschen, wofür er einen Trunk zur Speise holen soll. Dem Apostel Petrus, der in Gestalt eines Armen ihn um ein Almosen anspricht, gibt er seinen letzten Heller, und als dieser im Glauben, einen Frommen gefunden zu haben, mit ihm zieht, betrügt er ihn alsbald um das Herz des gebratenen Lämmchens und ist ärgerlich, daß der mächtige Apostel nicht mehr Geld zusammenbringt! Den Tod hat er lange zum Narren, endlich muß er ihm folgen, aber nun will ihn weder der Himmel noch die Hölle einlassen, bis er durch einen guten Einfall in jenen sich Eingang verschafft... Gewissermaßen macht der Schneider, welcher, als er aus Gnaden in den Himmel aufgenommen worden, dort gleich Richter über die Sünder sein will und wieder ausgestoßen wird, das Gegenstück zu ihm...«

Ach, lieber Wilhelm Grimm, welche »zeitnahe« Anwendung legst Du uns hier in den Mund! Kennen wir sie nicht allzu gut, jene Schneider von heute, die grade Durchgeschlupften, Entkommenen, die sofort nun Sündenrichter spielen wollen und die Reinheit für sich allein in Anspruch nehmen? Und welcher

Trost, wenn das weise Märchen – das immer die unabwendbare Endformel kennt – uns dartut, daß sie alle wieder ausgestoßen werden! So werden wir also auch das noch erleben. Und aus dem Beispiel des Bruder Lustig darf uns die schöne Zuversicht erwachsen, die praktische Wendung, Hinwendung, Nutzanwendung aufs Primitive, Tägliche, Notdürftige, daß uns der Himmel nicht verschlossen bleibt und die Gnade nicht versagt, wenn unser Leichtsinn gut genug ist, um den letzten Groschen für einen armen Kerl hinzuwerfen, ja, daß der Leicht-Sinn oft besser anschlägt, auch im Großen und Ewigen, als die Schwer-Mut.

Hierher gehört auch der Aufschneider, von dem Wilhelm Grimm sagt, »in ihm gibt sich die reine, und weil sie unverhohlen ist, schuldlose Lust an der Lüge kund. Die menschliche Einbildungskraft hat das natürliche Verlangen, einmal die Arme, so weit sie kann, auszustrecken und ungestört das große Messer, das alle Schranken zerschneidet, zu handhaben.«

Die bedeutungsvollste aber unter den menschlichen Märchengestalten ist »der dritte Sohn«:

»Verschiedentlich wird die Geschichte von einem König erzählt, der drei Söhne hinterläßt und nicht weiß, welchem er Krone und Reich nach seinem Tode überlassen soll. Er macht daher eine Aufgabe, sei es nun etwas Schweres zu vollbringen, etwas Seltenes und Kostbares zu holen oder eine große Kunst zu erlernen.

Wer sie löst, der soll der Erbe sein. Sie ziehen aus und jeder versucht sein Glück. Daß gewöhnlich der Jüngste, anscheinend der am geringsten Begabte den Sieg davonträgt, ist in einer sittlichen Idee begründet. Als Charakter wird er in den Märchen gewöhnlich der ›Dummling‹ genannt. In der Jugend zurückgesetzt, zu allen Dingen, wozu Witz und Gefügsamkeit gehört, ungeschickt, muß er gemeine Arbeiten verrichten und Spott erdulden. Er ist das Aschenkind, das am Herde oder unter der Treppe seine Schlafstätte hat. Aber es leuchtet dabei eine innere Freudigkeit und eine höhere Kraft durch. Schön wird er im Parcifal der ›Dummklare‹ genannt. Kommt es dann zur lebendigen

Tat, so erhebt er sich schnell wie eine lang keimende, endlich vom Sonnenlicht berührte Pflanze, und dann vermag er allein unter vielen das Ziel zu erreichen. Gewöhnlich der Jüngste unter drei Brüdern, stehen ihm die beiden andern in Stolz und Hochmut entgegen. Verlachen ihn und sehen ihn mit Verachtung an. Der Dummling aber zieht in kindlichem Vertrauen aus, und wenn er sich ganz verlassen glaubt, hilft ihm eine höhere Macht und gibt ihm den Sieg über die andern. Ein ander Mal hat er weltliches Wissen hintangesetzt und nur die Sprache der Natur erlernt, darum wird er verstoßen, aber jene Erkenntnis hebt ihn bald über die andern. Unterliegt er der Mißgunst und wird ermordet, so verkündigt doch lange nachher der weißgebleichte, hervorgespülte Knochen die Untat, damit sie nicht unbestraft bleibe.

Der Dummling ist der Verachtete, Geringe, der Kleine, und nur von Riesen aufgesäugt wird er stark. So nähert er sich dem Däumling, der bei Geburt nur daumengroß ist und nicht weiterwächst. Bei ihm aber ist alles in Klugheit ausgeschlagen, er ist aller List und Behendigkeit voll... Jedermann äfft er und zeigt eine Lust an gutmütiger Neckerei, manchmal ist er das kluge Schneiderlein, das mit seinem feinen und schnellen Verstand die Riesen schreckt, die Ungeheuer tötet und die Königstochter erwirbt. Er allein kann die vorgelegten Rätsel lösen.«

Der Dummklare, der dritte Sohn, der einfältige, faule, arglose – denn schon Ehrgeiz und Streben werden hier zum »Argen« –, der aber die Gnade hat, die Demut, die Geduld und Natur, ihre zarte Kraft, auch ihre unschuldige Schlauheit. Er, und nicht der Tüchtige, der Streber, der Praktische oder der Heroische, er, der Dummling, bekommt die Hand der Prinzessin. Die Gerechtigkeit wird überrational, metaphysisch – göttlich. Die göttliche Gerechtigkeit aber wägt mit unbekanntem Gewicht, und ihr endlicher Ausdruck, ihre sichtbare Gestalt, ist die Proportion.

Die Grimmsche Märchensammlung, und Wilhelm Grimms Deutung, gibt uns gleichsam den Goldenen Schnitt, der die geheime Ausgewichtung, das unabänderliche Verhältnis zwischen Gott, Natur und Mensch in kindlicher Bildkraft aufleuchten läßt.

IV Vom Ursprung der Sprache, von der Brüderschaft und von der Begeisterung

Die Suche nach dem Ursprung bestimmt den Grundzug allen menschlichen Forschens. So wie der Ursprung eines Flußlaufs, die Entdeckung seiner Quellen, erst gültigen Aufschluß gibt über die ihm innewohnenden Gesetzlichkeiten, sein Gesamtpotential an Wassermenge, Stauung und Gefälle, seinen Einfluß auf die Gestaltung eines Landstrichs, eines Kontinents, eines Teiles der Erdoberfläche, so mag eine jede Erscheinung erst von ihrem Ursprung her organisch zu begreifen und im Sinne einer allgemeinen Ordnung darzustellen sein. Die Lehre vom Atom, von der letzten unteilbaren Einheit aller materiellen Substanz, geht auf die altgriechische Philosophie zurück, und wenn die moderne Physik diese Einheit zertrümmert, sie aber gleichzeitig als eine Emanation jener Energie erkennt, die sie zusammenhielt oder in Selbstwandlung erschuf, so steht sie damit in keinem Widerspruch zur Ursprungslehre des Demokrit, sondern bestätigt sie in einer neuen Dimension.* Die Gesamtheit der sinnlichen und geistigen Phänomene, die wir deshalb als lebendig bezeichnen, weil sie sich in ständiger Bewegung, im Wandel befinden oder Bewegung und Wandel hervorrufen – »das Leben« also –, erscheint in einer unendlichen Vielfalt und Kompliziertheit von Einzelgestalten, Formen, Reizen und Relationen, geht aber wohl auf unendlich einfache Ur- und Grundgesetze zurück. Die Suche nach dem Ursprung, nach den Grundgesetzen, ist in unserem Sinne keineswegs ein Versuch, die Kosmogonie, die Schöpfungsgeschichte und das Phänomen des Lebens rationalistisch aufzuklären und als einen Vorgang geistloser Mechanik zu enthüllen, sondern im Gegenteil: das bewußte Streben, durch die Erkenntnis wesenhafter Zusammenhänge, die uns eingebo-

* Die Wirksamkeit kosmischer Strahlung im Atomkern, die dadurch erwiesene Korrelation zwischen Weltraum und stofflichem Mikrokosmos, gibt dem Begriff »Dimension« eine neue Bedeutung, die ihn aus dem Räumlichen ins Geistige überträgt.

rene Denk- und Vorstellungskraft auf einen tieferen, unbekannten Inhalt und Sinn aller Schöpfung hinzulenken.

Ein Sprachforscher von der geistigen Bedeutung Jacob Grimms mußte als unerläßlich empfinden, die Frage nach dem Ursprung der Sprache überhaupt aufzuwerfen, durch deren Besitz und Gebrauch sich das menschliche Geschlecht wie durch keine andere Äußerung entscheidend von allen übrigen Geschöpfen abhebt.

Seine Untersuchung ›Über den Ursprung der Sprache‹ (1851), in die geschlossene Form einer Rede zusammengefaßt und verdichtet, zeigt ihn auf der Höhe seiner Lebensarbeit.

Älter als alle uns überlieferten Sprachdenkmäler, ist doch die Sprache schon in ihren Anfängen, in ihrer Urbedeutung, mehr als ein bloßes Mittel der Verständigung. Dazu genügte der Laut, wie er fast allen höheren Tieren, von den Insekten bis zu den Menschenaffen oder Delphinen, in vielfachen Abwandlungen und Modulationen zur Verfügung steht.

Sprache beginnt mit der Namensgebung. Mit der Benennung der Person oder der Sache, deren die Person sich bedient, die sie erkennt. Sie fällt also im Ursprung zusammen mit der Bewußtwerdung des Einzelwesens überhaupt, mit der Geburt des Individuums, mit dem Vorgang des Denkens.

Ich, Du, Er, Sie, Es. Darin bestehen, fürwörtlich abstrahiert, die ersten Inhalte des Sprechens. Das Tätigkeitswort kommt als zweiter Inhalt hinzu und schafft die dynamische Verbindung. Die Sprache ist genetisch auf den Menschen bezogen. Die Entwicklung der Sprache ist freies Menschenwerk.

Um zu dieser elementaren Erkenntnis, als einer »dritten These« nach Art der Schlußfolgerung zu gelangen, muß Grimm zunächst zwei andere, mögliche und behauptete, jedoch unbewiesene Hypothesen entkräften. Nämlich die, daß die Sprache entweder dem Menschen »angeboren«, also mit ihm erschaffen, oder daß sie ihm »geoffenbart«, das heißt von einer höheren Macht ihm mitgeteilt sein könnte.

Beide Theorien, die von einer uns »anerschaffenen«, die von einer uns »eingegebenen« Sprache, scheinen Grimm in völligem

Gegensatz zu allen natürlichen und geistigen Erscheinungen zu stehen, vor allem zum Vorgang der Bewußtseins- und Sprach-Erwerbung durch das erwachende Einzelwesen, das Kind. Wenn er aber das Unmögliche und Widersinnige dieser theologischen Deutungen enthüllt (die übrigens nie ein Dictum absolutum der christlichen Theologie gewesen sind) und die menschliche Sprache unmittelbar mit der Fähigkeit des Denkens zusammenbringt, so leugnet er damit keineswegs das Geheimnis einer von Schöpfermacht stammenden, fundamentalen *Gabe*.

In seinen eigenen Worten:

»Der Schöpfer hat die Seele, das heißt die Kraft zu denken, er hat die Sprachwerkzeuge, das heißt die Kraft zu reden, in uns beides als kostbare Gaben gelegt, aber wir denken erst, indem wir jenes Vermögen üben, wir sprechen erst, indem wir die Sprache lernen. Gedanke und Sprache sind unser Eigentum, auf beiden beruht unsrer Natur sich aufwindende Freiheit, das ›sentire quae velis et quae sentias dicere‹, ohne sie würden wir Tieren gleich barer Notwendigkeit hingegeben sein, und mit ihr sind wir emporgeklommen.

Diese Sprache, dies Denken, steht aber nicht abgesondert da für einzelne Menschen, sondern alle Sprachen sind eine in die Geschichte gegangene Gemeinschaft und knüpfen die Welt aneinander. Ihre Mannigfaltigkeit eben ist bestimmt, den Ideengang zu vervielfachen und zu beleben.

Eine angeborene Sprache hätte die Menschen zu Tieren gemacht, eine geoffenbarte in ihnen Götter vorausgesetzt; es bleibt nichts übrig, als daß sie eine menschliche, mit voller Freiheit ihrem Ursprung und Fortschritt nach von uns selbst erworbene sein muß: nichts anderes kann sie sein, sie ist unsre Geschichte und unsre Erbschaft.

Das, was wir sind, wodurch wir uns von allen übrigen Geschöpfen unterscheiden, führt im Sanskrit den bedeutsamen ehrwürdigen Namen ›manudscha‹, der auch vorzugsweise in unsrer deutschen Sprache bis auf heute sich erhalten hat, goth. manniska, ahd. mannisco, nhd. Mensch und so durch alle Mundarten. Dies Wort darf zwar mit gutem Grund auf einen mythischen Ahnen Mana oder einen indischen König Manas zurückgeleitet werden (Tacitus bezeugt mannus), dessen Wurzel jedoch ›man‹, das heißt: denken, ist und wozu unmittelbar auch manas, menos, Mensch fallen.

Das Verhältnis Gottes zur Natur beruht auf gleich festen, unerschütterlichen Gesetzen wie die Bande der Natur unter sich, und da diese ihr Geheimnis und Wunder nur in sich selbst, nicht außer sich tragen, so muß jedes nicht natürliche Mittel von ihnen ausgeschieden sein. Ein Geheimnis, bei dem es unnatürlich herginge, gibt es nicht!«

Wie erweist sich Grimm hier als ein echter Sohn seines Jahrhunderts, da wo sein mächtiger Geistesdrang noch kühn und ungebrochen aus klaren Quellen vordringt und von seinen neu erworbenen Mitteln vergleichender Erkenntnis freien Gebrauch macht, ohne noch dieser Mittel unfreier Denksklave geworden zu sein! Wie ist er aber gleichzeitig schon ein ahnender Weggenosse unserer Tage, deren bestimmende Aufgabe es nur sein kann, die erworbenen Mittel zur vollen Geltung zu bringen, um durch ihre Mittlerschaft den großen, verlorengegangenen Zusammenhang zwischen physischer und geistiger Welt wiederherzustellen! Das *Denken* der Brüder Grimm ist wohl im Sinn ihres Jahrhunderts vielfach chronologisch bestimmt, ihre *Anschauung* aber sprengt die beengende Kausalkette und wird, in unserem Sinn, universal, indem sie statt der abstrakten Logik allen Gestalten und Erscheinungen immer eine konkrete, aufs Lebensganze gerichtete Zielhaftigkeit beimißt.

In ihrer Laut- und Formenlehre, Grammatik, Etymologie, erfassen sie die Sprache biologisch und metaphysisch, in ihrer Deutung ältesten Sprachgutes erschließen sie Urgeschichte, Urlandschaft der menschlichen Seele. »Das innere Gewebe der Sprache in seiner Schönheit und Fülle aufzudecken«, bezeichnet Jacob Grimm als seine Aufgabe, dabei aber stets »auf den Geist der Sprachdenkmale hingewandt zu bleiben, denn der Sprache noch so gewaltige äußere Erscheinung und Form ist stets einem geistigen Ziele dienend«. Und wenn Grimm das Wort »Sprachgeist« anwendet, so meint er damit nichts, was der Idee eines abstrakten Weltgeistes oder einer absoluten Ratio verwandt wäre, sondern den die Sprache bildenden, selbst aus höherem Einstrom gebildeten Menschengeist.

Lautvermögen und Sprachvermögen, führt er aus, verhalten sich zueinander wie Leib und Seele in der mittelalterlichen Auffassung, die der Seele die Rolle der Herrin, dem Leib die ihres Kämmerers zuwies. Die Sprachen sind nicht einem »starr und ewigwirkenden Naturgesetz, wie des Lichts oder der Schwere, anheimgefallen«, sie erstehen aus der menschlichen Freiheit, und nur wo das Menschengeschlecht selbst, im Widerstreit des Freien mit dem Notwendigen, einer außer und über ihm waltenden Macht unterliegt, lassen sich auch in der menschlichen Sprache Vibration, Abdämpfung oder Gravitation, also die Einwirkung naturgesetzlicher Mächte, gewahren. So werden die Sprachen zu eigenwüchsigen, eigenlebigen Organismen, die wie natürliche Gebilde aufblühen und absterben können.

»Auch die erstaunende Heilkraft der Sprache«, schreibt Grimm, »womit erlittenen Schaden sie schnell verwächst und wieder ausgleicht, scheint die der mächtigen Natur überhaupt, und nicht anders als diese versteht sich die Sprache darauf, mit geringen Mitteln auszureichen und volles Haus zu halten: denn sie spart ohne zu geizen, sie gibt reichlich aus und vergeudet nie!«

Diese »Ökonomie der Verschwendung«, die ein entscheidendes Formgesetz im Wachstum der Natur, aber auch in allem künstlerischen Schaffen darstellt, bestimmt Jacob Grimms architektonischen Grundriß der menschlichen Sprache, den er in einer knappen Druckseite aufzeichnet:

»Nichts in der Sprache, wie in der ganzen, sie gleichsam auf den Schoß nehmenden Natur, geschieht umsonst.

Jeder Laut hat seinen natürlichen, im Organ, das ihn hervorbringt, gegründeten und zur Anwendung kommenden Gehalt. Von den Vokalen hält a die reine Mitte, i Höhe, u Tiefe; a ist rein und starr, i und u sind flüssig und der Konsonantierung fähig.

Offenbar muß den Vokalen insgesamt ein weiblicher, den Konsonanten insgesamt ein männlicher Grund beigelegt werden. Alle Konsonantverdoppelungen sind der ältesten Sprache abzuerkennen. Konsonantlautabstufung, die sich am allerdeutlichsten und zu zweien Malen in den Verschiebungen der deutschen Sprache ereignet, pflegt mit wundervollem Instinkt, indem sie alle stummen Laute verrückt, ihnen doch jedesmal wieder die rechte Stelle anzuweisen. Haben irgendwo in der Sprache Naturtrieb und freie Kraft zusammengewirkt, so geschah es in dieser höchst auffallenden Erscheinung.

Hebel aller Wörter scheinen pronomina und verba. Das pronomen ist nicht bloß, wie sein Name könnte glauben machen, Vertreter des nomens, sondern geradezu Beginn und Anfang allen nomens. Wie das Kind, dessen Denkvermögen wach geworden ist, ›ICH‹ ausspricht, so finde ich auch im Jadschurveda ausdrücklich anerkannt, daß das ursprüngliche Wesen ›ICH BIN ICH‹ spreche, und der Mensch, wenn er gerufen werde, ›ICH BIN ES‹ antworte.

Die größte und eigentliche Kraft der Sprache liegt im verbum. Alle Verbalwurzeln enthalten sinnliche Vorstellungen, aus welchen unmittelbar auch analoge und abstrakte knospen und sich erschließen konnten, wie z. B. dem Begriff des Atmens der des Lebens, dem des Ausatmens der des Sterbens entsprießt. *Es ist ein folgenschwerer Satz, daß Licht und Schall aus den selben Wurzeln stammen!* Alle Verbalwurzeln wurden aber mit dem einfachsten Aufwand an Mitteln erfunden, indem ein Konsonant dem Vokal vor oder nach trat. Die Zeugung einer Wurzel scheint von dem Sich-Vermählen beider Geschlechter (des weiblich-vokalischen mit dem männlich-konsonantischen) abhängig.

In diesen einfachsten Bildungsgesetzen sehen wir also auch hier Notwendigkeit und Freiheit einander durchdringen. Höchst natürlich und menschlich aber war, daß die Sprachfindung jedem Namen ein Geschlecht erteilte, wie es entweder an der Sache selbst ersichtlich vorlag oder ihr in Gedanken beigelegt werden konnte. Alle Begriffe gehen hervor aus sinnlicher, ungetrübter Anschauung, die selbst schon ein Gedanke war, und der nach allen Seiten hin leichte und neue Gedanken entsteigen.«

Wie kaum in einem seiner anderen Werke, und fast nie sonst in seiner strengen, nüchternen Schreibart, wird Grimm in dieser Rede von einem seherischen Impuls begeistert, der ihn solch ahnungsvolle Gedanken wie den der Ursprungseinheit von Licht und Schall, solch tief gegründete Begriffe wie den der wechselseitigen Durchdringung von Notwendigkeit und Freiheit, die alles menschliche Schicksal und Werk bestimmt, finden und manchmal in dithyrambischen Bildern ausweiten läßt.

Die Sprachen beginnen für ihn die Oberfläche der Erde, den Körper der Kontinente zu bewachsen, überall sieht er sie vordringen und sich ausbreiten, wie die menschliche Kultivation, der Ackerbau, sich zwischen die unbebauten Steppen und Wälder schiebt und sie zurückdrängt.

»So auch«, sagt er zusammenfassend, »(wie Wälder und Steppen dem Anbau wichen und sich ihm doch wieder einfügten), scheinen unter auseinandergelaufenen, im weiten Raum zerarbeiteten, später sich wieder berührenden Sprachen endlich nur solche des Feldes Meister zu werden, die nährende Geistesfrucht gebracht und geboren hatten. Und statt daß von den Stufen jenes babylonischen Turmes herab, der gen Himmel strebte, wie es ägyptische Pyramiden, griechische Tempelhallen und der Christen hochgewölbte Kirchen auch tun, alle Menschensprachen getrübt und zerrüttet ausgetreten sein sollen, könnten sie einmal, in unabsehbarer Zeit, rein und lauter zusammenfließen, ja manches Edle in sich aufnehmen, was jetzt in den Sprachen verwilderter Stämme wie zertrümmert liegt.«

Niemand wird mutmaßen, daß Jacob Grimm hier an ein banales »Esperanto«, das einer künstlichen Weltsprache, ein bequemes Plappermittel gedacht habe. Was ihm vorschwebt, aus mythischer Vergangenheit über »unabsehbare Zeit« in eine visionäre Zukunft weisend, läßt sich als eine aus gegenseitigem Kennen und Anerkennen, Berühren und Durchdringen, kurz: aus einer universalen Humanität künftiger Geschlechter erstehende, produktive Verständigung und gegenseitige Bereicherung unter den Sprachen, Völkern, Rassen der Erde erahnen.

Es war den Brüdern Grimm nicht bestimmt, ihre Tage im heimatlichen »Exil« von Hessen-Kassel zu beschließen. Wieder war es ein Regierungswechsel in einem »fremden Land«, nämlich in Preußisch-Berlin, der in ihr stilles, gleichmäßiges Leben eingreifen sollte. Diesmal aber war es ein positiver Eingriff. Im Jahre 1840, drei Jahre nach ihrer Austreibung aus Göttingen, ernannte der neue König Friedrich Wilhelm der Vierte die beiden Brüder zu Mitgliedern der Preußischen Akademie. Das bedeutete ihre Übersiedlung nach Berlin. Zögernd und voll Mißtrauen folgten sie im März 1841 dem ehrenvollen Ruf. Aber ihre schlechten Ahnungen erwiesen sich als grundlos. Das aufstrebende Berlin, vor dessen Unruhe und Wankelmut sie sich gefürchtet hatten, gewährte ihnen, was sie in ihrem Leben bisher entbehren mußten: materielle Unabhängigkeit, sogar einen gewissen Wohlstand, und ungetrübte Schaffensfreiheit bis an ihr Lebensende.

Wilhelm, der immer kränklich war, hat bis zu seinem Tode im Dezember 1859 Berlin nicht mehr verlassen, Jacob nur noch zu gelegentlichen Studienreisen nach Italien und Skandinavien, und zur Teilnahme an den Parlamentssitzungen in der Frankfurter Paulskirche und in Gotha. Vier Jahre nach dem Bruder, im September 1863, starb auch er mit achtundsiebzig, ohne längere Krankheit, wie ein Mann, der, von großer Arbeit ermüdet, zur Ruhe geht.

Der Verlust des Bruders muß wohl der härteste Schlag in seinem Leben gewesen sein, aber vielleicht machte das Bewußtsein, ihm bald nachzufolgen, und der unverlierbare Besitz der ganzen, gemeinsamen Lebenszeit es ihn leichter verwinden. Äußerlich ließ er sich von seiner Trauer nichts anmerken, gleich nach dem Begräbnis nahm er seine gewohnte Tätigkeit wieder auf.

Sechs Monate später, im Sommer 1860, hielt er auf Einladung der Akademie eine Gedächtnisrede auf den Bruder. Sie wurde in ihrem Hauptteil eine klare, nüchterne, fast trockene Abhandlung über das Werk Wilhelm Grimms, ohne den leisesten Anhauch von Sentimentalität, fast ohne jede Exhibition seines eigenen Empfindens. Aber grade in dieser einfachen, sachbezogenen Art setzte er nicht nur dem toten Bruder ein Denkmal, sondern der *Brüderschaft* überhaupt, die ihm, sozusagen unter der Hand, zum Symbol und Kern menschlicher Gemeinschaft, zur sittlichen Grundlage der Gesellschaftsbildung erwuchs. Der Anfang dieser Rede scheint uns ergreifend und bedeutsam genug, um heute gehört zu werden:

»Ich soll hier vom Bruder reden, den nun schon ein halbes Jahr lang meine Augen nicht mehr erblicken, der doch nachts im Traum, ohne alle Ahnung seines Abscheidens, immer noch neben mir ist. Ihm zum Andenken niedergelegt sei denn ein Gebund Erinnerungen, die sich aber, wie man in diesem Kreis erwarten wird, fast nur auf seine wissenschaftliche Tätigkeit erstrecken. Seine sonstigen Lebensbegegnisse hat er selbst schon einmal anderswo erzählt.

Unter Sippen und Blutsverwandten dauert ja die lebendigste, vollste Kunde, und ihnen stehen von Natur geheime Zugänge offen, die sich den andern schließen; nicht allein leibliche Eigenheiten und Züge haben sich einzelnen Gliedern eines Geschlechts eingeprägt und zucken in wunderbarer Mischung nach, sondern dasselbe tut auch die geistige Besonderheit, daß man oft darüber staunt. Da hält ein Kind den Kopf oder dreht die Achsel genau wie es Vater oder Großvater getan hatte, und aus seiner Kehle erschallen bestimmte Laute mit derselben Modulation, die jenen geläufig waren. Die leisesten Anlagen, Fähigkeiten und Eindrücke der Seele, warum sollten nicht auch sie sich wiederholen? Menschlicher Freiheit geschieht dadurch kein Eintrag, denn neben solchen Einstimmungen und Ähnlichkeiten entfaltet sich zugleich auch die entschiedenste Selbständigkeit jedes Einzelnen. Weder dem Leib noch dem Geiste nach sind sich je, solange die Welt besteht, zwei Menschen vollkommen einander gleich gewesen, nur neben und mittels der menschlichen Individualität brechen strichweise, wie aus dem Hintergrund, jene Ausnahmen vor, die das Band unsrer Abstammung nicht verleugnen und ihm Rechnung tragen.

Mir scheint nun, daß dieser edle, die Menschheit festigende

und bestätigende Hintergrund seine größte Kraft hat zwischen Geschwistern, stärkere sogar als zwischen Eltern und Kindern. Geschlechter haben sich zu Stämmen, Stämme zu Völkern erhoben, nicht sowohl dadurch, daß auf den Vater Söhne und Enkel in unabsehbarer Reihe folgten, als dadurch, daß Brüder und Bruderskinder fest zum Stamme hielten. Nicht die Deszendenten, erst die Collateralen sind es, die einen Stamm gründen – *nicht auf Sohnschaft sowohl als auf Brüderschaft beruht ein Volk in seiner Breite.*«

Jacob Grimm will sich nun, wie er sagt, nicht in eine politische Anwendung dieser Erkenntnis verlieren, er erklärt, seiner Art entsprechend, zunächst den einfachen und natürlichen Grund für den Vorrang der Brüderschaft über die Sohnschaft, der darin besteht, daß Eltern und Kinder nur ein halbes Leben miteinander teilen, Geschwister ein ganzes. Der Sohn hat seines Vaters Jugend nicht gekannt, der Vater erlebt den Sohn nicht mehr in seinem Alter, das Leben der Eltern versinkt vorne in die Vergangenheit, das der Kinder steht in die Zukunft hinaus, sie sind einander nicht volle Zeitgenossen. Zu diesem natürlichen kommt noch ein sittlicher Grund: zwischen Eltern und Kindern bleibt immer mindestens in der Erinnerung das Verhältnis von Autorität und Abhängigkeit, »Geschwister aber«, sagt Grimm, »stehen untereinander, ihrer wechselseitigen Liebe zum Trost, frei und unabhängig, so daß ihr Urteil kein Blatt vor den Mund nimmt«.

Die politische Anwendung, die Grimm nicht weiter ausführen wollte, weil sie ihm wohl selbstverständlich erschien – uns wird sie zur fundamentalen Bestätigung, ja, zu einem neuen sittlichen Postulat, in einer Zeit, die Gefahr läuft, über allzu vielen Doktrinen, Dogmen und Auslegungen die einfachsten Grundwahrheiten zu vergessen.

»Nicht auf Sohnschaft sowohl als auf Brüderschaft beruht ein Volk in seiner Breite.« Wir glauben, daß in diesen Worten der elementare Grundsatz aller echten Demokratie enthalten ist. Denn Brüderschaft bedeutet die natürliche Lebens- und Geistesverbundenheit all derer, die einander »volle Zeitgenossen« sind, die das ganze Leben, wie es uns bestimmt ist, miteinander teilen, und die doch, in der freien Entfaltung ihrer Person und ihres Urteils, von einander unabhängig sind und sich in gleichen Rechten und Pflichten begegnen dürfen. Der Sohnschaft und ihrem Autoritätsverhältnis, dessen staatlicher Ausdruck Absolutismus oder Diktatur bedeutet, sind die Völker entwachsen, sobald ihnen politisches und geistiges Selbstbewußtsein eignet.

Die Liebe zwischen Verwandten und als geschlechtliche Neigung naturgegeben, wäre auch in der weiteren Gemeinschaft zwischen Völkern und Rassen das einzige, zuverlässige Ferment, würde man nicht ihren Funken immer wieder gewaltsam ausstampfen.

Nichts aber vermag diesen Funken anzufachen und zu hüten als die Kraft der Begeisterung, die großen Seelen und starken Herzen innewohnt.

Die Brüder Grimm, in der strengen Selbstbescheidung ihrer Forschungsarbeit, waren vom Funken der Begeisterung durchglüht. So wuchsen sie über ihren Augenblick hinaus, und obwohl sie gestorben sind, leben sie, wie es am Ende ihrer Märchen heißt, noch heute.

Anmerkungen

Von Jacob Grimms wichtigsten wissenschaftlichen Werken, die im Text nicht einzeln aufgezählt sind, seien genannt:
Die deutschen Rechtsaltertümer.
Die deutsche Mythologie.
Die deutsche Grammatik.
Die Geschichte der deutschen Sprache.
Vergleichende Studien über slawische, skandinavische, romanische Sprachen und Volksdichtung (z. B. die serbischen Balladen).
Von Wilhelm Grimm:
Die deutsche Heldensage.
Die Runen.

Die Einleitungen zu den (gemeinsam mit Jacob gesammelten) Märchen.

Die Herausgabe altdeutscher und nordischer Poesie.

Übersetzungen und kritische Kommentare zu früheren Übersetzungen ältester Sprachdenkmäler.

Viele Einzel-Monographien über Mythen, Sagen, Legenden.

Die irischen Elfenmärchen (gemeinsam mit Jacob ediert).

Studie über die Elfen.

Studie über Kinderwesen und Kindersitten.

Viele der interessantesten Arbeiten Jacob Grimms, wie zum Beispiel der Aufsatz ›Vom Ursprung der Sprache‹, finden sich in der Sammlung seiner ›Kleineren Reden und Schriften‹.

Es sei noch auf eine ebenfalls in dieser Sammlung gedruckte Rede ›Über Schule, Universität, Akademie‹ hingewiesen, deren Lektüre im Augenblick des Kampfes um eine deutsche Schulreform besonders empfehlenswert ist.

Sie enthält unter anderem folgenden Satz, den Bildungswert der klassischen Sprachen im humanistischen Erziehungsgang betreffend:

»Wir haben uns alle lang in das Altertum eingelebt und sind mehr, als wir selbst wissen, mit ihm verwachsen, so daß beim Losreißen von ihm Stücke der eigenen Haut mit abgehen würden... Die klassischen Sprachen sind uns Mittel und Handhabe für Unzähliges, fast Unberechenbares geworden...«

Jedoch eine übermäßige Vorherrschaft des Pedantisch-Grammatischen »rät uns der Zweck des eigentlichen Lebens an bei Seite zu legen und nach einer gleichmäßigen Gerechtigkeit und Milde in allen Dingen zu streben« (1849).

Zu III. ›Vom lebendigen Quell‹:

Die von Pädagogen und Psychologen heute manchmal aufgeworfene Frage, ob die Grimmsche Märchensammlung eine geeignete Kinderlektüre sei, wird in dieser Betrachtung nicht berührt.

Der unterirdische Strom
Gedanken zu Carl Jacob Burckhardts künstlerischem Schaffen

Carl Jacob Burckhardt einzuführen, dürfte sich erübrigen. Zum mindesten durch seinen Briefwechsel mit Hofmannsthal und seine beiden mächtigen Geschichtswerke über Richelieu wird er jedem einigermaßen Gebildeten bekannt sein. Es sei nur darauf hingewiesen, daß er, der Schweizer und internationale Diplomat, ein Stück unserer deutschen, unheilvollsten Zeitgeschichte mit scharfer Prägnanz dargestellt hat, in der Schrift über seine ›Danziger Mission‹.

Selten sind Hitler und die Personen seiner näheren Umgebung in so knappen, von keiner Parteilichkeit verzerrten Zügen festgehalten worden wie von ihm, der bis zum Ausbruch des deutsch-polnischen Krieges (31. August 1939) alliierter Hochkommissar von Danzig war.

Während des Zweiten Weltkriegs wirkte er als Präsident des Internationalen Roten Kreuzes nach besten Kräften für alle Verfolgten und Bedrohten, später als Schweizer Botschafter in Paris, schließlich lebte er nur noch seiner historischen und literarischen Arbeit und dem Briefwechsel mit vielen Freunden.

Ich hatte das unschätzbare Glück, zu seinem engen Freundeskreis zu gehören, seit er im Dezember 1946 in Zürich mein Stück ›Des Teufels General‹ gesehen und den Wunsch geäußert hatte, den Autor kennenzulernen.

Da wir dann beide viele Jahre lang im Waadtland ansässig oder beheimatet waren, ergab sich eine Fülle wechselseitiger Besuche. Er war es, der mir den entscheidenden Rat gab, nicht im französischen Sprachgebiet am Genfer See zu bleiben, sondern in Saas-Fee, wo er uns besucht und mit mir Wanderungen unternommen hatte, ganz heimisch zu werden.

Seinen Tod (1974, im 83. Lebensjahr) werde ich nie verwinden. Kaum ein anderer meiner älteren Freunde, von denen ich in ihm und in Karl Barth die letzten verloren habe, hat mich in meinem Leben und meiner Arbeit so sehr bestärkt und bereichert.

*

Für Carl Jacob Burckhardt,
zu seinem achtzigsten Geburtstag,
September 1971

Ein Strom geht durch sein tätiges Leben, aus frühen Quellen gespeist, anschwellend mit den Zuflüssen der Erfahrung, von mancherlei Einmündungen vertieft und verbreitert.

Es ist ein mächtiger Strom, er zwängt sich aus Felstoren und zieht in sanftem Gefälle dahin – doch wird er immer wieder von Wehren und Schleusen gesperrt; Dämme, Wälle und Muren werfen sich vor ihm auf und verlegen sein Grundbett.

Dann weicht er nicht aus, sondern gräbt sich in eine tiefere Schicht hinunter, versinkt für eine lange Wegstrecke der Überwindung, rauscht unterirdisch in Höhlen.

Wo immer er wieder zu Tage tritt, hat er an Klarheit und Lichtstärke gewonnen; die alten Städte spiegeln sich in ihm und die vergehenden Geschlechter, die wunderbaren Gärten rechts, der Totenacker zur Linken, die Weiden, die Rebhügel und die vielfältigen Gestalten der Erinnerung. Lautlos fast durchfurcht ihn der Kiel des Fährbootes, von dem der jubelnde Gesang noch Lebendiger verhallt, welche nicht ahnen, daß sie mit jedem Holüber den anderen Fährmann rufen.

So ist es mit Carl Jacob Burckhardts künstlerischem Schaffen bestellt. Viele seiner schönsten Erzählungen werden als Bruchstücke bezeichnet, aus einem unveröffentlichten Roman, einem unvollendeten Vorhaben. Jedesmal, wenn man die Lektüre einer jener kostbaren Episoden beendet hat, vom Schloßbrand, vom Fährmann, von Malters dem Legionär, möchte man weiterlesen – oder zurückblättern. Man möchte wissen, wie es anfing, mit diesen besonderen Menschen, mit diesen angeleuchteten Schicksalszügen, wo es herkommt, wie es weitergeht. Aber plötzlich weiß man es – man wird im Anschauen vollkommener

Teile des Ganzen gewahr. Ja, es beginnt gerade dieses Episodische, aus dem Unterirdischen aufrauschend, seinen eigenen, erregenden Zauber auszuüben – so wie das Anschauen eines Findlings im flachen Land die Imagination stärker ansprechen mag als die Betrachtung getürmter Felsmassen in den Bergen.

Was Carl Jacob Burckhardts erzählerischen Findlingen, den abgeschlossenen wie den fragmentarischen, eigentümlich ist: sie spielen, in verschiedenster Lebenslage, stets unter Menschen, die in der Dämmerung stehen. Dämmerung – vor einer langen Winternacht? Vor einem aufleuchtenden Junimorgen? Die Vorzeichen wechseln wie der Zug der Planeten – aber das Rieseln des unaufhaltsamen Übergangs, das Frösteln der ungewissen Stunde vor der Verwandlung, das leise Wehen vorgefühlter Vergänglichkeit bildet den Grundton aller seiner Geschichten. Es ist die Stimmung seiner Generation und der unseren, derer vor der Jahrhundertwende und zwischen den großen Kriegen. Doch wird sie von dem Erzähler ohne jeden Zug betonter Schwermut vorgestellt, die Stimmung der Zeit wird ihm nicht zum artistischen Stilelement, seine Haltung bleibt immer gefaßt, bei aller Lebenswärme distanziert, gelassen und zuchtvoll, wie die seiner prägnantesten Gestalten. Diese Gestalten gehören durchweg einer Schicht an, welche sich kaum gesellschaftlich bestimmen läßt, eher atmosphärisch – in jener ihm ganz persönlich eignenden Einheit von kreatürlichem und geistigem Weltverständnis dargestellt. Es sind die Geschöpfe »– jener Zeitspanne, in der so viele allzu gewichtslos und dabei sehr hellhörig gewordenen Geschlechter bereits wußten, daß sie bald von der Bühne sollten abberufen werden ...« Diese späte, fast schon verflüchtigte Schicht hat nichts von morbider Verspieltheit, nichts von Versailles am Vorabend der Revolution, nichts von Fin de siècle oder von dem, was man als untergangsreife, spätrömisch oder byzantinisch verderbte, korrupte und machtverfallene Oberklasse bezeichnen könnte; sie ist eher klassenlos als imperial, eher schlicht als dünkelhaft, und ihre Schwäche zeigt sich vor allem in ihrem Mangel an Machtanspruch. Das Herrschaftliche ist nur noch eine innere Qualität, die Bereitschaft zur Annahme des ergangenen Lebensurteils. Ob Gutsherr oder Bauer, Handwerker oder Gelehrter, Jäger oder Soldat, jeder steht im Strahl dieses Lebensurteils an seinem Ort und kämpft um die Bewährung: sei's im Glück, sei es im Verhängnis. Alle, auch die Statisten, die nur Zuschauenden oder Vorübergehenden, sind einbezogen in das gleiche große Drama. Denn es wird in Carl Jacob Burckhardts erzählerischem Werk immer ein Drama abgehandelt. Die künstlerische Formkraft dieses Epikers, Historikers, Biographen, Porträtisten, der wohl nie eine theatralische Sendung empfunden oder einen Dialog für die Bühne geschrieben hat, ist durchaus dramatisch akzentuiert und steigert die zunächst besinnlich vorgetragene Fabel fast jedesmal zu einer dramatischen, häufig tragischen Gipfelung, welcher der zwangsläufige Absturz in die Katastrophe folgt. Das schöne junge Mädchen am Arm eines Jünglings, das den beiden Knaben mit ihrem Schubkarren auf der Landstraße begegnet und den ersten Schauer des erwachenden Geschlechts in ihnen weckt, liegt nachts als Tote im Gebüsch, man glaubt an Selbstmord, doch ihre Schwester, die sich des Mordes schuldig weiß, wählt selbst den Freitod. Der einzige Jugendfreund zerbricht unter der Last eines Konfliktes, der ihm von den Kämpfen längst vergangener Vorfahren überkommen ist. Die russische Ärztin, Frau des Naturkundelehrers, »– ein Wesen von sanfter Festigkeit, von dem etwas Heilendes ausging –«, erfährt in einem Augenblick, wenn in der Frühlingsnacht das Eis im Untersee aufreißt und einen ihrer Landsleute verschlingt, die plötzliche, ungestüme Verwandlung ihrer Natur, eine Ehe zerbricht, das Leben eines jungen Mannes verfällt der Selbstzerstörung. Der polnische Edelmann, der dem Gast die beste Jagd seines Landes bietet, wird selbst wie Treibwild umstellt und erlegt, wenn sein Land zugrunde geht. Der Knabe Wadja stürzt von der Felswand zu Tode, während die beiden hilflos vom steigenden Wasser der Stalaktitenhöhle Eingeschlossenen gerettet werden.

In dieser zuletzt erwähnten Erzählung, ›Die Höhle‹, ist das Szenarium und das Personal eines großen Romans enthalten: nicht skizzenhaft, doch mit meisterlicher Aussparung wird hier die Plastik der Gestalten, der Frauen vor allem, durch zeichnerische Umrisse verdeutlicht. Die weiblich sehnende, doch mütterlich verkümmernde – die jugendlich robuste, besitzergreifende, beide in ihrer geschöpflichen Ungeduld wie feindliche Schwestern... und alle Menschen von der Natur, der Landschaft wie vom Schicksal umstellt: die Wettertannen, das trokkene Bachbett, die Felswand, die unheilvolle Höhle mit ihrem geheimen, rettenden Dom – alles ist immer da, ohne Symbolbetonung, als das Geschehnis des in die Landschaft gebannten Unvermeidlichen. Hier aber wird die letzte dramatische Katastrophe gleichfalls ausgespart – sie liegt nicht mehr im Erzählbaren.

Solche Erzählungen beschäftigen uns mit einer merkwürdig starken Nachhaltigkeit. Immer wieder wird man die ›Episode Randa‹ lesen und nie damit fertig werden, nicht davon loskommen, so wie man von der ›Judenbuche‹ oder von Büchners ›Lenz‹ nicht mehr loskommt.

Es offenbart sich hier eine fast unbegreifliche Dämonie, wie sie nur den genialen Blick und Griff kennzeichnet und ins Mark des Lebens trifft – nämlich unseres Lebens, unseres abstrusen Jahrhunderts, unseres antagonistischen Daseins überhaupt, und jenes Schaudern erwirkt, von dem es bei Goethe heißt, es sei »der Menschheit bestes Teil«. In diesem Fragment, das gar keines ist, sondern ein vollendetes Freskengemälde, steckt Geschichte, in einer stärkeren Spiegelung und mit mehr Wahrheit und Wirklichkeit als ein Historiker, der sich mit den Umschwüngen und Gärungen im zerfallenen Europa beschäftigt, aus Daten und Fakten zusammenfügen könnte. Überall steht die Legion der Desperados und Abenteurer, in welcher die letzte Treue lebt, verlassen von der führenden Macht, wie in dem unbedeutenden, östlichen Kleinstaat der ›Episode‹ – während die herrliche Stute Flamberg, mit ihrer leuchtenden Fuchsfarbe, ihren undurchdringlichen Augen, ihrem schäumenden Kampf und schließlich ihrem Blutverströmen alles überwächst wie eine Göttin, der man das Leben opfern möchte und die mit ihrem Tod eine Welt begräbt. Man denkt an die Sonnenrosse, in ihrer steigenden und niederbrausenden Bewegung. So ist selten ein

Pferd, eine Kreatur, ein lebendiges Wesen gemalt oder gemeißelt worden.

Es ist jener »dumpfe, wie eine unterirdische Explosion nachdonnernde Schlag«, es ist der Eisbruch auf dem gefrorenen Untersee, es ist das Brausen der anschwellenden Flut in der Höhle, es ist eine seltsame, seismographische Spannung, die das künstlerische Schaffen Carl Jacob Burckhardts mit solch eindringlicher Gegenwart erfüllt. Doch gerade dieses Seismographische, wie es sich auf andere Art in der Lyrik und den Bildern des frühen Expressionismus – nicht ohne Wollust ein schrilles »Weltende« verkündigend – explosiv äußerte, gewinnt bei ihm einen männlich verhaltenen, ahnungsvoll schwingenden Wohlklang, der tiefer zu Herzen geht, ohne das Grauen zu verhüllen. Carl Jacob Burckhardt schaut über ephemere Änderungen der Verhältnisse hinaus, dorthin, wo Eros und Thanatos sich begegnen und die Fackel tauschen. Die Revolutio bleibt Umdrehung im astronomischen Sinn, einbeschlossen in die Harmonie der Welten. Das »Wesen, das besteht« liegt in der Seele, in ihrer Traurigkeit und ihrer Kraft zur Erhebung.

Und wie wunderbar ist dieses bilderstarke, gestaltenfüllige Erzählungswerk durchrauscht und durchwandert vom großen Strom unserer Kindheit, vom Rhein. Wie schleift er über Kiesel und aufklatschende Uferzweige, wie herrlich vegetiert es da von Gesindel, »Schmugglern, Kesselflickern, Zigeunern«, heimlich belauscht vom träumerischen, heißäugigen Knaben – wie mächtig tritt der unterirdische Strom hier in die menschliche Sichtbarkeit, durchsichtig bis zum Grunde, doch sein Geheimnis in die dunstige Ferne tragend. Es ist jene Ferne, in der wir die Mündung ahnen – und die silbernen Schatten der Unendlichkeit.

Bericht von einer späten Freundschaft
In memoriam Karl Barth

1970

Wie sich das oft ergibt, gerade bei besonderen Anlässen, begann diese Begegnung damit, daß sie um ein Haar gar nicht stattgefunden hätte. Ich hatte mich, im Frühling 1967, auf eine längere Italienreise begeben, und zwar zum Teil aus Gründen der Postflucht. Sechs Monate nach dem Erscheinen meiner Erinnerungen war die Flut der Zuschriften derart angeschwollen, daß meine Frau und ich schon beim täglichen Anrücken des Briefträgers zusammenbrachen. »Keine Post nachsenden«, war die Devise dieser Fahrt, die mir auch Zeit geben sollte, darüber nachzudenken, ob mein Buch wirklich so schlecht sei, um eine solche Leser-Explosion zu entfesseln. Daheim sortierte eine ordnende Hand den täglichen Segen, von der ich annahm, daß sie die Spreu vom Weizen zu trennen wisse. Das wäre beinah fatal geworden. Aber es fiel – zufällig oder nicht? – nach meiner Rückkehr ein dickes Dossier zu Boden, das die ordnende Hand beschriftet hatte: »Übliche Briefe von Unbekannten, summarisch zu beantworten.« Beim Aufheben entdeckte ich *diesen* Brief und starrte ungläubig auf den Namen des Absenders. Konnte das sein, daß dieser »Unbekannte« wahrhaftig Karl Barth war?

»Jemand hat mir Ihr Buch ›Als wär's ein Stück von mir‹ geschenkt«, begann dieser Brief. »Ich habe es in einem Zug gelesen, und nun muß ich Ihnen sagen –« Was er mir sagte, war nicht das Übliche. Es war ein Anruf, der mich traf und betraf wie selten ein anderer.

»Ich genoß zunächst einfach die Sprache« – und dann führte er aus, wie und weshalb die Lektüre ihn beeindruckt hatte. Es klang in dieser Ausführung etwas ganz Merkwürdiges an – nicht nur Verständnis und Wärme, sondern ein fast kindliches, unverhohlenes Erstaunen. Wie wenn jemand zum ersten Mal einen Zoo besucht hätte. »Ich bin ja noch viel mehr als Sie ein Kind des

19. Jahrhunderts, und die moderne Welt der ›Schönen Literatur‹, des Theaters, des Films, auch die der – wie soll ich es nennen – Edelboheme hat mich zwar berührt, aber nie aus der Nähe erfaßt und bewegt...«

Dann aber kam das Erstaunlichste: er hielt es für nötig, sich vorzustellen! »Ich bin evangelischer Theologe« – es folgte, in Stichworten, ein schlichter Lebenslauf, in dem hauptsächlich der Anfang, seine Zeit als »richtiger Pfarrer« in Genf und im Aargau betont war. »Ich habe viele dicke und dünne Bücher theologischen und – erschrecken Sie nicht zu sehr! – dogmatischen Inhalts geschrieben«, hieß es am Schluß – »Jetzt lebe ich in einem nach Umständen friedlichen und auch noch etwas geschäftigen Ruhestand. Liebliche Frauengestalten, auch einen guten Tropfen und eine dauernd in Brand befindliche Pfeife weiß ich immerhin noch bis auf diesen Tag zu schätzen... – Dies alles nur zur Orientierung, mit wem Sie es zu tun haben und dem es ein Vergnügen ist, an Sie zu denken.«

Beigefügt waren dem Brief zwei Broschüren, Bericht und Gedanken von seiner letzten Romreise, ›Ad limine Apostolorum‹, die andere eine Zusammenfassung seiner vier Mozartreden. Die letztere war mir schon bekannt. Die erste, mit einem Brief über Mariologie als Anhang, lieferte bald Gesprächs-, auch Zündstoff zwischen uns. Denn das Schönste, für mich, bei diesen reichhaltigen Diskussionen in schriftlicher und mündlicher Form bestand darin, daß es – bei grundlegender, tiefer Übereinstimmung – immer etwas gab, worüber wir nicht einig waren. Dann konnte er den Gesprächspartner anfunkeln, mit einem schwarzen Feuerblick wie aus glimmenden Kohlen, halb streng, halb belustigt, und gleichzeitig voll Sympathie und Freude an der freimütigen Aussprache.

Nach dem ersten Briefwechsel, der im Juni 1967 stattgefunden hatte, kam es bald, im Juli, zur ersten Begegnung, und zwar, auf seinen ausdrücklichen Wunsch, hier oben in meinem Haus in Saas-Fee. Er war damals, wie er ahnungsvoll bemerkte »vielleicht zum letzten Mal«, selbst in den Walliser Bergen, im Sommerhaus seines Sohnes Markus im Val d'Hérens. Als der Jüngere – er war 81, ich erst 70 – bot ich ihm natürlich an, ihn dort aufzusuchen. Aber er wollte nicht, er bestand darauf, mich – wie er schrieb – »in meiner eigenen Haut« kennenzulernen. »Nur zu Hause ist man ganz unverstellt.« Er war unverstellt, wo immer er sich befand. Auch die Tatsache, daß man hier nicht mit dem Auto vorfahren kann, daß man von der »Station« und dem Parkplatz in Saas-Fee noch 15 bis 20 Minuten bergauf zu unserer Behausung gehen muß, schreckte ihn nicht ab. Immerhin brachte ich einen Electro-Car auf, sonst nur für Materialtransporte benutzt, mit dem er die größere Strecke dieses Wegs fahren konnte. Aber den Rückweg machte er, nach vielen Gesprachsstunden und manchem »guten Tropfen«, zu Fuß, nur auf den Arm seiner Frau gestützt und jede andere Stütze energisch ablehnend.

Es war ein herrlicher Tag. Die Gletscher und Schneegipfel strahlten ihm entgegen. Aber ihm kam es, vor allem, auf die Menschen an. Schon beim Apéritif, auf unserer schattigen Terrasse, nahm er mich ins Gebet und stellte die Gretchenfrage. »Wie ist das nun bei Ihnen mit der Religion? Ich meine, mit dem Katholizismus? Ist das romantische Erinnerung – oder denken Sie sich etwas dabei?« Meinerseits zunächst Verlegenheit. Eine komplizierte Frage, und wir sitzen da mit Familie, vier Barths, vier Zuckmayers. Er, dies auf der Stelle verspürend, lenkte sofort ein: »Das besprechen wir später, unter vier Augen«, und er schaute gebieterisch meine Frau an: »Nach Tisch müßt Ihr uns zwei alte Männer allein lassen.« Selten bin ich, wie bei diesem nachfolgenden Gespräch, einem jüngeren Geist begegnet. Und er schenkte mir dabei, nach langen, ausführlichen Dialogen, eine völlig unverhoffte Überraschung: persönliches Vertrauen – einem Menschen gegenüber, den er zum ersten Mal sah.

Dieses Zwiegespräch dauerte zweieinhalb Stunden, und ich hatte dabei den merkwürdigen Eindruck, daß ich, in meinem Verhalten, der ältere sei – auf ungewohntem Gelände eher behutsam, nachdenklich, tastend – er ganz in seinem Element, inspiriert, stürmisch, draufgängerisch. Natürlich kam die Rede auch auf Literatur, die Künste, Musik vor allem. Hier entwikkelte er eine gewisse Unduldsamkeit, fast Einseitigkeit. Mozart, über den kaum ein Anderer, selbst nicht Annette Kolb, Schöneres geschrieben hat als er, war für ihn absoluter Gipfel erreichbarer Seligkeit, alles andere nur Anstieg zu ihm oder Abstieg. Er hat ja öfters gesagt, auch geschrieben, daß er glaube, die Engel, wenn sie Freizeit vom Alleluja hätten und zu ihrem Vergnügen musizieren, würden nur Mozart singen (den er auch dem Papst, humoristisch, zur Seligsprechung empfahl). Ich wagte vorzuschlagen, sie könnten zur Abwechslung auch einmal Schubert nehmen. Aber das paßte ihm nicht, der war ihm bereits zu romantisch, und Romantik war ihm suspekt, auch in der Philosophie. Am schlechtesten kam Beethoven weg – dieser »verzweifelte Jubel« (in einer späteren Schrift nannte er es das »unerlöste Freudengeschrei«) im letzten Satz der Neunten Symphonie... Auch die Missa Solemnis schien ihm nicht aus einem befreiten Herzen zu kommen, sondern aus einem geplagten Hirn. Mit dem Schlußchor der Neunten geht es mir ebenso, aber ich wies auf den »anderen Beethoven« hin, die letzten Klaviersonaten wie opus 111, die späte Kammermusik wie das wunderbare Streichquartett opus 135, mit seinem dritten Satz, dem »Lento assai«... »Ja, ich weiß«, sagte er ungeduldig. »Man nennt das metaphysische Musik. Aber das ist es ja gerade! Bei Beethoven muß immer alles etwas bedeuten. Wenn die Leute ein Beethoven-Thema singen, kriegen sie feierliche Gesichter. Übrigens«, sagte er plötzlich mit jenem seltsamen Lachgefunkel in den Augen, »bin ich ja gar nicht musikalisch!« – und brach damit, nach einigen Variationen, dieses Thema ab. Es war ein bewegter, bewegender Nachmittag. Mitsommer, die Luft strich voll Heugeruch durchs offene Fenster. In der letzten halben Stunde dieses Gesprächs legte er öfters seine Hand auf die meine und sagte leise, was für keinen anderen Menschen bestimmt war – ich antwortete, so gut ich konnte, und dieser Abschluß eines in allem Ernst stets heiteren Antiphons hätte, auch wenn wir beide noch viel jünger gewesen wären, eine nicht mehr abklingende Zwiesprache begründet.

Nach diesem Besuch, bis zu dem meinen in Basel im nächsten

Jahr und darüber hinaus, folgte ein lebhafter Briefwechsel, der immer vertrauter wurde und nicht immer ohne Haken und Widerhaken war. Aus der Anrede »Lieber verehrter –« oder »Lieber Herr –« wurde bald, von ihm aus, die einfache: »Lieber Freund«. Aber schon in seinem ersten Brief nach diesem Julitag, datiert vom 15. August 1967, brachte er mich zum Erschrecken. Er hatte inzwischen fast alles, was gedruckt von mir vorlag, gelesen, und er entschied sich für den »Band mit den Erzählungen« als das, was ihm »den tiefsten Eindruck gemacht« habe (sehr zu meiner Freude, denn ich halte sie für besser als meine bekannteren Stücke). Dann aber kam's. Das ihn Bewegende, schrieb er, der Vorzug dieser Arbeiten gegen Produkte anderer Zeitgenossen, die er benannte – liege »in der nirgends versagenden Barmherzigkeit, in der die menschliche Dunkelheit, Verkehrtheit und Misere zu sehen Ihnen auf der ganzen Linie gegeben ist. Mephistopheles ist abwesend ... Und mit das Beste ist, daß Sie es offenbar kaum selbst bemerken, wie sehr Sie in Ihrer, wie man sagt, rein ›weltlichen‹ Schriftstellerei faktisch ein priesterliches Amt ausgeübt haben und noch ausüben, in einem Ausmaß, wie das unter den berufsmäßigen Priestern, Predigern, Theologen usw. katholischer oder evangelischer Konfession wohl nur von wenigen gesagt werden kann...« Mich drückte das zu Boden, mehr als es ein fachmännischer ›Verriß‹ je hatte tun können. Ich fühlte mich von einem Anspruch, einem Postulat betroffen, wie man es *bewußt* kaum erfüllen kann. Glücklicherweise vergißt sich so etwas wieder, wenn man an der Arbeit ist. Auch die »Abwesenheit des Mephistopheles« beunruhigte mich zunächst: genau das wurde mir von Kritikern, von Freunden, manchmal auch von mir selbst als Manko vorgeworfen. Damals übten diese Sätze, diese Heimsuchung, eine Lähmung auf mich aus, welche dann, durch die strömende Güte und erfrischende Mitteilsamkeit seiner Briefe ins Gegenteil verwandelt wurde. »Ich grüße Sie«, hieß es am Schluß dieses Schreibens, »als einen spät, aber um so dankbarer entdeckten Freund oder etwas jüngeren Bruder.«

Natürlich hatte ich nun auch versucht, mich mit seinem theologischen Werk vertrauter zu machen, soweit es dem »Laien« (er konnte dieses Wort nicht leiden) zugänglich ist. Er schickte mir Band II, 2, seiner Dogmatik, da wir im Gespräch das problematische Thema der Prädestination berührt hatten. Dies, auch Gestalt und Wirkung Calvins, gab Stoff zu mancherlei Dialogen, auch Kontroversen. Er schickte mir die großartigen, mutigen Predigten, die er in einer Basler Strafanstalt gehalten hatte (»Den Gefangenen Freiheit!«) und in denen er, wie er schrieb, versuchte, solche Probleme auf einfachere Weise an den »in diesem Fall gar nicht so einfachen Mann zu bringen«.

Sein Wissensdurst, von einem Quell tiefen, gründlichen Wissens gespeist, war unerschöpflich und nährte den meinen. Immer wieder griff er neue Gegenstände, historischen, literarischen, philosophischen Charakters auf, um, wie er es nannte, »alte Lücken auszufüllen« und sie im Briefwechsel »einigermaßen zu schließen«. So kam er plötzlich auf Wilhelm Raabe und gleichzeitig auf Jean Paul Sartre (›Les Mots‹). »Beide gehen mir sehr *nahe*, aber eben irgendwie *unheimlich* nahe«, hieß es mit diesen Unterstreichungen in einem Brief – »Ist Raabe nicht in der ganzen urdeutschen Liebenswürdigkeit seiner Schilderungen der raffinierteste Vertreter des heimlichen Nihilismus des neunzehnten – Sartre in seiner eiskalten Schärfe der krude Vertreter des offenen Nihilismus des gegenwärtigen Jahrhunderts?« Solche und andere Fragen waren von ihm wirklich als Fragen, nicht als Feststellungen gemeint, er vertrug Widerspruch, forderte ihn manchmal heraus, quittierte ihn mit Humor, und wie wunderbar, wie belebend wirkt ein solches Spiel, Gedankenspiel, Frage- und Antwort-Spiel, manchmal an das des Nikolaus Cusanus erinnernd, auf die geistige Vitalität eines immerhin auch schon im Altern begriffenen, aber niemals »mit sich selbst fertigen« Menschen! Da wurde Schleiermacher zur Diskussion gestellt, von dem ich bis dahin – außer eben seiner Beziehung zu den Romantikern, den Briefen über Lucinde, der ›Rede über Religion‹ – wenig gewußt hatte und erst durch ihn – auch durch sein zusammenfassendes Nachwort zu einem neuen Auswahlband – Genaueres erfuhr. »Vorläufig behandle ich den Mann«, schrieb er über sein gerade begonnenes kritisches Seminar, »mit Lust – in altem Liebeshaß und noch älterer Haßliebe.« Jedesmal hatte er, in seinem »geschäftigen Ruhestand«, von neuen Plänen, Vorhaben, Auseinandersetzungen zu berichten: ob er es noch schaffen werde, eine ihm angebotene Vorlesungsreihe in Amerika, Harvard University, zu übernehmen? Oder: er beginne gerade wieder ein Seminar, mit und gegen Calvin – »die Sache nötigt mich zu heilsam viel Arbeit, macht mir aber Vergnügen, weil ich gerne mit jungen Menschen (etwa 60) umgehe und rede...« – »Kennen Sie die hübsche Anekdote von Pablo Casals?« hieß es im selben Brief. »Der Mann ist 90 Jahre alt, also erheblich älter als wir beide, und übt immer noch täglich 4–5 Stunden. Gefragt: Wozu? Antwort: Weil ich den Eindruck habe, ich mache Fortschritte!«

Alles, was das gegenwärtige Leben, das Weltgeschehen, auch die Tagespolitik betraf, beschäftigte ihn, erregte seine Kritik und sein waches Interesse: so die damalige Koalitionsregierung in Bonn, die er scharf aufs Korn nahm, »ganz abgesehen davon, daß mir eine angeblich ›christliche‹ Partei, und dann als solche auch noch eine herrschende, prinzipiell ein Greuel ist!« Oder das »Getöse der eidgenössischen Wahlen« im Herbst 1967: »Herrlich der mir genau gleichaltrige Walliser Sozialist Dellberg, der, von seinen eignen Leuten nicht mehr portiert, selbständig kandidierte und dann glänzend wiedergewählt wurde!« Dann wieder erzählte er »von einem reichlich unreifen Theologiebeflissenen aus Kanada, der mich heute morgen u. a. fragte, was die Vernunft für meine Theologie bedeute? Antwort: Ich brauche sie!«

Nie hat mich ein lebender Mensch, vielleicht mit Ausnahme von Albert Einstein, so sehr davon überzeugt, und zwar durch sein pures Dasein, daß Gottesglaube vernünftig sei.

Es kam zu dem Besuch in seinem Heim, im Bruderholz zu Basel, den er lange gewünscht hatte. Für mich war es der Höhepunkt in dieser späten Freundschaft, und ich hatte kein Gefühl von einem Abschied, kein Vorgefühl. Ich sah sein »Pfarrhausgärtchen«, das er sehr liebte, in der Maiblüte. Wir saßen, am

Nachmittag er und ich allein, am Abend und bis tief in die Nacht mit einigen seiner nächsten Freunde, von Pfeifenrauch umschwebt in seinem anheimelnden Studierzimmer, zwischen dessen von Büchergestellen verkleideten Wänden er wirkte wie Hieronymus im Gehäuse. Aber besonders stolz war er auf seinen »modernen Schreibtisch«. Die Freunde waren viel jünger – sein letzter Assistent Eberhard Busch, mit seiner reizenden Frau, die ich, sehr zu seiner Erheiterung, als »Augentrost« bezeichnete, und sein trefflicher Arzt Dr. Briellmann, der großzügig Rotweinflaschen aufzog: er wußte, daß ihm dies nicht schadete, sondern ihn nur belebte und unser Zusammensein beschwingte. Er war gebrechlich, seit ich ihn kannte, seine Gesundheit durch schwere Operationen geschwächt, aber er nahm, soweit wie irgend möglich, keine Notiz davon. Sein geistiges Feuer und seine heitere Sympathie für alles tätige, rüstige Leben waren mächtiger als Krankheit und Alterslast. »Bruder Leib«, wie er ihn scherzhaft nannte, machte ihm in seinem letzten Lebensjahr, dem 83., noch schwer zu schaffen. Aber sofort nach einer Spitalszeit mit langwieriger Operation, künstlicher Ernährung, Durst – »Ich weiß erst jetzt, was Durst ist«, schrieb er mir dann – war er von neuer Energie, von Arbeitsplänen, auch von lebhafter Teilnahme an den meinen erfüllt. Daß ihm die Deutsche Akademie für Sprache und Dichtung den Sigmund-Freud-Preis für wissenschaftliche Prosa verlieh, belustigte ihn eher, aber ich hatte den Eindruck, es machte ihm, dem an öffentlichen Ehrungen wenig gelegen war, doch Freude. Er starb am 10. Dezember 1968, nach einem Tag voller Lektüre und Gespräche, wie ich nach Berichten glauben darf, eines milden Todes.

In seinem letzten Rundbrief ›Dank und Gruß‹ nach seinem 82. Geburtstag hat er mich, unsere »merkwürdige Freundschaft« und unsere »muntere Korrespondenz«, guter Worte gewürdigt. Ich aber hatte noch einmal gefunden, was ein Mensch am nötigsten braucht, um sich selbst zu verstehen: eine Vatergestalt.

Heinrich Heine und der liebe Gott und ich

Die Stadt Düsseldorf verlieh mir den (damals erstmalig vergebenen) Heine-Preis im Jahr 1972, und das war mit einer kleinen Farce verbunden. Sechs Monate vorher hatte ich auf eine Umfrage, über mein Verhältnis zu Heine, in einem Anfall von Hilflosigkeit, geantwortet, ich hätte keines. Dies war eine spontane und gewiß leichtsinnige Trotzreaktion gegen Umfragen überhaupt, obwohl diese zweifellos einem ernsthaften Anliegen entsprang. Das war im Frühling.

Als mich der Oberbürgermeister von Düsseldorf im Herbst telefonisch bat, den Heine-Preis anzunehmen, hatte ich das längst vergessen. Er sagte mir, daß eine Jury, von der ich jede einzelne Persönlichkeit hoch einschätzte, mich für den Preis gewählt habe.

Ich war damals im Spital, hatte drei Wochen Zeit, meine *wirkliche* Beziehung zu Heine zu überprüfen, und kam zu dem Ergebnis, daß ich, der ich in deutschen Landen so viel politischen Wirbel verursacht hatte mit meinem ›Fröhlichen Weinberg‹ und auch wegen meines ›Hauptmann von Köpenick‹ zu den von den Nazis meist angefeindeten Exilierten gehörte, keinen Grund hätte, den Heine-Preis nicht anzunehmen.

In kurzer Zeit schrieb ich dann die hier folgende Arbeit, da ich glaubte, zu einer Preisverleihung werde eine substantielle Rede des Preisträgers erwartet. Man wollte mir aber in Düsseldorf nur 10 Minuten, schließlich höchstenfalls 20 Minuten Redezeit gewähren, da bei der gleichen Heine-Feier noch eine Menge von »Förderungspreisen« vergeben würden. Immerhin wurde meine Rede von der Stadt Düsseldorf in einer Sonderausgabe veröffentlicht.

Das alles, auch Anstänkerungen in der Presse, auf die ich natürlich nie antwortete, ist, von heute gesehen, nur noch komisch. Doch habe ich bei dem gleichen Anlaß ein Beispiel von journalistischer Fairneß erlebt, das hier nicht unerwähnt bleiben darf.

Der Feuilleton-Chef der Wochenzeitung ›Die Zeit‹, Rudolf Walter Leonhardt, griff Düsseldorfs Entscheidung an, weil er fand, ich hätte wohl einen Immermann-Preis verdient, den Düsseldorf früher verlieh, aber mit Heine wenig zu tun. Mit dem gleichen Datum bot er mir jedoch an, in seinem Blatt (mit seinen Hunderttausenden von Lesern) zu publizieren, was ich über Heine zu sagen habe – wie es dann auch, in vollem Umfang und ohne Kürzung, geschah.

*

13. Dezember 1972

Heinrich Heine und der liebe Gott und ich – wie kommen wir drei, ein Großer, ein Allmächtiger und ein Schriftsteller aus Rheinhessen, hier in Düsseldorf, am 13. Dezember 1972, so überraschend zusammen? So überraschend und so widerspruchsvoll wie die Hexen auf der neblichten Heide des ›Macbeth‹, deren Kernsatz lautet: »Fair is foul and foul is fair« –Schön ist wüst und wüst ist schön –?

Ich will versuchen, für diesen atonalen Dreiklang ein verständliches Band zu flechten, und ich beginne das mit einem Geständnis, welches, nach Art von Heinrich Heines »Geständnissen«, den Widerruf bereits in sich selber trägt.

»Ich konnte zu Heine«, heißt es in einem Briefsatz, den ich vor gar nicht langer Zeit an den Herausgeber einer Autoren-Anthologie über Heine schrieb – »ich konnte zu Heine, bei aller Bewunderung seiner brillanten Intelligenz und seines dichterischen Vermögens, nie ein Verhältnis finden.«

Dies war keine Ausrede, um sich einer zeitraubenden Nebenarbeit zu entziehen – es war ein Satz ehrlicher Hilflosigkeit – zugleich der Opposition.

Den Widerruf aber hatte ich bereits vollzogen, indem ich zur selben Zeit, das heißt schon einige Jahre vorher und wiederholt, öffentlich und als einer der Ersten für eine Heinrich-Heine-Universität in Düsseldorf eingetreten bin – aus voller Überzeugung, daß die Benennung einer Lehrstätte des Geistes und der Wissenschaften nach einem großen, gewiß dem bedeutendsten Sohn dieser Stadt ebenso berechtigt sei wie eine Goethe-Universität in Frankfurt und eine Humboldt-Universität in Berlin; ja, daß wir zu solcher Ehrung und solchem Gedenken dem Dichter und Kämpfer Heinrich Heine gegenüber verpflichtet sind.

Wenn hier eine Gegensätzlichkeit, eine Inkongruenz des Denkens und Empfindens zu Tage tritt, so heißt der Schlüssel und die Formel hierfür nicht anders als: *Heinrich Heine.* »Seltsame Widersprüche in den Gefühlen des menschlichen Herzens!« lautet ein Ausruf in Heines ›Geständnissen‹ (wenn ihm nämlich klar wird, daß er den toten Schneider Jan van Leyden, den König der Münsterer Wiedertäufer, den er für einen Vorkämpfer und Märtyrer der Menschenrechte hielt, aufs inbrünstigste verehrte, aber gegen die Annäherung des lebendigen Schneiders Weitling, eines autodidaktischen Vorkämpfers des Kommunismus, »eine unüberwindliche Aversion empfand«).

Doch könnte dieser Ausruf für sein ganzes Leben und Werk dastehen, welches – und hier liegt das Großartige! – immer eine Herausforderung war, ist und bleibt, eine Herausforderung an seine Zeit, an Gegenwart und Zukunft, an die Welt, an Gott und an sich selbst – eine Herausforderung, welcher der heutige Zeitgenosse manchmal entflieht, entfliehen möchte, der er sich aber immer wieder aufs neue stellen muß.

Dieser prosaischste Poet und poetischste Aktivist, dieser vernünftigste Schwärmer, dieser genußfreudigste und unglücklichste Liebhaber, dieser frömmste Revolutionär – dieser gläubigste Zweifler – wie könnte man zu ihm so schlichtweg ein Verhältnis gewinnen wie etwa zu Eichendorff oder Mörike, oder auch zu Matthias Claudius und Hebel, bei denen allen die persönliche Problematik durch die Gesamtheit ihres Werkes sublimiert und ausgeglichen erscheint?

Bei Heine ist nichts ausgeglichen, er reißt uns immer mitten in die nackte Gegenwärtigkeit seines Lebens und Sterbens, in seine Zerrissenheit hinein – und sublimiert, nämlich durch Ironie und Selbstironie, ist höchstens die Erotik in seinen Liebesliedern und Liebesphantasien. Liebt man ihn, wenn man ihn versteht – versteht man ihn, wenn man ihn liebt? Man versteht die Heftigkeit,

Bitterkeit, Schärfe seiner Polemik, ohne ihn immer lieben zu können; man liebt seine Schwärmerei, und gerade die utopische, saintsimonistische, neu-hellenische, seraphinische, ohne sie immer zu verstehen. Wer die Melodik, die Wehmut seiner Poesie schwelgerisch, man sagt heute »kulinarisch«, genießen will (wozu man als 14jähriger Gymnasiast, der heimlich Gedichte macht, besonders neigt), dem bleibt er bald im Halse stecken, schon beim ›Atta Troll‹, erst recht beim ›Wintermärchen‹. Wer sich in seine Prosa hineinliest – und in der Hoffmann & Campe'schen Gesamtausgabe von 1867, die mir vorliegt, gibt es zwei Vers- und sieben Prosabände! –, in seine erzählende, philosophische, bekennerische Prosa, der wird lernen, wie man seiltanzt, ohne herunterzufallen – wie man widerruft, ohne Verrat zu üben.

Denn Heine hat nie Verrat begangen, weder am Judentum noch am Deutschtum, weder an seinen Mitstreitern noch an seinen Überzeugungen; doch hat er, wie im Grunde jeder lebendige Geist, Wandlungen durchgemacht, die seinen Weg bestimmten, und am Ende folgen wir ihm auf seinem Leidensweg vom Hiob zum Lazarus – von der Verzweiflung zur Transzendenz.

Es sind in diesem Jahr einige außerordentliche Arbeiten über Heine erschienen, ich nenne an erster Stelle das bedeutende, gedankenreiche und glänzend geschriebene Werk von Dolf Sternberger: ›Heinrich Heine und die Abschaffung der Sünde‹ – weiter den schönen, warmherzigen Düsseldorfer Heine-Vortrag von Golo Mann, die neu gedruckte Heine-Rede zu seinem 100. Todestag von Carlo Schmid, die illustrierte Kurzbiographie von Rudolf Walter Leonhardt – es erübrigt sich also und wäre ein fast anmaßendes Unternehmen, in dieser Dankrede ein neues Heine-Bild entwerfen zu wollen. Was versucht wird, ist die Zeugenaussage eines heutigen Zeitgenossen zu Heines Vermächtnis, auf unsere Gegenwart und Zukunft bezogen.

Heine erlaubt uns nicht nur, er zwingt uns geradezu, aktuell zu werden und die Erfahrungen, Erwartungen, Befürchtungen unserer eigenen Existenz an der seinen, unsere Situation an der damaligen zu messen.

Da drängt sich für meine Generation zunächst die Erfahrung der Emigration auf, des Lebens im Exil, das für Heine im Jahr 1831, nach der Juli-Revolution in Frankreich und mit dem Anschwellen der restaurativen Reaktion in Deutschland begann, für uns etwa hundert Jahre später, mit der Barbarisierung Deutschlands, die Heine, wenn auch unter anderen Vorzeichen, vorausgesagt hatte. Denn Heine ist nicht aus Deutschland emigriert, weil er Jude war, sondern, wie auch viele in unserer Zeit, weil er ein Deutscher war, der den politischen und sozialen Zustand seiner Heimat nicht ertrug und sich in seinem freien Schaffen davon bedroht fühlte – ja, weil er das war, was man einen »deutschen Patrioten« nannte, der Absolutismus und Unterdrückung haßte, aber seinem Volk, nämlich dem deutschen, wenn es unter demokratischer Devise zu Freiheit und Einheit gelangt sei, sogar eine führende Rolle in der Entwicklung einer freien, menschlichen Gesellschaft zudachte. *»... meine Deutschen und die Franzosen«*, heißt es in der Vorrede zu seiner Dichtung ›Deutschland, ein Wintermärchen‹ – *»die beiden auserwählten Völker der Humanität«* – und das schrieb er vier Jahre vor den gescheiterten Revolutionen von 1848/49.

Heine ist nicht der erste deutsche Emigrant, aber er ist ein einsamer, vereinzelter – er wurde nicht mit einer Flüchtlingswelle davongespült wie die späteren 48er und die Emigranten der Hitlerjahre – aber wie diese faßt auch er das Exil zunächst nicht als ein Schicksal, als einen dauernden Zustand auf, sondern als ein Abwarten im Stande der Hoffnung. Wohin kann er sich wenden, wenn er dem Deutschland der Fürsten und Knechte den Rücken kehrt? Mit französischem Wesen ist er von kindauf vertraut. Bis zu seinem 15. Lebensjahr stand seine Vaterstadt Düsseldorf unter französischer Herrschaft, und wenn dies auch die bonapartistische war, schien sie den weltbürgerlich Gesinnten, auch dem Weltbürger in Weimar, weil großzügiger und auf ein europäisches Maß zugeschnitten, erträglicher als die Vorherrschaft Preußens.

»Warum mußte auch Napoleon nach Rußland gehen«, schreibt Heine später einmal, »warum haben ihm seine Geographielehrer nicht beigebracht, daß es dort im Winter zu kalt sei!« Und Goethe fuhr seinem Sohne scharf über den Mund, als der sich von den Gedanken eines deutschen Befreiungskriegs angezogen fühlte. Theodor Körners patriotische Rauschgedichte waren Heine zutiefst verhaßt, wie jeder Nationalismus. »Seltsame Widersprüche«, auch hier! Hatte nicht gerade das Frankreich der Trikolore und des Bonaparte den Nationalgedanken in Europa entfacht, dessen Sprengkraft, wenn auch durch die heutige Wirklichkeit entschärft, dennoch in vielen Teilen der Welt immer wieder zu Aggression und Völkermorden anstachelt! Und war nicht gerade im Preußen der Freiheitskriege der deutsche Reformgedanke lebendig, während in den kleineren Staaten, als trauriges Beispiel sei an das Hessen Georg Büchners erinnert, die Bauern schlechter dran waren als ihr Vieh. Gewiß gab es auch im Frankreich des Bürgerkönigs, das Heine so gründlich analysiert hat, arm und reich, hoch und niedrig, doch war Paris noch immer das Weltzentrum und das Asyl der freien Geister. Für Heine ist es Asyl geblieben und niemals Heimat geworden, die war und blieb für ihn Deutschland, nach dem er sich sehnte, mit dem er rang und kämpfte, das er verhöhnte und angriff, doch in seinem Spott ist Trauer, in seinem Angriff der Brand verzweifelter Liebe, und in einem seiner bedeutendsten Werke, der ›Geschichte der Religion und Philosophie in Deutschland‹, macht er den Versuch, dem französischen, auch dem deutschen Leser den eigentlichen, den guten Geist des Deutschtums, so wie er ihn von Luther über Lessing, Goethe und Kant bis Hegel heranreifen sah und auf dessen endliches, volles Erblühen er hoffte, nahzubringen. Konnte Thomas Mann nach dem Ende des Zweiten Weltkriegs in der Hauptstadt der Vereinigten Staaten, die noch mit Deutschland im Kriegszustand waren, als deutscher Emigrant in einer noblen und leidenschaftslosen Distanz über ›Deutschland und die Deutschen‹ reden, nicht rechtfertigend, nicht anklagend, seiner eigenen Herkunft aus dem Nährboden deutscher Kultur stets eingedenk und im Spiegel eines neugeschichtlichen Überblicks, der Heine und seiner Zeit noch unvorstellbar sein mußte, so war Heines Verhältnis zu Deutschland immer ein leidenschaftlich kämpferisches, leidenschaftlich heftiges, leidenschaftlich eiferndes, werbendes, liebendes. Eine Stelle aus dem vorher genannten Werk mag dies auf merkwürdige Weise belegen, über Martin Luther nämlich, den er in der Gegensätzlichkeit seines Wesens als den »deutschesten Deutschen« sieht:

»Er war ein kompletter Mensch, ich möchte sagen, ein absoluter Mensch, in welchem Geist und Materie nicht getrennt sind. Ihn einen Spiritualisten zu nennen, wäre daher ebenso irrig, als nennte man ihn einen Sensualisten. Wie soll ich sagen, er hatte etwas Ursprüngliches, Unbegreifliches, Mirakulöses, wie wir es bei allen *providentiellen* Männern finden, etwas Schauerlich-Naives, etwas Tölpelhaft-Kluges, etwas Erhaben-Borniertes, etwas Unbezwingbar-Dämonisches.«

Und ich möchte behaupten – so wenig dies zum hergebrachten Heine-Bild zu passen scheint –, von allen diesen Eigenschaften war in ihm selbst etwas, der auf seine Art ja auch ein »totaler Mensch« und ein »providentieller Mann« gewesen ist – mit Ausnahme der lutherischen Gröblichkeit –, denn Heine erledigte seine Gegner mit dem Florett, nicht mit Bergmannsfäusten. Trotzdem war und blieb er, den seine Kritiker gern einen »Französling« schalten – Jude hin Jude her –, ein geradezu unverbesserlicher Deutscher – ebenso angezogen wie erschreckt von »Elementar-Geistern und Dämonen«.

Ein großer deutscher Dichter unserer Zeit, Joseph Roth, der seinerseits ein unverbesserlicher Österreicher war, legte dafür Zeugnis ab in einem Aufsatz, den er im Jahr 1931 schrieb (als er noch nicht wußte, daß er selbst nur acht Jahre später, gleichfalls als kranker, heimwehkranker Emigrant jüdischer Abkunft in Paris sterben werde). Der Aufsatz handelt von der Verstumpfung und Erniedrigung der deutschen Sprache durch die widrigen Phrasen der demagogischen Deutschtümelei, von Heine einst »Teutonismus« genannt, und endet mit einem Bekenntnis zu dem echten, bedrängten, von einem falschen »Erwachen« bedrohten Deutschland des Geistes, der Humanität, und zu seinem Künder Heinrich Heine. Es lautet:

»Kein anderes Land hat dermaßen Liebe nötig. Ein junges Land, ein wandelbares Land, von dem ein kranker und heimwehkranker, verlorener und launischer, genialer und entfremdeter Sohn gesungen hat:

»Deutschland ist noch ein kleines Kind,
Aber die Sonne ist seine Amme,
sie säugt es nicht mit frommer Milch,
sie säugt es mit nährender Flamme.«

Das Judentum, seine eigene jüdische Herkunft, mit der er sich freilich wie mit allen seinen Lebensumständen auseinandersetzte, scheint mir für Heine niemals ein zentrales Problem gewesen zu sein, geschweige denn ein entscheidender Kontrast zum Deutschtum. Wir kennen seine Worte über das »tausendjährige Familienübel, die vom Niltal mitgeschleppte Plage«, aber für ihn bedeutete bis zu seinen späten Jahren der »Judaismus«, der Zwang der mosaischen Gebote, das gleiche Ärgernis wie der in seinem Betracht daraus hervorgegangene »Nazarenismus«, mit seiner Vergewaltigung der gesunden Natur durch die »Abtötung des Fleisches«, die falsche Scham, die Verketzerung der »unschuldigen Sünde«. »Judäische Menschenmäkeley«, »christliche Hundedemut und Engelsgeduld« (beides in seinen Worten) waren ihm gleichermaßen zuwider.

Wenn er autobiographisch wird, erinnert er sich gern an seine Heimatstadt Düsseldorf und den Rhein, an viele Ereignisse seiner Kindheit, an die Franziskanerschule und das Lyceum, an seinen Lehrer, den Rektor Schallmayer, der ein katholischer Geistlicher war, aber kaum je an spezifisch jüdische Sitten und Gebräuche, es sei denn an besonders wohlschmeckende Gerichte der jüdischen Küche. Er schlug den Juden zwar nicht die Taufe vor, denn »dieses Wasser trockne rasch«, sondern die Emanzipation, für welche seine eigene Haltung auch in den Exiljahren exemplarisch war, obwohl der Konvertit Börne dem Konvertiten Heine vorwarf, daß er beim Witze-Erzählen immer noch jüdle.

Auch befaßt sich sein dichterisches Werk nur zum kleinsten

Teil mit jüdischen Stoffen, jüdischer Tradition und jüdischem Schicksal, eigentlich nur im ›Rabbi von Bacharach‹, wobei schon der Ort auf ihn, so steht's im ersten Satz, und erst recht die Legende »wie eine schaurige Sage der Vorzeit« wirkte – und später in den ›Hebräischen Melodien‹, in deren drittem Vers-Epos, ›Disputation‹ genannt, sich ein Kapuzinermönch und ein Rabbi mit allen Argumenten fanatischster Religiosität ein unentschiedenes Gefecht liefern und dessen letzte Strophe lautet (der hübschen Königin von Spanien in den Mund gelegt):

»Welcher Recht hat, weiß ich nicht,
Doch es will mich schier bedünken,
Daß der Rabbi und der Mönch,
Daß sie alle Beide stinken.«

Dies ist zugleich die letzte Strophe des ›Romanzero‹, in dessen Nachwort, geschrieben 1851, im gleichen Jahr wie sein bekanntes Testament und mehr als vier Jahre vor seinem Tod, er sich zum ersten Mal öffentlich zu seiner »Heimkehr zu Gott«, zum Glauben an die Fortdauer des Lebens über den Tod hinaus, bekennt.

»Seltsame Widersprüche in den Gefühlen des menschlichen Herzens!« Sind sie wirklich so widerspruchsvoll? In Dolf Sternbergers Werk findet sich der Satz: »Eine religionslose Existenz hat Heine in all seiner Freiheit doch niemals anvisiert.« Sein früher Übertritt zum evangelischen Christentum hat allerdings mit Religiosität kaum etwas zu tun (obwohl er in einer späteren, autobiographischen Skizze einmal erklärt, daß ihn der kämpferische Geist des lutherischen Glaubens angezogen habe), sondern mit praktischen Überlegungen. Und seine ›Wallfahrt nach Kevelaar‹ entstammt eher der »romantischen Schule« als einer Hinwendung zur Mystik und zur katholischen oder auch lutherischen Gnadenlehre. Aber wenn er sich in seiner ersten Pariser Zeit den St. Simonisten und ihrem Père Enfantin zuwendet, einer Richtung also, welche die Menschenrechte in den Formen einer sozialen Liturgie zu verkünden und zu erkämpfen sucht, dann muß ich – und man verzeihe mir den Gedankensprung – an

Georg Büchners einziges Lustspiel denken, in dem sich revolutionäre Ironie mit einer fast Mozartschen Heiterkeit verbündet. Da sagt Valerio, die »lustige Person« des Stückes, zu seinem Herrn Leonce, der für sein kleines Königreich ein verspieltes Zukunftsprogramm entwirft:

»Und ich werde Staatsminister, und es wird ein Dekret erlassen, daß, wer sich Schwielen in die Hände schafft, unter Kuratel gestellt wird; daß, wer sich krank arbeitet, kriminalistisch strafbar ist; daß jeder, der sich rühmt, sein Brot im Schweiße seines Angesichts zu essen, für verrückt und der menschlichen Gesellschaft gefährlich erklärt wird; und dann legen wir uns in den Schatten und bitten Gott um Makkaroni, Melonen und Feigen, um musikalische Kehlen, klassische Leiber und eine kommode Religion!«

Eine kommode Religion! Heines entschiedene Hinwendung zu einem zunächst kommoden, pantheistisch unterlegten Sozialismus entspringt dem einfachen Satz: »Der Mensch hat das Recht zu essen.« Le droit du pain – für jeden. Aber in Heines Betracht hat er auch das Recht auf Freude und Genuß, auf Kultur und Schönheit, auf freies Denken oder, wie es beim frühen Lenin einmal heißt: das Recht zu träumen.

Und Heine verteidigt die ästhetische Souveränität: »denn«, schreibt er an Enfantin – »wie Sie wissen, ich bin für die Autonomie der Kunst; weder der Religion noch der Politik soll sie als Magd dienen, sie ist sich selber letzter Zweck, wie die Welt selbst.«

Daß hier von dem nicht die Rede ist, was man l'art pour l'art nennt, auch nicht von einer poésie pure, liegt auf der Hand. Es ist der gleiche Gedanke, welcher ihn das, was man damals Kommunismus nannte und der auf ihn, wie er sagt, »einen fast unwiderstehlichen Zauber ausübte«, dennoch fürchten, und was ihn nach dem aufwühlenden Eindruck, den die Begegnung mit Karl Marx auf ihn machte, diesem und den »Doktoren der Revolution« dennoch absagen ließ. Vereinfachend ausgedrückt: es war die Furcht vor dem Ende einer durch die Jahrhunderte gewachsenen Kultur – Schönheits-Kultur –, welche nun wohl oder übel elitär ist und mit dem »höchsten Glück der Erdenkinder«, der Persönlichkeit, untrennbar verbunden. Daß dieses in der heutigen Zeit von einer ganz anderen Walze der Einebnung bedroht ist, nämlich von der totalen Normierung und Egalisierung der Lebensvorgänge selbst und damit ihrem Sinn- und Wertverlust, konnte er damals nicht ahnen.

Damals. Das Wort stellt uns vor eine nackte, unverhüllte Frage. Was hat sich in unserer Welt seit Heines Tagen geändert, was ist von dem, was er hoffte und fürchtete, eingetreten? Es läßt sich da, als Positivum, mit ziemlicher Gewißheit sagen, daß es zwischen den beiden Völkern, die seinem Herzen am nächsten waren, den Franzosen und den Deutschen, welche sich seit seinem Tod in drei blutigen Kriegen gegenüberstanden, den Begriff der »Erbfeindschaft« nicht mehr gibt und, soweit menschliche Vorausschau reicht, nie mehr geben kann, nie mehr geben *darf.* Mit jenem berühmten und prophetischen Satz von dem »Stück, das in Deutschland aufgeführt werden wird, wogegen die französische Revolution nur wie eine harmlose Idylle erscheinen möchte«, wollte er nicht die deutschen Juden warnen, wozu er in seiner historischen Stunde auch keinen Anlaß hatte, sondern die Franzosen, die er an gleicher Stelle als »Nachbarskinder« bezeichnet. Dies Geschwisterliche wenigstens zwischen zwei bisher antagonistischen Völkern Europas erkannt und befestigt zu sehen, mag als ernsthafter Fortschritt gelten. Und gewiß sind wir an ernsthaften Fortschritten nicht arm, auf dem Gebiet der Medizin zum Beispiel, deren heutiger Stand einem Mozart, Beethoven, Schubert, Büchner, Heine das Leben hätte verlängern oder die Leiden lindern können, mehr noch im sozialen Gebiet, auf dem die Arbeiterschaft Rechte errungen hat, und gerade in Ländern, in denen es keine proletarische Revolution gab, wie sie zu Heines Zeit kaum erträumbar waren.

Alledem steht jedoch ein moralischer Rückschritt gegenüber, und zwar in der ganzen Welt, der uns erschaudern macht und zutiefst entsetzt, zumal er durch unsere Zivilisation nicht gebremst, sondern eher motorisiert zu werden scheint.

Wir haben Hitler und seine Blutherrschaft überlebt, wir hatten in unserem eigenen, wandelbaren Volk unbeugsame Märtyrer, Blutzeugen der Menschlichkeit, wir durften hoffen, daß dieses Beispiel, das scheußliche wie das edle, eine weltweite Warnung bedeute und ein neues Zeitalter der Humanität einleiten könne. Kaum aber ein Vierteljahrhundert später leben wir in einer Welt des Terrors – ich meine jetzt nicht irgendwelche Gruppen nationalistischer oder ideologischer Fanatiker, ich meine das Prinzip der hemmungslosen Gewalttätigkeit, gegen den Mitmenschen, gegen das Recht, gegen die Umwelt, gegen die Schöpfung, woran sich jeder mitschuldig macht, der, wenn er nicht selbst betroffen ist, davor die Augen schließt. Welcher Katastrophe wir damit entgegensteuern, ist oft und laut gesagt worden. Doch scheint es, es müßten erst die ägyptischen Plagen kommen, bevor es Ohren gibt zu hören.

»Das Leiden des Menschen ist zu groß, man muß glauben.« Mit diesem Satz leitet sich bei dem leidenden, langsam hinsterbenden Heine das Bekenntnis ein, das man ihm oft als Zeichen der Schwäche, der Angst, des geistigen Verfalls ausgedeutet hat: zum »Glauben an einen einzigen Gott, den ewigen Schöpfer der Welt«, und an eine »unsterbliche Seele«.

Mir erscheint es als ein ergreifendes Zeugnis dafür, daß er aus der Zerrissenheit des ringenden Geistes zu einer Synthese der Weisheit gefunden hatte. Denn die eigentliche Weisheit steigt nicht mit den Springbrunnen des Intellekts empor, sie ruht im Grundwasser der Seele. Heine verleugnet nichts, wofür er sein Leben lang gekämpft hatte, nicht einmal seine Ausdrucksform, die poetische Ironie und Selbstironie; er bleibt, wie es in den ›Geständnissen‹ heißt, ein »protestierender Protestant«, bis zu seinen ›Letzten Gedichten‹, ja selbst dem lieben Gott gegenüber, den er den »großen Autor des Weltalls, den Aristophanes des Himmels« nennt – im Vertrauen darauf, daß dieser, dem ja zweifellos viel Humor eignet, nämlich ein ganz rosiger und ein ganz schwarzer, auch einen Spaß versteht.

Auch religiös bleibt er, wie vorher politisch und literarisch, ein Einzelgänger, ja, seine Hinwendung zum Glauben vertieft noch seine Einsamkeit:

»Keine Messe wird man singen,
Keinen Kadosch wird man sagen,
Nichts gesagt und nichts gesungen
Wird an meinen Sterbetagen.«

Und je gefaßter er sich selbst in sein Schicksal ergibt, desto trotziger werden seine Gedichte: ›Die schlesischen Weber‹ – ›Das Sklavenschiff‹ – bis zu Bertolt Brechts ›Ballade vom toten Soldaten‹ gab es in der deutschen Literatur keine Verse von ähnlicher, revolutionärer Eindringlichkeit.

Heine nennt einmal, in einer früheren Phase, die Bibel »die große Hausapotheke der Menschheit«, in der auch das Gift des Zweifels nicht fehlen dürfe, wie er es »in überstarker Dosis« im Buch Hiob findet. Und er prägt den großartigen Satz:

»Ja, wie der Mensch, wenn er leidet, sich ausweinen muß, so muß er sich auch auszweifeln, wenn er sich grausam gekränkt fühlt in seinen Ansprüchen auf Lebensglück; und wie durch das heftige Weinen, so entsteht auch durch den höchsten Grad des Zweifels, den die Deutschen so richtig die Verzweiflung nennen, die Krisis der moralischen Heilung.« Damals fügte er noch hinzu: »Aber wohl Demjenigen, der gesund ist und keiner Medizin bedarf!«

Jetzt hat er sich ausgeweint und ausgezweifelt, das Fieber der Verzweiflung sinkt, die moralische Heilung bringt eine Ahnung von Trost. Er kann zu Gott, wie er, immer noch selbstironisch, schreibt, »klagen und wimmern, besonders nach Mitternacht, wenn Mathilde sich zur Ruhe begeben, die sie oft so sehr nöthig hat«.

Hier scheint mir die tiefere Quelle der Tröstung verborgen. In dieser Ehe ist bis in die letzte Leidenszeit eine Art von Wärme, von Seelengemeinschaft, die ihm sonst in allen seinen menschlichen Beziehungen seit der Kindheit fehlte. Es muß diese Mathilde für ihn, dem so oft die verführerischen, seine Leidenschaft entflammenden Frauen unheimlich waren (wie stark kommt das heraus in den Bildern von der »Teufelin Venus« und von der »Sphinx«) – Mathilde muß für ihn etwas *Heimliches* gehabt haben, das dem Unbehausten eine Spur von Geborgenheit schenkte, dem Friedlosen noch in der Matratzengruft einen Hauch von Heimat, dem von Bitternis fast Ausgebrannten das Bewußtsein: *lieben zu können*, was ihm notwendiger war als geliebt zu werden. Er sorgt sich um sie über den eigenen Tod hinaus, und das mag ihm das Absterben wenigstens für Augenblicke erleichtert haben. Hier aber liegt auch die Antwort verborgen auf die immer offene Frage, wer denn sein Gott war, »der ewige Schöpfer der Welt«, denn es war keiner, den man in den bestehenden Religionen verehrt, deren Priester, jüdisch oder christlich, er nicht an seinem Grab wollte – es war nicht Jehova, der auch ein Rachedämon sein kann, nicht der Leidensheiland, am allerwenigsten Hegels Weltgeist – es war der Ursprung allen Seins aus einer ewigen, schöpferischen Liebe, den er an seinem Lebensende seherisch erkannte.

⋆

Nachwort

Ich habe diesen Dank an die Jury des Heine-Preises und an die Stadt Düsseldorf, vor allem an den Namensgeber des Preises, als ein Dreipersonenspiel angelegt, in dem es zwei Hauptrollen gibt und mich selbst als den Raisonneur, und habe es mit einem Geständnis begonnen. Mit einem Geständnis möchte ich es auch beenden. Denn ich habe vielleicht noch immer kein Verhältnis zu Heine gefunden, jedoch gestehe ich hiermit ein solches zum lieben Gott, und zwar keineswegs, wie man es mir wohl zutrauen könnte, aus Naivität.

Der Glaube an eine Schöpfermacht, die wir Gott nennen, weil uns zu ihrer Verdinglichung die geistigen Organe fehlen, und an die fortdauernde Existenz der menschlichen Seele, ist für mich die Frucht einer fortdauernden Befassung mit der Natur, ja mit den Naturwissenschaften. Merkwürdig, scheint es mir, daß Wissenschaftler, denen seit Cuviers Zeiten die Erhaltung der Energie, seit dem Beginn unseres Jahrhunderts sogar die Verwandlung der Energie in Materie und umgekehrt selbstverständlich ist, sich keine Gedanken darüber machen sollten, was mit den im menschlichen Empfindungsvermögen, also in der Seele vorhandenen Energiequellen, mit der durch Denken und Fühlen fortgesetzt hervorgebrachten energetischen Dynamik, nach dem biologischen Absterben der Zellen werden soll – ob solche Kraftfelder oder Strahlungen mit dem Zerfall der Organe, die sie funktionell gesteuert haben, des Gehirns vor allem und des Zentralnervensystems, einfach verschwinden können und sich ins Nichts auflösen, das heißt in etwas, das es konkret gar nicht gibt, sondern nur als abstrakten Begriff. An etwas Unsterbliches in uns zu glauben, müßte daher keineswegs eine Träumerei, ein frommer Wunsch oder eine aus Todesfurcht geborene Hoffnung auf ewiges Leben sein – es könnte sich auch aus logischen, rationalen, ja physikalischen Folgerungen ergeben, allerdings ohne vorläufig beweisbar zu sein – daher ein Gegenstand des Glaubens oder der Spekulation und nicht der empirischen Wissenschaft. Philosophisch sind solche Gedankengänge schon immer erörtert worden, naturwissenschaftlich wohl kaum.

Doch hat sich die Naturwissenschaft aufs intensivste mit der Entstehung des Lebens beschäftigt, welches den Tod als eine Art von Erneuerungsfaktor einschließt, und da finde ich nun bei allen mir bekannten Untersuchungen, von dem streng atheistischen Biologen Julian Huxley bis zur Isotopenlehre der Lise Meitner, von Pasqual Jordan bis zu Professor Monod und der jüngsten Zellentheorie, immer als entscheidenden Faktor und an entscheidender Stelle, wo man nämlich nicht weiter weiß, den *Zufall* als Ursache und Wirkung zugleich.

Soll ich aber an den Zufall glauben, dem die Sprache gewöhnlich das Eigenschaftswort »blind« beilegt, so glaube ich lieber an eine Schöpfermacht – aus dem einfachen Grund, weil mir das *vernünftiger* vorkommt – und an einen kosmischen Schöpfungsprozeß, »der es auf den Menschen abgesehen hat«.

»Möge es so sein oder nicht so sein – es wäre gut, wenn der Mensch sich benähme, als wäre es so.«

Dieser letzte Satz ist von Thomas Mann.

Er könnte aber auch gedacht oder geschrieben sein von Heinrich Heine.

Poesie und Naturwissenschaft
Rede zum siebzigsten Geburtstag von Konrad Lorenz

Als ich, in Amerika, das erste Buch von Konrad Lorenz las, ›Er sprach mit den Fischen, den Vögeln und den Tieren‹ – auf englisch hieß es ›King Solomo's Ring‹ –, war mir ganz klar: diesen Mann mußt du kennenlernen. Mit der frühen Verhaltensforschung hatte ich mich schon seit den ersten Schriften Oskar Heinroths in Berlin beschäftigt. Aber mit wem in der Welt sollte ich über *Wasserspitzmäuse* reden? (Auf englisch heißen sie »shrew« wie Shakespeare's ›Widerspenstige‹.) In der stillen Bucht am österreichischen Wallersee, in der meine Badehütte stand, hatte ich sie beobachtet und in zoologischen Büchern über sie gelesen, aber *er* hatte mit ihnen *gesprochen!*

Die Begegnung ergab sich ganz zwanglos: bei einer Veranstaltung der wissenschaftlichen Verleger in Frankfurt, zu der ich geladen war, hielt er in freier Rede einen Lichtbildervortrag über Verhaltensweisen von Korallenfischen – vorher wurden wir einander vorgestellt, auch er empfand sofort die Notwendigkeit gegenseitiger Aussprache, und als später zum Bankett gebeten wurde, sagte er zu dem Veranstalter des Abends: »Ich möchte Herrn Zuckmayer als Tischdame!«

Und so kamen wir, bei Ingelheimer Rotwein, in ein Gespräch, bei dem wir bald niemand anderen mehr sahen oder hörten, und es ging weit über Wasserspitzmäuse hinaus. Lorenz empfand das menschliche Bestiarium in meinen Stücken und Büchern, besonders etwa in Erzählungen wie ›Die Affenhochzeit‹, als auf Menschen angewandte Verhaltensforschung, und von dem Buch meiner Frau, ›Die Farm in den grünen Bergen‹, sagte er, dem »Tiergeschichten« sonst oft zuwider sind, daß da *alles stimme*, jede Beobachtung über die »Verwirrung auf dem Geflügelhof« – daß jede Einzelheit, die sie über Farmtiere schreibe, ethologisch vollkommen richtig wäre, worauf sie mit Recht sehr stolz war!

Leider war sie an diesem Abend nicht dabei, aber bald kamen

die Besuche in Seewiesen, wo er das Max-Planck-Institut für Verhaltensforschung leitete, wir lernten da auch seine reizende Frau Gretel kennen, als frühere Ärztin voller Verständnis für alles organische Leben, später in seinem Heimatort Altenberg an der Donau, und es ergab sich eine dauerhafte Verbrüderung, wie ich sie mit wenig Menschen teile.

Weitere Begegnungen zwischen uns ergaben sich bei den Tagungen des Ordens ›Pour le Mérite‹, Friedensklasse, dem wir beide angehören – für mich eine große Bereicherung meines Lebens – denn wo sonst kommt ein Schriftsteller, der hauptsächlich seinesgleichen oder Theaterleute kennt, mit Menschen ins Gespräch, die seinen Horizont ungemein erweitern können, wie – ich muß leider auch jüngst Verstorbene nennen – Werner Heisenberg, Wolfgang Schadewaldt, Carl Friedrich von Weizsäcker – Astronomen, Architekten, Sprachforscher, kurz: Vertreter aller geistigen Disziplinen in ihrer erlesensten Auswahl.

Einmal hatten wir beide, Lorenz und ich, bei der gleichen offiziellen Tagung im Bonner Stadttheater hintereinander zu lesen, und wir saßen vorher im Foyer, in dem sich die Ordensmitglieder trafen, wie wir uns gestanden, mit dem gleichen Lampenfieber. Dann geschah das Merkwürdige: Lorenz hielt seine berühmte Rede über die ›Naturwissenschaft vom menschlichen Geist‹ (später in dem Buch ›Die Rückseite des Spiegels‹ verarbeitet), und ich las aus meinem noch unvollendeten Stück ›Der Rattenfänger‹ eine theologisch – oder auch philosophisch – unterlegte Szene, deren Inhalt genau dem entsprach, was Lorenz in seinem Vortrag dargelegt hatte.

»Ich habe deine Lesung mit *gesträubten Haaren* gehört«, sagte er mir später – »es war, als hätten wir uns vorher abgesprochen.«

Es folgt hier die Rede über ›Poesie und Naturwissenschaft‹, die ich zu seinem siebzigsten Geburtstag bei der Feier in der Schweizer Akademie Amriswil gehalten habe.

★

1973

Ein Knabe liest ein Buch. Es heißt: ›Die wunderbare Reise des kleinen Nils Holgersson mit den Wildgänsen‹, von Selma Lagerlöf. Sie schrieb es, als Lehrerin, für schwedische Kinder, damit sie die Geographie ihrer Heimat kennenlernen, und schuf eine Märchendichtung, welche vom Leben und Treiben der Tiere in ihrer Wirklichkeit erfüllt ist wie kaum eine andere. Der Knabe liest es wohl in einem Alter, in dem er sich dem Märchenhaften, dem poetischen Abenteuer, ganz hingeben kann, aber auch schon jene Phase der Bewußtseinsbildung erreicht hat, die Konrad Lorenz in seinem jüngsten Buch als das »Rollenspielen« des Kindes veranschaulicht; er kann sich in eine Wildgans verwandeln, in eine Stockente, eine Katze, und ebenso kann es ein fauchend vorbeisausender Schnellzug sein, den er spielt und als der er sich wohl fühlt.

Dann aber sieht er die Keilflüge der Wildgänse dahinziehen, über die Donau-Auen, über den väterlichen Garten, und er hört, hoch im fahlenden Herbsthimmel, ihren mit keinem anderen Tierlaut verwechselbaren Wanderschrei, für den die englische Sprache ein eigenes Verbum hat: to honk – honking. Und nun wird aus dem Märchen und dem Rollenspielen eine Sehnsucht, ein Lebenstraum, ein echter, brennender Wunsch, und schließlich der bewußte Entschluß zu seiner Erfüllung.

Ein Mann steht auf einer Wiese – es ist ein kräftiger Sechziger, mit grauweißem Spitzbart, mit Wollmütze, gut abgetragenem, graugrünem Wolljanker, Pluderhosen und Wasserstiefeln.

Angespannt schaut er über die weite, von Waldrändern umhegte Mooswiese in den fahlenden Herbsthimmel hinauf. In der Hand hält er einen Schalltrichter, wie ihn die Dreimasterkapitäne zur Zeit der christlichen Seefahrt benutzt haben, um sich bei Windstärke 11 verständlich zu machen – und in kurzen Abständen brüllt er mit rauher, röhrender Stimme in dieses ungetümliche Sprachrohr hinein, es klingt wie:

»Ko-ommt – ko-ommt!«

Es ist kein Befehl, es ist ein Anruf, eine Beschwörung – während gleichzeitig zwei behoste Assistentinnen in Rollpullovern seltsame Locklaute zwischen den hohlen Händen zum Himmel trillern.

»Es ist immer ungewiß«, sagt Konrad Lorenz besorgt – »neulich war eine Abordnung vom bayrischen Kultusministerium da, und kein Schwanz ist gekommen« – und wieder röhrt er in seinen Trichter, als wolle er sämtliche Platzhirsche und Ministerien Oberbayerns zum Kampf herausfordern. Da! Ganz plötzlich, von der Seeseite her, der erste Flug, mit verblüffender Schnelligkeit, wie aus Katapulten geschossen! Und gleich darauf der zweite, dritte, vierte, immer mehr, noch kreisen sie hoch über der Wiese, scheinen mit vorgestreckten Hälsen ihre Landepiste zu prüfen, die für jede Gruppe verschieden ist, und man kann die einzelnen erst zählen, wenn sie dann, in einiger Entfernung von der kleinen Menschengruppe, auf federnden Beinen niedergehn, Luft holen, sichern. Der Trichter wird nicht mehr gebraucht, das Zeissglas tritt an seine Stelle, aber bald ist auch das nicht mehr nötig, ein paar Handvoll Hafer werden aus dem Futtereimer geworfen, und nach kurzer Frist wimmelt es von den großen, prächtigen Wildvögeln, Graugänsen, Bläßgänsen, Streifengänsen, dicht um uns herum. Ihr Freund strahlt – mit jedem neuen Anflug steigert sich seine Freude: »Da ist Cora! Mit Mann und Kind! Da kommen Kreuzritter und Kunigunde, mit Brüderchen – da sind Agnella, Camillo – und hier die Graugans, das ist Odysseus, der ist schon dreimal mit seinen Hetairous fortgezogen und allein wiedergekommen –.« Beringt oder nicht beringt, kennt er sie sozusagen an der Nase – etwas aber scheint noch zum vollen Glück zu fehlen. Zwar röhrt er nicht mehr in den Trichter, späht aber immer noch erwartungsvoll zum Horizont – bis dort etwas aufblitzt und heranbraust, was man kaum mehr als Gänse erkennt, strahlend weiß wie Schwäne, doch schöner mit den tiefschwarzen Schwungfederspitzen und elegant wie eine Segelyachtregatta: die Schneegänse! Die kreisen nicht lange herum, sondern landen direkt vor seinen Füßen, denn sie sind von ihm selbst und seinen Helfern aufgezogen worden und haben nichts zu fürchten als die Eifersucht der anderen, wilderen Horden. Ungeniert tauchen sie Kopf und Hals in den Futtereimer, während nun Lorenz begonnen hat, jede Einzelheit der kleineren und größeren Käppeleien und Zwistigkeiten, das vertraute oder feindselige Gehabe zwischen und innerhalb der einzelnen Familien und Gruppen, mittels des kleinen Funkgeräts auf seiner Brust, in das er hineinspricht, genau zu registrieren. Der Himmel dunkelt schon, der Hafer ist alle, ein Flug nach dem andern knattert in die Höhe – verschwindet in Richtung der Schilfbuchten des Starnberger Sees. Zuletzt, wenn kein Eifersüchtling sie mehr anstänkern kann, entschwinden die Schneegänse, ziehen noch eine leuchtende Schleife über dem aufkommenden Nebel. »Ende Arbeitstag dritter November«, spricht Lorenz in sein Gerät und schaltet es aus. Langsam gehen wir den Waldweg zum Haus zurück und reden von Selma Lagerlöf.

Das erste Buch von Konrad Lorenz, das mir in die Hand fiel, las ich in englischer Sprache; das war vor ungefähr zwanzig Jahren, wir lebten damals längere Zeit in Amerika, und so hatte ich das Erscheinen des deutschen Buches ›Er sprach mit den Fischen, den Vögeln und den Tieren‹ versäumt. Der englische Titel hieß ›King Solomo's Ring‹.

Es ist sehr merkwürdig, daß auch in der Übersetzung, der Fremdsprache, bei aller Genauigkeit der konkreten Stoffbehandlung, das Buch auf mich den Eindruck machte, als habe ich eine Dichtung gelesen.

Und weiter: je mehr sich die einzelnen Kapitel zoologisch spezialisierten, je ausschließlicher sie sich auf das Verhalten einer bestimmten Tierart, der Wasserspitzmaus, der Libellenlarve, der Dohle konzentrierten, desto stärker wuchs die Empfindung, daß man hier nicht nur wissenschaftliche Information empfange, sondern noch etwas anderes, fast Künstlerisches – nämlich gestaltetes Leben, in seiner kreativen Gesetzlichkeit.

Auch tritt bereits in diesem Buch, dessen erzählerische Quellkraft und passionierte Mitteilungsfreude seinen Gegenstand, die Verhaltensforschung, weit über die Fachkreise hinaus in die Welt und ins Volk trug, ein ethisches, moralisches Anliegen zutage (besonders in dem Kapitel über die Rangkämpfe der Wolfrüden), im Vergleich triebgebundenen Tierverhaltens mit dem vielfach triebentwöhnten der Menschen, das im späteren Lebenswerk des Konrad Lorenz immer stärker zu Wort kommt und schließlich, in seiner Kritik zivilisatorischer Mißstände, eine geradezu missionarische Bedeutung gewinnt.

Es war also nicht eine besondere Sprach- oder Wortkunst, die ja in der Übersetzung kaum zur Geltung gekommen wäre, geschweige denn Erfindungsgabe, was uns bei der Lektüre dieses Buchs an Poesie, an Dichtung denken ließ, sondern seine innere Wahrheit in der Wirklichkeit seines Sehens und Schauens. Das Dichterische ist ja, wie Wolfgang Schadewaldt in seiner exemplarischen Rede über Homer erklärt, überhaupt nicht mit Redekunst gleichzusetzen – sondern (ich zitiere Schadewaldt): »Das Dichterische wirkt sich zwar schöpferisch im Sprachlichen aus, wird aber nicht vom Reden, Sprechen her konstituiert. Es entspringt vielmehr dem inneren Sinn eines Sehens, eines produktiv intuitiven Sehens, das in der uns umgebenden Erscheinungswelt die Grundzüge einer tieferen, eigentlicheren Wirklichkeit wahrnimmt.«

Für den Naturwissenschaftler gibt es keine eigentlichere Wirklichkeit als die von ihm sinnlich wahrnehmbare, die er beobachten und messen kann, wohl aber eine tiefere, in der von ihm erkannten Gesetzlichkeit der Erscheinungen. Und für den Dichter, zumal wenn man an Homer denkt, bedeutet die »tiefere, eigentlichere Wirklichkeit« keineswegs eine Bezweiflung ihrer objektiven Existenz zugunsten einer idealistischen Spekulation, sondern nur ihre Intensivierung im Bild und ihre Erhebung ins Gültige, Beispielhafte, eben auf Grund jenes »produktiv intuitiven Sehens«.

Nun halte ich es für möglich, daß alle großen, bahnbrechenden Werke der Naturwissenschaft gleichfalls der Wurzel eines solchen produktiv intuitiven Sehens entsprungen sind.

Trotzdem, auch wenn eine solche Verwandtschaft im schöpferischen Urerlebnis, in der Gesamtschau, vorhanden ist, besteht zwischen Naturwissenschaft und Poesie, oder überhaupt zwischen Wissenschaft und Kunst, in der Art der Hervorbringung wie im Resultat, ein grundlegender Unterschied, sogar ein entscheidender Gegensatz.

Naturwissenschaft ist ja doch im Grunde immer Ursachenforschung, auch wo sie sich auf begrenzte biologische oder physikalische Fachgebiete konzentriert. An ihrem Anfang und Ende stehen die ewigen Kinderfragen: »Warum bellt der Hund? Warum kräht der Hahn? Warum läuft das Wasser bergab? Warum ist der Himmel blau?« Die Naturwissenschaft kann jenes tausendfache »Warum« immer nur im Sinne der evolutionären Logik beantworten (wobei jede Antwort eine neue Frage aufwirft), die Poesie nur im Sinnbild und in der hintergründigen Naivität des Märchens. Geht es zu weit, wenn man sagt, daß alle Naturgeschichte heute Entwicklungsgeschichte ist? Auch Poesie vermag Ursprünge aufzuspüren, doch ist ihr Ziel immer die Darstellung der uns umgebenden Erscheinungswelt, und zwar, selbst in der tragischen Zerspaltung, als ein *Ganzes!*

»Darstellung« gehört ebenso zu den Grundbegriffen der Kunst wie der Wissenschaft, in der Chemie vor allem – doch ist Darstellung in der Kunst stets auf das *Gleichnis* gerichtet, Darstellung in der Wissenschaft stets auf die *Gleichung*. Denn alle Wissenschaft ist vergleichend, und wenn die erstrebte Formel ihrer Gleichung nicht aufgeht, sondern ein Rest verbleibt, so ist gerade dieser Rest ihr eigentlich produktives, weitertreibendes Element. Wie aber kann Poesie das Wesen der Dinge begreifen, wie – um den Titel eines Lorenzschen Kapitels zu gebrauchen – der »Einheit aus Vielheit von Verschiedenem« innewerden und sie zum Ausdruck bringen, wenn nicht im Sinn-Bild?

Ich will ein Beispiel erzählen. Konrad Lorenz geht mit mir durch seinen großen Garten in Altenberg, eine herrliche Mischung von Park und Wildnis, und ich sehe zu meiner Freude jenen legendären Baum ostasiatischer Herkunft, unverkennbar an der Beschaffenheit seiner Blätter, die eigentlich Nadeln sind (denn es ist eine Konifere), also eine Doppelgestalt aufweisen: den Gingo Biloba. Schon aber höre ich, zu meiner noch größeren Freude, Konrad Lorenz das Goethesche Sinngedicht aus dem ›West-östlichen Divan‹, zu dem dieser Baum ihn anregte, auswendig aufsagen:

»Dieses Baums Blatt, der von Osten
Meinem Garten anvertraut,
Gibt geheimen Sinn zu kosten,
Wie's den Wissenden erbaut.

Ist es *ein* lebendig Wesen,
Das sich in sich selbst getrennt?
Sind es zwei, die sich erlesen,
Daß man sie als *eines* kennt?

Solche Frage zu erwidern,
Fand ich wohl den rechten Sinn;
Fühlst du nicht an meinen Liedern,
Daß ich *eins* und doppelt bin?«

In einem jedoch sind sich Gleichung und Gleichnis, die Extreme geistiger Sinndeutung, brüderlich oder schwesterlich verwandt: beide schöpfen immer nur aus dem Sinnfälligen. Es gibt keine Poesie, es gibt keine Forschung, es gibt auch kein abstraktes, begriffliches Denken, wenn es sich nicht aus dem sinnlich Wahrnehmbaren zur Vorstellung erhebt. Das gilt selbst für das, was man abstrakte Kunst nennt. Sie hat zutiefst immer sinnfällige Vorbilder zum Gegenstand, auch wenn es die der Kristallisation oder der molekularen Streuung wären, und zuletzt sind noch Farbe, plastisches Material oder Federstrich gegenständlich. Von Paul Klee, den man gewiß nicht des Naturalismus verdächtigen kann, stammt das Wort: »Die Natur und nur die Natur und nichts als die Natur ist des bildenden Künstlers Modell – ob er es weiß oder nicht.« So ist es aber auch mit der Poesie – ob es der homme de lettres weiß oder nicht. Man gebraucht in Verbindung mit Naturwissenschaft vielfach das Wort »exakt«, wogegen man sich unter Poesie oft etwas Ungenaues, Wolkiges, Stimmunghaftes oder vom Himmel Herabgesandtes vorstellt. Es ist aber so, daß Poesie nach ihren eigenen Gesetzen genauso exakt sein muß wie Naturwissenschaft, oder aber es ist schlechte

Poesie (wie sie allerdings jedem, der ein Leben lang schreibt, des öftern passiert) und gehört in den Papierkorb. Sicherlich beruht große Dichtung, bedeutende Poesie, auf genauer Anschauung. Jede poetische Sicht beginnt mit Anschauung des Kreatürlichen, nicht mit Reflexion. Auch hier muß alles stimmen – um mich mit Lorenzscher Prägnanz auszudrücken –, »wie der Pferdehuf auf den Steppenboden, wie die Fischflosse ins Wasser«. Doch der Naturforscher Lorenz erkennt den durch Anpassung geformten Pferdehuf gleichzeitig als *Abbild* der Steppe – die Fischflosse als *Abbild* des Wassers! Wieder reichen sich da Poesie und Naturwissenschaft die Hände, und dieser Händedruck ist ermutigend für die Poeten: sie dürfen also in ihrer subjektiven Schau das objektiv Wirkliche versinnbildlichen – und das, glaube ich, ist es, wonach alle Dichtung strebt.

Doch gilt es, eine saubere Trennung einzuhalten: Dichtung, Kunst überhaupt, kann nicht mit Methoden der Wissenschaft produziert werden und keine wissenschaftliche Funktion erfüllen. Wer zum Beispiel ein wissenschaftliches Theater postuliert, meint in Wirklichkeit ein ideologisches.

Dagegen glaube ich, daß naturwissenschaftliche Erkenntnis durchaus künstlerisch ausgedrückt werden kann und uns bei ihren großen Repräsentanten oft in dichterischer Prägung entgegentritt. Auch könnte ich mir vorstellen, daß eine mathematische Gleichung, eine chemische Formel *getanzt* werden könnte, wenn auch vielleicht nicht von den Mathematikern und Chemikern selber – eine Vorstellung, die weniger komisch wird, wenn man bedenkt, daß auch in der Natur – wir wissen es von den Bienen – der Tanz manchmal zur Informationsübertragung dient.

Erinnert sei hier nur an die besondere Stellung der Musik, welche manchmal, wegen ihrer Nähe zur Mathematik und der Möglichkeit ihrer physikalischen Quantifizierung, als wissenschaftliche Kunst deklariert wird. Dabei ist gerade sie die am meisten aus der Seele geborene und die Seele ansprechende aller Künste.

Was aber Poesie anlangt, wie immer sie sich nenne, ob »rein«, ob mit einem gottlob schon fast verschollenen Modewort »engagiert«, so ist sie ihrem innersten Wesen nach immer auf Schönheit und Vollendung aus – auch wenn sie Furchtbares, Häßlichstes darstellt und selbst noch in der Satire – man denke nur an Molière. Schönheit und Vollendung aber sind keineswegs rein ästhetische oder gar formalistische Werte, sondern es strahlt aus ihnen der Kern eines zutiefst ethischen Weltverstehens. »Poesie und Recht«, heißt es bei Jacob Grimm, »sind aus dem gleichen Bett miteinander aufgestanden.« Und für Konrad Lorenz stammen Ethik und Ästhetik aus dem gleichen Mutterschoß, fast wie eineiige Zwillinge, und zwar aus dem Schoß der menschlichen Stammesgeschichte. Mit dem Absterben oder Zerstören des Empfindens für das Schöne müsse naturgemäß auch der Sinn für das Gute verlorengehen, so wie mit totalem Traditionsverlust notwendig auch die Unfähigkeit zur Schaffung neuer Werte zusammenfiele, erklärt uns Konrad Lorenz in seiner Schrift ›Die acht Todsünden der Zivilisation‹. Was aber ist das »Schöne« im Betracht des Wissenschaftlers?

›Die Bedeutung des Schönen in der exakten Naturwissenschaft‹ war der Titel eines luciden Vortrags von Werner Heisenberg, in dem dieser von den frühen, gegensätzlichen Definitionen der Schönheit ausgeht: der mathematischen, nämlich der richtigen Übereinstimmung der Teile untereinander und mit dem Ganzen – und der anderen, auf Plotin zurückgehenden, welche Schönheit als das Hindurchleuchten des ewigen Glanzes des »Einen« – ohne Rücksicht auf Teile – durch die materielle Erscheinung bezeichnet.

Es scheint außer Zweifel, daß das, was an dem Werk eines großen Verhaltensforschers wie Konrad Lorenz uns bezaubert und als Schönheit berührt, mit diesen beiden Grundvorstellungen zu tun hat und nicht nur mit einer von ihnen. Die »Teile«, das sind die unendlich vielfältigen, erbkoordinierten, arteigenen Triebhandlungen, die das lebendige Wesen steuern. Das »Eine«, dessen Glanz durch alle Erscheinungen hindurchleuchtet, ist jenes gewaltige Schöpfungswunder (auch der exakte Forscher Lorenz gebraucht dieses Wort) der unablässig wirksamen Evolution, das schließlich auch Geist und Seele des Menschen als eine neue, bisher wohl höchste Phase des Lebens hervorgebracht hat. »Es ist keine Übertreibung zu sagen«, heißt es bei Lorenz, »daß das geistige Leben des Menschen eine neue Art von Leben sei.« Und dadurch, daß dieses »neue Leben«, das geistig-seelische des Menschen, auf natürliche Weise und durch stammesgeschichtliche Programmierung entstanden ist, wird es nicht etwa profaniert oder »mechanisiert«, sondern zu seiner eigentlichen Würde und Bedeutung erhoben.

Nun hat es der Forscher mit der »natürlichen Erklärung« hierzulande nicht ganz leicht. Wie Konrad Lorenz in einem früheren, kleinen Werk, ›Darwin hat recht gesehen‹, erklärt, stößt er auf ein in unserer deutschen Geisteswelt tief eingewurzeltes Vorurteil – er bezeichnet es als »böses Erbe des deutschen Idealismus, ein Mißverstehen der Kantischen Wertlehre« –: daß, was durch ursächliche Erklärung verständlich wird, des Wertes verlustig gehe – daß eine natürliche Erklärung das Lebendige zur wertlosen Maschine entwürdige – ja, daß die Frage nach einem biologischen Sinn der Schönheit, die uns an so vielem Lebendigen entzückt, geradezu als Blasphemie gelte. Werden die herrlichen Farben der Korallenfische, fragt Lorenz, weniger märchenhaft, wenn man erfährt, daß sie nicht ein rein luxuriöses Naturspiel sind, sondern als »Plakatfarben« einer Signalauslösung und damit der Arterhaltung dienen? »Wird das Lied der Nachtigall«, fragt er, »weniger schön, durch die Erkenntnis, daß es seine Existenz der Selektion verdankt...?« Man könnte hinzufügen: verliert ein Mondaufgang seinen Glanz und seine Wirkung aufs menschliche Gemüt, füllet er nicht immer noch Busch und Tal, auch wenn man weiß, aus welchen Mineralien unser Nachtgefährte gebaut ist und wie seine Krater entstanden sind? Damit ist ja der Ursprung des Lebens, des anorganischen wie des organischen, die Entstehung des Universums oder der Universen noch lange nicht rationalistisch abgetan und aller Geheimnisse beraubt. Naturwissenschaft befaßt sich nur mit dem tatsächlich Erforschbaren – und es bleibt immer noch, wie Konrad Lorenz das nennt, »der nicht rationalisierbare Rest«.

Hierher, zu jenem »nicht rationalisierbaren Rest«, gehört wohl auch das Verhältnis des Menschen zum Tod, mit dem sich die Naturwissenschaft, soweit sie sich nicht mit Psychologie verschwistert, verhältnismäßig wenig, die Poesie außerordentlich viel beschäftigt. Tod bei Tieren wird gewöhnlich, wenn es sich nicht um ein geliebtes Haustier handelt, als ein Teil des allgemeinen Naturvorgangs hingenommen und nicht weiter beachtet. Doch als ich kürzlich in einem Fernsehfilm, der im afrikanischen Dürregebiet gedreht worden war, eine Elefantenkuh sterben sah, die ein Junges führte, war mir, als sähe ich meine Mutter sterben.

»Denn es geht dem Menschen wie dem Vieh; wie es stirbt, so stirbt auch er; und haben beide einerlei Odem«, steht beim Prediger Salomo. Das Elefantenjunge weiß nicht, was Tod ist, ebensowenig wie ein Menschenkind. Wenn aber das Menschenkind es durch Erfahrung gelernt hat, lebt es von dann ab mit diesem Bewußtsein, was einen tiefen Einfluß auf seine gesamte Lebensgestaltung ausübt.

Das Begreifen des Phänomens »Tod« gehört sicherlich zu dem, dessen Erlernen wie die der Sprache, der Wortsymbole, des begrifflichen Denkens überhaupt uns durch stammesgeschichtliche Vererbung zugefallen ist, zu dem also, was den Menschen vom Tier grundlegend unterscheidet. Daß diese Fähigkeit des Erlernens jedem einzelnen Kinde, das auf die Welt kommt, angeboren ist – daß dieses phylogenetische Programm von jedem einzelnen Menschen neu vollzogen wird, bedeutet die Schöpfung der Persönlichkeit.

Dieses wunderbare Geschehen hat Konrad Lorenz uns in lückenloser Beweiskette aufgezeigt.

Sein Werk ist Lebenslehre.

Als Konrad Lorenz vor zwei Jahren, bei einer Tagung des Ordens ›Pour le Mérite für Wissenschaften und Künste‹, seine Rede über die ›Naturwissenschaft vom menschlichen Geist‹ hielt, welche gewissermaßen eine Arbeitshypothese zu seinem Werk über die Menschwerdung, die »Rückseite des Spiegels«, war, erklärte er als eines der lästigsten Hindernisse, das sich der Forschung und dem Denken immer wieder in den Weg stelle, den Trivialsatz: »Alles ist schon einmal dagewesen.« – »Nein«, rief Lorenz wie eine Herausforderung in den Saal – »*nichts* ist schon einmal dagewesen!« – Dieser Satz hatte für mich etwas Befreiendes und ungemein Befeuerndes – und zwar nicht nur, weil er von Lorenz mit dem ihm eigenen feurigen Temperament vorgebracht wurde. Ich wüßte kaum einen anderen Satz, der uns trotz allem, was heute in der Welt geschieht, und sogar ohne sozialtheologischen Hintergrund Anlaß gibt zu einem »Prinzip Hoffnung«.

Denn er meint ja, daß der Strom der Entwicklungen unablässig, und zwar nach vorne unübersehbar weiterfließt, und daß, unter anderem, einmal eintreten könne, was noch niemals dagewesen ist: daß der Mensch vom Menschen lernt, sich mit seinen Mitmenschen zu verständigen, um mit allen gemeinsam, als ein Teil der gesamten Naturwelt, auf der Erde leben zu können. »Es ist vorstellbar«, heißt es an anderer Stelle bei Lorenz, »daß der erste Spiegel, in dem der Mensch sein eigenes Ich erkannte, der Mitmensch war.«

Wäre dies auch in unserer heutigen Lage der »Involution«, des kulturellen und moralischen Rückschritts, der uns im umgekehrten Verhältnis zum technischen und zivilisatorischen Fortschritt bedroht, eher ein Zerrspiegel, in dem Wut, Haß und blinde Aggression einander anstarren, so ist doch nicht auszuschließen, daß – vielleicht im Zug einer noch ungeahnten Mutation des menschlichen Geistes – der Spiegel sich klärt und ein reineres Menschenantlitz hervortritt.

Zu Optimismus besteht kein Anlaß, und Konrad Lorenz läßt nicht ab, in missionarischem Eifer und auf Grund seiner Kenntnis ihrer sozialen und asozialen Instinkte die Menschen vor dem drohenden Selbstzerfall, dem Niedergang der Kultur und dem Untergang des Gewordenen und Werdenden zu warnen. Doch läßt er uns gleichzeitig die Signale aufleuchten für eine immer noch und immer wieder mögliche Errettung, welche sich gleichfalls auf tief eingewurzelte geschöpfliche Anlagen gründet.

Es gebe Anlaß zu Hoffnung, so schrieb er schon im Jahr 1967, daß der Krieg der Menschen nicht absolut instinktiver Natur ist, sondern Produkt einer »Pseudo-Kultur«, welche den einen Menschen im andern wegen an sich geringer kultureller Unterschiede den Unmenschen, den zu vernichtenden Barbaren sehen läßt; daß also der Krieg zwischen Menschen nicht von Natur aus zwanghaft geschehen *muß*, wie etwa die kollektive Aggression gewisser Rattenarten.

In der gleichen, höchst bedeutenden Schrift von 1967, ›Die instinktiven Grundlagen menschlicher Kultur‹, legt Konrad Lorenz, sonst mit Allgemeinbekenntnissen eher zurückhaltend, eine Art von Glaubensbekenntnis ab:

»Ich glaube an die Möglichkeit, daß der Schöpfungsvorgang im Werden menschlicher Kultur seine (evolutionäre) Richtung beibehält, und daß aus einer Vielheit eine Einheit höherer Ordnung entstehen kann, und zwar ohne Verzicht auf die Mannigfaltigkeit dieser bunten Welt.«

Für solche Wert- und Zielsetzung kann er und dürfen wir uns begeistern, doch – so Lorenz – bringt Begeisterung *für* etwas zwangsläufig eine kämpferische Haltung *gegen* etwas mit sich. »Wir dürfen unserer Begeisterung nur dann die Zügel schießen lassen«, schreibt Lorenz, »wenn wir genau wissen, wogegen sie sich richtet: Nicht gegen die Werte fremder Kulturen, die möglicherweise so hoch wie unsere stehen. Nicht gegen die Meinungsgegner, die vielleicht dieselbe Wahrheit wie wir selbst, nur an einem anderen Zipfel erfaßt haben.

Was wir uneingeschränkt und mit allen Mitteln bekämpfen dürfen und müssen, das ist die Dummheit – die ungeheure kollektive Dummheit der Menschen, die nach alter Sprichwortweisheit mit dem Stolz auf gleichem Holz wächst und die uns eben deshalb mit Vernichtung bedroht.

Dummheit in diesem Sinn ist als jene Trübung des Urteils zu definieren, die durch Überschätzung des eigenen Urteilsvermögens verursacht wird.«

Diese »Einheit höherer Ordnung«, deren Entstehung Lorenz für glaubhaft hält, beruht auf seiner Erkenntnis von der natürlichen Einheit alles Seienden und Gewordenen, worin der menschliche Geist und die Menschenseele voll eingeschlossen ist. »Mit der größten poetischen Kraft«, schreibt Lorenz, »hat dies Teilhard de Chardin in dem einfachen Satz ausgedrückt: ›Créer c'est unir.‹«

Erschaffen heißt Einen.

Mir scheint dies für den religiös gestimmten Menschen oder für religiöse Denker, wie es Karl Barth und Romano Guardini waren, eine frohe Botschaft zu sein: bedeutet es doch die Wiederherstellung des kreatürlichen Zusammenhangs, eine neue Ehrfurcht vor der fortwirkenden Schöpfungsmacht und damit die höchste sittliche Forderung.

So dürfen wir, um ein großes Wort zu gebrauchen, Konrad Lorenz heute als einen Praeceptor unitatis mundi feiern.

Und nach solch großen Worten fliegen wir mit einem Schwung zurück auf die Gänsewiese, zu den Gänsen, den Dohlen, den Fischen im Aquarium und in den Flußarmen der Donau, denn dort hat alles angefangen – dort in dem heimischen Garten, wo das erste, selbstgezimmerte Beobachtungshüttchen stand – dort geht nun alles weiter, auch wenn Gänse sterblich sind und menschliche Dummheit nicht – aber die alte Akka, welche den Flug nach Lappland führt, ist unsterblich, ganz ohne Mythos kommen wir nicht aus, und auch Du, lieber Konrad – nun muß ich persönlich werden –, bist schon ein Stück Mythos geworden und hast auch heute schon, mit deinen lumpigen Siebzig, etwas Unsterbliches an Dir.

Von Altenberg in die Welt hinaus, zu den Akademien, zu den Korallenriffen, ins Seewieser Moos und wieder zurück in ein neues, neuer Forschung bereites Altenberg – das war die »Wunderbare Reise des kleinen Konrad Lorenz mit den Wildgänsen zum Nobelpreis«.

Für Gertrud von Le Fort

Gesprochen zu ihrem neunzigsten Geburtstag, am 11. Oktober 1966

›Unser Weg durch die Nacht‹ ist der Titel eines Vortrags, den Gertrud von Le Fort kurz nach dem Zweiten Weltkrieg in der Schweiz gehalten hatte, wohin sie von alten Freunden eingeladen war. Als Schrift kam er mir in Oberstdorf in die Hand, wo meine Eltern nach der Zerstörung ihres Mainzer Hauses durch Brandbomben Zuflucht gefunden hatten. Diese Schrift ist eines der schönsten und stärksten Zeugnisse jenes »anderen Deutschland«, das Hitler niemals erobern oder durch Terror in seiner Haltung erschüttern konnte. Ich war glücklich, zu erfahren, daß Gertrud von Le Fort in Oberstdorf lebte und mich zu sehen wünschte. Das war im Jahr 1946, und die Verbindung riß bis zu ihrem Tod nicht mehr ab, vertiefte sich immer mehr, durch die Freundschaft, die sie meiner Mutter schenkte, welche nach dem Tod meines Vaters bis zu ihrem eigenen (im Jahr 1954) in Oberstdorf geblieben war. Zu ihrem Begräbnis ging Gertrud von Le Fort an meinem Arm.

Zu ihrem neunzigsten Geburtstag, am 11. Oktober 1966, konnte ich die hier folgende Fernsehbegrüßung für sie sprechen. Doch hatte es der unerforschliche Ratschluß der Fernsehdirektion so eingerichtet, daß diese Ansprache um 12 Uhr nachts gesendet wurde – eine Zeit, in der Neunzigjährige wohl der Ruhe bedürfen –, und sie konnte sie erst später in einer privaten Vorführung hören.

Meine Frau und ich besuchten sie zum letzten Mal, als sie 92 Jahre alt und sehr gebrechlich war, betreut von der unendlich fürsorglichen und ihr Leben ganz für sie aufopfernden Eleonore von La Chevallerie. Doch versetzten sie der Besuch und die Erinnerung an viele frühere Gespräche in eine so freudige und lebhafte Erregung, daß sie auf einem gemeinsamen Mittagessen in ihrer Wohnung bestand und sogar etwas Wein trank.

Ihre Augen waren wach und lebensvoll.

Sie hatte nie geheiratet, aber sie besaß trotzdem das Wesen einer Frau, die das ganze Leben und die Welt umfaßt hatte.

Als wir gingen, winkte sie uns mit ihrer alterszarten Hand, die einer Kinderhand glich, durch die schmiedeeisernen Beschläge ihres Fensters nach. Wir sahen die Hand noch, als wir um die Straßenecke bogen.

★

Unter den großen Erscheinungen, welche die Literatur und die Dichtung des Jahrhunderts kennzeichnen, steht Gertrud von Le Fort als eine einzigartige Gestalt. Einzigartig und mit keinem anderen vergleichbar hebt sich ihr Werk wie eine ferne Gipfelkette am Horizont. Es gilt eine Wanderung anzutreten, es gilt das Gewohnte und Genormte hinter sich zu lassen, es gilt ein dunkles Tal zu durchmessen, um sich der einsamen, reinen Höhe dieser Dichtung zu nähern, in der Vision und Erfahrung, Geheimnis und Blutwärme, Wissen und Glauben, Poesie und Geist zu einer vollkommenen Einheit, einer untrennbaren Kommunikation verschmolzen sind. Dann betritt man eine Welt, ihre Welt, deren Gestaltenfülle von einer wunderbaren Ordnung geprägt ist, deren vielfältige Gegenwart auf den versunkenen Schichten gelebter Vergangenheit, unversenkbarer Geschichte errichtet scheint, und die durchbraust ist von den Glocken der ewigen Stadt.

Aufbrausend wie die Choralmusik eines gewaltigen Tedeum, flüsternd wie die Stimme eines Beichtkindes, welche mühsam die Wahrheit zu ertasten sucht, dringt ihr Wort in uns ein und wird für den, der sich ihm erschlossen hat, unverlierbar. Diese Zwiefalt der Tönung ist es, welche Gertrud von Le Forts Werk und Gestalt den einzigartigen Charakter verleiht. Sie predigt nicht, sie versucht kaum, eine Lehre zu verkünden, sie erzählt – erzählt von menschlicher Verstrickung und den labyrinthischen Wegen der Seele, sie dringt bis in die Tiefenschächte der Schuld und des Leidens, sie schenkt keine leichte Erlösung und keinen billigen Trost – der Himmel, um den sie weiß, erscheint nicht in sanfter Verklärung, die Gnade, die sie ruft, ergibt sich nur dem

Schmerzbereiten, die hohen Mächte, die sie beschwört, sind von strenger, fordernder Gewalt. Und doch hebt sich aus jedem ihrer Dichtwerke, den episch gefesselten und den hymnisch gelösten, die frohe Botschaft, das Evangelium der Überwindung.

Sie erzählt mit berückendem Wohlklang, einem Euphon der Sprache, wie er heute zu einer seltenen Kostbarkeit geworden ist – und zugleich ist ihr Erzählton stets von einer dramatischen Spannkraft erfüllt, aus der sich die künstlerische Form baut und festigt.

Gefühl ist alles in ihrem weiblichen und dichterischen Wesen, doch verliert sie sich niemals ins Gefühls-Selige oder Verschwommene. Klarheit und Zucht beherrschen ihren schöpferischen Impuls, der ebensosehr in der Anschauung einer göttlich bestimmten Welt wie in der Liebesgewalt eines brennenden Herzens wurzelt. Gertrud von Le Fort komponiert ihr Werk nach dem strengen Satz. Sie ist nicht, wie es Else Lasker-Schüler war, die Harfnerin einer traumdurchrauschten Seele, sie ist, bei aller Zartheit und Zärtlichkeit ihrer Weltumfassung, eine Streiterin für das ewige Recht, für die ewige Ordnung, für die geheime Schönheit und Harmonie der Welt. Sie weiß um alle Disharmonie des menschlichen Daseins, um die teuflischen Mächte, die diabolischen und dämonischen, die uns bedrohen und versuchen, sie weiß um die Schwäche, die Angst, das Verzagen und den Zweifel. Sie weiß um die Abgründe der Welt wie um den höchsten Gipfel des Erdenkbaren, und sie stellt sich jederzeit dem Kampf um das einfache Menschenrecht, dem Streit zwischen Gut und Böse in ihrer Zeit, mit dem scharf geschliffenen, niemals abstumpfenden Schwert des ethischen Postulats. Gertrud von Le Fort schwärmt nicht, auch wenn sie das Mysterium der Gottesminne besingt. Sie erkennt den Tag, in dem wir leben, mit starkem Auge und begegnet ihm mit gewappneter Stirn.

Jede Einordnung in eine literarische Kategorie würde der Weite ihres Werks und ihres Empfindens Unrecht tun, würde Verengung bedeuten. Es wäre nichts damit gesagt, sie als eine religiöse, eine christliche, eine katholische Dichterin zu bezeichnen, obwohl auch alles dies auf sie zutrifft. Katholikos, das gilt für sie in der ursprünglichen Bedeutung des universalen Glaubens und Bekennens, das Alles und Alle umfaßt. Gott ist für sie keine »Hypothese«, sondern eine absolute Realität, der Inbegriff des Weltganzen, das sich aus der Einheit von Raum und Zeit immer wieder neu gebiert, und jener »Kranz der Engel«, welcher als eine unsichtbare Ordnerschaft die erkennbare Welt umsteht, bedeutet eine prüfende, heischende, fordernde Gewalt. Die Unsterblichkeit der Seele, der Fortbestand des innerlichen Lebens, ist für sie so selbstverständlich wie für den heutigen Physiker die Existenz und dauernde Wirksamkeit der Strahlenkräfte im Kosmos und im kleinsten Kern der Materie. Ihr Glaube ist Weisheit, die im Natürlichen das Wunderbare erkennt. Sie erschaut und kündet eine Welt, in der »das Königreich des großen, edlen Menschen« auch das Reich der ewigen Liebe sein wird, in dem sich irdisches Recht mit dem Walten der Transzendenz vermählt.

Diese ihre Welt, vom Schöpfergeist getragen und verwaltet, ist durchaus vatergebunden, doch keineswegs rückwärts gewandt – sondern, wie ich glaube, der heutigen Welt, der das Vaterbild getrübt oder zerronnen scheint, weit voraus. Sie darf mit Hölderlin vom »heiligen Vaterland« reden, das in ihrem Betracht nichts mit der nationalen Begrenztheit und Versteifung zu tun hat, nur mit jener Erdenlandschaft unterm gemeinsamen Himmel, der jeder Mensch in allen Breiten die Formung seines Wesens, seiner Sprache und seines Geistes verdankt.

Schuld und Gnade, in ihrer untrennbaren Verschlingung, ihrer immer aufeinander hinweisenden Wechselwirkung, bedeuten die grundlegende Thematik ihres Lebenswerks. Diese zieht sich nicht nur durch ihre großen Bekenntnis-Romane, wie das ›Schweißtuch der Veronika‹, sondern durchwächst und durchflammt die Fülle ihrer novellistisch geschlossenen Erzählungen, in denen sie höchste künstlerische Prägnanz mit tiefster Einsicht in menschliche Geschicke und Leidenschaften verbindet. Sie weiß nicht nur um das »Plus ultra«, die geheiligte Bindung und Last des Kaisertums, sie weiß ebenso um das magische »Gericht des Meeres«, um das geheimnisvolle Raunen in der Seele der bretonischen Magd, mit der sie das Kind des königlichen Prinzenmörders, des Bezwingers ihres Volkes, in Schlummer singt und dem Leben wiederschenkt. So wie in ihrer großen Erzählung ›Die letzte Begegnung‹ Frau von Montespan und Louise de La Vallière stellvertretend ihre gegenseitige Verschuldung in gemeinsame Gnade wandeln, so führt sie uns immer wieder durch die Passionen der menschlichen Natur, durch Demütigung, Erniedrigung, Hoffart und Stolz, Not und Prüfung zu einer letzten Möglichkeit des Erlöstwerdens oder der Selbsterlösung. Wer hat wie sie die furchtbarste Menschengeißel, die Angst, bis zu ihrem hilfslosesten Jammer und Versagen, wer hat wie sie die Überwindung im Angesicht des Todes gestaltet? Viel gültiger, haftender, einprägsamer als in der Dramatisierung durch Bernanos hat sie in ihrer meisterhaften Erzählung ›Die Letzte am Schafott‹ jene Geschichte von der kleinen, ängstlichen Blanche de la Force und ihrer Berufung zum begnadeten Mut verewigt.

Große, begnadete Gertrud von Le Fort!

Es kann nicht fehlen, daß dieser Glückwunsch, diese Begrüßung an einem Geburtstagsfest sich zu einer persönlichen Liebeserklärung steigert. Denn ich liebe diese neunzigjährige Frau, wie ich sie wohl auch als Neunzehnjährige geliebt hätte. Diese Frau, die sich niemals vermählte und von der eine mütterliche Kraft ausgeht, als habe sie Geschlechter zur Welt gebracht und genährt. Von deren Erscheinung sich wiederholen läßt, was die kleine Veronika in dem herrlichen Kindheitskapitel aus dem ›Römischen Brunnen‹ von ihrer Großmutter sagt: »Man stelle sie sich nicht etwa als gebeugtes Mütterchen vor, sondern als eine hohe, aufrechte Frau, voll von jener Anmut des Alters, welche man Würde nennt, und voll von jenem alle Formen verfeinernden und steigernden geistigen Leben, welchem die Jahre weniger Last als Reichtum und Fülle bedeuten.« Denn sie, Gertrud von Le Fort, ist, auch wenn nicht groß von Gestalt, eine hohe, aufrechte Frau, ein Mensch, in dessen Gegenwart man nichts Überflüssiges sagen, nicht einmal denken wird, jedoch vom Bedeutenden angeweht ist, ergriffen von ihrem edlen, selbstbeschiedenen Dasein. Diese Frau mit den zartesten Händen, mit der feurig bewegten Leidenschaft ihres machtvollen Blicks. Und während ich dies ausspreche und sie vor mir sehe, weiß ich, daß die Farbe ihrer Augen mittelmeerblau ist – nicht wie der Schimmer des Stahls oder die Lichtbläue des Himmels, sondern wie die weit bewegten, veilchenfarbenen Meere der Odyssee, der langen Irrfahrt und der endlichen Heimkehr. »Plus ultra«, jene kaiserliche Devise, die das Äußerste an Unterwerfung und Überwindung verlangt, an Verzicht und an Gnade, ist auch die Devise ihres Werks, ihres Lebens, ihrer starken und reinen Menschlichkeit. »Plus ultra« – über sich selbst hinaus – immer höher empor – auf den silbernen Schwingen der Unsterblichkeit.

Editorische Notiz

Die Erstausgabe dieses Bandes erschien 1976 im S. Fischer Verlag, Frankfurt am Main. Die Texte wurden von Carl Zuckmayer selbst zusammengestellt, überarbeitet und mit Einleitungen versehen. Das Nachwort lautete:

Von weit über hundert längeren und kürzeren Schriften, die seit 1917 von mir publiziert worden sind, wurden hier 34 ausgesucht, die, wie ich glaube, in einem inneren Zusammenhang stehen.

Sie behandeln nur Personen, Einzelmenschen, deren Wirken oder deren Lebensgeschichten zur Geschichte unseres Jahrhunderts oder seiner Vorgeschichte gehören.

Eine größere Anzahl von Schriften, die der Natur, den Tieren, der Umwelt, Städten, Wanderungen, Reisen gewidmet sind, ist zur Sammlung in einem zweiten Band bestimmt, der im nächsten Jahr erscheinen soll.

Carl Zuckmayer

Zu dem erwähnten zweiten Band ist es nach Zuckmayers Tod am 17. Januar 1977 nicht mehr gekommen.

Die Erstdrucke der einzelnen Beiträge in diesem Band:

Aufruf zum Leben in: Aufbau, New York, 20. Marz 1942, S. 3.

Ein Brief an Friderike Zweig in: ›Verbannung. Aufzeichnungen deutscher Schriftsteller im Exil‹, hrsg. v. Egon Schwarz u. Mathias Wegner, Hamburg: Wegner 1964, S. 146–148.

Die Geschichte von Dorothy Thompson u. d. T. *Die Geschichte der Dorothy Thompson. Zur Erinnerung an ihren Todestag* in: Stuttgarter Zeitung, 3. Februar 1962.

Der Geiger Max Strub. Ein Scherzo von Kindheit und Gegenwart in: Neue Ruhr-Zeitung, Essen, 24. Februar 1951.

Carlo Mierendorff. Porträt eines deutschen Sozialisten in ›Carlo Mierendorff. Porträt eines deutschen Sozialisten. Gedächtnisreden gesprochen am 12. März 1944 in New York von Paul

Hertz, Alfred Vagts, Carl Zuckmayer‹, hrsg. für seine Freunde von seinen Freunden, New York [Selbstverlag] 1944, S. 15–40.

Für Gottfried Bermann Fischer zum sechzigsten Geburtstag in: ›Almanach. Das einundsiebzigste Jahr‹, Frankfurt am Main: S. Fischer 1957, S. 11–14.

Memento zum 20. Juli 1969. Frankfurt am Main: S. Fischer 1969.

Es war nicht umsonst. Ein Brief an Inge Scholl zum 22. Februar 1950. Der Brief wurde 1976 in ›Aufruf zum Leben‹ erstmals veröffentlicht.

Erich Maria Remarque, ›Im Westen nichts Neues‹ in: Berliner Illustrierte Zeitung, 38. Jg., Nr. 5, 31. Januar 1929, S. 174–175.

Gedächtnisrede für Julius Elias. Gesprochen an seinem Sarg, am 5. Juli 1927 u. d. T. *Julius Elias (gesprochen an seinem Sarg)* in: Das Blaue Heft. Theater, Kunst, Politik, Wirtschaft, Berlin, Jg. 9, H. 15, 1. August 1927, S. 459–460.

›Vatermord‹, Schauspiel von Arnolt Bronnen in: Die neue Schaubühne, Berlin, 4. Jg., 1922, H. 5/6, S. 149/151.

Zu Richard Billingers ›Perchtenspiel‹. (Uraufführung am 26. Juli 1928 im Salzburger Festspielhaus). Der Erstdruck konnte nicht ermittelt werden.

Ein Nachruf – wie zu Lebzeiten. Die Rede wurde 1976 in ›Aufruf zum Leben‹ erstmals veröffentlicht.

Für Carl Ebert zum fünfzigsten Geburtstag. Der Erstdruck konnte nicht ermittelt werden.

Tischrede zu Max Reinhardts siebzigstem Geburtstag. Der Erstdruck konnte nicht ermittelt werden.

Festrede zu Heinz Hilperts siebzigstem Geburtstag. Gesprochen am 1. März 1960 im Deutschen Theater, Göttingen u. d. T. *Stichworte zu einer Festrede* in ›Festschrift für Heinz Hilpert‹, Göttingen: Göttinger Druckerei- und Verlagsgesellschaft 1960, S. 9–15.

Autor und Regisseur. Für Jürgen Fehling u. d. T. *Der Autor und sein Regisseur. Erinnerung an die Arbeit mit Regisseuren und Huldigung an Jürgen Fehling* in: Theater heute, Hannover, 6. Jg., H. 3, 1965, S. 22–23.

Der große Cas in: Die Zeit, Hamburg, 10. März 1967.

Berthold Viertel (28. Juni 1885 – 24. September 1953). Versuch einer Porträtskizze in: Nachrichten aus dem Kösel-Verlag (München), (Folge 30), 1969, Literatur, S. 4.

Festrede für Gerhart Hauptmann. o. O. [Privatdruck] 1932.

Für Alexander Lernet-Holenia (21. Oktober 1897 – 3. Juli 1976). Zu seinem fünfundsiebzigsten Geburtstag am 21. Oktober 1972. Der Erstdruck konnte nicht ermittelt werden.

Amicus amicorum: Franz Theodor Csokor (1885–1969). Tischrede zu seinem achtzigsten Geburtstag, Wien, 1965 u. d. T. *Rede an einen Freund. Franz Theodor Csokor zum 80. Geburtstag,* in: Forum, Wien, 12. Oktober 1965, S. 459–462.

Fräulein Trudi in: Neue Zürcher Zeitung, 20. Juni 1972.

Ödön von Horváth

Kleistpreis u. d. T. *Zur Verleihung des Kleistpreises an Horváth* in: Blätter des Deutschen Theaters in Göttingen, H. 52, 1953/54.

Abschied von Ödön von Horváth. (Gesprochen an seinem Grab, Paris, 7. Juni 1938) in: Ödön Horváth, ›Ein Kind unserer Zeit‹, Roman, New York: Longmans, Green & Co., Alliance Book Corp., 1938, S. 203–212.

Ein Salzburger Bauernroman: ›Philomena Ellenhub‹ von Johannes Freumbichler in: Frankfurter Zeitung, 11. Februar 1936.

Thomas Bernhard: ›Frost‹ u. d. T. *Ein Sinnbild der großen Kälte* in: Die Zeit, Hamburg, 21. Juni 1963.

Nach Brechts Tod

Ein Brief an Peter Suhrkamp u. d. T. *Carl Zuckmayer an Peter Suhrkamp* in: Dichten und Trachten. Jahresschau des Suhrkamp Verlages Berlin und Frankfurt a. M. VIII, Frankfurt am Main: Suhrkamp 1956, S. 91.

Aus einem Brief an Kurt Hirschfeld. Der Briefauszug wurde 1976 in ›Aufruf zum Leben‹ erstmals veröffentlicht.

Ein Tag in der alten Villa Hammerschmidt. Das Gesicht des Theodor Heuss. (Versuch einer Bleistiftskizze.) Geschrieben zu seinem siebzigsten Geburtstag, 1953. Der Text wurde 1976 in ›Aufruf zum Leben‹ erstmals veröffentlicht.

Die Brüder Grimm. Ein deutscher Beitrag zur Humanität. Frankfurt am Main: Suhrkamp 1948.

Der unterirdische Strom. Gedanken zu Carl Jacob Burckhardts künstlerischem Schaffen u. d. T. *Der unterirdische Strom. Carl J. Burckhardt zum 80. Geburtstag* in: ›Der helle Klang. Zu Carl Zuckmayers 75. Geburtstag in Amriswil.‹ Amriswil: Amriswiler Bücherei 1972, S. 13–18.

Bericht von einer späten Freundschaft. In memoriam Karl Barth, in: Neue Zürcher Zeitung, 11. Januar 1970.

Heinrich Heine und der liebe Gott und ich. (Rede zur Verleihung des Heinrich-Heine-Preises in Düsseldorf. 13. Dezember 1972.) St. Gallen: Zollikofer & Co. AG. 1972.

Poesie und Naturwissenschaft. Rede zum siebzigsten Geburtstag von Konrad Lorenz, in: Süddeutsche Zeitung, München, 10./11. 11. 1973, S. 118–119.

Für Gertrud von Le Fort. Gesprochen zu ihrem neunzigsten Geburtstag am 11. Oktober 1966. o. O. [Privatdruck] 1966.

Inhalt